句吳之國

張錫庚書

# 句吴之国

郑卫星 著

吉林文史出版社

图书在版编目（CIP）数据

句吴之国 / 郑卫星著 . -- 长春：吉林文史出版社，
2022.8

ISBN 978-7-5472-8680-7

Ⅰ . ①句… Ⅱ . ①郑… Ⅲ . ①中国历史 – 吴国（？– 前
473）– 通俗读物 Ⅳ . ① K225.09

中国版本图书馆 CIP 数据核字（2022）第 150139 号

# 句吴之国
GOUWU ZHI GUO

出 版 人 / 张　强
著　　者 / 郑卫星
责任编辑 / 王明智
封面设计 / 马　佳
封面题字 / 张锡庚
出版发行 / 吉林文史出版社
地　　址 / 长春市人民大街 4646 号
印　　刷 / 三河市龙大印装有限公司
开　　本 / 710mm×1000mm　16 开
字　　数 / 382 千
印　　张 / 24.25
版次印次 / 2023 年 2 月第 1 版　2023 年 2 月第 1 次印刷
书　　号 / ISBN 978-7-5472-8680-7
定　　价 / 98.00 元

# 序一

朱增泉

## 一

我的故乡是古代吴国的发祥地，也是吴文化的发祥地。无锡号称"太湖明珠"，与苏州、吴江、湖州、长兴、宜兴、常州等城市环绕太湖一周，恰如一串亮丽的珍珠。这些富庶美丽的环太湖城市，既有深厚的历史底蕴，又有蓬勃生机。它们地处古代吴国的中心区域，都是吴国早期开发江南时散落于此的一颗颗珍珠。当然，鼎盛时期的吴国，地域范围远不于此。

郑卫星是我小学同班同学郑良初的儿子，上过师范，当过小学教师、小学校长、镇党委副书记，业余时间沉迷于研究古代吴国历史。我粗粗翻阅完他这本书稿，他对家乡故土的这份热爱，对古代吴国历史的这份钻研精神，令我感动。他埋头数年写作这本书，是一种精神上的寻根问祖。海外游子回到祖国，找到父辈或祖辈的出生地，踏进本族祠堂叩头祭祖，访得骨肉至亲相拥而泣，这是一种寻根问祖的方式。到陕北黄帝陵前，沐手焚香，伏地跪拜，捧一把黄土揣入怀中，挥泪再拜而去，这又是一种寻根问祖的方式。郑卫星并未远行，他一直在生他养他的本乡本土工作和生活，当他进入"五十而知天命，六十而耳顺"的年龄阶段，回望人生，忽起寻根问祖之心，于是埋头古籍，细读深研，梳理吴国历史的来龙去脉，与吴国的先祖们进行了一番精神上的沟通，这也是一种寻根问祖的方式，而且有着更深一层的情怀。

此书史料较为丰富，语言简洁，对吴国历史梳理得比较系统。当然也有不足，如：史料引用正史与演义混杂，行文间又将叙事与史辨夹杂在一起，不少地方显得众说纷纭、莫衷一是。但是，对于渴望了解吴国历史的年轻读者来说，这是一本比较完备的通俗读物，从中可以看到古代吴国历史比较完整的脉络，值得一读。

二

吴国，在中国古代史中占有重要地位。

不妨先把话题扯远一点儿，兜个圈子再回来。人类的起源都与水源有关。世界四大文明古国都起源于大河文明。古埃及起源于尼罗河文明，古巴比伦起源于两河文明，古印度起源于恒河文明，中国起源于黄河文明和长江文明。哪怕耸立于高山之巅的一座古代寺庙，也必定紧靠一处山泉。否则，寺庙内的僧侣修行再深，也无法在如此孤高的山巅生存。

我们中华文明的起源，有两条伟大的母亲河，一条是黄河，一条是长江。由于古代中国绝大多数封建王朝的政治中心都地处黄河流域。因此，人们一直认为中华文明起源于黄河文明。后来经过一系列考古研究表明，长江流域对孕育中华文明与黄河流域拥有同样的功劳，具有同等的地位。证据一，长江与黄河来自同一个发源地。到青海省三江源自然保护区一看就明白了，长江、黄河与澜沧江，三江同源。这三条江河源头的第一滴水，都来自青藏高原这片海拔3500～4800米的高山湿地。证据二，长江流域与黄河流域都有古人类祖先生息繁衍的遗存。黄河流域，出土了陕西蓝田猿人头骨化石。长江流域，出土了云南元谋猿人牙齿化石。其中元谋人化石的年代最为久远，年代比黄河流域的古人类祖先还要早一点儿。北京山顶洞人的头盖骨化石，距今约二至三万年，他们已从猿人进化为智人，是元谋人后辈的后辈了。证据三，长江文明与黄河文明同步发展，仅以新石器时代为例：长江流域的河姆渡文化遗址距今约七千年，良渚文化遗址距今约五千三百年，黄河流域的半坡村仰韶文化遗址距今约六千年，龙山黑陶文化遗址距今约四千至四千六百年。黄河与长江，长江与黄河，两条伟大的母亲河，一对亲姐妹，在孕育中华文明的漫漫长途中，从石器时代就一路相伴，一路同行，拖儿带女，走到今天。

更重要的一点还在于，黄河文明和长江文明并不是各自发展成互不相关的独立系统，恰恰相反，它们一直在相互交流、交融中向前发展，渐行渐近，融为一体，孕育成伟大的中华文明。中华文明史的第一个朝代是夏朝，夏朝的建立者是大禹。大禹治水，从黄河流域治到长江流域和淮河流域，这是黄河文明与长江文明第一次大规模交流、交融的过程。因为大禹治水并不是只靠他自己，他每到一地，都会召集当地各部落首领，号召他们率领本部落民众共同参加治理洪水的斗争。现在安徽省蚌埠市的禹会村遗址，就是当年大禹召集江南各部落首领开会的地方。浙江省绍兴市的大禹陵，则是大禹去世后的安葬地。大禹为了对洪水按不同水系、不同地域分片治理，把中华大地划分为九州：冀州、兖州、青州、徐州、扬州、荆州、豫州、梁州、雍州。这九州的划分，涵盖了黄河、长江两大流域。从那时起，中华文明就融为一体，推举大禹为"天下共主"。

现在回到我们要说的主题：古代吴国的起源，便是黄河文明与长江文明交流、交融的直接产物。商朝时，关中地区有个周人部落，部落首领是周太王古公亶父，他有三个儿子，长子太伯，次子仲雍，三子季历。《周本纪》中没有记载太伯、仲雍的婚姻状况，只记载了季历的婚姻状况："季历娶太任，皆贤妇人，生昌，有圣瑞。"据此分析，季历先于二位兄长得子，姬昌是古公亶义的第一个孙子，老人家特别喜欢他，曰："我世当有兴者，其在昌乎？"老人家把周人部落兴旺发达的希望寄托在孙子姬昌身上。"长子太伯、虞仲知古公欲立季历以传昌，乃二人亡如荆蛮，文身断发，以让季历"，此为"一让"。古公去世后，太伯与仲雍从江南赶回关中奔丧，三弟季历求大哥太伯留下继位，太伯坚拒不受，请季历继位，以遂父王遗愿，此为"二让"。季历继位后早逝，太伯与仲雍再次赶回关中奔丧，侄子姬昌跪求大伯父太伯留下继位，太伯再次坚拒不受，请姬昌继位，以遂太王心愿，此为"三让"。

也就是说，太伯是周太王古公亶父的嫡长子，拥有优先继位权，但他主动放弃了，显示了他的博大胸怀、高风亮节。孔子曰："泰伯（太伯），其可谓至德也已矣！三以天下让，民无得而称焉。"太伯和仲雍来到江南太湖之滨，断发文身，融入荆蛮，和当地人勠力同心，拓荒立国，"自号句吴"。当地人"从而归之千余家，立为吴太伯"。初来乍到，白手起家，艰辛草创，蕞尔小国。

司马迁在《史记》中，对吴太伯创立的句吴国，历史定位非常高。《史记》中共有三十篇《世家》，前十篇记载的都是周王朝开国之初分封的开国元勋、同宗兄弟、先王后裔等诸侯列国君主的世家，其中包括：齐、鲁、燕、晋、楚、赵、魏、韩、郑、越等，后来的"春秋五霸"都在里面，再后来的"战国七雄"，除了秦国，另外六国也都在里面。而在上述诸侯列国世家中，司马迁把吴太伯世家列在首位。为什么？理由有三条：第一，论辈分，吴太伯是周文王的大伯父，是周武王的伯祖父，真正的老资格；第二，吴太伯创立句吴国，早于武王灭商，"自太伯作吴，五世而武王克殷"，句吴国前五位君主是太伯、仲雍、季简、叔达、周章，武王灭商建立周王朝时，句吴国已传至第五代君主周章；第三，其他列国都是由周王朝分封的，唯独句吴国是吴太伯自力更生亲手开创的。有此三条，吴国的历史地位怎能不高？

## 三

从句吴到吴，是一次质的飞跃。它们是前后衔接的两个历史阶段，可以统称为"吴"。

句吴时代：历经吴太伯、仲雍、季简、叔达、周章、熊遂、柯相、强鸠夷、馀乔疑吾、柯庐、周繇、屈羽、夷吾、禽处、转、颇高、句卑、去齐，共十八代君主。这是一个缓慢的发展阶段。句吴小国在太湖之滨立住脚，扎下根，聚民气，立乡俗，垦荒原，开田陌，事农桑，存余粮，筑城垣，盖祖庙，奠祖宗，建制度，编军队，打小仗，耐心经营，稳步推进。正是经过这漫长而艰辛的发展过程，句吴才积聚了足够力量，为后面的崛起奠定了基础。

句吴与吴，以寿梦为界。寿梦是句吴第十九代君主，句吴从他这一代崛起。《吴太伯世家》中有如下记载："寿梦立而吴始益大，称王"；"寿梦二年……（申公巫臣）自晋使吴，教吴用兵乘车……吴于是始通于中国"。寿梦称"王"，是句吴崛起的一个重要标志，"通于中国"是句吴崛起的又一个重要标志。

有人说，武王分封诸侯时，句吴国的第五代君主周章已经受封，那时句吴已称吴国了。但是，这里需要厘清的问题不止一两点。"自太伯作吴，五世而武王克殷，封其后为二：其一虞，在中国；其一吴，在夷蛮"。这里首先要厘清的一点是，武王封了太伯之弟仲雍的两位后人（周章及其弟弟），待遇却是不一样的。封在中国（中原）的虞仲［常熟虞仲（仲雍）的孙子，祖孙同名］是被"列为诸侯"的，而封在夷蛮的周章则并未列入诸侯行列。证据：过了十几代之后，直到寿梦北伐郯国时，中原各国诸侯还在惊呼："中国不振武，蛮夷入伐，而莫之或恤，无吊者也夫！"他们并没有把封在夷蛮的周章之国当作"诸侯"来看待。那么，封在夷蛮之地的周章之国，是什么时候开始兴旺发达的呢？在《吴太伯世家》里，接着上一段文字往下看："十二世而晋灭中国之虞"，武王封在中国（中原）的虞仲，传了十二代就被晋国灭国了。虞国灭亡经七十一年后，"而夷蛮之吴兴"，这时兴旺发达起来的夷蛮吴国，谁是国君？寿梦也！

句吴在寿梦一代崛起的标志性事件是"吴伐郯"。从此以后，夷蛮之地的句吴小国，在正史中开始称吴国。吴国进入正史后的史料，散见于《春秋》《国语》，以及解读《春秋》的《春秋左传》《春秋公羊传》《春秋穀梁传》等古籍。南宋著名经学家胡安国著有《春秋胡传》，影响也不小。《胡传》中说："鲁成公七年，吴伐郯，始见经。"郯，西周封国，在今山东省郯城县北。"始见经"的"经"，即"四书五经"的"经"，指史书经典。也就是说，早先的句吴国，地处蛮夷之地，过于偏僻，史书经典中没有记载。直到寿梦北上伐郯，《春秋》这部史书经典中才第一次出现了吴国的记载。《左传》对"吴伐郯"的记载比《胡传》简约："七年春，吴伐郯，郯成。"郯没有被消灭。但《左传》借用季文子的话，对"吴伐郯"这件事发表了一番感叹："中国不振旅，蛮夷入伐，而莫之或恤，无吊者也夫！"并说，"有上不吊，其谁不受乱？吾亡无日矣"！由此可见，寿梦北上伐郯，在中原诸侯列国中引起了巨大的震动和恐慌，都在埋怨周王室"军旅不振"，无力保护中原小国，中原小国受到蛮夷入侵，周王室也不来慰问一下，都在担心"吾亡无日"。这说明，寿梦时期的吴国，已经能够北上远征，讨伐郯国，可见其国力已经很强了。

"吴伐郯",这是长江文明对黄河文明的一次"回访",是太伯和仲雍后人对黄河文明的一次告慰:浪子远奔荆蛮,他俩并未走失,传国十九代之后,他们的子孙后代在南方已经事业有成。于是,中原的周王室和诸侯列国都知道,吴国在夷蛮之地已经发展得相当不错了。

这时,新兴的吴国还在继续崛起。新兴吴国的崛起阶段经历了寿梦、诸樊、馀祭、馀眛和僚,祖孙三代人、五位王。其中,诸樊、馀祭、馀眛三位都是寿梦的儿子,僚是寿梦的孙子。吴国崛起之后,一直在和长江中游的强大楚国争夺发展空间,吴、楚交战长达八十余年。前六十多年是"小打",后二十来年是"大打"。吴王僚打的最后一仗,夺取了楚国的鸡父。鸡父地处大别山山区与淮河水网地带的交界处,居高临下,瞰制着楚国在淮河流域的诸多附属小国,战略地位很重要,是楚国在大别山北麓的屯兵要地。吴国夺取鸡父,实力得到进一步提升。

此后,吴、楚双方内部都发生了重大政治变故。楚国发生了"费无极(忌)乱政"事件,楚平王听信费无极谗言,杀掉太子建和他的老师伍奢。伍奢的两个儿子伍尚和伍子胥也受到株连,伍尚被杀,伍子胥幸运逃脱,带着太子建的儿子胜投奔吴国。伍子胥过昭关,一夜白了头,这个故事流传很广。吴国则发生了"专诸刺王僚"事件,公子光弑君篡位。鸡父之战中,吴王僚亲任统帅,公子光是主将。攻下鸡父后,公子光内心起了变化。他对刚从楚国投奔而来的伍子胥发牢骚说:"我父亲诸樊是先祖父寿梦的长子,我是寿梦的长孙。四叔季札不肯为王,我和僚同为孙子辈,应该由我这个长孙继位,怎么能让僚继位呢?"伍子胥急于在吴国找到靠山,立刻把赌注押在公子光身上。他向公子光推荐了一位刺客专诸,自己领着从楚国带来的太子建的儿子胜"耕于野",躲开了。专诸用鱼肠剑刺死吴王僚,公子光以血腥手段将王位争夺到手,是为阖闾。

阖闾开启了吴国的鼎盛时代。阖闾弑君篡位后,为了摆脱不利舆论,博取人心,采取了几条对策:其一,刻苦自励,"食不二味,居不重席";其二,体恤民生,"大辟鱼盐山林之利,广励工商之业";其三,招贤纳士,广揽人才。他对来自楚国的伍子胥、伯嚭,来自齐国的孙武等军政人才,均予以重用。伍子胥为相国,伯嚭为太宰,孙武为将军。吴国开启鼎盛时代的条件已经具备,阖闾厉兵秣马，雄心勃勃。他将都城从无锡的阖闾城迁往姑苏，称吴都。从此，吴国历史翻开了新的一页。

吴国走向鼎盛的标志性事件是阖闾对楚国发动的拔郢之战，此战一举攻克了楚国国都——郢。拔郢之战是一场大战役，战役过程如下：吴军在大别山山区与囊瓦指挥的楚军遭遇，吴军连战连捷；歼灭了囊瓦指挥的楚军主力；追击中，在清发水击溃了西逃的楚军残部；在另一个方向的雍澨，又歼灭了沈尹戍指挥的楚国援军。吴军五战五捷，气势如虹，一举攻入楚国国都，楚昭王弃都逃亡。拔郢之战，显示了吴国的强大实力。两年后，阖闾又命太子夫差领兵攻取了楚国的鄱阳。楚昭王担心吴国再次发动大举进攻，被迫将首都从郢迁往鄀（今湖北省宜城县东南）。由此可见，吴国已对楚国构成重大威胁。

阖闾对楚国发动拔郢之战时，越王允常（句践之父）曾偷袭吴都，阖闾耿耿于怀。十年后，阖闾起兵攻越，是为槜李之战，这是阖闾生命中的最后一战。其时越王已是句践，交战中，阖闾被句践射伤手指，拨转马头逃跑时还丢了一只鞋子，很是狼狈。伤势并不重，可能是因为破伤风，不治身亡。阖闾临终前叮嘱太子夫差："必毋忘越！"

夫差继位后，专门派一名卫士立于宫廷之上，每天上朝时都会问他："大王！越国杀父之仇忘乎？"夫差每次都会大声回答："未敢忘也！"两年后，越王句践年轻气盛，决定趁阖闾丧期、夫差新立，攻打吴国。范蠡对句践说，时机尚未成熟。句践不听，决意攻吴，是为夫椒之战。这是一场舟船大战，吴国水军比越国水军强大，训练有素。交战结果，句践大败。吴军攻克越国国都——会稽，句践逃上会稽山，被吴军包围。句践求降，伍子胥力谏阻止，他劝夫差乘胜一举灭越，夫差不听。吴国太宰伯嚭受了越国厚赂，劝说夫差纳降。夫差将句践拘入吴宫当亡国奴。夫差胜越国、拘句践，也称一时盛事。

但是，夫差在胜利面前失去了清醒的头脑。句践为了麻痹夫差，吞吃夫差的粪便以表"忠心"，口称越国永世臣属吴国，年年纳粮，岁岁进贡。伍子胥提醒夫差不要被句践的服软之词蒙骗，让他逐条写下来，对天发誓，签订降吴盟约。夫差很不耐烦地说："越国已经臣服，不必担心。我下一个目标是要北上征讨齐国，你们不要用这些琐事来烦我。句践若敢变卦，我从齐国回来，再将越国打服不就得了？"就这样，越国没有向吴国递交投降书，吴国也没有签署受降书，这是一个大漏洞。《国语》中收有一篇《吴王夫差与越荒成不盟》，讲的就是这件事。三年后，夫差特赦句践，将其放回越国，从此埋下祸根。句践卧薪尝胆，"十年生聚，十年教训"，积聚力量，伺机灭吴。

夫差对句践的复仇之心完全失去警惕，亲率吴军北上伐齐。伍子胥又向夫差力谏，吴国的心腹大患是越国，不是齐国。夫差不听，决意伐齐。艾陵之战，夫差打败齐军，大胜而归，开始膨胀。两年后，夫差再次亲率吴军北上，赴黄池会盟，与晋国争当霸主。后院突然起火，越王句践乘虚攻入吴都，杀掉吴国太子，烧毁姑苏台，缴获吴国大批舟船开回越国。夫差将前去报信的七名信差召入自己军帐，亲手杀掉，封锁消息。他以咄咄逼人之势，列阵于晋定公帐前，威逼晋定公让出了盟主地位。夫差派王孙苟前往洛阳向周王室报告会盟结果，周敬王说了一句"伯父秉德，已奢大哉"，算是承认了吴国的盟主地位。

表面上看，阖闾、夫差两代，吴国"西破强楚，北威齐、晋，南服越人"，三大战略目标均已实现，一片鼎盛气象。实际上，夫差北上争霸得手之时，正是吴国走向灭亡之始。

夫差浪得虚名，黯然退兵回到国内，姑苏已是城破亭塌、尸臭熏天、满目疮痍。不过吴军主力尚在，句践此刻想要一口吞下吴国，尚无把握。他命越军退至姑苏城外，筑堡围守，长期不撤，不停骚扰，困不死吴国，也要将夫差烦死、累死、拖死。

四年后，吴国大旱，越国趁机来犯。笠泽之战，越军三战三捷。吴军退入姑苏城内，闭城坚守，国力渐渐耗尽。

又过了五年，越国对吴都发起最后一击，夫差逃上姑苏台，被越军包围。夫差派王孙雒去向句践求降，范蠡阻挡。王孙雒第二次去，句践的心有些软了，想要答应，范蠡坚决不许。他对句践说："你我受尽了人间难以忍受的屈辱，又经历了二十多年殚精竭虑的奋斗，一切的一切不都是为了最终消灭吴国吗？眼看就要成功了，你何以'一朝而弃之'？"句践回答说："我实在想不出再用什么话去推脱吴国使者了，你去对付吧。"范蠡说："好，交给我。"王孙雒第三次再去，范蠡接见。范蠡对王孙雒说："过去上苍把灭掉越国的机会给了吴国，吴国没有抓住。这次上苍把灭掉吴国的机会给了越国，越国怎能重犯吴国的错误呢？"王孙雒大哭而返，范蠡怕句践的心又软下来，没有把这一情况告诉他，自作主张指挥军队对吴军发起最后进攻。句践还是知道了，还是心软了，派人去对夫差说："我可以把你安置在甬东，给你一百户人家，保留王号，养老送终。"（"夫妇各三百人以奉之，以没王年。"）夫差派人给句践回话说："不了，你这样宽容，我很感激了。吴国地面全归越国，我无颜面对吴国父老。我已老了，不能像你当年侍候我一样侍候你了，我收回求降请求，'寡人请先死'。"这时，夫差想起了伍子胥。他让随从在伍子胥的灵位前焚香设供转述他的话："吾悔不用子胥之言，自令陷此！"夫差遂自杀，吴国灭亡。

四

从句吴初创到吴国崛起，再到吴国鼎盛又迅速灭亡，这三个不同历史时期，各有哪些经验教训？

吴太伯创立句吴，意义非凡。其一，吴太伯以德立身。他不以周太王嫡长子自居，三让天下，与世无争，高风亮节，天下敬仰。其二，吴太伯以德服众。他远奔荆蛮，断发文身，将自己融入蛮夷群体，胼手胝足，共同劳作，开发江南，深得民心，建立起了人望。其三，吴太伯以德立国。他三让天下并不是为了避世隐居，而是为了实现发奋自立的雄心壮志。他在江南荆蛮之地创立句吴国，获得当地民众的真心拥戴，"荆蛮义之，从而归之千余家"。国虽小，人心齐，有前途，不算辉煌，胜似辉煌。春秋时代，列国纷争，战乱四起，礼崩乐坏。诸侯列国内部君弑子、子弑君，嫡杀庶、庶杀嫡，喋血相争，层出不穷。孔子哀叹之余，称泰伯（太伯）三让天下之举为"至德"，把吴太伯树立为道德楷模，以示天下。

寿梦崛起，得益于三个方面：第一，抓住了发展机遇。周平王东迁之后，周王室式微，天下大乱，诸侯纷争，烽烟四起，战争的主轴是南北争霸，先是齐、楚争霸，后是晋、楚争霸，烽火连天一百二十余年。寿梦时期，楚国与晋国都进入了战略疲劳期，两国的国内矛盾积重难返，内斗愈演愈烈。寿梦抓住大国争霸的战略间隙，主动出击，不断向楚国周边的附属小国用兵，蚕食楚国地盘，积极向外拓展。第二，大力开发本国潜力。吴国的中心区域在江南，卧伴长江，坐拥太湖，土地肥沃，水利发达。寿梦大力发展农桑鱼盐和舟楫商贸，使吴国迅速成为富庶之邦。第三，从晋国引进先进装备和战法。晋国在与楚国长期争霸中渐落下风，晋景公采纳联吴伐楚之计。据《左传》记载，晋国派遣申公巫臣出使吴国，带给吴国一支战车分队，还带去了教官，"教吴乘车，教之战阵，教之叛楚"。吴国原先擅长舟船水战，不擅陆战。得到晋国这项军事援助后，寿梦非常高兴。从此，吴军的战车很快发展起来，军事实力大增。不久，吴军作战便能水陆并进，不断向楚国的附属小国发动进攻，打得楚军疲于奔命。"蛮夷属楚者，吴尽取之，是以始大，通吴于上国"。

吴国鼎盛时期，阖闾在位十九年，夫差在位也是十九年（或说二十三年），父子两代，短短三十八年，在历史长河中如一瞬间，犹如历史的天空划过一道闪电，滚过一声响雷，突然漆黑一片，吴国"断崖式"地灭亡了，真可谓"其兴也勃，其亡也忽"。

教训之一：君主失德。始祖吴太伯是道德楷模，阖闾却成了失德之君。阖闾弑君篡位，失了大德。这件事与他祖父寿梦生前安排继位者的失误也存在一定关系。寿梦有四子：诸樊、馀祭、馀眜、季札。寿梦意属四子季札，但生前没有来得及将他正式立为太子。寿梦卒后，长子诸樊让四弟季札继位，可是季札不愿为王，逃往延陵（今江苏省镇江市丹徒区）种田去了。于是，长子诸樊继位，他与几位弟弟约定，王位传递"兄终弟及"。诸樊卒，二弟馀祭继位。馀祭卒，三弟馀眜继位。馀眜卒，轮到四弟季札继位，季札仍然不肯为王。于是，"兄终弟及"变成"父终子及"，由馀眜之子僚继位。公子光在吴王僚手下领兵打仗，开始尚能谨守君臣之礼。吴王僚在位十二年，与公子光堂兄弟二人配合尚好，在吴、楚战争中不断取胜，势头不错。假如吴王僚继续执政，吴国同样能走向鼎盛。可是公子光不肯久居人下，干出了弑君篡位的失德之事。阖闾不仅刺杀了吴王僚，还把他的三个儿子烛庸、盖馀和庆忌，用不同方式追杀，使吴王僚绝后。再举一例，当年吴军攻入楚国郢都之后，阖闾身为一国之君，完全失去了道德底线。当时楚昭王逃亡，大夫四散，权杖玉玺，后宫佳丽，深宅府第，家室眷属，全都扔下了。吴国君臣"对号入座"，"君居其君之寝，妻其君之妻；

大夫居其大夫之寝，而妻其大夫之妻"，并怂恿士卒"以班处宫"，糟蹋宫女。孙武提醒阖闾："此不可。"阖闾一笑了之。伍子胥带着强烈的复仇心理，把楚平王从坟墓里扒出来，鞭尸三百，以解杀父之恨。狭隘、偏激，将私仇置于国政之上，伍子胥丑陋的一面暴露无遗。司马迁对伍子胥的评语是："怨毒之于人甚矣哉！"批评他做得太过分了。吴军一切都已失控、乱套，一场空前大胜，转瞬酿成悲剧。楚国申包胥奔赴秦国求救，在秦国宫廷哭求了七天七夜，秦哀公终于同意派出三万援兵救楚。阖闾派弟弟夫槩领兵前去阻击秦兵，夫槩大败，遭到阖闾痛斥。夫槩一气之下回到吴国自立为吴王。空虚的姑苏又传来消息，突遭越国偷袭。吴军陷入腹背受敌的窘境，阖闾急率主力东归相救，先将来袭的越军打退，接着与夫槩兄弟开战，夫槩战败，逃往楚国，向楚军投降。楚国划一块小地方将夫槩养起来，封他为堂溪氏。这件事像一根刺一样扎在阖闾心上，气得他要吐血。阖闾遭此挫败，蛰伏十年未见动静。阖闾的道德底线一再失守，成为吴国最大的内伤。

教训之二：用兵过度。先从战役层面分析，吴国每次对外发动大规模战役，往往孤注一掷，吴军倾巢而出，不留任何后手。每当突发事件出现，毫无应对之策，结局都是前方大胜，后方空虚，惨遭偷袭，胜不抵败，得不偿失。阖闾对楚国发动拔郢之战是这种情况，夫差北上黄池会盟、争当霸主也是这种情况。再从战略层面分析，吴国穷兵黩武，连续大规模对外用兵，大大超过了吴国国力所能承受的限度。吴国与南方强国楚国相比，与北方的强国齐、晋相比，战略纵深太浅，回旋余地不大，国力也不如楚、晋雄厚。因此，吴国无论如何不能奉行南北出击、两头不顾的战略。再看越国，它的战略纵深同样局促，但在吴、越相争中，越国为何能从亡国之灾中恢复过来，最终灭了吴国？越国的成功秘诀在于专注，它不会四面出击，决不远攻，而是专注于死敌吴国。句践从吴国获赦回到国内，卧薪尝胆，养精蓄锐。一旦时机成熟，对吴国一击制胜。反观吴国，尽管是成就了大军事家孙武的国度，却在战役、战略层面犯下如此严重的失误，让人百思不得其解！

教训之三：君臣反目。伍子胥祖上在楚国世世为臣，家训底蕴很深，此人虽有"怨毒之于人甚"的缺点，但他仍不失为一名谋略高手。在伍子胥的出谋划策下，阖闾弑君篡位得逞，攻克楚国郢都得手，协助阖闾开启了吴国的鼎盛时代。但是阖闾死后，夫差与他总是别别扭扭。每到关键时刻，伍子胥向夫差进言，夫差都不予采纳。夫差打败越国后，句践派使者向夫差求降，伍子胥力谏夫差："今不灭越，后必悔之。"越国使者回去说："伍子胥阻挡夫差纳降，夫差正在犹豫。"句践手下也有两位来自楚国的大夫，一位是范蠡，另一位是文种。范蠡对句践说："伍子胥太死板，吴王手下还有一位太宰伯嚭，也是楚国人，此人比较贪，多准备些东西，可去找伯嚭疏通。"伯嚭得了厚赂，对夫差说："句践发誓永远臣服吴国，年年纳粮，岁岁进贡。大王若不放心，句践愿意到吴宫来当亡国奴，忠心侍候大王您。"夫差表态说："那好啊，叫他来吧！"句践来到吴国为奴，三年后夫差特赦句践回国。句践回国后，为了进一步麻痹夫差，采用文种献的美人计。越国遂举国选美，得西施、郑旦二女，"句践命范蠡各以百金聘之"。然后，交由范蠡负责，建馆聘人，对西施与郑旦训练了三年。其穿着打扮、礼仪举止等项均由越国宫中仪官教授，唯有攻心计谋课程由范蠡亲授。三年下来，西施已成范蠡的爱妾。句践命范蠡将两位美人送往吴国，献给夫差。范蠡与西施一路上竟缠绵了一年多的时间，还生下一个儿子。嘉兴南面有个"语儿亭"，就是西施教儿子牙牙学语处。范蠡向西施交代了一项特殊任务：到了吴国，多多在枕边向夫差美言句践对他的忠心，多多鼓励夫差北上争霸，早日登卜霸主地位，把夫差的注意力从越国身上引开。伍子胥见范蠡前来献美人，知道是计，又力谏夫差："臣闻夏亡以妹喜，殷亡以妲己，周亡以褒姒。夫美女者，亡国之物，王不可受。"夫差哪里肯听，命人收下。越国的美人计非常成功，夫差迷上了西施，对她言听计从，从此不再把越国放在心上，一心只想北上争霸。他准备北上伐齐之前，命伍子胥出使齐国，先去摸清情况。伍子胥再次劝谏夫差说："吴国的心腹大患是越国，而不是齐国，应该抓紧灭掉越国，以绝后患。"夫差哪里听得进去，摆着手说："不！"伍子胥心灰意冷，不得不为自己留条后路。他利用奉命出使齐国的机会，把自己的儿子带上，托付给了齐国的鲍氏。不久，夫差亲率吴军伐齐，艾陵之战大获全胜，凯旋，夫差对伍子胥的不满情绪到达顶点。正在这时，有人揭发伍子胥暗通齐国，伯嚭在一旁对夫差说："是的，他已把儿子寄托给齐国。"夫差勃然大怒，赐给伍子胥一把短剑，命他自行了断。伍子胥仰天长叹，自刎而亡。伍子胥一死，夫差再也听不到忠谏之言，他的军事行动更加失去了分寸。

教训之四：野心膨胀。夫差若能看清时势，利用好吴国拥有的综合资源，不发生重大战略失误，不盲目北上争霸，足可自强自立。这时距秦始皇统一中国还有二百多年的时间，吴国完全有可能发展成一个殷实的中等强国，跨进战国时代。然而，夫差野心膨胀，他不顾本国承受能力已经超过极限，好大喜功，北上争霸，空图虚名，大胜大败，大起大落，身死国亡，呜呼哀哉！

# 五

最后，来谈谈吴文化的当下价值。

如果从广义层面去谈吴文化的当下价值，人们既可具体列出如建筑、园林、商贸、饮食、风俗、语言、戏曲、书画等吴文化的优势项目，也可从思想、观念、情怀等方面归纳出吴文化的许多优势门类。但以我一己之见，在吴文化价值体系中，最值得当下继承和发扬的，主要有两条。

第一条，吴太伯三让天下的谦让精神。孔子将它称之为"至德"，评价十分到位。谦让，是全人类都应该提倡的精神美德。在现实生活中，并不需要我们去让什么"国"，更不需要我们去"让"什么"天下"。但是，作为社会一分子，处处需要点儿谦让精神，这样才能使自己同周围的人群和睦相处，同现实世界和谐共存。懂得谦让的人，才能真正体会到人间温暖。随着商品经济的快速发展，人际交往越来越广，交往频率越来越快，产生摩擦的因素越来越多。因此，当今社会，人人都要发扬一点儿谦让精神，这种呼声越来越高。谦让，能够帮助你走遍天下，遍地阳光。寸利必争、睚眦必报，会让你处处碰壁、寸步难行。你甚至会怨恨这个世界，人人都在同你作对，处处让你为难。一旦内心与社会产生抵触，甚至是对立情绪，往往会导致你做出过激行为，给自己招来麻烦。谦让与竞争并不矛盾。有竞争，必有对手，但竞争对手不是战场上的敌手。竞争犹如体育竞赛，是同场竞技。竞技者首先要尊重对手，这是竞技者的道德。同场竞技必有规则，双方都应自觉遵守，这就需要自律。这种尊重对方的意识，自律的意识，都是谦让精神的不同表现方式。犯规就要被罚，就会失分，犯规多了就会导致失败。因此，在充满竞争的现实世界中，没有一点儿谦让精神，你的路走不到头、走不到底、走不到最终胜利。这里面充满着人生哲学，值得每个人好好去体会。竞争不能以极端自私为价值取向，它不符合中华民族的道德传统。

第二条，太伯和仲雍开发江南的开拓精神。太伯和仲雍奔吴之时，江南被称为"荆蛮""夷蛮"，与中原相比，江南还是落后地区。太伯和仲雍无怨无悔，入乡随俗，剪去长发，刺上文身，在泥里水里和当地人一起劳作，白手起家，从零开始。谦让精神与开拓精神，是吴太伯人格力量的两面，二者是对立统一的。他的"三让天下"绝不是自暴自弃，相反，他胸怀远大抱负，具有坚忍不拔的奋斗精神。在吴太伯看来，乾坤不独关中有，江南也有好天好地好百姓。不要怕人生地不熟，只要自己德行好，没有融入不了的群体。不要怕赤手空拳，只要肯俯下身子和大家一起吃苦，没有征服不了的人心。人心所向，众望所归，万事可兴。太伯创立的句吴国，"从而归之千余家"，还比不上北方一个大村庄。但是，这个小国在当地立住了脚，就像这片湿润而肥沃的土地上长出的一棵小树苗，根越扎越深，树身渐渐长高了，树干渐渐长粗了。夏日炎炎时，这棵小树也能为当地百姓洒下一片绿荫了。刮风下雨天，当地百姓也能听到这棵小树在风雨中摇晃的声音了，他们都能同这棵小树在风雨中同呼吸、共命运了。吴太伯掘到的不是"第一桶金"，而是千余家当地人的民心，比金子更贵重。太伯和仲雍从不好高骛远，他们从最小的事情做起，积跬步以至千里，汇涓流而成江河。什么叫大事业？创立一个国家还不是大事业吗？大事业也要从最小的事情做起。不怕起点低，只要肯努力，事业终能成。吴太伯既是吴国始祖，也是天下百姓的做人楷模：以德立身，以德服人，脚踏实地，奋斗终生。

历史领域，每一个问题都剪不断、理还乱。错误和不当难免，请读者批评指正。

2022 年 2 月 8 日于北京航天城

3 月 16 日夜改

# 序二

## 《句吴之国》说卫星

李鸿声

卫星和我一起玩儿的时候，才二十出头，还没有结婚，有一个对象叫徐菊英，刚从苏州大学化学系毕业，在苏州吴县望亭中学教书。徐菊英与一般女孩子不同，她喜欢下象棋。一次，我去卫星家里，就亲眼看到她和卫星在对弈。

我是1984年5月初进入县文化馆工作的，怎么认识卫星的已经记不得了，但我喜欢找卫星玩儿。那段时间里和他的父母都非常熟悉。我一去他家，卫星就带我到大坊桥，去漕湖边上一个苏州客轮停靠的码头走走，一到那儿，他便说起当年的西施沉水地，范蠡的"三叹荡"，即后来改称的"省滩荡"，并顺便说起有关李煜的金娥墩的事。当时正值岁寒，但见四周烟水苍茫，群草枯萎，但这也掩饰不住卫星想表达的激情。

我曾经随卫星到他任课的村校去，当时，我小住在卫星家里，正在写小说《横鲇》。卫星二十四岁时就做了这所学校的校长，后来他做了钱穆先生做过校长的后宅中心小学的校长。不久，卫星又去镇政府任职了。卫星做事十分低调，话不多。

卫星长久不曾拿出文字了，许是一直忙于公务，但写文字是他年轻时的爱好，卫星是不会忘记的。这次卫星拿出的是煌煌三十多万字的巨著《句吴之国》，我略略一翻，又是从天地初开说起。第一章便是："神人妖本为一脉，皇帝王泉是同源"。一直到百页上下，都属考据，便暗暗叫苦。

因为考据，卫星费时读了许多参考书。太伯奔吴，是"西吴"还是"东吴"，历来都说不清楚。钱穆先生年幼时居于七房桥，就在鸿山脚下。他都不说太伯奔的是"东吴"。他只说受封地是在虞国，即山西省某处，但卫星另有所凭。他说鸿山有太伯墓，虞山有仲雍墓，而丹徒一带则有寿梦墓及诸樊等墓地。身为鸿山人，他不愿说外口话。他甚至领我看了太伯奔吴之后吴都城的迁徙。先是梅里，继则丹徒，后则淹城、继之胡埭阖闾城、木渎阖闾城，即今苏州等地。

悠悠古吴国，虽然只有六百多年的历史，但今人只知吴、越之间的纠纷，对吴、楚的纠纷就不大知晓了。

三十多年前，卫星即能写出《鲌鱼》《留下一片空白》《捕鳖散记》《捕鳝散记》《供奉天虫》等文字，但考据是另外一回事，光年代就够人折腾的。

读《越绝书》《吴越春秋》，卫星读出许多不满意。例如，伍子胥奔吴一段，伍子胥觉得一路上都是可疑分子，让人不胜其烦不说，渔丈人之死也不近情理，读了感觉虚假。卫星则把它作了处理，没让渔丈人死，而是待其子"击桡救郑"时道出原委。这些情节既在意料之外，又在情理之中，弥补了伍子胥的某些人格缺陷。卫星写道：

……原来这个讨要船桨的人是鄂渚渔丈人的儿子，只见他手持船桨，人在城墙上沿绳索而下。此人下得城头，毫无畏惧，直入吴师，并在营前敲击船桨唱道："芦中人，芦中人，腰间宝剑七星文。不记渡江时，麦饭鲍鱼羹！"营中军士听到歌声出来观看，见营前来了个疯癫之人，口中之词一句也不能听懂，便将他拘了去见伍子胥。

渔丈人的儿子被押入伍子胥的营帐。渔丈人的儿子前脚踏进营帐便又唱起"芦中人"来。伍子胥听到"芦中人"，便下席惊问："足下何人？"

渔丈人的儿子举起船桨说："将军难道不见我手中船桨吗？我乃鄂渚渔丈人之子。"

伍子胥一听，伤心地说："可怜你家父因我而亡，我正欲报恩，但恨无报答之门。今日幸遇，你唱着歌见我，意欲何为？"

渔丈人的儿子说："郑国恐惧将军兵威，令于国中，若能退吴师者，与之分国而治。臣想家父与将军有仓卒之遇，今来别无他求，只是乞求将军赦了郑国。"

伍子胥听后仰天长叹："员得有今朝，全仗渔丈人所赐，上天苍苍，岂敢忘怀？"

伍子胥又问渔丈人的儿子："家父姓甚名谁？葬于何地？"

渔丈人的儿子说："家父一生在水上以鱼为伴，是个渔夫。家父对我说过，'鱼''吴'同音，就姓了'吴'。因家父长得高大，被人常唤作'吴丈人'。"他又补充道，"家父新亡，墓地就在鄂渚渡口。"

伍子胥觉得奇怪，问道："怎是新亡？渔丈人倒扣船只，溺于江中，乃我亲眼所见，难道有假？"

渔丈人的儿子说："将军看到的不假，只是家父常年在水上谋生，水性极好，如鱼儿一般，家父在水中是死不了的！"

伍子胥越听越觉得奇怪，便又问道："难道渔丈人不曾溺水而亡？"

渔丈人的儿子说："家父怕将军信不过他，故覆舟为之。"

伍子胥听了直觉惭愧，脸色竟也红了，说："愧也！那渔丈人是如何做到的？"

渔丈人的儿子说："船覆时分，家父扣于船中，嘴里却有一根芦苇伸出水面，可以潜于水中半天不出。"

伍子胥不觉笑道："原来如此！只是今生还是不曾见着，可惜！"

渔丈人的儿子说："家父十多年来常念叨将军，我所唱'芦中人'也是家父所教，只是家父说过，不到万不得已不可麻烦将军，故而未有谋面之事。"

伍子胥听后感慨道："真乃丈人也！"

伍子胥为报渔丈人恩德，便即刻下令，解围而去。

郑定公见吴师忽如潮水般退去，大喜，便封渔丈人的儿子百里之地。

封地在溱水、洧川两河之间（今河南省境内）。

后来，郑国人都把渔丈人的儿子称为"渔大夫"或"吴大夫"。

举一个例子，无非是要说明关于《句吴之国》的撰写，卫星是读了一批书的，而且有属于自己独特的思考。这样，一卷书稿在手，句吴国六百多年的历史也会纷至沓来，其中不乏精彩之处。另外，卫星在书中所说的原因，即越灭吴，楚又灭越，加上秦再灭楚等的缘由，在很长一段时间里，吴国的许多历史湮灭无闻，则卫星这个"巧妇"，也要面对"无米之炊"的尴尬。

那样，又徒唤奈何呢？

总之，《句吴之国》一卷在手，吴国六百多年历史的呼啸声就如在耳旁响起，这才是千真万确的！

# 目录

上部　问祖

# 第一章

## 神人妖本为一脉　皇帝王泉是同源

---

三皇：燧人氏、伏羲氏、神农氏。

五帝：黄帝、颛顼、帝喾、唐尧、虞舜。（采用《史记》的说法）

三王：夏禹、商汤、周（文）武王。

《管子》中，对"皇、帝、王、霸"有一个解释："明一者皇，察道者帝，通德者王，谋得兵胜者霸。"意为通晓万物本质的，可成皇业；明察治世之道的，可成帝业；懂得实行德政的，可成王业；深谋远虑取得战争胜利的，可以成霸业。

---

## 1. 开天辟地有盘古　混沌初开出三皇

盘古是万物之祖。自盘古开天辟地，万物始生，阴阳始别，之后才有了人类，再之后也才有了所谓的天皇、地皇、人皇。说实话，这样的"三皇"我们无法理解，因为缺乏具体的参照，构不成具体的形象。

"三皇"之后，出现了有巢氏、燧人氏、伏羲氏、女娲氏、无怀氏、共工氏、神农氏、有熊氏，等等。

"姓"是一个家族所有后代的共同称号，而"氏"则是古代从"姓"中衍生出来的分支，是古代贵族标识宗族系统的称号。自战国起，"姓""氏"不分，成为一体。

上面列举的这些氏族中，历史上都出现过杰出的人物，完成过前所未有的大业。其中，燧人氏、伏羲氏、神农氏都被赋予了最高神祇（qí）的含义，被称为"三皇"，虽然"三皇"的事迹大多是先哲们对远古人类社会拟想乃至神化的产物。有人说，至少在战国以前，神话传说中的"三皇"就已经广泛流行，但宋代史学家刘恕断定，历史传说中所谓的"三皇"之说，大都出自秦汉之间。

有巢氏，构木为巢。有巢氏出现的时代相当于"北京人"的生活时期，是距今大约 70 万年至 20 万年以前的古人类时期。这时的古人类还处于群居生活的蒙昧时期，属于原始社会初期。

燧人氏，钻木取火。中国历史上的"山顶洞人"利用燧石取火，生活在距今大约一万八千年以前。燧人氏晚于"山顶洞人"，故而燧人氏的取火方式比"山顶洞人"要先进得多。燧人氏懂得通过快速摩擦使枯木的温度上升而产生火星儿，以引燃枯草。故而，燧人氏具有了自由支配火的能力，有能力支配火表明人类已进化到一个重要时期。故而，燧人氏被神化为最早的"三皇"之一。

伏羲氏，造八卦、定五行。伏羲氏生活在距今大约五六千年前，相当于"河姆渡"或"半坡母系原始氏族公社"时期。东汉学者谯（qiáo）周在《古史考》中认为，燧人氏"次有三姓，乃至伏羲"，是说燧人氏以后还有三个姓氏的部落掌过权，才到了伏羲氏统治天下。

伏羲氏是我国远古历史传说中第一个给我们留下较为深刻印象的"帝王"。伏羲氏有许多重大的发明创造，典型的有造八卦、定五行。伏羲时代还没有出现文字，伏羲造八卦若要流传下来只能画卦，最大的可能是画制在石头介质上。

伏羲氏姓风，出生在成纪（今甘肃省秦安县或礼县），在陈地（今河南省淮阳县）建都。相传伏羲氏共在位一百一十六年。山东省鱼台县、河南省南阳市等地都曾有伏羲氏冢。

八卦，我们听说得比较多，八卦是指天、地、水、火、雷、风、山、泽，"卦"是古代占卜用的符号。一说八卦，我们的脑海里就出现了"阴阳鱼"的形象。现代学者一般会说我国历史上有两本"天书"，一本是上古时代的《周易》，另一本是清代的文学名著《红楼梦》，对于《红楼梦》是不是天书我们姑且不论。所谓天书是天才也很难读懂、理解的书。

《周易》也称《易经》，据传，孔子为《易经》写过一本《易传》，有过相关言论。司马迁曾在《史记》中记载："文王拘而演周易。"现在通行的说法，《周易》是殷王辛（纣王）把姬昌拘押在羑（yǒu）里（今河南省汤阴一带）时，姬昌无事可做，便潜心研究推演伏羲八卦，把八卦推演成为六十四卦。《周易》是本什么样的书？一种观点认为是周代占巫之书；一种观点认为是讲变化的书，"易"是变化，"经"是典范的著作。春秋时代就有《周易》的提法，现代学者把它称为"群经之首，大道之源"，它是中华文化的源头。至于两条"阴阳鱼"则是道教在运用《周易》时赋予其的形象。

后来，"道学"产生了一种哲学思想，以日常生活中的五种物质——木、火、土、金、水，作为构成宇宙万物及各种自然现象变化的基础，形成了"五行"学说。我们听得比较多的则是"五行相生"与"五行相克"。

因为伏羲氏有许多重大发明创造，遂被神化为又一个"三皇"之一。

女娲氏在伏羲氏之后。但女娲是神还是人，历史上一直有争议。其实在远古时期，神、人、妖是同出一处的，神、妖都以人为母本。神、妖只是人的不同境界，上天为神，出邪为妖，平常凡间则为人。到了后来，则以人为母本演化出来许多概念，如"精、怪、鬼、魔"等，这些文化现象的出现可能要晚于神妖时代——凡能修炼者成精，奇异者为怪，入地门者为鬼，至于"魔"，本是道家文化的创造，"魔"原写作"磨"，梁武帝改"石"从"鬼"，"魔"

从此变成了有法力的邪鬼。"魔"原本是元始天尊的麾下，称"魔帝"，"魔帝"与"仙帝"相对，魔帝主司护卫与惩戒，仙帝主司赐福与教化。仙帝是专门做好事的，所以人们都喜欢他。而魔帝要行使惩戒，要动用各种手段，所以人们就常常厌恶他。"妖"与"精"一般都显现奇异之事，我们常称为"妖怪"或"精怪"。

《山海经》把女娲说成是伏羲的妹妹，女娲的形象是人面蛇身，生活在混沌初开的洪荒世界。《山海经》把伏羲、女娲所处的时代放到了盘古时代，应该是大大提前了。

在今陕南平利县一带，一般都认为女娲是人。因为陕南平利县据说有女娲活动的大量遗迹。陕南平利县的女娲山上还有女娲庙。有一次，在修复山上的女娲庙时，甚至发现了一块女皇墓碑，只是墓碑是清代镌刻的。女皇即女娲，墓碑属于女娲，但发现者发现墓碑时，它是平放在女娲庙地下的，而不是立着的墓碑，平放与立着是有本质区别的。传说女娲墓很有可能在修建有女娲庙的这座山上，但至今也没有找到任何蛛丝马迹。

歌唱家云飞唱了一曲《娲皇颂》，歌词里唱道："寻祖根，到秦安。"秦安县隶属于甘肃省天水市，那里有座女娲祠，而最早的女娲祠位于陇城故城的北山。现在甚至有人把甘肃的名人进行了"十大排名"，将伏羲排为第一，将女娲排为第二。如果女娲真是伏羲的妹妹，那么她出生在成纪（甘肃省秦安县）的可能性很大。

在《山海经》的记载中，女娲对于人类有两个伟大的功绩：一是女娲在黄河之滨用黄泥和河水搅和造人。造着，造着，女娲觉得这样造人太慢，便改用青藤甩出泥浆造人。女娲把造的人一半塑成男人，一半塑成女人。再后来，女娲觉得累了，干脆不造人了，便让男人女人结成夫妻，让他们自己造人。男人女人结成夫妻造起人来感觉其乐无穷，便越造越多了。女娲因为造人被奉为中华民族传说中的"人类之母"。

二是女娲用五彩石补天。盘古开天辟地只是把天地分开，但天地四方靠四根柱子支撑，中间还留有一条神仙通道。当时，颛顼是北方天帝，他命令力士把神仙通道斩断，这样天地之间就没有通道可以走了。水神共工不服北方天帝颛顼，便向颛顼发起挑战，他们从天界打到凡间，胜负难分。水神共工打不赢北方天帝颛顼，便发起怒来，一头把不周山撞倒了。不周山是支撑天西北角的一根柱子，水神共工的这一撞，把其他三根柱子也震坏了。这样一来，西北一角的天塌了下来，造成的后果很严重。天上的日月不能正常运行了，天空出现了一个大窟窿，地上也出现了无数条巨大的裂缝，洪水一下子从裂缝涌入平原，平原成了汪洋泽国。森林开始起火，烧红了天空，烤焦了山岭，凶猛的禽兽都窜出深山老林，大肆残害人类。

女娲为了拯救人类就开始补天。她先是杀了一只巨大的海龟，用海龟的四只大脚替换四根损坏的擎天之柱，支撑起天。之后，女娲又在西北大荒山的无稽崖上，用各种颜色的石头熔化成岩浆把天补好。这样，天上的日月就正常运行了，洪水归流入海，凶禽猛兽也隐于山林了。

女娲却因为补天累倒了，最后终于闭上了眼睛。用现在的话说，女娲是属于"过劳死"。女娲的肠子最后化成了十个守护神，名字叫"女娲之肠"，守卫在西北海以外一个叫栗广的荒野。

自女娲氏到后面掌权的无怀氏，其间共有十五位君王先后登上"天子位"。他们都沿用伏羲氏的称号，故而，在历史上称为伏羲时代。据说，自伏羲氏至无怀氏，整个伏羲时代共历一千二百六十年。

之后，共工氏取代了无怀氏。他没有沿用伏羲氏的称号，而是自立名号，并用严刑峻法统治天下。据说，共工氏不信任臣下，自以为是，因此天下大乱，不久共工氏也就灭亡了。

再之后，神农氏取代了共工氏。神农氏登上天子位后号称炎帝。炎帝姓姜名魁。《山海经》中说炎帝是管理太阳运行的神，还说精卫是炎帝的小女儿。炎帝的诞生颇具传奇色彩，在《山海经》中是这样说的：炎帝的母亲叫任姒，一个夏天的黄昏，任姒在姜水边游玩，抬头看见一道红光，原来是一条长着红胡子的神龙停在空中，神龙的两只眼睛里放射出神奇的光芒。任姒与神龙目光交接，突然任姒心中一阵悸动，腹中便有奇异的感觉，任姒因此而怀孕，不久生下一个男婴，这个男婴长得牛头人身，是为炎帝。因为是在姜水出生，男婴就以水为姓，名魁。姜魁长大后，因为聪明能干，天帝很看重他。天帝知道姜魁积有火德，就让他做了管理太阳的神，他的职责主要是指挥太阳按时升起，按时落下，所以后来人们把姜魁称为炎帝。

精卫是炎帝最小的女儿，而且是炎帝几个女儿中长得最漂亮的一个，但精卫却是男孩性格。她酷爱运动，精通骑马、射箭、划船。只有十岁的精卫在河中划船，感觉不过瘾，便去东海里划船。突然遇到了狂风巨浪，精卫沉入海底，死后灵魂化作一只小鸟，发出"精卫""精卫"的叫声，于是，大家就把这只鸟称为"精卫"鸟。"精卫"鸟住在发鸠山的柘木林里。"精卫"为了复仇，发誓要把东海填平，她每天衔着小石子、小树枝填海。但东海对她的做法不屑一顾，"精卫"日复一日、年复一年，投石填海，永不止息。

《山海经》中的炎帝是神化了的形象，而传说中作为上古部落首领的炎帝，则是实实在在为民谋幸福的形象。

炎帝时期，人们的食物是野果和肉类，炎帝虽然带领人民去山里打猎，但人们忍饥挨饿的时间还是特别多，经常吃不饱。有一天，天上突然飞来一群红嘴麻雀（麻雀在古代传说中出场较多，也许是麻雀最为常见，春夏秋冬也不迁徙，跟人类接近的缘故，传说中需要出现鸟类时一般就让它出场），这群红嘴麻雀衔着谷穗、豆子，在炎帝的头上纷纷撒下，于是炎帝便咀嚼这些种子，觉得味道很好。过了一段时间，炎帝再来此地时，发现地上长出了许多小苗，后来这些植物都结有果实。炎帝就把果实收集起来在来年播种，竟结出更多果实，再后来，人们就开始食用这些果实，不再挨饿了。人们为了感谢炎帝的恩德，尊他为"神农氏"。神农氏让百姓吃饱了肚皮，但百姓中有好多人疾病缠身，神农氏看到后痛苦万分，便去寻找治病的草药。他尝遍了山上的花草，尝出了三百六十五种可以治病的草药，写成了医书《神农本草经》，并为天下百姓治病。据说，神农氏还提倡让百姓交换物品，开辟了市场，因此神农氏还是商业的祖师。神农氏功绩显赫，故而被神化为"三皇"之一。

在神话传说中，把炎帝称为"南方之帝"。炎帝姜魁在位共一百二十余年。炎帝姜魁之后，又有七位君王先后即位，分别是：帝临魁、帝承、帝明、帝直、帝釐（xī）、帝哀、帝榆罔。他们都沿用炎帝之号（或神农之号），治理天下三四百年。

炎帝的神农氏时代距今大约有五六千年，大约处于我国半坡母系原始氏族公社时期。

## 2. 阪泉大战黄帝起　尧舜禅位禹有夏

到了炎帝榆罔时期，神农氏渐渐开始没落。新兴的有熊氏取代了神农氏。有熊氏是黄帝的部落，这个有熊部落（在今河南省新郑县）因黄帝而雄起。

据《山海经》记载，黄帝的诞生也颇具传奇色彩。黄帝的母亲叫附宝，嫁给少典后一直没有怀孕。一天晚上，附宝在庭院仰观天象，祈祷上苍，突然发现一道耀眼的光环在北斗星的第一颗星周围不停旋转，其光焰喷薄而出，照彻天地，神奇异常。忽然，这道像闪电般明亮的光束向附宝射来。附宝眼花目眩，全身有一种特别的感觉，竟然有了身孕。但附宝怀上身孕两年后才生下儿子，这个儿子就是轩辕。

在古籍记载中，帝王大多被说成是"天落种"，其生育文化表现得十分神奇并丰富多彩。

其实，黄帝叫姬轩辕，又叫轩辕氏，是有熊氏部落首领少典的儿子，他出生在一个名叫寿丘的地方。远古时代，小孩出生、长大的地方就是他的姓氏。轩辕氏本姓公孙，由于是在寿丘的姬水边出生长大，便改姓"姬"。因为他发明了装有轮子的车辆，所以名"轩辕"。也有人说"轩辕"是黄帝的称号，因为黄帝曾建都于轩辕之丘，所以号称"轩辕"。

在距今约五六千年的前神农时代，我国远古社会已进入部落联盟时期，到神农时代最后一位领袖榆罔在位时，作为"天子国"的神农部落已衰败不堪，再也没有能力掌控天下了。于是，各部族出现互相侵伐攻打、残忍虐杀的战争。其中，以九黎族首领蚩尤最为凶暴，榆罔根本没有办法征服这些部落。

这时，姬轩辕已成为有熊部落的首领，他苦心经营，部落日益强大。姬轩辕精通军事，善于领兵作战，经常征伐那些不向神农氏纳贡的部落。这些部落慑于轩辕的武力，都表示愿意归顺他。榆罔看到这样的情况，十分生气，便欲用武力去征讨他们，如此一来，各部族就真的归顺了轩辕。之后，轩辕潜心休养，以德服人，并整军备战，欲与榆罔争个高下。他仔细研究天象，划分时令，教百姓依时种植五谷，尽心尽力安抚动乱中的人民，精心谋划治理天下的方案。甚至还训练了如熊、罴（pí）、貔、貅、貙（chū）、虎等猛兽，作战时用它们冲锋陷阵。当然，使用猛兽冲锋陷阵让现代人心存疑虑。现代学者认为，这些猛兽只是当时各部落的图腾，作战时冲锋陷阵的是以这种动物为图腾的各部落的人民。

当时，榆罔在鲁地（今山东省曲阜县）建都，或说建都在陈地（今河南省周口市淮阳区）；姬轩辕建都于有熊（今河南省新郑市），而蚩尤在荆蛮之地（今湖北、湖南、江西及河南省南部一带），呈三足鼎立之势。

时机成熟、准备就绪后，轩辕便向榆罔挑战，双方在阪泉进行了三次大战，轩辕打败了榆罔，摄行天子职责，管理天下事务，轩辕便成为中原各部族事实上的共同领袖。但是，九黎族的首领蚩尤不服。在传说中，九黎族有九个部落，有八十一个氏族酋长，故而，蚩尤有兄弟八十一人。古籍中说，九黎族人都是兽身人言，头上长有角，鬓发如剑戟，铁齿铜牙，能吞沙咽石。九黎族信奉巫教，崇拜鬼神。那时，九黎族已经能用铜矿制造兵器，并制定有严格的刑法，是南蛮部落中最早进入中原地区的一支力量。

阪泉之战，轩辕打败了炎帝榆罔，炎帝部落便更趋衰弱。蚩尤趁机挥师北进，一直打到炎帝的都城，把炎帝榆罔驱逐到幽州一带的涿鹿（今河北省涿鹿县）山上。炎帝榆罔走投无路，派人到有熊部落与轩辕修好，并劝说轩辕出兵援助。轩辕便从各部落征调人马，奔往冀州。

轩辕与蚩尤在涿鹿大战，激战正酣时，天空突降大雾，整整三天弥漫不散，双方士兵都迷失了方向。这时，轩辕的得力大臣风后制作了指南车，指南车帮助轩辕的士兵辨别方向，而蚩尤的士兵却被大雾所困，晕头转向，无所适从。这场战争，轩辕打败九黎军，擒获了蚩尤，随后就把他杀死在涿鹿城郊外，并把他的头和身体埋在不同的地方。据说头被埋在山东省原寿张县境内，身体被葬在今山东省巨野县境内。这两个地方曾经都有过蚩尤冢。

轩辕打败蚩尤后，各部落都要推举他做"天子"，轩辕也就顺水推舟取神农氏而代之，登上了天子位。轩辕登上天子位时，黄龙和神灵般的蚯蚓也出现了，黄龙和蚯蚓是两种祥瑞之物，都与土地有关系。黄色是这里土地的颜色，轩辕认为黄色最为光鲜淳美，是尊贵之色。所以，人们把姬轩辕称为黄帝，又称他为轩辕氏、有熊氏、帝鸿氏、归藏氏。

黄帝得天下后，定五刑、制阵法、讨不顺、拓疆土、命名百物、区别身份、举贤任能、量才任官，这一系列的重大举措，使得天下局势渐渐趋于稳定。

不过，《山海经》中的蚩尤则是个为君主复仇的英勇人物。因为轩辕与炎帝在阪原作战时出动了十万神兵、十万人兵、十万鬼兵，并以虎、豹、熊、罴等猛兽做前锋，炎帝抵挡不住，退守到了海南边隅。这时，蚩尤就出来为炎帝讨伐轩辕。关于蚩尤，还有传说他是古代的"天子"，曾称霸天下。或说蚩尤曾是炎帝的大臣，是他把炎帝驱逐到涿鹿。比较通行的说法是蚩尤为南方蛮夷部落九黎族的首领，是苗人的祖先，与炎帝榆罔、姬轩辕处于同一时代。

黄帝时期的发明创造很多，最突出的发明创造是这十种：一是仓颉造字。仓颉是黄帝的史官，他看到鸟兽留下的足迹便创制了一套符号，并赋予符号一定的意义，这叫"文"，再赋予这些符号一定的音，就叫"字"，文字就这样被创制出来了。二是鬼臾茋（qiù）占星作星官之书。三是大挠配甲子。大挠是黄帝的老师，创造天干地支之说。四是隶首作数。隶首是黄帝的史官，始作算数，结束了结绳记事、刻木为号的时代，并采用龟壳和珍珠发明了算盘。五是伶伦作乐。伶伦是黄帝的乐官，发明律吕，据以制乐。六是容成造历，容成也是黄帝的老师、重臣，传为今四川人，蜀之八仙之一，创立天文历法，著成《调历》，也就是传说中的"黄帝历"。七是黄帝作舟车。八是黄帝作冕旒（liú）、制衣裳。九是嫘祖养蚕织丝。十是黄帝设立井田制。

黄帝在阪原之地打败了神农氏的最后一位部族领袖榆罔，行天子事。故而，阪原之地叫"黄帝泉"。黄帝泉是古水名。但"阪原"是何处？现在说法不一，或说在河北省涿鹿县南，或说在山西省运城市解池，或说在河南省扶沟县，本书以河南省扶沟县为是。

黄帝消灭了北侵的九黎族部落首领蚩尤，从此声威大振，成为中原一带各氏族的共同领袖，他在位百余年，寿命长达一百多岁。

黄帝的长子叫昌意。昌意德行粗劣，被黄帝封到若水一带，为氏族分支首领。若水是古水名，即今四川省西部雅砻江，雅砻江是金沙江支流。黄帝的另一个儿子叫元（玄）嚣，字青阳。元嚣登上帝位后，就是历史上的少昊帝，他在位八十四年，去世时一百岁。《史记》则记载青阳被降居江水，不曾为帝。

之后，昌意的儿子颛顼（zhuān xū）、少昊的孙子喾（kù）又先后即"天子"位。帝喾去世后，传位给了长子挚（zhì）。但是，帝挚荒淫无度，不修缮政，在位九年而崩。挚的弟弟也就是被封在唐地的尧便被拥立为帝，这就是历史上赫赫有名的唐尧。唐尧是一位开明的"天子"，他为社稷着想，最后并没有把帝位传给自己的儿子丹朱，而是以禅让制的形式传给了在虞地为诸侯的舜，在中国历史上开了禅让制的先河，而虞舜则是颛顼帝的六世孙。

在《史记·五帝本纪》里，把我们上面说到的黄帝、颛顼、帝喾、唐尧、虞舜五位并称为"五帝"。

据《史记》《路史》等史料记载：

> 黄帝者，少典之子，姓公孙，名曰轩辕。一生经五十二战。十五岁民拥部落酋长，三十七岁登天子位。黄帝之子二十五宗，为四母所生，其得姓者十四人，为十二姓，姬、酉、祁、己、腾、葴（zhēn）、伍、荀、僖、姞、儇（xuān）、依（衣）是也。其中两人姓姬，两人姓己。

黄帝的正妃是西陵部落的女子，名叫嫘祖。嫘祖的两子玄嚣、昌意，继承黄帝本姓姬。嫘祖是中国历史上最早开始养蚕织丝的人，被后世奉为"蚕祖娘娘"。在英国也流传有《嫘祖养蚕》的故事，故事是这样说的："嫘祖有一天在一棵桑树下喝茶，一个蚕茧从树上掉落到她喝茶的杯子里，蚕茧碰到热水膨胀开来，嫘祖就从中抽出丝来，然后把抽出的丝拧成丝线，纺织制成了丝绸。"

据说，黄帝仙逝安葬在桥山。桥山又称子午山，在今甘肃省正宁县境内。但是，古籍中有说黄帝根本没有死，而是上天昊帝派来巨龙把他接到仙界去了。黄帝主要的活动地区是在西北高原、黄河中下游。黄帝陵在今陕西省黄陵县。

黄帝死后，儿子元嚣登上了天子位，称少昊帝。因为他以金德王天下，故号金天氏；又因为他很崇拜飞禽，便用鸟来为百官命名。元嚣在穷桑（今山东省曲阜县北）之地登上帝位，少昊帝在位四十八年，去世时一百岁，去世后葬在云阳，云阳是泰山下的小山。

颛顼即"天子位"。颛顼帝又号称高阳氏，是黄帝的另一个儿子昌意的儿子，也就是黄帝的孙子。当时，昌意被流放到若水后，在那里娶了蜀山氏女子，名叫昌仆，或说叫女枢，生下一子，取名颛顼，姓姬。

颛顼生下来的时候，就显得有帝相。十岁时，颛顼开始辅佐少昊帝处理天下事务，十二岁时，举行了加冕礼，二十岁（或说三十二岁）时，登上了"天子位"。颛顼在卫地（今河南省濮阳市西南）建都，故卫地又号称帝丘。后来，他又迁都到高阳，因此人们又称他为高阳氏。也有人说高阳不是地名，只是一种尊号，意思是说颛顼帝品行高尚、才智卓越，就像太阳一样光辉灿烂。

颛顼帝共在"天子位"七十八年，去世时九十八岁，去世后安葬在今河南省濮阳西南一带。

帝喾即位。帝喾的生卒年份约在公元前2480—前2345年，是少昊帝（元嚣）的儿子峤极的儿子，也就是少昊帝的孙子、黄帝的曾孙，随曾祖父的姓氏姓姬。帝喾名俊（夋），"喾"也是他的名字。因为帝喾出生并兴起于高辛之地，也就是西亳之地，在今河南省偃师西或商丘市睢阳区的高辛镇，故又号称"高辛氏"。又有人说高辛只是对帝喾的一种尊称，意思是说帝喾的才智、品行卓荦（luò）不凡，如同日月一样光辉灿烂。

帝喾出生时很神奇。相传，他能说出自己的名字。十五岁时，帝喾开始辅佐颛顼处理国政，三十岁时，登上帝位做了"天子"。帝喾在亳（西亳）地建都。

帝喾的高辛氏家族史料与周国之间有密切关联，因此，我们需要对帝喾多说一点。

帝喾，《史记》又称作夋（jí），因封于辛，故号高辛氏。帝喾娶有四个妃子。元妃是有邰氏女子姜嫄，有邰氏生活在今山西省武功县西。姜嫄，被后代吴氏奉为"圣祖母"，她是周族的母系祖先。原因是姜嫄生下弃，弃是周人公认的先祖。第二个妃子是有娀（sōng）氏女子（或说是有娥氏的女子）简翟（dí），生契。契后来成为商人的先祖玄王。第三个妃子是陈锋氏女子庆都，生放勋（尧）。第四个妃子是娵訾（jū zī）氏女子常仪，生挚。

帝喾在位七十五年。帝喾去世时已有一百岁，安葬在河南省宜阳县（或说在濮阳市）。

传说，颛顼帝生下称，称生下卷章，卷章又生下重黎和吴回。重黎做了火正，德厚如大地，号称他为"祝融"。那时，共工氏作乱，帝喾命令重黎去诛讨他，可是，重黎没能把叛乱分子全部消灭掉，帝喾就把重黎杀了。之后，帝喾让重黎的弟弟吴回承嗣其家，当作是重黎的后代，并接替他继续担任火正之职。于是，后来的人就把吴回称作"祝融"。据说，重黎和吴回就是楚人的老祖宗。

帝喾去世，常仪的儿子挚继承了喾的帝位，原因是挚在四兄弟中年龄最大，是长兄。挚在位一共九年，他没有任何建树，反而把天下搞得乱七八糟，窝窝囊囊地死去了。《史记》说，帝挚即位后没有把国家搞好，于是，由他的弟弟也就是被封在唐地（今河北省唐县）的放勋取而代之，这就是帝尧，号陶唐。

帝尧姓祁，名叫放勋，放勋早就有圣人之相。放勋是随母亲的姓，姓祁。因为放勋出生时，他的母亲寄居在三阿山之南一个名叫伊长孺的人家里，因此就随从母亲所居之家的姓氏，姓伊祁，或姓伊。相传，放勋晚上经常做梦，梦见自己向天上爬。他十五岁的时候，开始辅佐兄长帝挚治理天下，二十岁时登上帝位。因为放勋最初居住之地是陶地（今山东省定陶县西北），因此他成为"天子"后，人们又号称他为"唐尧"或"陶唐氏"。

帝尧"茅屋不剪、土器膳食、心系天下、爱民如子"。意思是：帝尧用茅草覆盖屋顶，也不修剪整齐，更没任何装饰。膳食的器具也同大家一样用绳纹土器。他心系天下，爱民如子。这是后来人们对他的评价。传说羿"上射十日""下除六害"的事情就发生在帝尧时代。羿"上射十日"，我们从小就熟悉这个神话故事，而"下除六害"比较陌生，据说这"六害"是：风伯、水火怪九婴、食人凶兽猰貐（yà yǔ）、吞象大蛇修蛇、齿长三尺的怪兽凿齿、大块头的野猪封豨（xī），其中，封豨能吞食生灵，危害百姓，最是厉害。

帝尧从散宜氏部落娶的一位女子叫女皇，女皇是尧的正妃。女皇生了一个儿子叫丹朱，但丹朱无德无能。尧的其他偏妃生了九个儿子，也都不成器。

帝尧在位七十年的时候，已经八十六岁了。那年，帝尧觉得精力不济，想离开天子位。相传，帝尧当时找到了心目中的接班人，此人是一个才德过人的著名隐士，名字叫许由。帝尧便派人去请，要许由来接替自己。不料，许由听说帝尧要他接替天子位的消息后，竟然跑到一户人家躲了起来。那户人家看到许由落魄狼狈的样子，主人就赶忙把家里一顶值钱的皮帽子藏了起来，生怕被许由偷了去。后来，人们知道了许由躲藏的原因后说："许由天下都不要，怎会要一顶皮帽子呢？"

《尚书》上的记载是：尧本打算让位于四方诸侯之首的四岳来接替他的位子，可是四岳认为自己才疏德薄，难以表率天下。四岳便把舜推荐给了帝尧。舜在二十岁时因为孝顺父母而闻名遐迩，是个德才兼备的贤能之人。

舜姓姚，名重华。舜的生卒年份约在公元前2128—前2086年。"舜"是谥号，舜号有虞氏。

帝尧把舜从民间征调到朝中，那个时候舜已经三十岁了。帝尧试用舜时，让他推行五种教典，以及整理百官事务，结果舜都办得令尧满意。帝尧对舜的考察是全方位的，帝尧甚至把自己的两个女儿娥皇、女英都嫁给了舜，以考察他在家庭生活中的一言一行、一举一动。帝尧又把一个叫"虞"的地方封给了舜，所以舜也叫虞舜。舜在虞地做了一方诸侯，锻炼才能。

整整三年的考察结束，帝尧认为虞舜值得信任，完全可以把天下托付于他。帝尧亲自选定了一个吉祥的日子，在文祖庙举行了隆重的禅让大典。

《五帝本纪》："尧知子丹朱之不肖，不足授天下，于是乃权授舜。授舜，则天下得其利而丹朱病；授丹朱，则天下病而丹朱得其利。尧曰'终不以天下之病而利一人'，而卒授舜以天下。"

帝尧在禅让大典上说："终不能以天下之病而利一人。"意思是说：把天下交给舜，天下的人就会受惠得益，当然，自己的儿子丹朱会受到伤害；若把天下交给丹朱，自己的儿子丹朱则能独享其利，而天下的人们就会遭受困苦。我不能牺牲天下人的利益来保全儿子丹朱一个人的利益！

按照通行的说法，帝尧在中国历史上开了"禅让制"的先河，为此，在尧舜时期也被当作"天下为公"的典范，为人们所津津乐道。

但是，也有人对帝尧的禅让持怀疑态度，甚至有一种与此相反的说法。尧舜时期处在原始社会末期，唐尧到了晚年，因德衰昏聩，便被虞舜囚禁了起来，而他的天子位也被虞舜强行夺去，但这一说法并非主流。

帝尧禅让于虞舜后，在离开"天子位"二十八年后去世，被安葬在一个叫谷林的地方。谷林在成阳山下，"尧游成阳山，死而葬焉"，但其地不详。

上面说到，舜在二十岁时因为孝顺父母而闻名遐迩，古籍上有其"孝感动天"的记载。舜的孝行被元代郭居敬辑录入《二十四孝》一书，后来的《二十四孝图》对舜的孝道也进行了宣扬。

舜的父亲叫瞽瞍（gǔ sǒu）。舜的世系是这样的：颛顼帝生下穷蝉，穷蝉生下敬康，敬康生下句芒，句芒生下蛟牛，蛟牛生下瞽瞍。《史记》中说，舜的父亲瞽瞍是个盲人。有的古籍中说，瞽瞍虽然长有一双眼睛，却不分好坏，不识好歹，所以当时的人们给他取了个名号叫"瞽"，又配个字号叫"瞍"。说他是盲人，是说他白长了一双眼睛，看不出好坏。瞽瞍的妻子叫握登，她在一个叫姚墟的地方生下舜，因此，舜姓姚。

相传，舜生下来的时候，状貌奇伟，非同凡俗，面相似龙，目有双瞳，因此父母就给他取名叫重华，字都君。舜生下来时，他的手心里有一个"褒"字，暗示舜将来会以劳苦起家，并因此而受到天下人的褒扬和称赞。

舜的母亲握登早早就去世了，父亲瞽瞍便娶了一房继室，生下一个儿子叫象。象狂傲骄纵，没有一点儿教养。舜的父亲瞽瞍心地不善，舜的后母爱搬弄是非，两人都偏袒儿子象。他们甚至想杀掉舜，舜却以恭顺的态度侍奉父亲、继母，照顾弟弟，处处都小心谨慎，从来不敢懈怠。

舜认为孝顺父母是做儿子的天职。但是，他们还是想杀掉他，只是苦于找不到机会。舜被重用之后，瞽瞍仍然想杀死舜。有一次，瞽瞍要舜到仓库顶上去涂合缝隙，自己则在下面放火烧仓，舜用两个斗笠护住身子跳下来逃走了。后来，瞽瞍又要舜挖井，舜在挖井时预先在井壁上开了一个可以藏身也可以脱身的旁洞。井越挖越深，等舜深入井中，瞽瞍与象合力倾倒泥土要把井填实，舜则从藏身的旁洞中逃了出来，再次脱险。这一次，瞽瞍与象认为舜已经死了，非常高兴。象对父亲瞽瞍说："出主意的是我。"说完就着手同父母瓜分舜的财产。象接着又说："舜的妻子（娥皇、女英）和舜的那把琴，该我享用；牛、羊、仓库给你们。"于是，象就来到舜的房间住下，弹他的琴。这时，舜突然回来了，象大吃一惊。但象表面仍作欣慰状，说："我想你正想得好苦闷啊！"舜说："那当然，你是个好人！"那时，舜只要一离开家到地里干活，就会不由自主地想起自己的母亲，就会在田野里号啕大哭一场。舜到五十岁的时候，想起以前的苦难经历，甚至还会像小孩子那样啜泣不已。尽管瞽瞍夫妇、弟弟象这样对待他，舜却没有改变自己的孝悌之心，对瞽瞍夫妇十分孝敬，对弟弟象也十分关爱。舜做了"天子"以后，还是一副孝子的模样。舜知道象是个无德无能之辈，便把他封在有庳（bì），有庳也叫有鼻（今湖南省道县）。象在有庳做了诸侯，舜派了一些有才干的官吏去帮他管理国事。舜不让象管理国家是因为象不能管好这个地方，不至于弄到税也交不出的地步，就为这事，有人也说舜其实是变相把象流放到了偏远的地方。

《史记·五帝本纪》："舜，冀州之人也。"舜是冀州人，曾经在历山种过地，相传，大象替他耕地，鸟儿助他锄草。舜还在雷泽捕过鱼，在黄河边上做过陶器，在寿丘做过多种手艺活，又在负夏做过买卖。

虞舜初摄帝位以后，便厉行新政。他在摄行天子位后，祭拜天地、四时、山川诸神，以及其他各种神灵。随后，他收集起各式圭、璧（古代诸侯所持用作信符的玉器），用它们作为五种不同的信符，并选吉日召见诸侯，再把五种信符按五个等级分赐给各诸侯国君。舜把天下诸侯分为公、侯、伯、子、男五等，并制定召见的"五礼"。二月，舜便开始巡行天下，并把五年一巡狩定为一种制度。舜让各方诸侯以述职的形式汇报五年来的施政情况，对功绩卓著的人进行表彰和提拔重用，对政绩突出的人赏赐华丽的车子和衣服，表示勉励。

虞舜为政宽恕、仁爱为怀，把墨、劓（yì）、剕（fèi）、宫、大辟五种酷刑刻在器物上作为警戒，处理时把本该执行五种酷刑的罪犯改为流放，同时制定了鞭刑、扑刑、赎刑，执法时用刑慎重。虞舜规定：过失也就是无意识犯的罪可以赦免，但对惯犯决不宽恕！

虞舜还将历法、度量衡、"五礼"等颁行天下，把天下分为十二州，划定封界。虞舜在执政时举用"八恺""八元"，征伐"四凶""四罪"。

"八恺"是颛顼帝时期的八个贤能的臣子：苍舒、隤敳（tuí ái）、梼戭（táo yǎn）、大临、尨（páng）降、庭坚、仲容、叔达。"八元"是帝喾时期的八个贤能的臣子：伯奋、仲堪、叔献、季仲、伯虎、仲熊、叔豹、季狸。因为唐尧时期对他们都没有任用，虞舜就在这十六个氏族中选出十六个能人加以任用。

黄帝时期逞凶作恶的"混沌"，少昊帝时期背信弃义的臣子穷奇，颛顼帝时期寡廉鲜耻的臣子梼杌（táo wù），这三个氏族的人世世作恶，被人们视为心腹大患，一直到唐尧时也没有能够除去。还有在黄帝时期主管土地和人民的夏官缙云氏的臣子饕餮（tāo tiè），奢侈无度、贪婪成性，到唐尧时还是本性不改。这四族被称为"四凶"，虞舜都把他们流放到偏远的四方边境上，让他们来抵挡鬼怪，保护人民。

虞舜流放了"四凶"后，接着又处罚了四个部落首领。这些首领因违法乱纪、作恶多端，被称为"四罪"。共工和他的部落被流放到了幽州（今北京市一带），驩（huān）兜和他的部落流放到了崇山（今湖北省崇县）一带，三苗和他的部落被流放到西边的三危山（今甘肃省敦煌市东南），崇鲧（gǔn）干脆就被杀死在羽山下。虞舜用这种办法来惩戒四边的戎、狄、蛮、夷，使他们接受教化，移风易俗。

帝尧离开天子位二十八年后，仙逝升天，虞舜便正式登上帝位。帝舜本来在虞地妫汭（guī ruì），虞地即今山西省永济市蒲州镇一带，妫汭是古水名，在今山西省永济市南。帝舜在虞地水边生活、起家，因此天下人开始称帝舜为"有虞氏"。这个地方就是后来的夏墟，再是后来的虞国。帝舜在一个叫蒲阪（今山西省永济市蒲州镇）的地方定都，崇尚红色。登帝位后，帝舜把尧的儿子丹朱封在丹水一带为诸侯，以便让他祭祀、供奉自己的先祖。丹朱可以穿先朝（帝尧时期）的礼服，可用先朝的礼仪和音乐，帝舜把丹朱称为"虞宾"，意思是不把丹朱看作臣子，而是把他当作珍贵的客人，表示自己不敢独享天下。

帝舜在执政中，作五明扇，立诽谤木，歌《南风》诗。他吟唱的《南风》诗的内容是这样的："南风之薰兮，可以解吾民之愠（yùn）兮。南风之时兮，可以阜吾民之财兮。"意思是说：东南风轻轻吹来啊，是那样和暖，它可以消除我的子民们的烦恼和忧伤。东南风徐徐吹来啊，是那样及时，它会带来一个丰收年，使我的子民收入丰盛、家给人足。帝舜常常是一边弹奏五弦琴，一边吟咏歌唱，对人民深情款款，爱意绵绵。

虞舜的正妃娥皇没有生子，次妃女英生下一个儿子，名叫商均，同帝尧的儿子丹朱一样，商均也无才德。这时，帝舜在天子位已经三十三年了，年事已高，决意退位。帝舜让禹代为天子，管理天下事务。这一年的正月初一，大禹在明堂接受了上天的赐命，代帝舜统帅百官，就像当初虞舜代帝尧摄行天子之职一样。

禹，是夏后氏部落领袖，史称禹、大禹、戎禹，姒姓，名文命，字高密，蜀之石纽人。传为颛顼六世孙。（因为禹与越国有密切关系，关于禹的事迹，我们将在第37节《稽山归藏禹王灵　少康庶子无馀始》中再作讨论。）

帝舜禅位于夏禹。夏禹在代行天子职事的第十七年，帝舜仍在关注民生，勤劳民事。这一年，帝舜到南方视察，病死在苍梧山（今湖南省九嶷山南，以及广西壮族自治区的贺江、桂江、郁江一带）脚下。帝舜三十岁时被帝尧征用，摄行天子事，摄位三十年后，登上天子位，在位五十年后升天而去（《史记》

记载帝舜在位三十九年，禅位于禹）。去世后，帝舜安葬在长江之南的九嶷山零陵玉琯苑（今湖南省宁远县南，苍梧山即九嶷山），离其弟象的封地一百里（今湖南省道县）。

另一种说法很悲惨，即虞舜晚年被禹流放到苍梧，并最终死在那里。这同样是不入主流的说法。

# 第二章

## 姜嫄母履迹生弃　亶父公积德垂仁

　　殷商时期　殷商王武乙在位：

　　周，殷商方国。其祖弃，黄帝曾孙，帝喾之妃有邰氏之女姜嫄所生，尧时为农师，舜时被封于邰（今陕西省武功县西），官"后稷"，姬姓。三传至公刘，迁居豳（今陕西省旬邑县西南），周道之兴自此始。其后九传至古公亶父（周太王），自豳迁于岐山下周原（今陕西省岐山县、扶风县一带），国号曰周，开始"翦商"，周朝王业自此始。

——摘自《勾吴史集·吴国历史大事记》

## 3. 姜嫄弃弃视不祥　后稷稼穑远流芳

《史记·周本纪》记载：

> 周后稷，名弃。其母有邰氏女，曰姜原。姜原为帝喾元妃。姜原出野，见巨人迹，心忻（xīn）然说，欲践之，践之而身动如孕者。居期而生子，以为不祥，弃之隘巷，马牛过者皆辟不践；徙置之林中，适会山林多人，迁之；而弃渠中冰上，飞鸟以其翼覆荐之。姜原以为神，遂收养长之，因名曰弃。

《史记·周本纪》的这段记载，意思是说：周后稷，名弃。弃的母亲叫姜嫄，姜嫄是帝喾的第一个妻子。姜嫄是有邰氏女子，有一次外出，在野外踩踏巨人脚印而怀孕生子。姜嫄毕竟是盟主帝喾的正妻，奇怪生子，原因不明，就不想要这个儿子，于是她便想抛弃婴儿。把孩子丢在小巷子里，经过的马牛都躲开不去踩他；把孩子移放在林子里，又碰到山上林子里的人很多，只好再换个地方；把他丢在水渠的冰面上，却有飞鸟用翅膀垫在下面为他保暖。姜嫄认为出现了奇迹，便把孩子抱回抚养，取名"弃"。

东汉赵晔所著的《吴越春秋》中也有类似一段话，其卷一《吴太伯传》开篇便说：

> 吴之前君太伯者，后稷之苗裔也。后稷其母，台（邰）氏之女姜嫄，为帝喾元妃。年少未孕，出游于野，见大人迹而观之，中心欢然，喜其形象，因履而践之。身动，意若为人所感。后妊娠，恐被淫泆（yì）之祸，遂祭祀以求，谓无子，履上帝之迹，天犹令有之。

《吴越春秋》这段话的意思是说：吴国的开国君主名太伯（泰伯），他是后稷的后代子孙。后稷的母亲是有邰氏的女儿姜嫄，为帝喾元妃。姜嫄尚未怀孕时，有一次到野外去游玩，发现地上有巨人的脚印，就走近去观赏，心中产生了一种兴奋和愉悦。姜嫄很喜欢巨人的脚印形象，因而用脚去踩踏巨人的脚印。忽然之间，姜嫄感到自己的身体在颤抖，就好像被人摇动一样。后来姜嫄就怀孕了，但她担心自己会背上淫荡的罪名，于是就去祭祀神灵以祈求帮助，神灵回答：你本来没有孩子，但你踩踏了上帝的脚印，天意才决定要你怀孕并生下这个孩子。

上面的这段话说明了一些问题：后稷的母亲叫姜嫄。后稷是周族的始祖。吴国的开国君主太伯是后稷的后代子孙。而我们知道帝喾的祖父是黄帝，所以后稷便是黄帝的后裔。

海南省文昌市的吴多兴先生在其著作《姬吴史踪》中说：

> 陕西省彬县一带现在还流传着有关姜嫄生弃的传说，姜嫄嫁给帝喾后，生活在今陕西省彬县城东凤凰山一带。在一个晚春大雪之后，姜嫄来到凤凰山的履迹坪上，发现有人走过的脚印，阳光照在雪上，雪开始融化，脚印越来越大，她就顺着这个脚印走了过去。她踏在大脚印上的时候有一种怀孕的感觉，十月怀胎后生下个大头男孩，男孩不哭不闹，呼呼大睡。大家一看男孩十分怪异，恐怕不是好兆头，担心会给部族带来灾难，都说要把男孩扔掉。
>
> 先是把男孩丢弃在隘巷里，希望牲口把他踏死，但过往牛羊都避开不踏；又把他丢弃在彬塔后面狼乳沟的树林里，可是上山打柴的人发现狼在给他喂奶；再把他丢弃在河渠的寒冰上，却有飞鸟飞来覆盖在他的身上，不让他受冻。三次丢弃，都没有把他踩死、饿死、冻死，人们就将他抱回养在城东的二郎山上，起名弃。今陕西省彬县有凤凰山、履迹坪、隘巷、狼乳沟、二郎山等与弃有关的地名，陕西省彬县还有方言"大头爷""打呼噜二爷"，与弃生下来是个大头男孩、不哭不闹、呼呼大睡有关。传说弃的出生地是在彬县隘巷内的元真观。元真观中弃生下落地的地方，每遇雨雪，就会显血红色，这个地方后来被人用床一样大小的石板盖住。盖住后，据说雨下到石板上立刻流掉，雪也立刻融化。再后来，又有人在石板四周立柱盖了个玉皇楼，覆屋重檐

下高悬"天威之尺"的匾牌。

《诗经·大雅·生民》中说，弃出生于邰地（今陕西省武功县），但有学者坚持认为弃的出生地应该在陕西省彬县（古时邠地），一是那里有比较多的遗存和传说，具有一定的参考价值；二是陕西省彬县是姜嫄夫家，生子生在夫家应该是习俗；三是《诗经·大雅·生民》中"即有邰家室"，应该是指舜封弃在邰地，而不是出生在邰地。从此，邰地是弃的家。

那么，姜嫄为何要丢弃自己的儿子弃呢？

《吴越春秋》虽然没有说到姜嫄丢弃儿子弃的事情，但是透露出姜嫄的怀孕是不明不白的。书中神灵的回答是：你本来没有孩子，但是你踩踏了上帝的脚印，天意才决定要你怀孕并生下这个孩子，而姜嫄担心的是自己会背上淫逸的罪名。

《史记·周本纪》的回答是："居期而生子，以为不祥。"也就是说这样生下的儿子不吉祥，所以姜嫄要丢弃自己的儿子弃。《史记·周本纪》中的理由也说得含糊其词，并不充分，不能服人。

我们前面说到，远古帝王的诞生大多带有传奇色彩。如：炎帝的母亲任姒因看到天空中一条红胡子神龙两只眼睛放出的光芒而怀孕，生下了牛头人身的姜魁；黄帝的母亲附宝因被环绕北斗星的光束照射而怀孕，两年后生下了轩辕。炎帝牛头人身也不曾被其母任姒丢弃，为何弃就因为头大而被认为是不好的兆头，族人担心弃会给部族带来灾难认为要把男孩扔掉而导致姜嫄弃弃呢？

《诗经·大雅·生民》是一首带有神话色彩的古老史诗，该诗叙述了姜嫄生产弃的神异和对周族的开创之功。诗中说姜嫄踩到的巨大脚印其实是天帝武敏的脚印。姜嫄履迹因而受孕，生下了后稷。闻一多先生把这事说得更加直接，"履帝武敏迹而生后稷，不过是野合而生子的美称罢了"。有学者认为，"履迹"是先民的一种祭祀活动，所谓巨人，实际上是祭祀者中有人扮作的神主，神主被作为祭祀对象而接受众人的祭祀。在祭祀活动中，其作用是代替天帝，在我国古代被称为"尸"。

其实，弃子行为并不奇怪，在我国古代就有弃子的习俗，弃子行为也极为常见。有学者从文献资料中发现，最早记载弃子行为是在大禹时代，其后成为习俗悄然盛行。更恐怖的是，弃子作为美食被吃掉，《韩非子·二柄》记载："桓公好味，易牙蒸其首子而进之。"《墨子·节葬下》记载："昔者越之东有辄（zhé）沐之国者，其长子生，则鲜而食之，谓之宜弟。"《墨子·鲁问》记载："鲁阳文君语墨子曰：'楚之南有啖（dàn）人之国者桥，其国之长子生则解而食之，谓之宜弟，美则以遗其君，君喜则赏其父。'"

那么，为什么弃子习俗大都是杀死长子呢？

"弃"字一开始就是我国古代弃子习俗的文字记录。殷商时期的甲骨文"弃"，像双手捧簸箕作弃子状。《说文解字》释"弃"为"捐"，《说文解字注》又释"捐"为"弃"。弃子习俗不仅是我国古代存在的现象，更是世界性的现象。有学者认为，杀死长子的真实原因恰恰是因为长子的血统被认为有可能不纯正。恩格斯在《家庭、私有制和国家的起源》中，把远古社会的婚姻制度分成三个基本阶段，即血缘家庭、普那路亚家庭和对偶家庭。其中，普那路亚家庭是指母系氏族阶段向父系氏族阶段过渡时期的一种家庭婚姻制度，这种制度禁止父母与子女之间、同胞兄妹之间，以及有血缘关系的男女之间通婚，于是便形成了一种新的婚姻制度族外婚。族外婚阶段盛行走婚现象，人们往往只知其母不知其父。姜嫄时代正处于中国古代母系氏族社会向父系氏族社会过渡时期，因为走婚制度的存在，使得第一个孩子的嫡长子身份和血统被怀疑。

江西的"林屋公子"在其所著的《吴越春秋》中说：

> 在这一阶段，私有财产的继承又要求子女一定要出自男方的血统，为了避免血统的混乱，杀死嫡长子是保持血统纯正的唯一手段。战国时代，秦汉的羌胡、南蛮都还有"杀首子"的传统。在国外的犹太传说、罗马传说中也都有体现，国外"杀首子"据说主要是为先祖涂上神圣色彩。

林屋公子认为，姜嫄是有邰氏，帝喾是高辛氏，并非同一氏族，本是可以通婚的部族。按照当时习俗，不同族众会在某时某地集中起来，一起祭祀天帝天神，祭祀结束后，不同部族的男男女女就会集体野合，这种仪式在当时有个特别的名字，叫"郊禖（méi）"。郊禖风俗在春秋时期还存在，之后的集会干脆把祭祀天帝天神的仪式也省却了。郑国的溱洧（zhēn wěi）、楚国的云梦、齐国的社稷、宋国的桑林、燕国的有祖，这些地方据说在当时都是有名的"郊禖欢乐谷"。因为周礼教化的影响，鲁国没有"欢乐谷"，故而鲁庄公有时就会偷偷跑到齐国的"欢乐谷"社稷去作一番"考察"。在世界范围内，这种郊禖风俗到近代还存在，在美洲、非洲，以及澳大利亚、印度的一些民族之中，同样会在固定的节日聚集搞郊禖。有了聚集搞郊禖这些事情，那么长子的血统被认为不纯正就是有可能的，"弃长子"作为风俗出现也就不难理解了。

照此说来，帝喾难道只是"弃"名义上的父亲吗？

甘肃省庆阳的路笛先生在《周祖传奇》一书中作了有关姜嫄事迹的细致分析。大概意思是说：如果弃是"野人"的孩子就涉及姬周的血统，而后涉及姬吴的血统，这涉及他们是不是黄帝正宗嫡传后裔的问题。如果弃的父亲是帝喾，那么又为何会有"姜嫄弃弃"这个神奇传说。书中的结论是，帝喾为了联合炎帝后裔共同抵御三苗和北狄，娶了炎帝部落有邰氏姜嫄为元妃。姜嫄姓姜，是炎帝神农氏的后代，姜嫄自小爱好农稼，成为帝喾的元妃后，爱好不变，农稼的兴趣更浓，便在宫外找了块田地种起庄稼来。帝喾是部落联盟首领，因为事务繁忙，有时候回家也不见姜嫄，二人便渐渐疏远起来。后来，帝喾又娶了陈锋氏的女儿庆都，生了尧；再娶了娵訾（jū zī）氏的女儿常仪，生了挚；还娶了有娥氏的女儿简狄，生了契。姜嫄慢慢觉得自己已经被帝喾遗弃，对元妃之位也丧失了信心，于是就专心种起作物来，后来干脆在田地旁搭了小屋住在里面。

有一天，帝喾想起了姜嫄，宫中侍女告诉了他姜嫄的情况。帝喾既吃惊又愧疚，便趁着夜色避开城门官来到了姜嫄的田边小屋。这次探望的结果造成了姜嫄的怀孕。在当时，帝位是经过公侯推举的，帝喾私自出宫不守宫规，这样的犯禁行为很可能会失去帝位，所以帝喾只能把这次出宫作为一个秘密而深藏。姜嫄十月怀胎，在帝喾二十五年（前2162）二月初二生下弃。姜嫄为保帝喾的声誉，便编造了踩踏巨人脚印的神奇故事。姜嫄作为元妃在野外草屋生子，是对君主的侮辱，于是公侯们提出要处罚姜嫄，帝喾无奈，只能废除姜嫄的元妃之位，贬为庶民。姜嫄最后也只能是带着孩子回到出生地，即娘家邰地，开土种地，养儿成人。

路笛先生的故事肯定了弃的父亲是帝喾，里面甚至还有帝喾与姜嫄的一段悲情故事，然而这样的理由也不是十分让人信服，看后总觉得有较深的编造痕迹，也只能是一家之言而已。

吴多兴先生所著的《姬吴史踪》对姜嫄作了深入研究，给出的新论重点介绍了姜嫄，但并没涉及姜嫄弃弃的原因。书中所记，姜嫄是有邰氏首领的女儿，在《古列女传》《诗经》《史记》《国语》等古籍中都有记载。

姜是神农氏部落之姓，在今陕西省武功县、杨凌区一带。黄帝部落的起始地在陕西省天水市、宝鸡省地区，两个部落相距不远。相传在后炎黄时代，颛顼帝与原炎帝部落的共工氏发生了一场争夺帝位的战争，双方伤亡惨重，在人丁方面，颛顼帝损失了一半，共工氏伤亡七成。据《山海经》记载，共工败于颛顼，发怒撞倒了不周山，也许就是这场战争，双方为求生存，商议息兵罢战，在这个时候，原炎帝部落的有邰氏姜嫄为了双方和平，嫁给了彬地黄帝部落颛顼帝的侄子帝喾，这场和亲使炎黄部落安定了数百年之久。

吴多兴先生认为，有邰氏姜嫄嫁给颛顼帝的侄子喾，是和亲之举。并且，姜嫄婚嫁之时喾还不是部落首领，喾和姜嫄的结合实际上是一场政治婚姻。

相传，姜嫄嫁给帝喾后，生活在今陕西省彬县凤凰山一带，一生喜欢种植。姜嫄后来被免除元妃，贬为庶民，回到了娘家（在今陕西省武功县）。姜嫄去世后葬在今陕西省武功县武功镇华山村西山坡上，冢高4米余，历代都有修葺、题刻。民国期间，姜嫄墓地占地40亩，墓区有围墙、牌坊、门楣。1958年，其20亩墓地被占为耕地，后存数亩，修建物尽散失。1981年被列为省保单位，重建了牌坊、门楣。

但是，姜嫄圣母墓还有另外两处：一处在陕西省彬县炭店镇水北村拜家洼，墓前有水潭叫响潭，水潭对面为一区平地。墓在县城西五公里的地方，现为县级文物保护单位。明《一统志》记载："姜嫄墓，在邠（bīn）州城东北一十里，有庙。姜嫄，虞后稷之母。"姜嫄圣母墓为不规则圆台形，封土高7米，直径大约20米。墓前曾有清乾隆四十一年（1776）陕西巡抚毕沅题写的"姜嫄圣母墓"墓碑，碑于20世纪70年代散失民间，另一处在山西省汾地。

姜嫄圣母墓有多处，按照一些学者的说法，陕西省武功县武功镇的姜嫄圣母墓才是血棺墓。至于墓有多处的原因有很多，其中一个原因很可能是因为她的儿子后稷任职地多变，为了祭祀方便而修的墓。弃被尧封为农师时，在今武功县。后来，弃被舜委任为农正官时，是在夏都（今山西省安邑县一带）。然而，后代吴氏一致公认的是，姜嫄是周族的母系祖先，故奉姜嫄为"圣祖母"。

弃长大后在尧时代任农师，在舜时代任后稷。其实，这是两个职务差不多的官名，只是叫法不同，都是掌管农业的古代官职。

弃应该是尧同父异母的弟弟，当尧担任部落联盟首领的时候，任命弃为农师官。因为弃发明了"稷"的种植方法，后来舜执政时代专门给了他一个官名："后稷"。《史记·五帝本纪》记载："舜曰：'弃，黎民始饥，汝后稷播时百谷。'""后稷"这个官职也成了弃后代的世袭职务。

《史记·周本纪》记载："弃为儿时，屹如巨人之志。其游戏，好种麻、菽。麻、菽美。"意思是说：弃还是个孩子的时候，高大勇武，就有巨人之志，他做游戏，喜欢的是栽麻种豆，种下去的麻、豆都长得茂盛。弃长大成人后，也爱上了种庄稼。弃能根据土地的特性，选择适宜的谷物栽种，后来人们都仿效他。帝尧时候，举用弃为农师，天下人从此都蒙受其惠，这是弃的功劳。帝舜时期，舜说："弃，百姓当初忍饥挨饿，全靠你这个带领他们播种各种作物的农师。"舜封弃于邰地，号称"后稷"，另外弃得姓为姬氏。

大禹治水时，弃和他的另一个同父异母的兄长商契，还有嬴姓族长伯益，共同跟随禹去治水。禹负总责，同时负责建设防洪工程；契负责宣传教育；伯益负责牧猎；弃负责教导移民种植。弃在这场规模空前的治水运动中的主要政绩是教导百姓迁至高地而居，教导百姓种植谷物，并年年丰收。古籍中有"……三年，百姓面无饥色"的记载，这是对弃的赞扬。

后来，弃勤于农业生产，辛苦劳作，累死在黑水（古水名，在今陕西省境内）岸边的一座山上。弃被尊为谷神，奉为农神后稷，与神农齐名于天下。周人奉他为始祖，世称"周弃"。《史记·周本纪》记载："后稷之兴，在陶唐虞夏之际，皆有令德。"尧、虞、夏几代之间，后稷历任者都很有美德。

在此，我们参考《史记》与吴多兴先生的《姬吴史踪》，录上周祖世系如下：自黄帝至季历，传三十三世。黄帝、玄嚣、蛟极、帝喾、后稷、婺玺、叔望、盛都、参州、潢川、房山、通许、双阳、五山、不窋（zhú）、鞠陶、公刘、庆节、皇仆、差弗、毁隃（yú）、公非、辟方、高圉（yǔ）、侯牟、亚圉、云都、太公、祖绀（gàn）、诸盩（zhōu）、公叔祖类、古公亶（dǎn）父、季历。

《吴地记后集》（旧本）原文中说："周和吴皆后稷之后，姓姬氏。"

## 4. 周人吴蛮追后稷　豳地周原溯古公

公元前 21 世纪前后，弃受帝舜封于邰地诸侯，"后稷"这个官职便成为弃后代子孙的世袭职务，一代一代传承下来，一直到了夏代。《史记》记载，传至黄帝十一世孙不窋，不窋辞官奔豳（bīn）。这样，弃的后代子孙世袭的后稷职务消亡。对不窋的世系有不同说法，或说为黄帝十五世孙。

姬弃是周族始祖，官名后稷。弃的后代一直世袭着这个农师官的职务，也都称后稷，直到夏朝末年，弃的后代还是农官后稷。

夏，本是一个古老的部落，相传是由包括夏在内的十多个部落联合发展而来，与其他部落交错分布于中国境内。唐尧、虞舜时期，夏族首领禹因治水有功，取得了帝位，之后传给其子启，从而建立了我国历史上第一个奴隶制王朝——夏。

夏王朝约存在于公元前 21 世纪至公元前 16 世纪。《史记·夏本纪》记载："夏后氏政衰，去稷不务，不窋以失其官而奔戎、狄之间。"意思是说：夏朝统治衰败，夏帝孔甲（前 1879—前 1849）为政腐败，不重视农业，废弃农事农官，不再劝民务农。当时，孔甲的大权已经旁落到了有穷氏手中。天下有八十一路诸侯，其中四十个诸侯国叛夏，宣布自行立国。夏朝老臣不窋为此进言夏帝孔甲，孔甲大怒，不窋因而失去了农师官职。不窋失去后稷官职后，离开夏都安邑（今山西省运城东北夏县）回到了出生地邰地。

然而，就在不窋失去农师官职的时候，他的家里出了件大事。不窋的夫人上吊自缢了。不窋的夫人一时想不开自缢身亡，照例也只是家族里的事情，但是，不窋的这位夫人恰恰是夏帝孔甲的姑母。

孔甲对不窋的谏言之举本就心中不快，余怒未消，孔甲便认为姑母之死是不窋所害，故下令追杀不窋。不窋不得不携家眷从邰地开始逃亡，一直逃到了西北部戎、狄之间的陇东庆城（今甘肃省宁县），但也有说是逃到今陕西省一带。相传，不窋的儿子鞠陶就是在逃难路上生的，出生地点是在北豳地宁县西南六十里的董志塬和盛镇曹村之间的烧陶窑洞里。鞠陶的生母是不窋的续弦。

今陇东庆城县城南三里处，环江与东河交汇于马莲河，此处有一山湾台地，世称"不窋城"。不窋在此立足，继续从事农耕。

据《括地志》记载："宁、庆、原三州，秦北地郡，为义渠戎之地，周不窋、公刘居之。"清《庆阳县志》也记载："不窋坟在庆阳县城东山顶。"帽盒山巅，至今坟尚在，有后代立碑。明世宗嘉靖十九年（1540），陕西按察使张邦教奉旨立"周不窋之陵"碑；明嘉靖年间，御史周南、知府何岩立"周祖不窋氏陵"碑；清道光二十九年（1849）步桐立"周祖不窋之墓"。现存嘉靖十九年碑的复制品，碑文大意为：周先祖不窋去世后，葬于庆阳东山之巅。不窋，是我周朝圣祖，被追崇为上古天子。张公奉旨建亭立碑，是为匡正我周先祖的根基。嘉靖皇帝和之前明君圣主的做法一样，他在南巡途经庆都看到尧帝母亲的墓后，萌发重修尧母墓之心，且纳入历代帝王陵寝三年一追祭的范畴。不窋是周朝的先祖，历代造有行宫、庙祠，祭祀不绝。

庆阳地区尚有许多周墓，这里是历代文人关注的地方。明李梦阳《秋怀》中有诗句："庆阳亦是先王地，城对东山不窋坟。"周祖陵陵区有"肇周圣祖"牌楼，四柱有两联，正联为："望天门三皇五帝周祖名峰群仙聚会，思庆州岐傅李米人杰地灵万众来朝"；次联为："绝顶始知世外境，凭栏一望古今天"。

《史记》记载：不窋去世后，其子鞠陶即位。

关于鞠陶的记载不多，鞠陶在庆阳叫"周老王""周懒王""周赖王""周奈王""周赧（nǎn）王"。鞠陶在庆阳的功绩有二：一是斩山湾，他利用陇东高原掘直马莲河，使宽大平整的农田不受水淹；二是根据黄土的特点，仿照陶窑形式大力发展"陶复太穴"，居民从地穴式或半地穴式的类窑洞式居室，转移到地面上的窑洞居住，改善了居民的居住条件，离开了潮湿阴冷的地穴式居住环境，这种类窑洞式的居住方式到目前还存在，陕西省咸阳市三原县（关中平原）新兴镇柏社村村民王志斌一家还住在一百多年前的地窑四合小院里，地面四周和某些位置开了小孔,当地称为"溜子",一作通气用,二是运送谷物。地窖小院里必种树木,以警示防止踏空。据说,这个被称为会隐身的四合小院,百年之中从来没有出现过水涝。此外,他还为制陶业的发展做出贡献。鞠陶是北豳圣人,在今甘肃省庆阳市和宁县有较多鞠陶时期的遗存。

鞠陶去世,其子公刘即位。

公刘是个仁慈善良的人。据史书记载,公刘走路不践踏嫩草,驾车也要避开初生的芦苇。

公刘是"周道之兴"的奠基者。周族治道的大兴就是从公刘开始的。公刘虽身在西北戎、狄地区,却重新恢复了后稷的旧业,致力于农作。他重视农业,根据土地的植培特性加以耕种。公刘所处时期是夏桀(jié)暴虐的时代。公刘在豳地施行仁政、劝民生产,故而周邦百姓都归心于他。

《史记·周本纪》有这样一段话:"行者有资,居者有蓄积,民赖其庆。百姓怀之,多徙而归焉。"是说公刘即位后,几年下来,行道人有了盘缠,居家者有了储备,人民很高兴,多迁居而投靠于他。

后来,公刘为了寻找更适宜农耕的广阔地方,带领族人迁出戎、狄地区的北豳地,一路向南,来到豳地(宁县),在一个叫"庙嘴坪"的地方筑城建都。

当时,周人便作诗《公刘》来歌颂他。此诗收录在《诗经·大雅》之中。该诗叙述了周的远祖公刘迁都的史实并大加赞美,详细描写了公刘为迁都考察地势的过程,全诗以"笃公刘"起兴,强调了他憨厚朴实的性格,展现了他行为的踏实严谨,歌颂了他慎重求实的领导作风,从而肯定了他为周朝的建立和繁荣所奠定的坚实基础。见《诗经·公刘》译文:

忠诚敦厚好公刘,不敢安居度时光。划定田界来耕田,堆积粮食盛满仓。于是包装备干粮,各种口袋一起装。让民和睦有荣光。拉开弓来箭上弦,盾牌戈斧持手中,开往豳地奔向前。

忠诚敦厚好公刘,视察原野日夜忙。随来百姓日日多,百事和顺心舒畅。不再哀叹把心伤。有时登上小山头,然后再回平原上。公刘佩戴是何物?美玉宝石挂腰间,佩刀玉鞘闪光亮。

忠诚敦厚好公刘，前往百泉去视察，广阔平原放眼望。登上南边高山冈，方见京地好地方。京师原野多宽广，于是在此来安居，在此寄居造新房。于是人人说笑忙，你言我语喜洋洋。

忠诚敦厚好公刘，安心在京建新邦。仪容庄重人满堂，恳请赴宴到座上。宾客就座靠桌旁，先行曹祭求吉祥。圈中抓猪做佳肴，斟酒用瓢操作忙。请吃饭来请喝酒，公刘做君为宗长。

忠诚敦厚好公刘，开垦土地宽且长。观测日影登山冈，察看山的南北方，探明河流何处淌。组建三军相轮换，湿地平原都测量，尽力耕田多打粮。西山坡上度量忙，豳地原野实在广。

忠诚敦厚好公刘，豳地之上建宫房。率民横渡渭水河，拿回砺锻建房忙。基地已定治田亩，民多物足心欢畅。住在皇涧岸两边，对面过涧很宽敞。居民众多都平安，河湾内外人攘攘。

当初，不窋不得已从邰地逃到西北部戎、狄之间的陇东庆城，所谓的北豳地，是周族历史上第一次大迁徙的居住地。这次，公刘带领族人迁出戎、狄地区陇东庆城的北豳地，向南来到宁县（宁县古代称为豳地）。公刘在庙嘴坪筑城建都，史称"公刘邑"。对于公刘的迁徙，有学者认为，公刘迁出戎、狄地区北豳地也是有多方面原因的。寻找广阔的农耕田野并非主要原因，南迁的最大原因是周族经常遭到来自西北方戎、狄部落的骚扰，公刘迁徙是为了避免戎、狄部落对周族囤积的粮食和财富进行劫掠。但也有学者认为，戎、狄之间不同于豳。至于迁徙有遭到来自西北方戎、狄部落骚扰的原因，但更是一次着眼于长远的战略大转移。

公刘去世后，其子庆节即位，建都于豳。

周人就这样一代代传承下来，一直到了黄帝的三十二代世孙，也就是公刘的第九代世孙古公亶父（甫）即位，周人才显示出了勃勃生机。

古公亶父，姓姬名亶。古公是"远祖先公"的简称，"亶"是其名，"父"为尊称，表示尊敬。姬亶是周族一位重要首领，他最终成为周王朝的奠基人。《史记·周本纪》说：

古公亶父复修后稷、公刘之业，积德行义，国人皆戴之。薰育、戎、狄攻之，欲得财物，予之。已复攻，欲得地与民。民皆怒，欲战。古公曰："有民立君，将以利之。今戎狄所为攻战，以吾地与民。民之在我，与其在彼，何异？民欲以我故战，杀人父子而君之，予不忍为。"乃与私属遂去豳，度漆、沮（jū）、逾梁山，止于岐下。豳人扶老携弱，尽复归古公于岐下。及他旁国闻古公仁，亦多归之。于是古公乃贬戎狄之俗，而营筑城郭室屋，而邑别居之。作五官有司。民皆歌乐之，颂其德。

意思是说：古公亶父继续从事公刘、后稷的事业，积善德、行仁义，豳地百姓都拥戴他，周边的人纷纷投奔古公亶父，引起了戎、狄人的仇恨。于是，导致薰育、戎、狄等部落不断攻伐豳地。古公亶父以牲口、丝毛、金玉三次贿之。不久，又复攻。后来，戎、狄部落不再满足于物品，想得到土地和人民。古公亶父考虑再三，以仁让地，乘马离开豳地，渡漆水、沮水，翻梁山到岐山。古公亶父在岐山脚下定居，并在岐山周原建造城郭和房屋，分成邑落居住，设立司徒、司马、司空、司士、司寇五种官职。古公亶父的善德仁义体现在这次迁徙之中，他得到了人民的赞美和爱戴。据说两年以后，岐山的人口增长五倍，"周"的名字就此产生。

《孟子》《庄子》《吕氏春秋》都说古公亶父离开豳地迁徙到岐山脚下的箭括岭是因为戎、狄所逼，不得已才让出地盘而举族南迁。在《诗经·绵》中是这样描写古公亶父举族南迁的：

古公亶父，来朝走马。率西水浒，至于岐下。

大意是说：一清早，古公亶父就赶着马，率领部族到了河的西岸，来到了岐山脚下。

古公迁往岐山之时，殷商王朝统治中原已有五百多年，开始出现衰败之势。

周原是周人居住的祖地。周原在今陕西省关中平原的西部，它北倚岐山，南临渭河，西有汧（qiān）河，东有漆水。东西大约一百四十余里，南北宽约四十余里。岐山山脉横亘东西，是防御的天然屏障。当时的周原水源丰富，气候宜人，土地肥沃，适宜农耕和狩猎。姬周部落在此定居之后，自称周人。此地便是《封神榜》中说的"西岐"。

那么，这个古公亶父是谁呢？——他不是别人，他就是太伯的父亲。

# 第三章

## 开荆蛮江河行地　　让社稷日月经天

古公亶父有子三人：长子太伯，次子仲雍，幼子季历。周太王欲传位于季历及昌，太伯、仲雍奔江南荆蛮之地，建句吴国。太伯又称吴太伯，吴又称攻（工）齵（yú）、攻敔、句敔、句吴。

太王卒，季历立，朝商，周国势力日益壮大。

约前 1057 年　殷商纣王在位：

周武王（姬昌子姬发）伐商，商朝灭亡，西周建立。

吴太伯卒，无子，弟仲雍立。仲雍卒，子季简立。季简卒，子叔达立。叔达卒，子周章立。

周武王克殷，求太伯、仲雍之后，得仲雍曾孙吴君周章，而封之。又封周章弟虞仲于周北故夏墟（今山西省平陆县北）是为虞侯，列为诸侯。

周成王在位：

虞仲后裔虞侯矢（cè）改封在句吴边境的宜邑。矢，字令，其父为虞公（父）丁，可能是虞侯虞仲之子。

周康王在位：

矢曾继其父虞公丁为虞侯。虞侯矢改封为宜。江苏省镇江市丹徒区大港烟墩山发现宜侯矢墓，出土宜侯矢

簋。宜、吴同为姬姓国，后宜属吴。古"宜"字与"俎"字同为一字，春秋时，宜地演称为吴国的"朱方"之邑。

——摘自《勾吴史集·吴国历史大事记》

注："太伯"亦写作"泰伯"，用法区分主要为古文献中多用"太伯"，今人多用"泰伯"。本书中摘录古籍语句出现"泰伯"时仍写作"太伯"。

## 5. 伯仲季姬亶三孝　　昌发旦周代开基

古公亶父娶妻姓姜，叫太姜。太姜是姜姓氏族的女子。姜姓氏族也就是先前炎帝的部落，上古时这个部落的重要历史人物有炎帝、姜嫄、姜太公等。

古公亶父生有三个儿子，长子叫太伯（泰伯、大伯）；次子叫仲雍（虞仲、吴仲、孰哉）；少子叫季历（王季、公季）。

对于古公亶父的三个儿子，我们按照长幼之序先说太伯、仲雍，再说季历。

太伯，姬姓，岐山周原（今陕西省岐山县）人，生于殷高宗武丁四十年，卒于武乙四年，在位四十九年，上寿九十一岁。太伯为吴姓开氏始祖。太伯卒后葬梅里东之皇山（今江苏省无锡市新吴区鸿山）。有的史籍上说，太伯生前因自虑有子传后会使季历的子孙不能自安，乃一生不娶，所以无子。但笔者认为此乃一家之说。

仲雍，姬姓，岐山周原（今陕西省岐山县）人，生于殷高宗武丁四十四年。太伯无子，薨后传国于仲雍。仲雍于殷帝乙二年去世，在位五年，享寿九十二岁，葬于海虞山（今江苏省常熟市虞山）。

季历是太伯、仲雍的弟弟，"季"用在人名中一般指排行最小。季历的妻子叫太任，史书上说，太姜和太任都是贤惠之妻。太任生子名昌，也就是姬昌。"昌"有"圣瑞"之意，"圣瑞"指有圣明之兆，是为圣王的吉祥之兆，也就是现在说的有帝王之相。故而，古公亶父便说："我世当有兴者，其在昌乎？"

古公亶父的意思很明确：我的后代当有成大事者，便是姬昌。

当古公亶父说了这样的话后，太伯、仲雍兄弟俩心中都明白父亲欲立季历，以便将来能传位于姬昌。于是，兄弟二人便主动避让，来到荆蛮之地，并按当地风俗断发文身。所谓"断发文身"，就是剪短头发、身刺花纹，以这样的做法、做派融入当地，并以此有别于周邦，用短发、文身的举动，表示自己心中已经让位于季历。

《史记》说："古公卒，季历立，是为公季。"季历在继位之前称"王季"，继位后称"公季"。

关于原来的"王季"改名"季历"之说见于《吴越春秋》，书中所记：

> 古公亶父因为他的孙子昌有"圣瑞"，因而把小儿子改名为季历。
>
> 太伯、仲雍观察情势便揣摩到了父亲的意图，说："所谓'历'，就是'适'的意思啊！"

"適"字有三种读音，一是通今的"适"，读音为"适"。二是读音为"嫡"，意思是专主、做主，同"嫡"，正妻称嫡妻，正妻所生之子称嫡子，指正统、正宗。三是读音为"哲"，有责备等意。

《吴越春秋》借太伯、仲雍之口说："所谓'历'，就是'适'的意思啊！"那么这里的"历"便是"适"，也就是"嫡"的意思。难道这句话的目的是突出季历是嫡子的意思？！

那么我们便产生了疑问，如果"历"便是"适"，也就是"嫡"的意思，"历"是为了突出季历是嫡子，那么太伯、仲雍难道不是嫡子？

《史记·周本纪》中司马迁是这样告诉我们的："古公有长子曰太伯，次曰虞仲（仲雍）。太姜生少子季历。"司马迁为何不与《吴越春秋》一样，直接说成"古公有三子，长子曰太伯，次曰虞仲（仲雍），少曰季历"。而是把季历单独说成是"太姜生少子季历"呢？难道太伯、仲雍真不是太姜所生？而是同父异母？这个问题至今没有确切答案。

我的观点是，既然"历"是"适"的意思，"适"便是"适"，那么这个"历"的意思很可能就是"适合"的意思，引申为继承之意。如果是"适合"之意，那么便是表达了当时古公亶父心中的真实想法。所谓"突出他是嫡子之意"或许是一种误读。

太伯、仲雍主动避让，是因为古公亶父说："我世当有兴者，其在昌乎？"这句话涉及了敏感的传位问题。正因为这句话，才造成了太伯、仲雍兄弟去了荆蛮之地。

约公元前1126年之前不久的一天，古公亶父忽然得病，太伯、仲雍兄弟二人便与家人、族人推托说去衡山采药，南奔荆蛮，直至古公亶父去世、季历继位，太伯、仲雍兄弟才回到岐山奔丧。事后又返回荆蛮之地，立"句吴国"，定居梅里。

在这个问题上，有许多人持怀疑态度，认为江南梅里与陕西省岐山县相隔万水千山，千里迢迢，太伯、仲雍既然是秘密出走，岐山的周人如何能够寻找得到？古公亶父的死讯怎么能够快速传递？以便兄弟俩能够及时奔丧。这个问题我们会在下一章节中再作讨论。

季历家属的档案很是厚重，在这里，我们有必要翻开来作一番探究，因为这毕竟涉及的是周朝的历史。

季历是古公亶父的少子，生卒年月大概在公元前 11 世纪。季历妻姓任，太任是挚国国君的二女儿。太任生子名昌，出生时有"圣瑞"。

季历除有儿子姬昌以外，还有两个儿子，分别叫虢仲、虢叔。

古公亶父去世后，季历即周国君位，称公季。周国是个方国，也就是殷商时期的一个诸侯小国。季历即位后，继承并发扬了父亲古公亶父的治国之道，坚持以仁义道德作为施政的原则，因此，季历在诸侯国中很有号召力。

季历还是个能干之人，这表现在他的南征北战之中。季历接受过殷商王朝的命令屡次征讨入侵的戎、狄部落，曾经一仗抓获了二十个戎、狄将领，为殷商王朝立下了赫赫战功。殷王太丁任命季历为牧师，以辅助牧伯管理一州之事。

按照《通典》上的说法，当时，殷商王朝把天下分为"甸"和"流"两类地区，共九大州。都城方圆千里之内叫"甸"，自为一州，归天子直接管辖；千里之外叫"流"，分置八个大州，设八方之伯来管理。同时，殷商王朝把九州之内的大小诸侯分为公、侯、伯三等，公爵享地百里，侯爵享地七十里，伯爵享地五十里。

由于季历功勋卓著，殷王乙在位时曾九次下诏任命他为牧伯，也就是做了一州之长。殷王乙甚至赐给季历圭、瓒、秬鬯（jù chàng），以示褒奖。"秬鬯"是古代以黑黍和郁金香酿造的酒，用于祭祀降神及赏赐有功的诸侯。在当时，如果同时被赐予这三样物品，被赐者的地位尊如天子。

季历在南征北战的同时，也为周国扩大了不少疆域，增强了不少势力。季历曾经在程地修建了一座城邑，准备把周国的都邑由岐地迁往"程地"（"程"，又作"郢"，古邑名，在今陕西省咸阳市东）。

相传，季历活了一百岁。但是，更多的说法是季历最后被鸩（zhèn）杀了。季历在商王太丁时为牧伯，封为西方诸侯之长。不久，季历便因功高盖主，被商王太丁囚禁起来，并最终死在狱中，还有的说法是因为季历名声太好，能力太强，引起商王太丁的猜忌，被骗到商都鸩杀了。

季历去世后，姬昌继位周国国君。姬昌便是后来的西伯、周文王。既然姬昌从小就有"昌有圣瑞"，那么我们不妨多说一些，以见"昌之圣瑞"所在。

相传，季历的妻子太任身怀姬昌的时候，为使胎儿能在腹内健康成长，便对自己的言行举止要求得十分严格。她不看刺眼的色彩，不听淫乱迷离的音乐，说话也不高声喧哗，以对胎儿施以良好的影响与熏陶。有一天，太任到猪圈里小便，突然感到下腹胀痛，遂生下了一个男孩，他就是姬昌。

因为太任重视胎教，所以姬昌生下来就与众不同。最大的不同是姬昌特别聪慧，如果教他一个方面的知识，姬昌便能由此及彼、举一反三，领悟到许多方面的道理。姬昌从小就不做出格的事、不说不当的话。他诚恳听取老师的教诲，恭敬陪侍自己的父亲，对于两个弟弟虢仲、虢叔一直关怀备至，和同宗兄弟之间的关系也亲密无间。了解姬昌的人，都称赞他聪明懂事。故而，古公亶父经常对身边的人说："兴我周邦，希望在昌。"实际上，这里所说的"昌有圣瑞"，无非是说他聪明懂事、知书达礼。

在史书中也有神化姬昌的地方，曾有"丹书"之说。这个故事是这样的：有一天，一只红色的小麻雀衔着一封"丹书"送给昌，丹书上写着将来昌会统治天下。古公亶父看到后便认为昌"有圣瑞"。故而，古公亶父意欲传位于昌。有人看到故事后当真起来，便说道，那时纸张都无，哪里来的"丹书"？可是，丹书不仅可以写在竹简上，写在丝绢上也是可以的，而丝绢早已有之。然而问题不在这里，这个故事毕竟是个神话传说，无非是为了神化姬昌罢了。史书上甚至还有更加离奇的内容。史书上记载，姬昌天生长得一副异相：龙一样的面孔，虎一样的肩膀，更绝的是还长了四个乳头，长大后身高十尺。古人认为长有异相才更像是上天派下来的，而平常人只能做平常的事情。

姬昌十二岁时就举行了加冠礼。姬昌即位后，承袭了先祖后稷、公刘所开创的事业，致力于发展农业。在经济建设上，他平分土地，确定税赋，设立各级行政组织，农业、经济得到了空前的发展和繁荣；在政治建设上，他严格遵循祖父古公、父亲公季所制定的各种礼法制度，推行克己为人、与人为善的做人原则。他仁爱为怀，宽恕施政，心系百姓，爱民如子；他尊敬老人，爱护幼小，同情弱者，尊礼贤才。

姬昌的尊礼贤才有很多佳话，在史书中也是大书特书。书中所记，姬昌为了接待来自四面八方的贤德之士，常常要从早晨一直忙到中午，甚至连吃饭的时间也没有。因此，当时有才德的名士，如太颠、闳（hóng）夭、散宜生、南宫适、鬻（yù）子、辛甲、尹佚等人先后来到周国归附于他。姬昌不但广招人才，而且信任、重用这些人才。太颠、闳夭、散宜生、南宫适成为姬昌最为得力的四个大臣，他们被称为"四邻"。在招揽的人才中有八人被任命为"虞"。"虞"是掌管山泽的官职，分别是伯达、伯括、仲突、仲忽、叔夜、叔夏、季随、季骅（guā），号称"八虞"。"四邻""八虞"这些人都是当时德高望重的贤德之人。姬昌也经常和两个弟弟虢仲、虢叔共商国事，并任命他们为主管国家大事的重臣（卿士）。当有重大而紧要的事情时，他就和足智多谋的闳夭、南宫适进行谋划安排；当有事情弄不明白，或者有不懂的知识时，他就去拜访知识渊博的蔡公、原公、辛甲、尹佚。其中，周公（姬昌的四子旦）、召公奭（shì）、毕公高和荣公成为姬昌的得力辅佐。姬昌礼贤下士，故而贤才归之如流。一时间，周国群英荟萃，人才济济。于是，周国呈现一派升平景象，变得越来越强大。

姬昌在招纳贤才的过程中，还摒弃前嫌、不拘一格。在这些人中，辛甲曾是殷纣王的一个史官。当时，姬昌让召公奭接待了他，召公奭觉得辛甲是一个了不起的贤能之士，便如实告诉姬昌。于是，姬昌亲自去迎接辛甲，并任命他做了周国的公卿。鬻子是个年龄很大的老者，但是鬻子年纪大名气也大。鬻子名叫鬻熊，当时，鬻子已经九十岁了。他去进见姬昌，姬昌失口道："您年纪太大了。"鬻子却不以为然地说："若是您让我去捕猎老虎、捕捉麋鹿，我的岁数确实是大了些；可若是坐在厅堂里讨论国家大事，我还觉得自己年轻得很呢！"姬昌觉得鬻子的话很有道理，就把他留在自己的身边做了谋士。鬻子就是后来楚国人的先祖。

我们耳熟能详的姜太公，也是姬昌在广招人才之时吸纳来的。姜太公姓姜，又以吕氏为号，名牙，叫姜牙，人称姜子牙，又叫吕尚。吕尚是东方沿海一带地方的人。相传，吕尚是炎帝的后代，吕尚的先祖是伯夷，曾是帝舜时代的四岳之官。伯夷辅佐大禹治水有功。伯夷在虞舜和夏禹时代被封在吕地。据说，伯夷的子孙也有被封在申地的，但是这些伯夷的子孙后代最后大都成了普通老百姓。商末，吕尚为了躲避战乱，曾经在辽东一带隐居不出三十多年。吕尚出山后，曾经到过大大小小七十多个诸侯国去游说，但没有一个诸侯国国君肯听信他的话，诸侯国国君都认为他是个犯有痴狂病的怪人，无人肯任用他。时间一晃，吕尚已经七十岁了。他来到商都朝歌，开始宰牛卖肉，做了一名屠夫。吕尚本想靠卖肉为生，却又经营不善，肉上常有蛆虫蠕动，牛肉便卖不出去，故而朝歌人称他为"废屠"，意思是无用的屠夫。后来，吕尚转行，到了黄河边的孟津渡卖饭为生，但生意难做，经营惨淡。再后来，吕尚干脆到贵族子良家里去做了舍人，不知何因，不久就被子良赶出了家门。为了糊口，吕尚便到盟津渡口以钓鱼为生，可奇怪的是，那里的鱼就是不上钩。最后，吕尚实在没办法，便插草为标，卖身做苦力，然而，吕尚实在是年岁大了，无人愿意出钱用他。但是，吕尚毕竟是见多识广、学识渊博之人，他曾在纣王手下做事，离开纣王的原因是他看出了纣王是个无道昏君。吕尚当时周游列国，劝说诸侯，可是一直没有遇到圣明的君主。就这样，在无奈之下，吕尚在周国的渭水边又隐居起来。吕尚的隐居生活是每天去渭水钓鱼，可是人们从来没有看到他钓上一条鱼来。看到他钓鱼的人后来说："吕尚是个怪人，用的钓钩竟然是直的，怎能钩得到鱼呢？"

吕尚最后得到任用与姬昌被纣王囚禁有关。那一年，姬昌被纣王囚禁在羑（yǒu）里。羑里是座古城，有时也写作"牖里"，在今河南省汤阴县北。《风俗志》中记载：

三王始有狱，夏曰夏台，商曰羑里，周曰图圄。

"三王"是指夏、商、周三代，而其中殷商时期纣王的刑罚是最残酷的，可以说是惨无人道。古籍中记载，纣王迷于声色，信用小人，朝中上下乌烟瘴气，混乱不堪，对违法犯罪者特制了"熨斗"和"炮烙"之刑。故而，姬昌被纣王关押在羑里的风险很大。

那么姬昌为何会被纣王囚禁呢？这与一个美丽的女子有关。当时，姬昌、九侯、鄂侯是纣王任命的三公。起因是因为三公之一的九侯出事。九侯出事是因为他有一个漂亮的女儿，九侯就去讨好纣王，把这个漂亮的女儿送给纣王做了妃子。然而，九侯的女儿虽然漂亮，但与妲己是没法比较的，因为九侯的女儿不喜欢淫乐无度的生活，各方面的技艺也不行。有一次，纣王在恼怒之下便把九侯的女儿杀了。而且，纣王杀了九侯的女儿还不解气，竟迁怒于九侯，便把九侯剁成了肉酱。三公之一的鄂侯实在看不下去了，便去替九侯申冤。鄂侯申冤时言辞激烈、态度强硬，纣王一时恼火便一声令下把鄂侯也杀了，还把他的肉做成了一块块干肉片。姬昌知道后惊愕不已，可也无可奈何，只是偷偷地唉声叹气。不想，他的唉声叹气被崇国国君崇侯虎探知到了，崇侯虎便把姬昌的心思告诉了纣王，并趁机进了谗言诋毁姬昌。崇侯虎说："姬昌父子三人（姬发、姬旦）都是人中蛟龙，应时刻提防，不然往后会对大王形成威胁，不如趁他们羽翼未丰，赶紧想个办法除掉姬昌。"纣王听信崇侯虎的谗言，便把姬昌囚禁在羑里。姬昌在囚禁时孤苦郁闷，他思念着西岐，但是纣王并不想放他回去。姬昌闲来无事便开始探究易学，演绎八卦，竟将原来的八卦推演成了六十四卦。

姬昌的部下散宜生、闳夭、南宫适，就是在这个时候把吕尚请到了都邑，商议营救姬昌的办法。吕尚说："要说营救的办法，必须先打听清楚纣王的喜好，然后准备丰厚的礼品到羑里去看望我们的君王。"实质上，吕尚说的也就是去讨好纣王，行贿罢了。散宜生、闳夭、南宫适听后都表示同意，就和太颠一起分头备办礼品去了。

这张礼单是这样的：一个美貌女子，一匹朱鬃白身金眼宝马，三十六匹骏马，一只少见的狐狸，一个大号的贝壳，一头怪兽驺（zōu）虞。

怪兽驺虞也叫"驺吾"，在《山海经·海内北经》中有记载，即一只五色长尾虎，能够日行千里，是著名的仁兽。西晋时代，还用"白虎幡"和"驺虞幡"借以表示作战和休战。

礼品准备齐全之后，散宜生、闳夭、南宫适、太颠四个人就先去买通了纣王宠爱的大臣费仲，并通过费仲把准备的宝物献给了纣王。

纣王看过礼单大喜，说："真是没想到姬昌竟对孤如此忠心耿耿，叫你们送了这么多东西，依孤看，只一样便值得把姬昌给放了。"但是，纣王说归说，心里还是不放心，便欲试探姬昌的忠心，把在都城朝歌做人质的姬昌长子伯邑考叫来。纣王考验姬昌的办法竟是把伯邑考放在一个大鼎里活活地给煮熟了，然后用伯邑考的肉调制了一碗羹汤，赐给姬昌喝。纣王对身边的人说："若姬昌真是个圣人，便不会吃用他儿子的肉做成的羹汤。"姬昌看破了纣王的险恶用心，便把羹汤喝得一干二净。纣王一看，姬昌也不是圣人，在放与不放之间犹豫不决，但不放更保险一点儿，故而纣王还是没有释放姬昌。就这样，姬昌被纣王囚禁了七年。诸侯们实在看不下去了，便集体请愿要纣王释放姬昌，不然都愿意与姬昌一起囚禁，共担罪责。这次逼宫很有效果，纣王一看自己犯了众怒，便解释道："其实说姬昌坏话的是崇侯虎，孤不该听信他的话啊！"姬昌出狱后，把洛水西边方圆一千里的土地献给纣王，作为交换条件，姬昌请求纣王废除了炮烙之刑。纣王也赐给姬昌弓、矢、斧、钺等兵器，让他承袭了父亲季历的权力，赋予他征伐其他诸侯的专权，同时，纣王封姬昌为西伯。姬昌成为西方诸侯之长，有权管理周国南方各诸侯国，以及长江、汉水流域、汝水两岸的诸侯。从此，姬昌采取投其所好、忍辱负重、收揽民心、韬光养晦的策略，周国开始不断壮大。因此，姬昌被视作我国古代历史上卓越政治家的典范。

姬昌发现并任用吕尚还有其他两种说法：一种说法是姬昌去狩猎，一个叫编的史官占卜后告诉姬昌，君主这次出猎，收获会很大，不过，这次您将猎获的不是壮硕的熊罴，也不是凶猛的虎豹，而是一个能够辅佐您成为天下霸主的老师；还有一种说法是有一只赤色的麻雀叼着丹书飞到周国都城丰，落在姬昌的宫门口，姬昌看到丹书上面的提示后找到了正在钓鱼的吕尚。吕尚一边钓鱼一边对姬昌说："君子乐其志，小人乐其事。"姬昌回道："过去我的祖父曾经说过，将来会有一个圣明睿智的人要到我们周国来，周国也会因为他的到来而变得强大，难道您就是那个人吗？从我的祖父到如今，盼望您的到来可是已经很久很久了。"吕尚对姬昌说："我在这条河里钓到了一块玉制的璜，它上面刻写着这样一句话：'姬发将要承受上天之命做天子，吕尚将是他的辅佐大臣。'"于是，七十岁的吕尚被姬昌请去做了老师，号称"太公望"或"师尚父"。后来，吕尚做了姬昌的相国，辅佐姬昌父子兴周灭商，改朝换代。吕尚九十岁时，被封在齐地一个叫"营丘"的地方，成为一方诸侯，国号"齐"。

姬昌的正妃名叫太姒，是有莘国国君的女儿。有莘国是夏禹之后，在今山东省曹县西北。太姒号称"文母"，是西伯的贤内助。

史传姬昌有十八个儿子。正妃太姒生有十子，其中太子发和周公最为仁厚孝悌，一武一文，一左一右，辅佐西伯，深得西伯的钟爱，因此西伯放弃了长子伯邑考，把次子姬发立为了太子。姬昌的次妃也为他生了八个儿子，后来也都被周武王封为诸侯。

西伯姬昌在称王的第九个年头，即公元前 1056 年，姬昌已经九十七岁了。这年的三月，姬昌突然患病不起，去世后被安葬在毕地（今陕西省西安市临潼区西南），在国君位五十一年，或说四十一年，卒后被尊奉为"文王"。

之后，姬发继位为周国国君。这一年，姬发拜太公望为太师，尊称他为"尚父"，任四弟周公为辅政大臣，主持朝政。姬发又重用召公奭、毕公高等人，把他们视为自己的左臂右膀。

有一天，姬发去毕地西伯墓地祭祀，把讨纣灭殷的想法告知文王的在天之灵。然后，姬发便准备出师东伐，并号令天下诸侯会师于盟津（孟津）。出师之前，姬发命人制作了一尊文王的木刻神像，把它安放在一辆车上，置于三军主力中军的营帐之中。姬发在盟津进行一番出师动员之后，便欲整师进发，东征讨殷。不想正在此时，突然冒出两个人来，上前勒住姬发的马缰绳，声色俱厉地进谏道："父丧三年未满，大动干戈，发兵起事，是不孝之举啊！身为臣子，弑君篡位，不仁不义！不孝不仁不义之人，又如何能取信于天下？"姬发手下的大臣拔出剑来欲杀二人，这时，太公望连忙制止道："这是讲仁重义的正人君子啊！不可杀！"太公望便叫人将这二人扶起。

原来这二人一个叫伯夷，一个叫叔齐，是孤竹国国君的两个最贤惠的儿子。当时，孤竹国国君想立小儿子叔齐为太子继承孤竹国君位。可是，孤竹国国君死后，叔齐不愿意凌驾在哥哥伯夷之上，诚心诚意要让位于哥哥伯夷。伯夷也是个识大体、明事理的人，便不愿接受。后来，他们商议干脆一起出走，让位于伯夷、叔齐之间的一个儿子，他们则投奔了西伯姬昌，没想到西伯姬昌已经去世，正遇上姬昌之子姬发东征讨殷，于是发生了前面的一幕。

姬发当然不会听从伯夷、叔齐的劝谏，他决意出师东征。太师尚父左手拿着黄金制成的大斧，右手举着用牦牛尾装饰的白旄（máo）令旗，说："用犀牛皮做成的铠甲已全部发给大家，渡河的战船也为你们准备妥当，若是胆敢晚到盟会地点，等待的就是斩首示众。"太师尚父说完，白旄令旗指向东边，大军便浩浩荡荡地向东进发了。

姬发乘坐的战船在横渡黄河时，突然有一条白色大鱼从水中飞跃而起落入船中。占卜师说："白色是商人崇尚的颜色，鱼有鳞甲，预示着战争的爆发，上天已经暗示我们可以用武力讨伐纣王了。"姬发听后便把鱼举了起来，进行了一场庄重的祭奠仪式。

姬发刚过黄河，忽然天空中出现了火星的影子，由下向上飞行，忽而又由上往下流逝，火星在王屋山的方位突然变成了乌。占卜师说："乌是一只红色的鸟，发出'魄魄'的鸣叫之声。上天已经暗示周国取胜。因为红色是周人崇尚的颜色，如今红色落在了殷国的王屋山，预示着殷人的国土将被周人拥有。"

大军到达盟会地点盟津。姬发一看，自愿而来的诸侯也有许多。太公望一清点，竟有八百个诸侯到此。诸侯们斗志昂扬，要求姬发下令讨伐。姬发却说："上天的旨意突然告诉我，如今时机不成熟，大家还是请回吧！"诸侯们也弄不清姬发的葫芦里装的究竟是什么药，既然姬发不发号令，大家只得回家。

周国的史官把这次盟会的全部过程进行了记录，并整理成篇，后人把它称作《泰誓》。《泰誓》不过是太公望与姬发策划的一次"阴谋"，意在试探诸侯，用如今的话说是在黄河岸边搞了一场大规模军事演习。

盟会退师后，殷纣王竟毫无警觉。他同父异母的哥哥，就是后来封在箕（古国名，在今山西省太谷东北）地的箕子也看不下去了，他心如滴血，一再劝谏纣王弃恶从善，可是纣王仍然我行我素。箕子是个贤德之人，见纣王如此不听规劝，便把自己的头发弄乱弄脏，蓬头垢面地装作疯癫之态，屈身为奴去了。箕子曾经创作了一首琴曲，后人把这首琴曲叫《箕子操》。因为箕子经常抚琴弹奏，抒发心中怨恨，箕子泄恨这件事还是被纣王知道了，纣王便把箕子囚禁在狱中。

纣王有个叔父叫比干（王子比干），是个忠直敢言的圣人。他看不惯箕子装疯的做法，便屡次直谏，可是纣王也不拿他当回事。有一天，比干直谏，长跪朝堂，三日不去。纣王对比干的逼宫行为十分恼怒，说："孤听说圣人贤哲之所以才智过人，是因为长有七窍玲珑心，孤今日倒要看个究竟。"比干就这样便被解剖了。甚至他怀有身孕的妻子也被解剖了，理由是纣王想看看圣人的孩子是不是也与众不同。

微子是纣王的同母兄长，在兄弟中年龄最长。微子不能继位，是因为他的母亲在生下他时还不是殷王乙的正妃，所以微子仍算庶出，不能继位。微子被封在微（古国名，在今山西省长治市潞城区东北）地，所以叫作"微子"。微子见殷商王朝六百年的基业就要葬送，心急如焚，多次直言进谏，纣王对微子的进谏置若罔闻，不予理睬。微子毫无办法，便想离开殷商，甚至是结束自己的生命。他拿不定主意，去请教太师疵和少师强，二人都劝他离开这个是非之地。可是，微子还是犹豫不决，等到箕子披发为奴、比干被开胸挖心以后，微子与太师疵、少师强一起怀抱祭器，手拿乐器逃到了周国。

孔子曾经说过："殷有三仁焉"，指的就是箕子、比干和微子。

姬发看到殷国上下离心离德，混乱不堪，认为时机已到，欲出师讨伐。他问太公望："殷国大臣，关的关，死的死，逃的逃，再也没有能人可辅佐纣王了，是不是可以兴师讨伐？"太公望发表了大篇宏论，暗示讨伐之机已趋成熟，但不能草率行事、贸然兴师，还得做一番深入细致的准备工作。

姬发做准备的同时，派人去殷国做间谍，让他们密切关注纣王的一举一动。不久，间谍回报："殷国如今已经乱套了！"姬发问："到了何种地步？"间谍报："在殷国，奸邪小人得到重用，且气焰嚣张。"姬发听后说："这还不叫乱套。"过了不久，间谍再报："殷国越来越糟糕了。"姬发问："到了何种地步？"间谍报："贤明大臣被排挤，如今已经纷纷出走了。"姬发听后说："还是不曾乱到家啊！"又过了不久，间谍又报："这回殷国乱到家了。"姬发问："怎么个乱法？"间谍报："如今殷国百姓连非议朝政、发发怨气的话都不敢说了。"姬发听后立刻请来了太公望。太公望说："奸邪小人压制正人君子，叫作'戮'，也就是轻辱正道、邪风盛行；贤德之人纷纷出走，叫作'崩'，也就是人心涣散、政基崩塌；百姓不敢说话诉苦，叫作'刑胜'，也就是刑杀过度、人人自危。看来殷国真的是乱到极点了，纣王已经无法控制局面了。"

姬发和太公望盼望的大好时机终于到来了。

公元前1046年2月5日的黎明时分，姬发之师和其他诸侯之师会合到达朝歌郊外的牧野，发起了一场波澜壮阔的伐纣战争。近年，有关专家根据利簋铭文测定，这场牧野大战的时间是公元前1024年1月24日。

姬发在朝歌牧野召开战前誓师大会，他右手拿着黄金大斧，左手拿着白令旄旗，用力一挥，大声动员道："西方的将士们，路途遥远，你们来到这里真是辛苦了！"他顿了顿，接着说，"啊！我的友国邻邦，各位尊敬的国君，各位尊敬的司徒、司马、司空、亚旅、千夫长、百夫长等执事官们，以及来自庸、蜀、羌、髳、微、卢、彭、濮等国的将士们，举起你们的利戈，摆好你们的坚盾，放正你们的长矛，我要发布誓师命令了。"姬发召开的战前誓师大会被史官全程记录，这就是历史上著名的《牧誓》，后被收录在《尚书》之中。

这场战争，由于殷兵倒戈，姬发之师攻入朝歌（今河南省淇县），纣王逃到鹿台自焚而死。历时五百五十多年、曾经盛极一时、无上荣耀的殷商王朝就这样在顷刻之间土崩瓦解。

姬发克殷，建立周朝，姬发称周武王，周国成为天子之国，都城在丰镐。

再说，被太公望刀下留人的孤竹国国君的两个贤惠儿子伯夷、叔齐，看到姬发仍然东征讨殷，并推翻了殷王朝，周国成了宗主国，诸侯们把姬发看作天子。伯夷、叔齐不能忍受姬发可耻的叛乱行为，坚守心中的道义，发誓不吃"周天子"的粮食，便跑到首阳山（又名雷首山，在今山西省永济市西南）隐居去了，他们在山上采食薇草的种子来吃，直到把薇草种子吃光，二人也不肯出山，最终饿死在首阳山上。

武王成为周天子后，便在周初分封了七十一个诸侯国，其中姬姓有五十三个。另有史书记载：周武王创立周朝后，大封诸侯七十一国（或说四百国），其中同胞十五个、宗亲四十个、功臣十六个，都为诸侯国。武王把所封诸侯分公、侯、伯、子、男五种爵位，以示等级地位的高低。

周武王先从历代帝王的后裔封起。

把神农氏后人封在焦地（在今河南省陕县南）。胡克家先生说"焦地"在今安徽省亳州市，是姜姓之国。把黄帝的后人封在蓟（jì）地，称蓟国（在今北京市西南），后为燕国国都。把帝尧的后人封在祝地，称祝国，祝地又称"铸"（在今山东省肥城市南有铸乡）。把帝舜的后人封在宛丘的小丘旁边，称陈国（在今河南省周口市淮阳区）。帝舜的后人虞於父，任周国陶正，主管陶冶事务。周武王还把大女儿大姬嫁给了虞於父的儿子胡公满，胡公满被赐姓妫（guī）。蓟国、祝国、陈国称为"三恪（kè），在礼节上视作应被优待的三个诸侯国。

把夏禹的后人东楼公封在杞地，在今河南省杞县，后两次迁移（姒姓）。把太公望封在营丘，国号齐。把召公奭封在北燕，本作"郾"（在今河北省北部和辽宁省西部）。把毕公高封在毕地（在今陕西省咸阳市北）。把箕子封在朝鲜。箕子被封朝鲜之后享有特殊礼遇，即不视作臣子对待。

周武王分封文王十八子的情况大体是这样的：

> 正妃太姒的十子中间，长子伯邑考，为殷纣王时人质，被纣王做成肉羹。次子发，建立周朝，成为周天子，称武王。三子鲜，封在管地，在今河南省郑州市，称管叔鲜；四子旦，封在曲阜，少昊故都，国号鲁，称周公旦（即周公）；五子度，封在蔡地，都于上蔡，在今河南省上蔡西南，称蔡叔；六子振铎，封在曹地，都于陶丘，在今山东省定陶西南，称曹叔；七子武，封郕地，在今山东省宁阳北，称郕叔或郕叔武；八子处，封在霍地，在山西省霍县西南，称霍叔；九子封，当时年龄还小，没有被封为诸侯；十子季载，当时年龄还小，没有被封为诸侯。
>
> 文王次妃生的八个儿子，也都被封为诸侯。他们是滕叔绣、毛叔郑、郜叔、雍叔、毕叔、原叔、丰叔、郇叔。

武王正妃是齐太公望的女儿，名叫邑姜。邑姜的一个儿子叫太叔虞（字子干），封在唐地，国号唐。唐地原为尧的子孙刘累在夏王朝时期的封地。刘累的职业是饲龙，历史上有《刘累饲龙》的故事。刘累曾经为夏王孔甲养过一雌一雄两条龙，后来一条龙死掉了，孔甲要刘累再去找一条龙，可是刘累没有这个本事，便逃往了尧山（今河南省鲁山县）东麓。之后，刘累的子孙被夏王封在唐地为诸侯。

周灭商时，太伯已去世。太伯因无子嗣，弟仲雍继位。仲雍去世，便由仲雍的子嗣继位。当初，武王封诸侯时，周武王想起自己祖父的两个离家出走的兄弟，便派人寻找，最终寻得仲雍曾孙周章。此时，周章已继位句吴国君，周武王就把周章封在吴地（在今江苏省无锡市）国号吴。周武王又把周章之弟虞仲封在周国北境曾经是夏都的地方，国号虞，也称西吴（在今山西省平陆县北）。相传，虞仲是仲雍的庶出远世孙子。

　　周武王大封诸侯以后，吸取了夏商两朝最终败亡的教训，加强了集权统治。他紧握政治、军事大权不放，并派遣大臣在各诸侯国任职，以便进行监督与约束。周武王还限制各诸侯国的军队数量，避免尾大不掉乃至谋反叛逆。周王朝除了这些诸侯外，又与不少附庸国及因地缘、血缘关系形成的诸多部落共同组成了一个统一的国家。

　　然而，周武王讨纣灭殷登上天子位的第二年就身染重病，并且病情一直不见好转。相传，周公当时决定以自己当作献给上天的祭献之礼，来挽救武王的生命。周公设坛祭祀上三代祖先（太王、王季、文王），到了第二天，武王的病竟痊愈了。不久，周武王就进行迁都，把都城从丰地迁到了镐京（在今陕西省长安县西北），从此史书称之为"西周"。

　　公元前1042年，周武王在位四年，卒。周成王继位。周成王当时才十三岁，周公是他的首辅大臣。因成王尚小，国内局势还不稳定，周公便替成王登上天子位主持国政。周公亲自主持武王葬礼，把武王安葬在毕地。不久，周公又为成王举行了加冠礼。

　　就在这时，在周公的亲兄弟中，他的哥哥管叔、弟弟蔡叔、霍叔对他独掌朝政大为不满，三兄弟串通一气，放言道："周公将要做出对幼主不利之事了。"同时，殷的同盟国奄国、薄姑国等国的国君趁机兴风作浪，煽动殷国的武庚禄父作乱。管叔、蔡叔威胁武庚禄父，要他随同造反。于是，一场复辟殷商的武庚叛乱发生。

　　周公挺身而出，挥师东征，讨伐叛军。与此同时，他让召公给太公望传达朝廷命令，让他协助戡乱。周公赋予了齐国太公望专事征伐的特权，齐国也就是从这个时候起便有了任意攻伐各方诸侯的权利，齐国拥有了这个权利后，拓展领土，国势变得越来越强，成为东方诸侯大国。齐桓公在位时，依靠管仲、鲍叔牙等辅佐称霸诸侯，成为"春秋五霸"中的第一个霸主。第二年，周公仍旧在东方一带平叛，并最终在这一年打败叛军。武庚、管叔被杀，蔡叔被流放到中原以外的地区，走时周公只给他七辆车，随从也只有七十人。霍叔则被贬为平民，三年之内不得再受封为诸侯，以观后效。奄国及淮河一带的夷族诸侯全部被平定。但是，逃到东夷诸族的殷人则驯服了许多大象，继续与周公对抗，周公便又兴师作战，一直把他们赶到了长江以南。奄国、薄姑国就是在这一时期逃到了江南（在今江苏省常州市武进区一带）。后来，唐人也作起乱来，周公便把唐国也灭了。

天下平定以后，周公把管叔、蔡叔、武庚所管辖的殷国百姓一分为二，把其中一部分赐给了当时逃到周国的殷纣王的哥哥微子，让他在商丘建国，国号宋。微子承袭殷国君位，周朝把他当作宾客对待。第三年，周公结束了东征；第四年，周公把朝歌一带地区的另一部分赐给了弟弟康叔姬封，国号卫。周公把最小的弟弟季载封为聃国国君。另外，还封置了于、应、韩三个诸侯国，他们的国君都是周武王的儿子。

周公摄政的第六年，在明堂宣布了周朝新的礼法和国乐大舞，颁布了新的度量衡标准，由此天下太平、秩序井然。

第七年，周公开始营建东都洛邑。当初武王在镐地筑城，并从丰地迁都镐，称镐京，镐京也叫作"宗周"，这就是所谓的周朝西都。周成王欲完成周武王定鼎中原的夙愿，便决定在郏、蓐一带重新修筑洛邑。接着，周公又迁殷遗民，大规模修建成周城，即今洛阳，营建的成周城在今河南省洛阳市东郊白马寺之东。

这一年的十二月，周成王已经年满二十岁，周公便把大权交还给成王，自己则归于群臣之列，北面王位，自称臣仆。来年的元月一日，周成王正式登上天子位，南面称孤。但周公还是担心成王初登大位，难以独掌政局，仍留在朝中，让自己的儿子伯禽在泰山之阳的鲁国都城曲阜主持国事。

当初，鲁国是周武王所封的大国之一，由于周公留在京师辅佐武王，便由其子伯禽就封。《史记·鲁周公世家》中说：伯禽上路，周公送行，告诫伯禽到了鲁国之后，最大的政务就是访求贤才，不要富贵骄人。周公说："我是你祖父文王的儿子、你大伯武王的弟弟、当今国君成王的叔父，可以说地位除周天子一人外，无人可比。即使这样，我一刻也不敢懈怠，虚心接待贤士，我洗一次头，要三次中断握发；吃一顿饭，要三次放下碗筷，原因是有贤士来访，即使这样，我还担心遗漏了贤士。你是我的儿子，如今被封鲁得国，你就任后要礼贤下士，决不能怠慢来访人士。你千万记住，团结民众，大家安居，才是我的好儿子。"

伯禽听从父亲周公的教导，鲁国成为保存周文化传统最多的国家。周公的

"我洗一次头，要三次中断握发；吃一顿饭，要三次放下碗筷"，即是成语"握发吐哺"的出处。

## 6. 奔荆蛮至德无称　建句吴断发文身

周原（在今陕西省宝鸡市岐山县）是太伯的老家。在岐山以西数十里处有一座吴山（在今宝鸡市陈仓区）。吴山如今建成了国家森林公园，公园内有"伯仲初试""荆吴祖地"等牌坊，这仿佛是要告诉人们，太伯是把吴山作为"句吴"国最初建立的地方。有人把这种说法的依据归附于《诗经·大雅·皇矣》，《诗经·皇矣》的第三章记载道：

> 帝省其山，柞棫（zuò yù）斯拔，松柏斯兑。帝作邦作对，自太伯王季。维此王季，因心则友。则友其兄，则笃其庆，载锡之光。受禄无丧，奄有四方。

有学者认为"帝作邦作对，自太伯王季"，是指当时太伯出走的目的地和季历的周国离得不远，两地互为犄角。若真是这样的话，"伯仲奔丧"便在情理之中，也不难理解了。

然而，也有人说《诗经·皇矣》第三章并不是这个意思，而是说太伯、王季逊位、逊国之事。持这个观点的学者是这样解释的：上天省视岐山之地，柞棫挺拔而茂盛，松柏长在沼泽水边，郁郁葱葱，上天让周"作邦"于此，欲使周国兴旺，上天让周"作对"于此，便生文王。这里所谓"作邦作对"，"作对"是指生文王以配"作邦"兴周。有这样的"作邦作对"，还由于太伯逊于王季，而后文王才起。因此说王季之德甚大，则友爱于太伯，既受其逊，益修其德，以笃厚周家之庆，予太伯以让德之光，王季受天禄而不失，其后人遂奄有四方。若是如此，《诗经·皇矣》第三章不足为"西吴之说"之证也。

但是有学者说，考古资料为"西吴之说"提供了有力支持。中国台北故宫博物院现存有"矢（cè）人盘（散氏盘）"。"矢人盘"为何又称"散氏盘"？因为该盘的铭文上记载了矢国和邻居散国的一场纠纷。由此可以证明，矢国和邻居散国是存在的，然而矢国、散国又在哪里呢？

此处引用资料对散氏盘作一下说明：散氏盘（San Family Plate），又称"矢人盘"，西周晚期青铜器，因铭文中有"散氏"字样而得名。清乾隆年间出土于陕西省凤翔（今宝鸡市凤翔县），起先被乾隆收藏，后从宫里流落民间，现藏于中国台北故宫博物院。散氏盘盘高20.6厘米，腹深9.8厘米，口径54.6厘米，底径41.4厘米。呈圆形，浅腹，双附耳，高圈足。腹饰夔纹，间以兽首三，圈足饰兽面纹。内底铸有铭文19行357字。内容为土地转让，记述矢人付给散氏田地之事，并详记田地的四址及封界，最后记载了举行盟誓的经过。

首句"用矢扑散邑，迺（nǎi）即散用田"说明了纷争的伊始，因为矢国偷袭散国的田邑，造成散国的经济损失，于是由矢国割田地二区以为赔偿。文中两段是割地树封的履勘纪录，紧接着是矢人与散氏参与定界的见证名单，末段则为割地后盟誓立契的实景（在豆国新宫东廷），原属矢人土地第一区的三员首长与第二区的两名主管相继盟誓，确定守约后，将所割田地绘图交由矢氏执守，史正仲农则执左券以为文书之认证。这段铭文是研究西周土地制度的重要史料。散国位于今陕西省宝鸡市凤翔县一带，西北方与矢国为邻。

然而，散氏盘在青铜器断代上一般是定为周厉王时器。如果是周厉王时期则与"太伯奔吴"的时间相去甚远。周厉王（姬胡）的生卒年月是公元前878～前842年。周厉王在位三十七年。周厉王已是季历的十二世孙了，与"太伯奔吴"至少差二百五十多年的时间。那么，这个"矢人盘"能作为"西吴之说"的实证吗？

1969年，宝鸡市陈仓区上官村考古出土了"矢王簋（guǐ）"等青铜器。据专家考证："矢"和"吴"两个字通用。有不少学者认为，"矢国"就是太伯所建立的"句吴国"，矢国在今宝鸡市陈仓区上官村一带。

宝鸡市陈仓区是个怎样的地方？宝鸡市陈仓区位于美丽富饶的关中平原西端，南依秦岭，北靠陇山，西沿渭水，东连岐山，川原上名胜古迹星罗棋布，上官遗址、西周遗址是省级文物保护单位。1963年，贾村镇出土了西周周成王时期的稀世珍宝"何尊"，该文物价值连城。2009年第三次文物普查，桥镇村境内因发现"华夏第一瓦"而声名大振。久负盛名的还有黄梅山和白荆山等景区，相传在春秋战国时期，秦穆公曾至黄梅山避过暑、练过兵，阅兵台、一杆旗、圣旨沟、跑马岭等古遗迹至今可鉴；炎帝之母安嶝（dēng）氏（妊姒）生前居住过的白荆山遗址尚存。姜嫄圣母像古已有之，有碑可见。陈仓，古称"西虢"，是周、秦文化的发祥地。周文王之弟虢仲在此受封称为西虢，秦武公（前687）时设虢县，秦孝公（前361）时设陈仓县，唐肃宗至德二年（757）因闻陈仓山有"石鸡啼鸣"之祥瑞，改称"宝鸡县"。

宝鸡市历史悠久，至今有多处历史遗存和文物保护区域。据传，贾村以北的桥镇是上古有桥氏部落的领地，故本地在上古时期就有人类居住。整个贾村塬周边，至少在商晚期或西周初期就有村落城垣，塬东部的灵龙、上官、扶托村，南部的戴家湾墓地，西部的金河，北部的桥镇都有西周早期的青铜器、玉器、兵器和石器出土。

1963年7月的一场大雨之后，宝鸡市贾村村民陈堆发现他的后院的墙（土崖）上面有个东西在闪着亮光，他和妻子爬上去用小镢头一刨，竟刨出了一个青铜器。后来，马承源先生在北京清理这件青铜器的内胆时，发现了一篇铭文。这件青铜器被马承源先生命名为"何尊"。何尊的铸造时间是公元前1038年，做器的贵族姓（名）何。青铜器底部有122字铭文，其中出现了词组"中国"二字。迄今为止，这是考古中首次发现"中国"二字的词组。"中国"在古代意即中原。该青铜器铭文也记叙了周文王、武王和成王传承的序列，以及铸造"成周"的历史，故被视为镇国之宝。

1969年，这个塬区的上官村出土了"夨王簋"等四件重要青铜器。

1973年，发现了青铜器"夨王簋盖"。

1983年，扶托村还出土了青铜器"夨腊盨（yìng xǔ）"。这些夨器有的时代较晚，和其他器物所反映出的这个塬区的主体时代特征不太相符，但其在贾村塬不断被发现，引起了史学界和考古工作者的极大关注，一部分学者经过对这些夨器的初步研究，认为汧河流域是夨国的封地，贾村塬一带应是西周时期夨国势力范围的一部分。一些学者认为，贾村塬及其西北部的吴山属于西周早期的夨国封地。

关于"夨国"，现有两种解释：一说为"虞国"，一说为"吴国"。有学者根据西周建立之前"太伯奔荆蛮"一事认为，太伯就是"逃"到了岐山以西的吴山一带，故为吴国。周王朝建立后，周康王改封其至江苏宜地，也就是春秋时期的吴国一带。这里的意思是说，太伯先是到了岐山以西的吴山，当时太伯去的地方叫矢国，而后是在周康王时期，周康王把太伯改封到了江苏宜地，江苏宜地的吴国便是春秋时期的吴国。这显然与文献记载不符，周康王是季历的四世孙，他们的世系是：季历、文王、武王、成王、康王，而太伯是季历的兄长，康王改封太伯、仲雍到江苏宜地显然是说不通的，如果说改封的是他们的后代，那么也就否定了太伯、仲雍到过江南。而文献记载太伯在荆蛮（江南）自号"句吴"，直到周武王大封诸侯的时候，才封仲雍的曾孙周章为吴王，同时受封的还有周章的弟弟虞仲，他被封为虞国的诸侯，而主流观点认为虞国是在今山西省平陆的中条山脚下。

把"矢国"解释为"虞国"，看似是有一定道理的。虞国与虢国是邻居，曾经唇齿相依，最后两国同时被晋国灭亡，历史上有《假道伐虢》的故事。我们后面要说到江苏省镇江市丹徒区烟墩山出土的"宜侯矢簋"，有人认为是把"虞国"从一地转封到了另一地。但经仔细探究以后，把矢国解释为"虞国"也同样存在着与文献矛盾的地方，如文献记载的"虞国"封地在夏墟，即在河东大阳县，传十二世而被晋所灭。这个夏墟的地点是在山西省平陆县，而矢国是在陕西省宝鸡市。文献上记载虞国在吴君句卑时代（句卑，从周章起第十三任吴君）时灭亡，当时已经进入东周，处于周惠王（姬阆）时期，时间在公元前676—前652年期间，而上面说的所谓的改封是在周康王姬钊时期，也就是在西周时期，时间在公元前1020—前996年。改封事件在时间上相去甚远，所以把矢国解释为"虞国"，也是说不通的。

1974—1975年冬，宝鸡市竹园沟发掘出"弓鱼伯和其夫人井（井）姬墓竹园沟弓鱼国贵族墓地"；1980年，竹园沟又发掘了"弓鱼国贵族墓地"。尹盛平先生认为："弓鱼国"系长江中游巴人的一支，被称为"荆蛮"。"弓鱼"和"勾吴"是同音假借，所以太伯兄弟所奔的地方其实是叫"弓鱼国"，后来在此建立的是"矢国"。有不少人认为这种观点似乎最接近历史真相，也就是说，太伯去的这个地方原来就有一个"弓鱼"国，太伯去后建立了"矢国"（句吴国）。

江西的"林屋公子"研究了"吴""矢""虞"三个字。"吴"字的写法是上"口"下"天"，先秦时代的写法是上"口"下"矢"，有点儿像异体字"吴"。"矢"是个象形字，从字形看是个"歪着头的人，一边跑一边回头看。"吴"字的"口"

是他的嘴，所以"矢"和"吴"两字是相通的。"虞"从字形上看是"吴"字披了"虎"字的皮。在周代，掌管山林池泽的官叫"虞人"。虞人又分为山虞、泽虞。据说中国最早的诗歌是《弹歌》，《弹歌》有八个字："断竹，续竹，飞土，逐肉。"意思是说：折断竹子，编成弓箭，坚泥为弹，追逐猎物。写的就是吴（虞）人呐喊奔跑着飞弹捕猎的情景。据考证，"虞"和"吴"相通。所以，有人认为吴部落最早根本不在长江流域，而是在秦晋大地，吴人呐喊着驱逐猎物，以此为生。由此"吴"是个在北方出现的字。持这个观点的人认为：太伯并不是仓皇出"逃"，而是古公亶父计划的武装拓展。据《穆天子传》记载：亶父"封"吴太伯，封在哪里？——虞地。穆天子是穆王姬满，为古公第八代世孙，书中"封"的意思是把年长的儿子派出去拓展土地。这种政策往往的长子与其他兄弟出去扩张开辟地盘，而少子继承父业。春秋的秦楚和后世的蒙古族部落也都有这样的习惯，说明白一点儿，其实就是兄长成年，分家发展，所以兄长往往不能世袭。

武王伐纣之后，西周建立。武王推行分封制，矢国国君周章的弟弟虞仲被封到山西，建立了虞国。这里的意思是武王分封时（前1046—前1043）"伯仲之孙"的"句吴国"还在西吴。这就是所谓的"西吴之说"。

1954年的夏天，在江南大地上出现了一件意想不到的事情。一个叫作"宜侯矢簋"的青铜器被镇江丹徒县绍隆寺的福贵老和尚在烟墩山上被无意地挖出。据考古专家《宜侯矢簋轶事》一文的作者张敏先生说，福贵于1954年6月还俗在家，在村长聂长保家打工，他在一块坡地上翻土时，掘出了一批青铜器。为检验是否是金器，聂长保的儿子随便拣出了一件，一锄头打得粉碎，而这一锄头打碎的恰恰就是这批青铜器中唯一有铭文的"宜侯矢簋"。

这种情况在当时的江南农村比较常见，特别是在整田平地的时候，江南农村的高墩中不时会锄出一些古怪的东西，因为不是金器，农民视作龌龊，加上农民锄地时对土块一拉一推的作业动作，有些看似古怪的东西就会被捣碎。后来，这个被打得粉碎的青铜器经过复原后，专家给它取了一个名字叫"宜侯矢簋"。

宜侯矢簋，现馆藏地是中国国家博物馆。宜侯矢簋所处时期是西周，用途是个盛食器，也有说是祭祀用器。宜侯矢簋的出土地点是在江苏省丹徒烟墩山。

宜侯矢簋高 15.7 厘米，口径 22.5 厘米，足径 17.9 厘米，侈口，束颈；四兽首耳，浅腹，圈足较高，下缘附边条；腹部间饰涡纹、夔龙纹，圈足饰鸟纹。器内底铸铭文 12 行 120 余字，记述周康王册封"矢"为宜侯，并赏赐鬯、瓒、弓、箭、土地、庶人等，它是研究西周分封制度的重要史料。其铭文为：

> 惟四月辰在丁未，王省武王、成王伐商图，遂省东或（国）图。王卜于宜口土南。王令虞侯矢曰：迁□侯于宜。锡□鬯一卣、商瓒一口，彤弓一，彤矢百，旅弓十，旅矢千。锡土：厥川三百……，厥……百又……，厥宅邑三十又五，〔厥〕……百又四十。锡在宜王人〔十〕又七里。锡奠七伯，厥〔庐〕〔千〕又五十夫。锡宜庶人六百又……六夫。宜侯大扬王休，作虞公父丁尊。

"簋"是商周时代的祭祀礼器，后来簋的上半部分作为人们吃饭的饭碗被演化保存了下来。这些铭文经郭沫若、唐兰等先生考释，大意是说：周康王（姬钊，周武王之孙）看了武王伐商、成王（姬诵，周武王之子）伐东夷的作战地图后，觉得有必要继续加强对东方的统治，于是将虞国君主矢转封到了宜地。虞侯矢为了感谢周王恩典，并纪念其父亲父丁而制作了这个被烟墩山农民挖出的宜侯矢簋。

西周的分封就如《左传·僖公二十四年》所记载的"封建亲戚，以藩屏周"，是指周天子分别授予自己的子弟、亲族及功臣一定范围的土地建立封国，以屏卫王室，受封者即是诸侯。据史书记载，西周初年分封了七十一国，其中较大的有鲁、齐、燕、晋、卫等。通过分封诸侯，周人不但牢牢统治了商朝原有地区，而且其势力、影响不断扩大，远远超过了商朝。

周天子（康王）当时赐给了虞侯矢人口、器物、土地、居邑。其中人口包括十七支周族、六百平民等，器物包括香酒、宝玉、弓矢等，土地包括三百条河流、沃土、居邑在内的宜地，规模相当庞大。香酒、弓矢，这些都是后世称为"九锡"的物品。所谓"九锡"，是指车马、衣服、乐悬、朱户、纳陛、虎贲（bēn）、斧钺、弓矢和秬鬯。乐悬是悬挂起来的大型编悬乐器，朱户是朱红色的大门，纳陛是殿的台阶，虎贲是勇士，秬鬯是黑黍子酿的香酒。王赐"九锡"

表示拥有至高无上的地位，再往上就涉及王位了。之后朝代的王莽、曹操、司马昭都加了"九锡"，因为这些人的名声不好，所以后来影响到"九锡"的名声，甚至变成了篡位的代名字了。当时周天子授予虞侯矢这些物品，表明周天子授予虞侯矢在江南一带的征伐权。这种征伐权一般只可能赐予近亲，由此看来，把宜地看成是"吴国"也是有可能的。

不过，虞公父丁和虞侯矢到底是谁？根据《史记·吴太伯世家》比照，吴君熊遂和周天子康王是平辈，虞侯矢可能和熊遂或其子柯相平辈。虞公父丁是虞侯矢的父亲。

虞国君主矢转封到了宜地，那"宜地"又在什么地方呢？现在很多人说吴人进入江南的第一站是在宁镇地区，那么宜地很可能就在出土了"宜侯矢簋"的丹徒。这里有必要说一下，东汉《越绝书》中提到的丹阳郡（含今南京市）有"梅里"之地。

如果按照上面这两种说法：太伯奔荆蛮，荆蛮是岐山周原的邻居弓鱼国，太伯占据弓鱼国后并在那里建立了矢国。然后在太伯、仲雍的第五代或者第六代时期（熊遂或者柯相）被封到了宜地（在今江苏省镇江市丹徒区一带）。由此，太伯奔荆蛮的路径应该不是现在通常认为的跑到了江南建立了句吴国，而是太伯、仲雍的后代随着周族的扩张，先从陕西到晋南，再到苏南"三步走"。这就是所谓的"丹徒之说"。

不少古籍中说的"梅里之地"，即指江苏省无锡市新吴区梅村、鸿山一带。这里位于长江南岸、太湖东岸，是长江下游长江三角洲地区，此地北流之水入长江，东流之水入东海，是处于"江尾海头"的位置，是典型的江南水乡。历史上的文人把这里称为"古吴墟"或者"梅里平墟"，是句吴国的诞生地。如今，泰伯墓在无锡鸿山的西麓，太伯庙在梅村太伯渎南岸。太伯墓、庙一体被列入国家文物保护单位。古籍中还有这样的记载：庙地本为太伯之宅，后以宅为庙。东汉桓帝永兴二年（154），桓帝命当地县令糜豹修建太伯墓，庙在山下墓之南面，之后重修于无锡梅村。

无锡鸿山往东可去常熟虞山，路程不远，太伯之弟仲雍墓便在江苏省常熟市虞山，且仲雍的曾孙吴国君主周章之墓也在虞山。周章少子周莹之墓在无锡安阳山下。无锡惠山公园建有太伯祠。《史记正义》记载："太伯居梅里，在常州无锡县东南六十里。"这里为何要加"常州",因为当时的无锡县归常州府管辖。至十九世孙寿梦居之,号句吴。寿梦卒,诸樊南徙吴。至二十一代孙光,使子胥筑阖闾城都之,即今苏州也。

东汉赵晔所著的《吴越春秋》中说:古公病了,太伯、仲雍兄弟借口到衡山采药,趁机逃到荆蛮之地,剪短头发,身绘花纹,穿上当地人的衣服,以表示自己已不能在周人宗庙主持祭祀。古公病重逝世,太伯、仲雍奔丧回到岐周。丧礼结束之后,二人又返回荆楚南蛮之地。荆楚南蛮之地的人民都把他当作君主来侍奉,于是自立建国,号句吴。赵晔是越地人氏,故而在文中称"逃"。这大概是不忘吴、越之恨,还是站在了越人的立场上的原因。

无锡鸿山的邹鹏曾写有《太伯奔吴》的故事:武乙六年,古公亶父从豳地迁徙到周原阳地(陕西省凤翔),开垦种地,营造城邑,不到十年,周原比豳地更加富强。为防止邻邦侵犯,古公兴土木、筑城郭,设王宫有司。民皆乐事,颂其德。故《诗经·大雅·绵》云:"周原膴膴(wǔ wǔ)。""周原膴膴"是说土地肥美的样子。周的国号也由此而起。

但是,在岐山以北,楚元王在两年前占领了夏墟(今陕西省夏县)后,建立国都,国力日盛。有一天,楚元王的手下叫人去山南偷采桑叶,被周原的蚕姑发现后上前劝阻,反而被殴打。太伯和仲雍带领兵丁要去评理,被古公劝阻,古公说:"与过去让地给戎、狄一样,不要动武。"太姜(古公之妻,因太伯娶妻也姓姜,婆媳同姓,故母后尊称为太姜,儿媳一众称姜姐)说:"不一样,楚蛮是我们的眼中钉,不拔掉,后患无穷。"议而不决之时,站在季历身后的姬昌说:"我们听王祖母的,不能让,应先下手为强。"姬昌接着又说,"攻其不备,击其要害,速战速决。"古公听后认为姬昌是个兴邦治国的良才。《史记·周本记》记载:古公又赞曰:"我世当有兴者,其在昌乎?"古公即命太伯三兄弟于三更行动,未到天明,楚元王被打得溃不成军。据说,楚元王先是逃到清河县(今江苏省淮安市),后转移到丹阳(古地名,楚国国都)。古公觉得昌有"圣瑞",于是想把位子传给昌。

太伯、仲雍兄弟察觉到父亲要传位给昌,故在父亲生病期间说到衡山采药,实是出走避让王位。古公得悉后,即命大将周达追赶,追了两百多里不见踪影。古公说:"据说是去衡山采药了,你去衡山找。若是找不到,就不要回来。"

周达领命而去。

太伯兄弟离开周原，过凤翔、千阳后来到了荆蛮之地。

太伯、仲雍兄弟一路过去遇到了原来周原古公台下的副将吉利。吉利因犯周族族规，被古公逐走，在西吴（虞）族中当一名小头领。太伯一到，受到吴族狩猎部落的欢迎并选为首领。太伯安顿下来后，便叫吉利带上两名能干之人，到岐周打听父亲的病情。

不久，古公病重，临行前把季历叫到身边，遵照氏族传统立下遗嘱，要传位于太伯。古公病故，季历叫邬义大夫去找太伯、仲雍兄长报丧，邬义先在邻近的几个小族里找寻，寻到凤翔巧遇吉利。邬义讲明情况后，由吉利带路，去吴山报丧。

太伯、仲雍兄弟赶回岐山周原奔丧，哭吊完毕，季历宣读遗嘱，要太伯继位。太伯再三推让。太姜就把太伯、仲雍兄弟叫到旁边问清原委，太伯说自己已在吴山荆蛮当上首领，请求母亲做主，让位于季历。太姜觉得太伯心意已决，便同意了。太姜询问吴山的情况，太伯说吴山土地贫瘠，牧民部落游牧狩猎，生活艰难。太伯、仲雍兄弟完成了古公的后事，离开周原之时，母亲太姜说："姜姐、万妹，你们两位儿媳也随夫去吧。"万妹便把儿子季简也一同带去，并说以后若要迁移，定要派人来告知与我。

姜姐是太伯的正妻，这里没有采用太伯终身不娶的说法。

太伯、仲雍兄弟在回吴的路上，季历追赶上来，还是要太伯即位，太伯态度坚决，并说母亲已经允诺。太伯写下"以德行事"四个大字勉励季历，季历便写了一首《哀慕歌》，兄弟就此哭别。

据说在商朝后期，四十二岁的太伯号召荆民迁徙。太伯取古道，循汉水，过长江，历尽艰苦，来到了江南。当时的江南也就是如今的长江三角洲地区，是一派荒芜景象，称为"荆蛮之地"。

太伯、仲雍兄弟来到太湖之滨的龙山脚下，在等候后续人马到来的时候，突然天空飞来一只凤凰，向他们引颈长鸣。凤凰向东南方向飞去，太伯、仲雍兄弟顺着凤凰飞去的方向一路追赶，只见凤凰落在长满野花的高墩上，太伯、仲雍兄弟到此一看，那里竟是一片梅林。太伯带领着移民就在这里定居了下来，称这里为"梅里"。太伯在此建立了句吴国。而后，仲雍继续向东迁徙，到了常熟虞山。

当然，这只是邹鹏先生写的一个故事罢了，不光里面的奔吴年份不够严谨，而且情节也有明显的编纂痕迹。如果邹鹏先生这些说法接近史实，那么太伯墓为何在无锡鸿山？仲雍墓为何在常熟虞山？答案显而易见。但问题是太伯墓是在东汉桓帝永兴二年修建的，"修建"二字大有学问，是"修"还是"建"，还是"修"就是"建"，至今没有清晰的定论。而无锡新吴区鸿山山上的太伯墓，到底是不是太伯的血棺墓呢？至今没有铁定的答案。

按照这个说法，太伯奔"吴"，先是太伯在吴山做了首领，由于吴山地区土地贫瘠，不能扩张和发展。太伯便在父亲古公去世之后，带领当地荆民一路向东迁徙，到达江南梅里，建立了句吴国。

据战国时期就已成书的《世书》记载：太伯去世，其弟仲雍继位后，将都城从太伯所居之地梅里迁到藩篱，即吴之馀（yú）暨，"蕃篱"即"余暨"。有人认为余暨故城在今杭州市萧山区，在汉置的萧山县西。第十九任吴君寿梦又将都城从藩篱迁到梅里。寿梦去世，长子诸樊即位，将都城从梅里南迁至"吴"，疑在今苏州城附近。根据《世书》，吴国都城的变化可能为：太伯居梅里，仲雍迁藩篱，寿梦回梅里，诸樊南迁，最后，是在吴王阖闾元年，始城姑苏（今苏州市）而迁徙都焉。应劭曰："（余暨）吴王阖闾弟夫槩之所邑。"意思是余暨后来成为吴王阖闾弟夫槩之封地。

这就是所谓的"梅里之说"。应该说，"梅里之说"历代文献都给予其有力支撑，但一直缺乏考古实证。


## 7. 扬州旧壤号荆蛮  梅里故墟称吴都

我们看完"西吴之说""丹徒之说""梅里之说"，总感觉云里雾里，然而，我相信大家心里自有定数。我也知道大家是不喜欢读这些文字的，因为笔者没有告诉一个定论。故而，我们还有必要探究下去。

"太伯奔荆蛮"，所建"句吴国"，"荆蛮""句吴"究竟地处何方？

江苏省无锡市鸿山籍经史学家、国学大师钱穆曾认为太伯所建"句吴国"在山西省平陆县，即现在通说的虞国之地。钱穆所说也并非空穴来风。

无锡"吴文化研究"专家陈振康先生所著《句吴史探析》书中有《虞国和句吴国》一文，陈振康先生对"封虞"作了详尽解析，他说："我国历史经典《穆天子传》，古今学者都确认作于周穆王时期，周穆王是继西周武王之后的第五位天子，其在位时间五十四年（前976—前923）。"《穆天子传·卷二》载：

> 大王亶父之始作西土，封其元子吴太伯于东吴。诏以金刃之刑，贿用周室之璧。

这句话是说：古公亶父兴起于西方，封其长子吴太伯于东吴。把制作刀剑的方法传给他，把周王室的璧玉赠给他。这里的"兴于西方"是指陕西省岐山之下，"东吴"指的是北虞。

当代著名历史学家杨宽先生在《西周史》中对"大王亶父之始作西土，封其元子吴太伯于东吴"作了详尽的论述：

> 所谓封于东吴，"吴"即是"虞"，金文常称"虞"作"吴"。虞的封国在今山西省平陆北。
> 《穆天子传》卷六称穆王"乃宿于虞"，也因为"虞"是太伯的封国，是原有周王留宿的宫室。

杨宽先生又对《诗经·大雅·皇矣》中的"帝作邦作对，自大伯王季"作出新解，他认为：

> 其实，所谓"帝作邦作对，自大伯（太伯）王季（季历）"，就是说上帝建立了一对邦国，这对邦国创始于太伯、王季（季历）。也就是说太伯从周分出去建立了虞，和季历继承君位的周国，成为配对互助的国家。

钱穆先生认为：

后稷起自晋南，公刘由戎、狄中出来重新务农，也在山西省的西南角。

钱穆先生认为，周人的兴起源自山西，山西是周的故土，因此，周太王将山西北虞这块既是舜的故土又是故夏墟的土地封予太伯、仲雍，完全是有可能的。

如果是这样的话，我们就不难理解周武王为何要寻找太伯、仲雍之后，又要把周章的弟弟虞仲封到中原地区的北虞，原来，北虞之地在周太王时期就是太伯、仲雍的封地。由此判断，太伯、仲雍兄弟并没有一直在北虞生活，而是为了"让王位"奔荆蛮去了，也就是说奔到了无锡市梅村、鸿山一带的"吴"地。那么他们奔"吴"的出发地，也很可能是在北虞。然而，司马迁在《史记·吴太伯世家》中说：

余读《春秋》古文，乃知中国之虞与荆蛮句吴兄弟也。

山西省平陆县是中国之虞，是荆蛮句吴的兄弟。从《史记》中的记载来看，司马迁并不曾记载北虞曾经是太伯、仲雍的封地，因此，山西省平陆县更不是太伯、仲雍所奔的荆蛮之地。

《史记·周本纪》记载：

长子太伯、仲雍知古公欲立季历以传昌，乃二人亡如荆蛮，文身断发，以让季历。

据古本《竹书纪年》记载：古公仙逝的时间是在殷商武乙二十一年。

中国社会科学院历史研究所 2016 年重印的《中国历史年表》修订本中指出，殷商武乙时期处于公元前 1147—前 1113 年，共三十五年。如果古公仙逝的时间确是在殷商武乙二十一年，即公元前 1126 年，那么太伯、仲雍来到"荆蛮"之地的时间距今约在三千一百四十四年前。

另有吴多兴先生编著的《姬吴史踪》一书中的《商朝年表》，该书是依据北宋邵雍《皇极经世》整理的资料，年表明确了商康祖安王在位二十一年，在位时间处于公元前 1219 年到公元前 1199 年，商康祖安王在《史记》中的祭名是庚丁，甲骨文中的祭名康丁。而商武祖烈王在位四年，在位时间处于公元前 1198 年到公元前 1195 年，武乙是《史记》中的祭名。按此说法，武乙不存在二十一年，而殷商庚丁才有二十一年。如此，古公仙逝应是在庚丁二十一年，也就是公元前 1199 年。其时已处商末，离商亡（前 1046）还有一百五十多年。如果按照这个记载，太伯、仲雍来到"荆蛮"之地的时间距今三千二百多年，与现在江南无锡一带通说的"太伯奔吴"是在三千二百多年前相符。

古公仙逝之后，季历代周。太伯、仲雍曾去岐山奔丧。期间，季历按照父亲遗命要求太伯继位。然太伯坚决不受。古公亶父的丧事完毕后，太伯、仲雍回到荆蛮之地。

那么，"荆蛮""句吴"地在何方？我们可以从历代文献中探究，虽然显得烦琐，但还是能够从中梳理出一些信息来。据《吴县志》记载：

> 扬州，旧壤夙号荆蛮。与诸夏声教隔绝，岂意有躬行三让，德高千古者为兹土主，化僻陋为文明，其后寖昌寖炽，杰然为东南大国炳焉，与诸夏同风乎？

在《吴县志》中，扬州旧时称"荆蛮"之地。然而，后面的文字又否定了太伯所奔之地为扬州，这个否定的扬州与"旧壤夙号荆蛮"的扬州应该是两个不同的地域概念。《吴县志》中接着又说：

> 稽昔颛顼高阳氏始置九州，冀、兖、青、徐、扬、荆、豫、梁、雍是也，扬州之域北至淮北，南至于海，自颛顼以逮唐虞夏商，吴地俱属扬州境。周太王长子太伯、仲雍让国少弟季历，奔荆蛮，蛮人义之，立为吴太伯。武王克商，求太伯、仲雍后，封其五世孙周章为吴子，都句吴，始居梅里，为今常州无锡境。

《无锡金匮县志》记载："……唐（尧）扬州，虞（舜）扬州，夏扬州，殷扬州，句吴国。"

《史记索隐》引《吴地记》曰："太伯居梅里，在阖闾城（今苏州市）北五十里许。"

《史记正义》曰："今无锡县东南。周扬州，吴国。"

《史记》曰："武王克商，求太伯、仲雍之后，得周章。周章已君吴，因而封之。"

《史记索隐》指出："荆者，楚之旧号，以州而言之曰荆。蛮者，闽也，南夷之名；蛮亦称越。此言自号句吴，吴名起于太伯，明（确）以前未有吴号。地在楚越之界，故称荆蛮。"

这里所说的"荆蛮之地"是指在楚、越之界之间，也就是天下九州的荆州与扬州之间。而当时的无锡梅里便是地在楚越之界，属于九州中的扬州管辖，符合司马迁所说的"太伯、仲雍奔荆蛮"的话意。

《无锡县志·地理》载：

> 按史《汉书》，无锡。《禹贡》：扬州之北境，在天官星纪为斗牛女之分，而无锡实当女之辰，于古为"荒服"。自周太王长子太伯以其弟季历贤而有圣子昌，因知太王欲立季历以及昌。于是太伯与仲雍奔荆蛮，以避季历。季历立，是为王。姬昌继立，是为文王。于是太伯处荆蛮，自号句吴。荆蛮义之，从者千余家，立为吴太伯。太伯遭殷之末，中国侯王数用兵恐及于荆蛮。起城，周三里二百步，外郭三百余里，在吴之西北隅，名曰故吴墟，即今无锡梅里之太伯城是也。

《梅里志》（吴本）《禹贡》所说扬州之域，于古为"荒服之地"。太伯奔荆蛮居梅里平墟，自号句吴。在今无锡县东三十五里。

《吴地记》载：

> 太伯筑城于梅里平墟。其地汉为无锡县，地属会稽郡。东汉为无锡侯国，属吴郡。晋为毗陵郡，又改为晋陵郡。隋以后改常州。元属常州路，明属常州府。今仍之。

《汉书·地理志》载：

> 吴，故国，周太伯所邑。孔颖达曰："太伯居梅里。传至十九世孙寿梦。寿梦卒，诸樊南徙吴。至二十一世孙光，使子胥筑阖闾城都之，即今苏州也。"

《史记正义》曰：

> 太伯奔吴所居，在苏州北五十里无锡县界梅李（"里"亦作"李"）村。其城及冢见存，而云"亡荆蛮"者。越灭吴，其地属越。楚灭越，其地属楚。秦灭楚，其地属秦。秦讳楚，改曰"荆"，故通号吴越之地为荆。及北人书史，加称蛮也。（秦讳楚是因秦王嬴政父为嬴楚。）

通篇观之，我们认为太伯、仲雍所奔荆蛮建立"句吴国"的地方从大处说奔的是扬州，但此扬州是指天下九州之一的扬州之境，而非现在意义的扬州之境。也就是说，此扬州不是当今扬州市之范围，而是指当时扬州管辖的四境之内。因吴地古属扬州，故而，司马迁不说奔吴（因为当时太伯奔时尚未建吴），而说奔荆蛮，就像现在外省人去了江苏省无锡市，便说去了江苏省一样。当时扬州之地地域广阔。如果从小处说，"奔荆蛮"即来到梅里，即为今无锡之境。

太伯、仲雍奔丧完毕回到荆蛮之地以后，便以无锡梅里为中心建起了邦国，自号"句吴"。建邦之初，当地即有千余家归附于"句吴"之国。太伯自建起邦国的时代是在殷商末期，文王、武王尚未克商，故也谈不上周天子分封，因为世上还不曾出现周天子，因此"句吴"之国便只能是自号了，也就是自称了。然，何为"千家归附"？有学者提出，"千家"的"家"是指姓氏的多少，若如此，"千"也是个模糊的概念，无非是说许多不同姓氏的家、族归附而已。总而言之，是有许多家、族归附于"句吴国"。

太伯建邦之时，正好逢遇殷商末年衰乱，太伯唯恐中原诸侯用兵荆蛮，故开始筑城。据古籍记载，古"句吴国"都城外郭三百余里，城四周三里二百步。

古"句吴"城之西北隅为太伯始居地。城名"句吴城"。至王僚，皆是如此。后人称"句吴城"之地为古吴墟或梅里平墟。由此可见，"句吴之国"位于扬州（荆蛮）属地，都地在今江苏省无锡市新吴区梅村、鸿山一带，应该是个不争的史实。但从考古情况看，至目前我们尚未发现"古吴墟"确切的城址边界。无锡市新吴区鸿山街道与新吴区梅村街道相邻，鸿山街道在 2004 年有了考古新发现，曾被列为"2004 年中国十大考古新发现"之一，现在的正式名字叫"鸿山墓群"，但游客对"墓群"二字总有些忌讳，所以，对外宣传的名字就叫"鸿山遗址"。鸿山遗址文物保护区有 7.6 平方公里，是全国占地面积最小的"大遗址"之一。此"大遗址"今定性为越国贵族墓群，时代为战国初年。如此说来，这是越国灭亡吴国之后的事了。然而，吴、越毕竟相关，春秋、战国相连，墓群出现在此区域，不能说与"句吴城"一点儿关系都没有。事实也正如我们心中所想，2019 年 7 月 23 日，无锡"梅里遗址"考古学术研讨成果公布：梅里遗址为重要的商周遗址。无锡市文化遗产保护和考古研究所对"梅村古镇二期项目"所在地范围进行了考古调查和勘探，在近现代大量的建筑废弃物堆积中发现了商周时期的陶片，在勘探的三个地块内均发现了零星分布的早期灰坑、灰沟等遗迹。经国家文物局批准，2018 年 8 月至 2019 年 4 月，对伯渎河（原名泰伯渎）南北两岸分别进行了小范围发掘，发现了西周地层和遗迹，并发掘出了遗物。从获取的大量印纹硬陶、软陶、夹砂陶等遗物判断，梅里遗址的时代跨度为商代至春秋时期。这一首次重大发现与历史记载的"太伯奔荆蛮""太伯居梅里"有一定的关联性。

梅里遗址的考古价值重大，或许可以结束近现代关于"太伯奔荆蛮"的无休止争论。或许文献记载中的梅里平墟、古吴墟、古吴城就在宣布的无锡新吴区伯渎河两岸。

定鼎句吴城，或许就在梅里遗址。梅里遗址或许能够成为《史记》"太伯奔荆蛮"的实证。《吴越春秋》说："二人托名采药于衡山，遂之荆蛮。"太伯、仲雍兄弟奔走荆蛮之时，与家人、族人推托因父亲之病欲去衡山采药，然这里有两个问题我们可以探究：其一，是否真去衡山采药？其二，采药的衡山又在何地？

一问采药。

采药毕竟是太伯、仲雍兄弟出奔的托言，是否真的去采药了？我们认为可能性很小。因为不曾发现文献记载过太伯、仲雍兄弟采得草药送与古公治病，那兄弟俩采了药又有何用？若真是要为父亲治病而去采药，陕西多崇山峻岭，秦岭就是百草园，药草不可谓不丰富，就近上山采药更符合常理，何必不远千里来到江南寻找药材，难不成治病的草药只在江南生长？

二问衡山。

《楚辞·天问》中有"吴获迄古，南岳是止，孰期去斯，得两男子"之句。这是说：吴国之所以能得有贤君，要追溯到古公亶父之时，因为遇太伯阴让避王季，辞之南岳之下采药，于是遂止而不还。所谓"阴让"是没有明确说明让位于王季，而心中之意及所作所为是让了位。屈原说的"得两男子"便是指太伯、仲雍兄弟，采药的衡山是今湖南省衡阳市的南岳衡山。然而我们认为此为误说，不足为信。现在有较多学者认为："衡"即"横"，"衡山"就是"横山"。

徽省广德市有座横山，马鞍山市博望与南京市江宁交界处也有一座横山。博望横山在广德市横山以北，位于南京市之南。广德市横山位于太湖西南。博望横山位于太湖西北，向东北方取道句容便到丹阳。马鞍山市博望紧邻南京市，靠近机场。无锡梅里去此西北博望横山约三个小时的车程。今博望新区新市镇横山南麓有宣传介绍，称其地自古文明，古吴都五百年立于横山。我们认为，此说尚不足为信。据光绪年间《广德州志》载："《左传》云，襄公三年，楚子重伐吴，克鸠兹，至于衡山。"《江南通志》也有考证，衡山即安徽省广德市的横山。

"襄公三年"为公元前570年，距今已近两千六百年，其时应该是吴王寿梦十六年、楚共王二十一年，子重为楚共王时的令尹。九年后，吴王寿梦去世。

安徽省广德市的横山位于太湖之西南，与江苏省丹阳市在南北直线上，安徽省广德市横山向北过金坛便去丹阳，与无锡梅里相隔浩淼之太湖，处于西北对角线上。今无锡梅里去此横山约两个半小时车程。

《史记集解》引用杜预之说法，即衡山位于吴兴。杜预曰："吴兴，乌程县南也。"乌程，古县名，在今浙江省湖州。公元前223年，秦改"菰城"为"乌程"，乌程以"乌巾""程林"两氏善酿得名。民国元年（1912），乌程改为吴兴县。

笔者认为：太伯、仲雍兄弟若是真去采药，很可能就是到了吴兴的衡山，即今浙江省湖州市长兴县的横山。此横山位于太湖之滨，即今宜兴之东南。今无锡梅里去此太湖对岸的横山约两个小时车程。

太伯、仲雍在荆蛮之地生活，文身断发。为何要文身断发？《史记集解》引用应劭之说：

常在水中，故断其发，文其身，以象龙子，故不见伤害。

"断发文身"原是江南百姓的生活习俗。江南百姓生活在水泽地区，这里河道纵横交错，捕鱼是江南百姓的必备技能和生存手段，所以说江南百姓常在水中活动是符合情理的，而短发易干，这给劳作带来便利。至于"文身"则是为了避邪、不被水怪伤害，文身之躯本就可怕，又文成龙样，水怪见了便会避开逃走。所谓的水怪可能是指鼍龙（扬子鳄）、水獭之类的水中动物。鼍龙是会伤人的。水獭不伤人，但它的长相与生活习性在江南人的认知中直到现在还认定是水怪，是想象中人溺死后变成的鬼怪形象。当时，江南水边、水中还有其他许多大型猛兽活动，也可能被视作水怪。

然而，现在我们理解太伯、仲雍兄弟俩断发文身更多的是指向他们为了表明自己的心志。兄弟俩断发文身，便是立志融入当地、主动疏远周邦的表现。他们以此来表示自己已不同于周人，或区别于周人，也可以理解为不用或者有违周人礼俗。兄弟俩断发文身，对于周人来说，自然要考虑太伯、仲雍不可再期望用之，因为兄弟俩断发文身之举便意味着抛弃了周人礼俗，再在周祖宗庙主持祭祀已是不能，而在宗庙主持祭祀是古代王者权力的象征。

就这样，太伯、仲雍断发文身与荆蛮百姓开始了一样的生活。然而，关于太伯、仲雍兄弟俩的断发文身也有不同记载。《左传》：哀公七年（吴王夫差八年），鲁、吴会于缯（zēng）。缯，古国名，在今山东省枣庄东，姒姓，夏禹之后。吴太宰伯嚭召鲁季康子，季康子命孔子弟子子贡往辞，子贡在这次会面时曾经说过："太伯端委，以治周礼，仲雍嗣之，断发文身，裸以为饰。"意思是说：太伯、仲雍始创句吴国以后，太伯穿戴周人服饰，以周礼为纲而治。仲雍继位以后，断发文身，赤身露体。这是说太伯本人并未断发文身，而是端委而治。春秋末期，子贡向吴国大臣讲述吴国先祖之事，我们认为不可能是虚构的。

## 8. 古往今来歌至德　人间天上唱高义

《论语·太伯》记孔子言："太伯，其可谓至德也已矣！三以天下让，民无得而称焉。"这句话的一般理解是，太伯三让天下，其德至高无上，故而用"至德"来称赞他。"民无得而称焉"，是说除了用"至德"二字，人们再也找不着合适的词语来称赞他了。人们称赞他什么呢？就是"三让"事迹。这个解说是依据杨伯峻先生《论语译注》中的理解，杨伯峻先生把"民无得而称焉"译为"老百姓简直找不到恰当的词语来称赞他"。老百姓找不到恰当的词语，但是孔子找到了，那就是"至德"二字，故而孔子一连用了三个语气助词"也已矣"来作感叹。

然而，对于孔子之言，历史上一直有不同的理解，集中在"民无得而称焉"一句。北宋邢昺（bǐng）的《论语注疏》认为："三让之美，皆隐蔽不著，故人无德而称焉。"意思是老百姓不了解太伯的事迹，故而并未称颂他。钱穆先生在著作《论语新解》中说："太伯之让，无迹可见。相传其适吴，乃以采药为名，后乃断发文身，卒不归，心在让而无让事，故无德而称之。"钱穆先生的意思是人民得（看）不到他的实绩来称赞他。这些说法应该和杨伯峻先生的理解接近，但学界另有一种说法："太伯，可谓至德，并非三让之事，而是因为太伯不受太王翦商之志，遂三让不嗣，符合孔子的中庸之道，故而谓之至德。"

"民无得而称焉"，有时也会被写作"民无德而称焉"。按我们的理解，"无得而称"是一个常用语式，是口语中的古语式，换成今天的口语便是"没得说"。"没得说"是表示附和的意思。

《吴郡志》记载："太伯三让，今吴县有三让乡。"今江苏省无锡市鸿声梅村相邻处曾名"三让乡"，鸿山就在三让乡。然而，太伯三让天下的内涵到底是什么呢？《史记·吴太伯世家》没有表述清楚，于是，古往今来便说法不定。《史记正义》引江熙云：

太伯少弟季历，生文王昌，有圣德。太伯知其必有天下。故欲传国于季历。以太王病，托采药于吴越，不反（返）。太王薨（hōng）而季历立，一让也。季历薨而文王立，二让也。文王薨而武王立，遂有天下，三让也。

这里似乎表明姬发被立为周君时，太伯仍然健在。《日知录》云：

《皇矣》之诗曰：帝作邦作对，自大伯（太伯）王季（季历），则太伯之时，周日以强大矣，乃托之采药，往而不反（返），当其时，以国让也。而自后日言之，则以天下让也。当其时，让王季也，而自后日言之，则让于文王、武王也。有天下者，在三世之后，而让之者，在三世之前，宗祧（tiāo）不记其功，彝鼎不铭其迹，此所谓三以天下让，民无德而称焉者也。

《路史》曰：

方太王时，以与王季，而王季（季历）以与文王，文王以与武王，皆太伯启之也，故曰三让。

这些古籍中都有一个同样的意思：太伯三让，一让季历，二让文王，三让武王。

《吴越春秋》则说："古公病，将卒，遗令季历国于太伯，而太伯三让不受。"故云："太伯三以天下让。"《吴越春秋》的意思是：古公病势转重，临死前遗令季历要把岐山周国的君位传给太伯，但季历三次要求太伯继位，太伯都不肯接受。故而说"太伯曾三次让于天下"。《吴郡志》又释云：

太王病而托采药，生不事以礼，一让也。太王薨而不反（返），使季历主丧，不葬之以礼，二让也。断发文身，示不可用，使（季）历主祭祀，不祭以礼，三让也。

《吴郡志》的意思是：说太王病而太伯假托采药，用"生不事、薨不葬、魂不祭"的行为做派三让季历。说得直白一点儿，太伯为了让位于季历，做了三件不近情理的事情：一是太王生病，不尽儿子服侍之义务，推托出去采药，远奔荆蛮而去；二是太王去世而不返，不回去处理太王的丧事，为父主丧的是季历；三是在荆蛮断发文身，表示自己已不能（不配）再在周国行父亲丧事的主祭。太伯以此三件不近情理的事情，把季历推到处理周国大事的前台，使季历站在周国的舞台中央，太伯是用这样的办法三让季历的。

"三让天下"，又有一说是：让季历、让姬昌、让仲雍。

"三让天下"，还有一说是：三让，并不是确指三次"让"，"三"为多的意思，"三让天下"是取"多次让"的意思。

无锡市鸿山太伯墓的享堂门边有楹联云："志异征诛，三让两家天下；功同开辟，一抔（póu）万古江南"。该联语为清嘉庆年间金匮知县齐彦槐所撰。联句以洗练的笔墨高度概括了太伯的一生。上联"异"字，称颂太伯不同于一般王公贵族子弟热衷于争权夺势、征伐攻杀，太伯顾大局、明大义，逊让王位，避居江南；下联"开"字，充分肯定了太伯传播中原文明，开辟江南荆蛮之地，功彪千秋的功绩。那么，楹联所说"三让两家天下"，又应如何理解？

一说为：太伯让了"季历的天下与姬昌的天下"。让季历，就是太伯、仲雍避走荆蛮，很好理解。为何又说让姬昌？季历去世，太伯、仲雍回岐山奔丧，姬昌要把周国交还给伯父，太伯仍不受，故又为一让天下。

由此看，太伯让两家天下都是周国的家天下，说"两家"有些不妥。

另一说为：太伯让"周国的天下和句吴的天下"。太伯把周国的天下让给季历，季历传位给儿子姬昌，为让一家天下。后来，太伯又把句吴国的天下让予弟弟仲雍，又为让一家天下。

但古籍记载，让予弟弟仲雍的时间是在太伯去世之后，"死后让国"，"让"的意思显得牵强，实际情况是传位给弟弟仲雍。

那么，为何太伯去世后的传位也被称为"让国"呢？我们探研《吴越春秋》，似乎可以勉强给出一个答案。《吴越春秋》说："（太伯奔父丧回来）国民君事之，自号句吴。吴人或问：'何像而为句吴？'太伯曰：'吾以伯长居国，绝嗣者也。其当有封者，吴仲（仲雍）也。故自号句吴。非其方乎？'"荆蛮义之，从而归之者千有馀家，共立以为句吴。

意思是说：（太伯奔父丧回来）当地民众都把太伯当作君主来事奉，于是太伯自行建国，号句吴。吴地有人问他："您是依仿何人不请赐封而自号句吴呢？"太伯回答道："虽然我如今以长兄的身份做了国君之位，但是我无子，应当封赐爵位的是我的弟弟吴仲，故而，我自取国号叫句吴，不正合适吗？"于是，荆蛮之地的百姓崇敬他的义行，归附他的有千余家，他们共同建立"句吴"这个国家。再直白点儿说，太伯立国之初，就打定主意要把建立的句吴国家让给弟弟吴仲，好比是国家为弟弟吴仲而建。故而，太伯把国家的国名称"吴"，而吴就是吴仲（仲雍）。那又为何叫成了"句吴"？颜师古注《汉书》中说："以吴言句者，夷语之发声，犹言于越耳。"意思是"句"是东夷靠海边的人的发语词，是个虚词，没有实际意义。就如把越国叫成"于越"，"于"也是个发语词。这个倒不奇怪，现在江南地区还在用发语词，如"阿"。江南地区把人叫作"阿发""阿林"的多得是。

这样看来，"三让两家天下"，一让周天下，二让吴天下，还是勉强有些道理的。

# 9. 自伯经二十五君　终国历六百余年

周太王古公亶父的三个儿子简单的脉络走向是：长子太伯，建句吴国，开吴姓。次子吴仲（仲雍），继太伯位，吴姓传代。少子季历，继周国位，生周文王（姬昌）；文王生武王（姬发），建立周朝。

《吴地记后集》（旧本）原文："周和吴皆后稷之后，姓姬氏。"这是说周国和句吴国的后代，本都是姓姬。后稷是他们共同的祖先。姬姓也就是黄帝的姬姓氏。

《吴国历史大事记》载："殷商纣王在位（约前1057）：周武王伐商，商朝灭亡，西周建立。"

《史记》作者司马迁认为，周武王姬发在牧野之战中一举成功，打败商纣王建立了周朝。20世纪末，我国在《史记》的基础上启动了"夏商周三代断代工程"，史家释读西周青铜器利簋铭文，研究结果表明：武王伐纣当在公元前

1046 年，并将商朝与周朝的分界时间点确定为这一年。

有学者认为：商、周之间的战争从周文王时期就开始了，武王克商以后，商纣之子武庚还将商朝延续了四年。我们认为，商纣之子武庚建立的并不能称商朝，而是殷商遗民组成的新商国，也可以说是周武王允许存在的商国。因在"三监"叛乱中武庚参与叛乱，商国被周公灭亡，存续时间在四年左右。

国家文物馆根据利簋铭文测定，牧野之战的时间在公元前 1046 年 1 月 24 日的黎明时分，这个时间要晚于"夏商周三代断代工程"测定的时间。《史记·吴太伯世家第一》载：

> 是时周武王克殷，求太伯、仲雍之后，得周章。周章已君吴，因而封之。乃封周章弟虞仲于周之北故夏虚，列为诸侯。

《吴国历史大事记》中也有类似的记载：

> 周武王克殷，求太伯、仲雍之后，得仲雍曾孙吴君周章，而封之，又封周章弟虞仲于周之北故夏墟，是为虞侯，列为诸侯。

这个地方，在称"故夏墟"之前原是帝舜建都的地方，国号"有虞"。也就是说，早在周武王封周章的弟弟虞仲于周之北故夏墟为虞侯时，这里以前就是有虞氏部落建立的虞国。故夏墟，在今山西省平陆县北一带。山西省平陆县一带与山西省永济市同属于山西省运城市，而山西省永济市西蒲州一带在更早的时候叫"蒲阪"。蒲阪就是帝舜建都的地方。

《史记·五帝本纪第一》载："然后禹践天子位。尧子丹朱，舜子商均，皆有疆土，以奉先祀。"舜去世后，舜的儿子商均东迁到了今天的河南省商丘南。自封建变为郡县，豫之封国曰虞城。商均东迁之时，有虞氏大部分族人都向南、向北、向东迁移。舜有庶子七人，其中有人封于越，国号虞，封地在今浙江省余姚、上虞。但有虞氏有一支仍然留居在蒲阪，首领有箕伯、直柄、虞遂、伯戏……他们留居在此的目的是祭祀虞舜。

那么，周武王为何一定要寻找太伯、仲雍之后，又要把周章的弟弟虞仲封在北虞呢？周武王四年，出师伐纣，纣亡。五年，武王以天下未定，夜不能寐，乃封功臣昆弟，"以藩屏周"。原来武王封虞为的是"以藩屏周"，把虞国作为周的战略屏障。

值得注意的是，周武王为何偏偏封周章的弟弟虞仲在北虞呢？这是不是与前面所说的周之北故夏墟这个"北虞"本来就是周太王封予太伯、仲雍在此有关联呢？又或者是巧合？

当初，武王派人寻得太伯、仲雍后代的时候，句吴国的国君是仲雍的曾孙周章。此时，周章便正式被周武王封为吴国国君。句吴国启用新的名称，改称吴国。因为吴君周章之前，太伯建立句吴国时自号句吴，故而，后世有人把"周章"称为吴国第一君。

这一历史记载表明，建立在今无锡市梅村、鸿山一带的句吴国从此得到了周天子的承认，建立在周之北故夏墟的虞国（中国之虞）是句吴国的"兄弟"国家。据《左传》《公羊传》所述可知，吴国君主的爵位是"子爵"。如《左传·襄公三年》载：

> 六月，公会单顷公及诸侯。己未，同盟于鸡泽。晋侯使荀会逆吴
> 子于淮上，吴子不至。

这句话是说，公元前570年六月，鲁襄公会见单顷公及诸侯。二十三日，在鸡泽会盟。晋悼公派遣荀会在淮水边上迎接吴子，但吴子没有来。这个"吴子"是寿梦，寿梦当时已经自称为吴王。

再如《礼记》，《礼记》是周代的重要文献，其卷五《曲礼》中明确记载："其在东夷、北狄、西戎、南蛮，虽大曰子。""东夷、北狄、西戎、南蛮"，泛指中国之外的诸侯国，其国土虽广、人口虽多，也只能是子爵。句吴国属于南蛮东夷，所以只能称"子"，当时的南蛮楚国也一样被称为"子"。

吴君周章是仲雍的曾孙，其世系是：吴太伯卒，无子，弟仲雍立。仲雍卒，子季简立。季简卒，子叔达立。叔达卒，子周章立。

《史记·吴太伯世家第一》记载：周章去世，其子熊遂继位。熊遂去世，其子柯相继位。柯相去世，其子强鸠夷继位。强鸠夷去世，其子馀乔疑吾继位。

馀乔疑吾去世，其子柯庐继位。柯庐去世，其子周繇继位。周繇去世，其子屈羽继位。屈羽去世，其子夷吾继位。夷吾去世，其子禽处继位。禽处去世，其子转继位。转去世，其子颇高继位。颇高去世，其子句卑继位。句卑是吴国第十六任国君。这个时候，晋献公为开拓晋国版图，征伐虢国，在灭亡虢国后，同时灭掉了周北的虞公。

《吴国历史大事记》中载：周成王在位时，虞仲的后裔虞侯矢改封在句吴境内的宜邑，矢字令，其父为虞公父丁，可能是虞仲之子。书中又载，周康王在位时，矢曾继其父虞公父丁为虞侯。虞侯矢改封为宜，今江苏省镇江丹徒大港烟墩山发现宜侯矢墓，出土宜侯矢簋。"宜"同为姬姓国，后属吴，古"宜"字与"俎"字同为一字，春秋时"宜"地演称为吴国的"朱方"之邑。《越绝外传记·吴地传·第三》开篇就说：

> 昔者，吴之先君太伯，周之世，武王封太伯与吴，到夫差，计二十六世，且千岁。阖庐之时，大霸，筑吴越城。城中有小城二。徙治胥山，后二世而至夫差，立二十三年，越王句践灭之。

意思是说：从前，吴国开国君主是太伯，周朝建立后，周武王封太伯的后人周章为吴君，到吴王夫差，共传二十六君，将近千年。吴王阖庐（闾）时，吴国霸业极盛，修筑了吴大城，城中又有两个小城。后来，又在胥山修了座临时都城。阖庐去世，传位于夫差，立国二十三年，越王句践把吴国灭亡（前473）了。应该指出的是，"计二十六君"当误，应为二十五君，书中错把"吴君熊遂"当成了"熊、遂"两位君主。

《史记·吴太伯世家第一》记载的吴国国君君系是这样的：

> 太伯、仲雍、季简、叔达、周章、熊遂、柯相、强鸠夷、馀乔疑吾、柯庐、周繇、屈羽、夷吾、禽处、转、颇高、句卑、去齐、寿梦、诸樊、馀祭（zhài）、馀昧、僚、阖闾、夫差。

吴国国君的传位，并非都是父子传位，故不说传了二十五世，准确的表述是吴国有二十五君，传了二十五任。

吴多兴的《姬吴史踪》一书，把吴国国君从太伯至夫差的世系情况作了明确考证：

（1）太伯（开姓始祖，无子）

（2）仲雍（传氏始祖）

（3）季简

　　　居简（封虞，不载）

（4）叔达

（5）周章

　　　虞仲（封夏墟、虞国）

（6）熊遂

　　　赟（其后失传）

（7）柯相

（8）疆（强）鸠夷

（9）馀乔（馀桥）疑吾

（10）柏卢（让位给柯卢，其后无考）

　　　　柯卢（柯庐）

（11）周繇

（12）屈羽

（13）夷吾

（14）禽处

（15）转（专、柯转）

（16）颇高

（17）句卑（句毕立）

（18）去齐

　　　　去樵（字云臬 niè，衍传不详）

（19）寿梦（《春秋》作"乘"。《世本》：孰姑、孰梦诸、祝梦诸）

（20）诸樊（号），谒（遏）

（21）馀祭（戴吴、《左传》作"勾余"。《春秋事语》作"余蔡"）

（22）馀眜（"夷眜"见《史记·刺客列传》）

季札（子：逞之 [ 先逝 ]、征生、重道、子玉、木熹）

阙由（出使楚国，被扣押在楚国）

（23）僚（一名：州，又名：州于）

盖馀（掩馀）

烛庸

（24）阖庐（阖闾，光）

夫㮙

（25）夫差

子：终累（波，波秦）[ 先逝 ]、友、地、鸿

下录吴国君王的简单事迹，可以对吴君加深印象：

季简，太伯嗣子，生于殷祖甲十五年，卒年不详。为吴国第二世君主，在位三十一年。卒葬于江苏省常熟市。

叔达，吴王第二世季简之长子。生于殷庚丁十三年，卒年不详。为吴国第三世君主，在位十八年。

周章，吴王第三世叔达之长子。生于殷帝武乙二十二年辛卯，卒年不详。周武王四年出师伐纣，纣亡。五年，武王以天下未定，夜不能寐，乃封功臣昆弟，"以藩屏周"。求太伯、仲雍之后，知仲雍曾孙周章已为吴君，遂封为吴伯，主太伯祀，列为诸侯，章在位二十二年。殁后葬于江苏省常熟市虞山，其陵墓至今保存完好。

熊遂，吴王第四世周章之子，生于商纣王二十年，卒年不详。袭封吴伯，为吴国第五世君主，在位四十八年。

柯相，吴王第五世熊遂之子。生于周成王乙巳，卒年不详。袭封吴伯，为吴国第六世君主，在位三十年。殁后葬于江苏省无锡市柯山。

疆鸠夷，吴王第六世柯相之子，生于周康王壬午年，卒年不详。袭封吴伯，为吴国第七世君主，在位五十一年。

柯庐，吴王第七世疆鸠夷之子，生于周昭王己未，卒年不详。袭封吴伯，

为吴国第八世君主，在位三十八年。子二：长柏庐，次柯庐。殁后，传位于次子，而柏庐让位失考。

馀桥疑吾，吴王第八世馀桥疑吾之子，生于周穆王丙申，卒年不详。袭封吴伯，为吴国第九世君主，在位五十九年。

周繇，吴王第九世柯庐之子，生于周穆王癸酉，卒年不详。袭封吴伯，为吴国第十世君主，在位三十二年。

屈羽，吴王第十世周繇之子。生于周懿王庚戌，卒年不详。袭封吴伯，为吴国第十一世君主，在位三十四年。

夷吾，吴王第十一世屈羽之子。生于周厉王丁亥，卒年不详。袭封吴伯，为吴国第十二世君主，在位三十三年。

禽处，吴王第十二世夷吾之子。生于周共和甲子年，卒年不详。袭封吴伯，为吴国第十三世君主，在位三十九年。

转，又名君转，吴王第十三世禽处之子。生于周宣王庚子二十七年（前801），卒年不详。袭封吴伯，为吴国第十四世君主，在位四十一年。

颇高，吴王第十三世转之子。生于周平王二十二年（前748），卒年不详。袭封吴伯，为吴国第十五世君主，在位九年。

句卑，又名毕轸，吴王第十五颇高之子。生于周庄王四年（前692），卒年不详。袭封吴伯，为吴国第十六世君主，在位五十一年。

去齐，吴王第十六世句卑之长子。生于周惠王二十年（前657），卒于周定王二十一年（前586）。袭封吴伯，为吴国第十七世君主，在位三十五年。

寿梦，名乘，字熟姑，又称攻卢王。吴王第十七世去齐之子。生于周襄王三十二年（前620），卒于周灵王十一年（前561）。袭封吴伯，为吴国第十八世君主，在位二十五年。

诸樊，名谒，吴王第十八世寿梦之长子。生年不详，卒于周灵王二十四年（前548）。为吴国第十九世君主，在位十三年。

馀祭，名戴。吴王第十八世寿梦之次子。生年不详，卒于周景王元年（前544）。袭兄诸樊王位，在位四年。

馀眛（夷眛），字夷末，号勾余，吴王第十八世寿梦之三子。生年不详，卒于周景王十八年（前527）。袭兄馀祭王位，在位十七年。

僚，一名州，吴王馀眜长子。生年不详，卒于周敬王五年（前515）。在位十二年。

光，字阖闾，吴王第十九世诸樊之长子。生年不详，卒于周敬王二十四年（前496）。弑君自立，在位十九年。

夫差，吴王第二十世阖闾之子。生年不详，卒于周元王三年（前473）。自刎而死，在位二十三年，吴亡。

## 10. 虞山号有第一君　鸿山本是帝王乡

江南吴地有两座小山——鸿山、虞山，可谓兄弟之山。鸿山位于江苏省无锡市新吴区鸿山街道北境，虞山位于江苏省苏州市常熟市西海。鸿山、虞山大约相隔70里，一小时不到的车程。鸿山不高，大概在88米左右，而虞山山高450米左右。

据说，在早些时候，站在鸿山山顶可以清晰地远望虞山山景，故鸿山上建有"望虞亭"。虞山山脚的仲雍墓道旁则建有"思伯台"一亭，表示兄弟二人可以隔山守望。

今鸿山山上有太伯墓、专诸墓、要离墓。

今虞山山上有仲雍墓、仲雍曾孙周章墓，以及孔子弟子言子（字子游）墓。相传虞山还有齐女墓（今位置不详）。

太伯墓，在鸿山西麓，冢高一丈四尺，周三十五步，俗名"吴王墓"。《吴越春秋》载：

太伯卒，葬于梅里平墟。

《南徐记》载：

太伯宅东九里，有皇山，太伯所葬地，皇山即今鸿山也。

《蠡湖野史记略》载：

太伯葬地在皇山，后梁鸿卜居其下，因改鸿山。

刘昭《后汉书注》载：

《皇览》言：吴王太伯冢在吴县北梅里聚，去城十里，误也。昭案：
无锡县东皇山，有太伯冢，民世修敬焉。去墓十里有旧宅，井犹存。
考《南徐记》，太伯宅东九里有皇山，刘昭亦云：县东皇山有太伯冢，
则太伯葬于山下无疑者，王文恪未及细核，乃云板村（今鸿山西的西仓）
之内，有丘隆起，即认为太伯之故封，又云：太伯之墓不于山，于平地，
失其居矣。锡志云：《冢墓记》谓太伯墓在会稽吴县海北里聚（疑即《皇
览》言：吴王太伯冢在吴县北梅里聚也），去城一十里，虽秦汉时吴
地本属会稽，而云去吴城十里，为不合。梅里平墟是太伯始基之地，
故当以南徐所载为是。

唐代陆广微的《吴地记》中记载了太伯墓的两处方位，一处在无锡城东五
里的鸿山（今属无锡市新吴区鸿山街道）；一处在吴县（今属苏州市吴中区）
城北十里，当误。明弘治十四年（1501 年），邑绅杨文在无锡鸿山为太伯撰文
立碑；明万历四十二年（1614 年），马之骏又在苏州灵岩寺西敫山坞为太伯撰
文立碑。今苏州太伯墓不存。

据记载，现存的太伯墓于东汉永兴二年（154 年），由桓帝诏令吴郡太守糜
豹修建，同时修建的还有梅里太伯庙。梅里（今梅村）太伯庙与皇山（即鸿山）
太伯墓，配居民五十户守卫墓地。

无锡市新吴区梅村街道今存太伯庙，庙与太伯墓同时修建。庙在伯渎河南
岸，古籍中说现梅村太伯庙是以太伯旧宅建成的。

北宋元祐七年（1092 年），"诏以'至德'额其门"，明洪武十三年（1380
年），为方便祀事，将太伯庙迁建于城（无锡）内娄巷，简称"娄庙"。

弘治十年（1497 年），知县姜文魁，以庙貌弗称，乃募里之仗义者，得蔡学、
蔡济相助，仍将庙复建于梅里旧址，重构殿寝堂规制，并加春秋祭。

以后，又有多次在庙基重修。当今太伯庙在世界各地都有建造，计有百余座。

相传，太伯开凿了中国历史上第一条运河——泰伯渎（伯渎河）。《方舆记要》载：

泰伯渎，相传太伯所开。

清《梅里志》载：

泰伯渎，西枕运河，东连蠡湖，而梅里当其中，长八十七里，广十二丈，起自无锡县东南五里许，历景云、太伯、梅里、垂庆、延祥五乡，入长洲界，相传太伯所开。

《江苏水利全书》确记："征诸历史，最古为泰伯渎。"可见，泰伯渎（伯渎河）是太伯在吴国早期开挖的运河，贯通无锡南部东乡。从此，泰伯渎之水已东流了三千多年，真所谓"历史长河"！

吴仲贤先生编著的《吴氏春秋》中对太伯墓（庙）的历朝显扬事迹进行了梳理，其编著如下：

太伯庙和太伯墓自修建以来的一千八百余年中，历代朝廷不断派官员修葺，并按时祭祀，赐田封爵，列为褒典共达三十余次。

东汉永兴二年（154），桓帝诏令吴郡太守糜豹修建梅里太伯庙和皇山太伯墓，配居民五十户，守卫墓地。

晋明帝太宁元年（323），尊太伯为"三让王"，并诏祀太伯，用王者礼乐，具王者冕服，还在墓南三十步添建庙宇，添差庙中户五十人，立二十四载门，封太伯四十九世孙吴皋孟为昭衍公，赐田百顷，永立庙祀，立庙碑，还诏令晋陵太守殷师管理。

晋成帝咸和三年（328），诏镇东将军吴郡太守虞潭兼主庙祀，敕给事中颍川庚阐撰文，立碑于庙中。

南朝宋武帝永初元年（420），以太牢祭太伯，并降御赞勒石于庙庭。

唐太宗贞观十三年（639），下诏重修扩建太伯门殿，并遣礼部尚书韩太冲著作佐郎童显致祭太伯墓，又赠镀金铜香炉、花瓶、香盒及祭奠皿于坛，永供奉祀，还修建了御祭器库于殿之左，添赐两百户，立四时享礼。

唐贞观十五年（641），诏赐太伯六十四世孙驸马都尉吴世伟，为吴、长二县（吴县、长洲县）苗田千顷，永充庙祀。诏祀太伯以太牢，兼赐金帛祭文，命太守检校魏徵撰碑立于庙殿阶之左，永充勿失。

唐玄宗开元二十年（732），赐嘉、湖二府湖田三百八十六顷，永充庙祀。

宋太宗太平兴国三年（978），赐朝散大夫工部侍郎梁周翰墓旁田百二十三亩，令岁收供奉洒扫。

宋仁宗天圣元年（1023），赐绕墓田百亩耕种，并入墓仓备用。

宋仁宗景祐四年（1037），遣龙图阁学士孔道辅祭太伯，并赐金帛祝文。

宋哲宗元祐七年（1092），下诏："吴太伯以至德殿为额，遣官致祭。"

宋哲宗元符三年（1100），封太伯为"至德侯"。

宋徽宗崇宁元年（1102），进封太伯为"让王"。

元成宗元贞元年（1295），诏祭"三让王"于至德殿，并赐金帛。

元英宗至治二年（1322），诏遣御史中丞察罕帖木儿致祭太伯。

明太祖洪武二年（1369），敕封"吴太伯之神"，每年春秋各祭一次，并祝文曰："三让至德，民无可称，周基八百，由斯而成。"

明孝宗弘治十三年（1500），无锡知县姜文魁"捐俸倡民"，重修太伯庙。嘉议大夫吏部右侍郎王鏊撰《无锡县重修太伯庙碑》。

明孝宗弘治十四年（1501），总兵官杨文建亭立墓碑。

明武宗正德十二年（1517），无锡知县姜士元集资得千五百金，重修太伯庙，奉政大夫户部郎中钱荣撰《太伯庙瞻田记》。

明神宗万历二十四年（1596），地方善士倪程"捐资葺之"，吏部文选司郎中顾宪成撰《重修太伯庙碑记》。

明熹宗天启三年（1623），里人华允诚重立太伯墓碑。

清康熙十三年（1674），无锡知县吴兴祚重修太伯墓。

清康熙三十年（1691），无锡乡贤蔡鹤龄重修太伯庙。

清康熙四十四年（1705），圣驾南巡，驻苏州行宫，御书"至德无名"匾额，赐庙供奉。

清康熙五十八年（1719），三吴巡抚吴存礼兴修太伯墓。

清雍正四年（1726），知县王乔林为墓立碑，"勒石永禁"。

清乾隆三年（1738），金匮知县王永谦"请帑（帑音溏，意为公款）重修"，更建享堂墓门。乾隆帝为庙御书"三让高踪"匾额。

清乾隆十六年（1751），第一次南巡，遣散秩大臣乌木泰祭太伯；乾隆二十二年（1757），第二次南巡，遣刑部左侍郎钱维城祭太伯；乾隆二十七年（1762），第三次南巡，遣礼部左侍郎程岩祭太伯；乾隆二十七年（1762），第四次南巡，遣内阁学士兼礼部侍郎张若澄祭太伯。

清乾隆二十五年（1760），邑令吴钺修太伯墓。

清嘉庆二十三年（1818），金匮知县齐彦槐重修享堂墓门，筑石围墙，建造丰乐桥一座。

清道光二十九年（1849），住持道士张曜（yào）再修庙。

清咸丰十年（1860），住持道士戈培、许日新重修太伯庙。

民国六年（1917）六月，代总统冯国璋题赠"端委风高"匾额。江苏督军李纯咨赐献"至德无称"匾额，悬挂至德殿中。

民国三十七年（1948），族人捐资重修太伯庙，国民政府委员吴稚晖为《重修太伯庙碑记》篆额。

中华人民共和国成立后：

1957年5月27日，无锡县人民政府发出《关于太伯庙等十一处文物保护单位的通知》。

1982年，太伯庙和太伯墓被列为江苏省文物保护单位。

1983年8月，江苏省、无锡县两级人民政府拨款135万元重修太伯庙。

2006年4月10，在太伯墓前广场举办首届"中国（无锡）吴文化节开幕式暨世界吴氏宗亲祭祀太伯典礼"。后于每年 4 月 10 日祭祀不断。

2006 年 5 月 25 日，无锡太伯墓（庙）为国务院公布的"第六批全国文物保护单位"。

2009 年，太伯墓前修建可供万人共祭江南始祖太伯的广场，名"吴文化广场"。


仲雍墓，在常熟市虞山东麓，现为江苏省文物保护单位。

另外，仲雍（虞仲）的曾孙吴王周章的墓也在虞山，位于仲雍墓的右下。为何虞山上的牌坊把周章称为"吴国第一君"？很显然是因为"吴国"的称谓是从仲雍的曾孙周章起才开始的。周章是正式被周武王封为吴国国君的君主，周章以前，即从太伯起只不过是自号"句吴"，所以江南虞山把周章称为"吴国第一君"。

仲雍，又叫吴仲、虞仲，字孰哉。这里还要说明的是，仲雍曾孙周章的弟弟，也就是被周武王封在山西省平陆建立虞国的国君，也叫虞仲，此虞仲非彼虞仲。

常熟的虞山与仲雍有密切关联，《越绝书》云：

> 虞山，商臣巫咸所居，则吴越时已有虞山矣，或云虞仲葬此得名。

仲雍又叫"孰哉"，那么"常熟"这一地名的来历会不会与仲雍的字"孰哉"有关联？《世本》曰：

> 吴孰哉始居蕃离。

宋忠曰："孰哉，仲雍字。蕃离，今吴之余暨也。"解说者认为"雍是孰食"，故曰"雍字孰哉"也。

常熟市，简称虞，现今词条上的解释是因"土壤膏沃，岁无水旱之灾"得名"常熟"，常熟还有别名"虞城""琴川"。《常熟县志》记载：

> 常熟，吴之北境也。唐虞时地属扬州，介于蛮荆，商曰句吴。周

太伯与弟仲雍居吴。武王封仲雍五世孙周章，国号吴。而常熟为吴地，
其后越取吴，楚又伐越取之。

自太伯、仲雍让国南来，建句吴古国。武王灭纣后，武王封仲雍五世孙周章为吴王，立吴国。常熟地域时为吴国北境，笔者认为"孰"与"熟"相通，"常熟"之"熟"最早许是取"仲雍字孰哉"之"孰"，"熟"前加"常"是人的最大心愿，是"民以食为天"的意识体现。虽然查证"常熟"的最早名称是在南朝梁大同六年（540 年）将东晋时的南沙县改名常熟县，但是笔者认为民间用"常熟"称呼当地远早于南朝的改名，应与"仲雍字孰哉"相关。据《无锡杂识》记载：

梅里，在无锡县东三十里者，是古梅里。在常熟县东三十六里者，
五代时吴越使梅里（李）二将驻兵于此，以御南唐，遂成聚落，故名。

常熟"梅里（李）"地名的形成则在五代时期，由梅、李两将驻兵于此而成，不能同无锡的"梅里"相混。又，《吴地记》载："梅李，一名番丽。"常熟在春秋时期名"番丽（蕃离）"，也称"余暨"。故而，前文所说的"蕃离"为浙江省萧山，笔者以为误。"蕃离"应为今常熟。

中部　春华

# 第四章

## 吴君扩张谋强国　寿梦融通始称王

西周末年：

吴国进攻干。干即邗，地在长江以北；西周时候与江南的吴国隔江对峙。

西周末年至春秋初年：

吴君始称王。《吴地记》有"周繇王"。周繇之后，有屈羽、夷吾、禽吾、禽处、转、颇高、句卑、去齐、寿梦。江西省清江县出土春秋吴国青铜器十多件，有铸"工獻王"铭文。

前601年　周定王六年：

楚庄王伐舒，"及滑汭，盟吴、越而还"。《左传　宣公八年》。

前586年　周定王二十一年：

吴君去齐卒，子寿梦立，称王。

前585年　周简王元年：

王寿梦元年，吴始有纪年。

前584年　周简王二年，寿梦二年：

吴伐郯，威胁鲁，郯与吴媾和。是时，晋楚争霸，晋欲以吴削弱楚国，使楚人申公巫臣率兵车三十辆使于

吴。巫臣教吴战阵。吴攻楚，伐巢，伐徐入州来，楚"一岁七奔命"。

前576年　周简王十年，寿梦十年：

吴与晋、齐、宋、卫、郑等会于钟离（今安徽省凤阳县东），吴始参加中原诸侯国盟会。

前570年　周灵王二年，寿梦十六年：

楚令尹子重伐吴，至衡山（今安徽省当涂县东山北横山），复以大夫邓廖率兵车三百，步卒三千东攻，为吴所败，所获不如所亡。

前568年　周灵王四年，寿梦十八年：

吴使大夫寿越赴晋，请与诸侯修好，晋许之，将为之会诸侯。晋率宋、鲁等会吴王寿梦于戚（卫地，今河南省濮阳县），吴铸有铜器。

前563年　周灵王九年，寿梦二十三年：

吴会诸侯于柤（今江苏省邳县北），灭楚之属国偪阳，送其地予宋。

——摘自《勾吴史集·吴国历史大事记》

## 11. 灭千国城亦千城　筑邢城王亦邢王

薄（蒲）姑国和奄（淹、盖）国是东夷两个头上长有反骨的刺儿头国家。所谓的东夷国，"夷"是指东方之人，是指靠近东海边的这些国家。

薄姑国有着古老的历史，原在山东省泰山之北的临淄市临淄区。约在夏商时期，薄姑族战胜了炎帝族的逢国，便在那里定都立国。

奄国同样有古老的历史，原在山东省泰山之南的曲阜县。这里以前是东夷族有穷国的地盘。夏代少康时期，有穷国被夏所灭，奄国便在这片土地上建邦立国。

这两个古老的国家都是伯益的后代，是嬴姓国家。往昔，伯益跟随大禹治水，是大禹的得力助手。大禹治水最初的领导班子有三个人：禹、伯益、后稷。后来，共工氏的侄孙子伯夷也参加了，大费也被吸纳进去做了大禹的助手。伯夷是姜太公的祖先；大费是秦人的祖先。

禹治水成功，伯益自然有功。帝舜任命伯益为虞官。虞官是管理天下各地山林大泽的官职。相传，大禹曾把帝位禅让给伯益，伯益便为禹守丧三年。丧期结束，伯益把天下让给了启。启是禹的儿子。伯益隐居到了箕山（在今山西省太谷县境内）南山脚下。但也有人认为启是因为杀掉了伯益才登君主位的。

夏商时代，东夷地区有三大强国，除了薄姑国、奄国，还有一个更加强大的徐国。东夷三强在夏商时代经常叛乱，大多时候，矛头直指夏、商。

公元前1046年，周武王伐纣克殷，建立周朝。《史记·封禅记》载："武王克殷二年，天下未宁而崩。"这是说武王灭商两年以后，天下还没有安定下来，他就驾崩了。周成王继位，但成王尚幼，周武王的四弟周公（姓姬名旦）摄政。周公摄政期间，周武王的三弟管叔心怀不满，便煽动薄姑国、奄国、殷国与周天子作对，策划发动了武庚叛乱。这个殷国是殷商灭亡之后周武王后封的，是殷商遗民国家，武庚是商王纣的儿子。

淮夷部落多不服，纷纷作乱的时候，周大夫辛甲向周公献策，采取先易后难的战略，先征服淮夷小国，再征服东夷三强。周公采取他的策略，征服了淮夷小国，之后便集中力量攻伐奄国。奄国灭亡，奄国国君便逃亡到薄姑国避难。这时，周朝领土扩展到了山东省境内。不久，周公攻伐薄姑国，薄姑国灭亡。

周成王把奄国故地封给周公，周公在此建国，这就是鲁国。周成王再把薄姑国故地封给姜子牙，姜子牙在此建国，也就是齐国。

话说时间过去了三千八百余年。1935 年 5 月，江苏省常州市武进区第七区区长江上悟和文史教员陈松茂在武进郊外出船，于水上偶然发现了一个古城遗迹：这座古城有三道土城墙和三条护城河。他们又在土城墙表面发现了大量有花纹的陶片。神奇的是，古城并没有陆路通道进入，三条护城河、三道土城墙环环相套，如迷宫一般。1986 年，江苏省考古发掘队首次对古城遗址进行了为期六年的考古发掘。发现古城遗址东西长 850 米，南北长 750 米，总面积约 65 万平方米，其体量与《孟子》"三里之城，七里之郭"的记载吻合。"三城三河"的城池建筑特色惊动了考古界，成为世界城建发现史上绝无仅有的孤例。在古城遗址中相继出土了独木舟四条，一批三轮盘、鼎、剑等 20 余件青铜器和大量的原始青瓷器、陶器。通过鉴定，确定这些文物成器年代大约在公元前 955 年，离商纣王帝辛亡国的时间不远。淹城遗址很可能就是从山东省迁徙而来的奄国都城遗址。然而，也有专家认为目前依据不足。南京博物院的专家陆建芳认为：

> 淹城是吴国的一个军事城堡，是已发现的春秋时期唯一保存完好，
> （具有）三道城河、三道城墙形制的军事设施。

江苏省常州市武进区一带在春秋时代称"延陵"，至汉代改称"毗陵"。延陵在春秋后期是季札的封邑。季札是吴王寿梦的第四子。对于淹城，有人认为是季札筑造，季札因不满阖闾弑君篡位，立誓终身不入吴都，遂在自己的封地延陵掘河筑城，建立独立王国，称淹城，以示欲在此奄留至死之意。这个说法也只能是推测，史书并无这样的记载。在《越绝书·吴地传》中，倒是提到"薄姑大墓"，书中载：

> 毗陵县南城，故古淹君地也，东南大冢，淹君子女冢也，去县十八里，吴所葬。

淹城多土墩，细数有二百多个土墩。关于"女冢"，淹城当地有"头墩""肚墩"和"脚墩"的传说，认为那是奄君的女儿森的坟墓。奄君的女儿森聪明善良，邻邦留城的公子炎觊觎奄城的疆土，又对公主森垂涎三尺，勾结奄城贪财的木大夫，骗取奄君的信任，当上奄城的驸马。一日，公子炎趁着奄君外出，偷盗奄君的护城之宝白玉龟。他正欲逃出奄城时，公主森恰巧从练兵场回来。公子炎见事情败露，遂假意请求公主原谅。而后，他趁公主森不注意时，拔出短剑，杀死了公主。公子炎仓皇出逃。奄君闻讯，派人在半路上截住了炎，一场厮杀后将白玉龟夺回。奄君以白玉龟等珍宝陪葬公主森于内城，又恐日后有人盗墓，便筑了三个坟墩，让人真假难分。人们后来给这三个墩依次取名为头墩、肚墩和脚墩。宋《咸毗陵志》云："淹城在阳湖延政乡。"清《读史方舆纪要》云："淹城，在（常州）府东南二十里，其城三重，壕堑深宽，周广十五里。"

关于"奄国"名称的由来，传说与大乌龟有关。商汤时期，这个部落生活在泰山南侧汶泗流域一个叫黾（měng）的古水边，有崇龟的习俗，因而把"大龟"合文为"奄"作为国名。奄国是盛产大乌龟的国家，据说，各诸侯国养的大乌龟几乎都来自奄国。在春秋时期，诸侯是有资格养大乌龟的，大臣养大乌龟则被视作一种僭越行为。

薄姑、奄国因牵涉武庚叛乱〔也叫"三监"（管叔、蔡叔、霍叔）叛乱〕，终被周公东征赶杀。薄姑、奄国惨败，奄国国君在这场战争中致残，新奄君只得带领族民逃出周人的势力范围，奔向东南。

相传，新奄君奔向东南，却被长江阻拦。幸亏有跟随的六脚乌龟帮助，才救了新奄君及奄族。乌龟将奄君、族民驮在背上渡过江去，来到了一片沼泽之地。这片沼泽之地便是江南常州武进一带。然而，六脚乌龟终因疲劳气绝身亡，身陷湿地。乌龟身陷之处，现出一个方圆数里的龟形图案。这个龟形图案就成了新奄君的新城图纸，他们以龟形图案建城，故而，奄城遂成为龟形之状。

如果这里真是奄国都城的遗址，那么春秋奄城离现在已经有两千七百余年了。如果这里是季札建立的独立王国，也许季札到此之前城早就有之，也就是寿梦长子诸樊封予季札之前，淹城本已有之。至于说是吴国的军事城堡，这样的军事城堡是不是吴国所建？还是吴国占领奄国后把淹城当作吴国的军事城堡？这些都有待于考证，目前尚不得而知。

薄姑国、奄国本是好战之国，不得已才逃往江南，薄姑与奄在江南建国早期，吴国与这两个国家相安无事。但随着吴国的扩张，吴国便觉得薄姑国、奄国封堵了西进的道路，成为西进的第一大障碍。随着吴国的逐步中兴，兴师讨伐薄姑国、奄国则是必然之事。

薄姑国、奄国，这两个逃亡而来的国家，终于断送在吴君颇高的手中。吴国灭亡薄姑、奄两国后，打开了吴国西进的大门。故在吴国的版图中出现薄姑大墓、东南大冢、淹君子女冢就完全可以理解了。

周康王姬钊，为成王之子，在位时间为公元前 1078 年—1053 年，曾把封在山西省平陆县北夏墟的虞仲后裔虞侯矢改封在句吴边境的邑地。矢，字令，曾继其父虞公父丁为虞侯。虞公父丁可能是虞仲之子。（另有一说：虞侯矢改封宜地是在周成王时期。）

1954 年夏天，江苏省镇江市丹徒县的大港烟墩山发现了宜侯矢簋，其铭文记载了这次矢的改封。"宜"与"吴"，同为姬姓国，"宜"后属吴。宜邑，春秋时演称为吴国的"朱方"之邑。

周武王封句吴国周章之弟仲在今山西省运城平陆县建立虞国，这个中国之虞称北虞，是西周时期的侯国。

今山西省运城平陆县在《汉书·地理志》中记载为春秋时晋之"大阳邑"。《汉书·地理志》注：大阳县吴山，"上有吴城，周武王封太伯之后于此，是为虞公。为晋所灭"。春秋时之所以称为"晋大阳邑"，是因为邑在大河（黄河）之阳，故名大阳。

唐《括地志》载："故虞城在县（大阳）东北五十里虞山上。"明末清初地理巨著《读史方舆纪要》称："在平陆县东北二十里，春秋时虞国之阙邑也。"《史记索隐》载："夏都安邑，虞仲都大阳之虞城，在安邑南，故曰夏虚。"清乾隆《平陆县志》载：该城为春秋时晋献公所灭的古虞国都城。大阳邑之所以改成平陆县，是因为唐"天宝元年（742），（陕郡）太守李齐物开三门以利漕运，得古刃，有篆文曰'平陆'，因更名"。

山西著名的历史地理学家靳生禾教授认定：虞城就在今平陆县张店镇东南的古城村。古虞国城墙遗址和虞国古城遗址，现为山西省级文物保护单位。古城在以前称为"吴城"。

武王封吴、封虞的时间在公元前 1046—前 1045 年期间。虞国灭亡的时间约在公元前 655 年，《左传·僖公五年》载：

> 晋侯复假道于虞以伐虢。……冬十二丙子朔，晋灭虢。……师还，馆于虞，遂袭虞，灭之。

周康王把虞国公子矢封在江南，建立的国家叫宜国，目的是让虞侯矢看住薄姑国、奄国。这个新宜国在宜地（今江苏省镇江市丹阳县一带）立足是很有可能的（虞侯矢改封到江南之时，江南的薄姑国、奄国还没有灭亡）。可是，虞侯矢当时有能力、有实力去灭亡薄姑、奄两国吗？显然没有。直到吴国进入扩张时期，薄姑、奄两国才被吴国所灭，其土地被纳入吴国的版图。其后，吴国又把江南宜国虞侯矢的国土也并进了版图。

宜国被并入吴国的版图后，吴、宜再也没有分家，吴国西境便扩张到了现在的丹阳县以西。

吴君颇高，《古史考》作："颇梦"，是吴国第十六任国君。从颇高起，吴国踏上了扩张的征途。薄姑、奄两国的灭亡，很可能就是吴君颇高所为。

颇高卒，句卑立。句卑也称句毕立，是吴国第十七任国君。句卑是个很有作为的吴国国君，他把目光投向了更远的地方，即长江以北的北方。

公元前 655 年，晋国正在谋划消灭北方的"虢、虞"两国，与此同时，南方爆发了吴、干之战。

干是干国，干族是个古老的族群，干族源出东夷，其最早居地在河南省东南淮水上游的罗山一带，族人以神干为族群的保护神，这是干族族名的由来（见宋镇豪先生的论文《商周干国考》）。夏代时，干族曾附属于夏王朝。商代晚期，干国北徙至河南省北部的淮阳县附近，臣服于商王朝，是商王朝亲密的友邦。这一时期，干国是商王朝的至亲，容易获得大量青铜，所以干国是青铜业发达的国家。从考古出土传世的商代铜器看，铸于干国的青铜器颇多，这也佐证了青铜铸造业是干国的支柱产业。干国后代铸剑高手干将的铸剑术与他母国高超的青铜业铸造技术有密切关联。周武王讨伐商纣王时期，干国因为是商王朝的亲密友邦，也遭到了周武王的沉重打击。武王灭商后分封天下，把自己的小儿子分封到了干地，在干地建立邗国。干人失去国土，一部分干人归顺周武王，而大部分干人则避走东南，在江淮之间的泗、洪一带建立了新的干国。

当时，这个淮水下游的干国，比较确切的立国位置在今淮安市淮安区西北隅的河下古镇，也就是《西游记》作者吴承恩的故乡。今河下古镇的门坊上有一幅楹联，楹联中可以找到"干城"二字，这大概便是河下人对两千七百多年前干国的历史记忆。

公元前486年，吴王夫差在此开凿邗沟，以沟通长江和淮河水系，河下古镇是邗沟入淮处的古末口。所以现在邗沟附近的大王庙还在祭祀着两个吴王，春秋时的吴王夫差与西汉时的吴王刘濞。当然这是后话。

吴王句卑的扩张方略是"登于上下，闻于四方"（出自句吴国青铜器《者减钟》之铭文），而干国是吴国向北扩张的障碍，干国的战略位置决定了吴、干必定一战。

秦穆公有个名臣叫蹇（jiǎn）叔，原籍是干国。那么蹇叔为何跑到了秦国呢？据说，蹇叔是当时出名的贤明君子，但贤明的蹇叔在干国不曾得到重用。贤人在干国得不到任用，野有遗贤，是干国政治混乱、不够清明的表现。吴王句卑敏锐地察觉到了这一点，便当机立断跨过长江攻伐干国。但吴王句卑也不曾料到攻伐干国是如此艰难。经过一场场战争后，干国损伤了许多兵士，干君急忙在国内征兵。当时，干国规定从军参战的标准是男孩以掉落乳牙为准，掉落乳牙大概在7周岁左右。《管子·小问》中这样记载：干国英勇的小孩国子自愿从军，因为乳牙尚未掉落，竟敲掉了自己的乳牙投入前线参战，国子保家卫国还立了很多战功。然而，干国的综合实力毕竟不是吴国的对手，最终干国灭亡了。这位贤明的蹇叔也含泪离开干国前往秦国，最终成了秦穆公的名臣。

有史料说，干国也作"邗国"。吴国攻灭干国后，吞并了干国的国土。这时，吴国的疆域横跨了长江下游之南北。吴国为了巩固北方，在长江以北开始筑造邗城，这便是江苏省扬州城的前身。邗城的建立，是吴国早期扩张的重要节点，邗城从此成为吴国北进的根据地。因为吴君筑造了邗城，所以后世的寿梦也称自己为邗王。甚至有人说，吴国灭亡干国后，曾定都邗，持此说的学者，以故宫博物院藏物"邗王是野戈"为证，"是野"指的是寿梦。"邗"字是"干"

加"阝"，"阝"是城池的意思。"邘王"就是拥有干国城池的王。

干国灭亡后，除了一部分人像塞叔一样去了他国，一些优秀的工匠仍留在国内，这些青铜铸造师便为吴国所用。干国虽然灭亡了，但干国的影响力还在，中原人一直把大江南北地区称之为"干"，"干"成为区别中原华夏族与东南蛮夷的代名词。甚至，吴国人对外也称自己是"干吴"国人。现在苏州市的地名以"干"字开头的有"干隧""干溪""干将"等；上海松江有"干山"；还有以"干"字为姓氏的，如长期在吴国铸剑的铸剑名师"干将"等，从这些地名、人名可以看出吴国与干国的联系，其影响至今仍在。

吴君句卑发动吴、干战争的时候，晋献公发动的晋、虢战争也爆发了。

晋国（前11世纪—前376年），为周朝分封的诸侯国，姬姓，首任国君唐叔虞，为周武王姬发之子。

在这场晋、虢战争中，吴国同宗兄弟虞国竟然也被晋献公灭亡了。虞国的灭亡，在虞君的意料之外，却在宫子奇的情理之中。若要追责也真应该怪虞君的贪婪与糊涂。《三十六计》中的"假道伐虢"一计，说的便是晋献公灭"虢、虞"两国的故事。"假道伐虢"的"假道"是借路的意思。"伐"是攻占的意思。"虢"，是春秋时的虢国，虢国是周文王姬昌的弟弟建立的国家。《左传·僖公五年》载：

晋荀息请以屈产之乘，与垂棘之璧，假道于虞以灭虢。

故事是这样的：公元前655年，晋国想吞并邻近的两个小国——虞国和虢国，但这两个小国的关系一直不错。晋国如袭击虞国，虢国必然出兵救援；晋国若攻击虢国，虞国也会出兵相助。晋国大臣荀息便向晋献公献上一计，说："欲想攻占这两个国家，必须先要离间他们，使两国互不支持。虞国国君贪得无厌，我们可以投其所好。"荀息建议晋献公拿出两件心爱的宝物去贿赂虞君，这两件宝物便是屈产良马和垂棘之璧。晋献公一听，摇头不已，这些东西自己都不舍得用，哪肯把此物送给虞君。荀息说："大王放心，我们只不过是让他暂时保管罢了，等灭了虞国，一切不都又回到大王手中了吗？"献公一想也对，便依计而行。一日，虞君突然得到了晋国送来的良马、美璧，高兴得合不拢嘴。事后，晋国故意在晋、虢边境制造事端，找到了伐虢的借口，晋国便要求虞国借道，让晋国出师伐虢，虞君得了晋国好处，一口答应。虞国良臣宫子奇再三劝说虞君，他说："虞、虢两国，唇齿相依，虢国一亡，唇亡齿寒。晋国到时候是不会放过虞国的。"虞君却不以为然，说："晋国是我的宗族，难道会加害于我？"宫子奇说："太伯、虞仲（仲雍）是太王的儿子。太伯不曾随侍父亲，没有继位。虢仲、虢叔则是王季（季历）的儿子，做过文王的卿士，功勋在于王室，受勋的记录还典藏在盟府呢。虢国难道不是晋国的宗族？如今晋国却准备灭掉虢国，那对虞国又有什么可爱惜的呢？"虞君还是不以为然，说："我们为了保护弱国朋友而去得罪超强大国，那是不合算的！"晋国之师就这样通过虞国的道路攻伐虢国，很快便取得了胜利。晋军班师回国之时，把很多劫夺的虢国财产送给虞君，虞君更是大喜过望。这时，晋军大将里克便在虞国装病，称自己病重不能带兵回国，暂时把军队驻扎在虞国都城的附近。虞君毫不怀疑。几天之后，晋献公亲率大军前来虞国，虞君更是高兴，出城相迎。晋献公便约虞君外出打猎。不久，虞君忽然见到自己的都城起火，急忙赶回。等虞君到达城边才得知，都城已被晋军里应外合强行占据了。就这样，晋国轻而易举地灭了虞国。这个位于周朝北方的"中国之虞"，武王克殷后分封在夏都故地的吴国兄弟诸侯国，存国约三百八十八年传十三代后，就这样烟消云散了。

吴、干之战，是吴国与中原诸侯争霸的一个序幕。吴君句卑为吴国开拓扩张到了长江以北。

吴君句卑的接班人叫去齐，去齐是吴国第十八任国君。去齐的扩张策略是向西拓展。去齐戎马一生，攻灭了淮夷部落鸠兹国（今安徽省芜湖一带），鸠兹成了吴国在淮夷南部的军事重镇。

公元前601年，楚国楚庄王兴师攻灭舒蓼国（今安徽省舒城县），并在附近的滑汭（ruì）与吴国、越国划定了楚吴、楚越的边界。

这个时候，吴国的疆域已经囊括了现在的苏南、苏中、皖南、浙北，甚至赣东北的广大地区，已经是一个国土意义上的大国了。尽管吴国已是领土大国，但是在中原诸侯国家中还没有足够的影响力，更没有领导力，吴国还处在诸侯国舞台的边缘，他要走到舞台中央还有很长的路要走。吴国在邻国楚国面前也还只是个"小弟"，其国力薄弱，每天生活在楚国的影子里。

## 12. 强国之梦通中原　吴晋一合塞楚途

公元前586年，经历南征北战的吴君去齐劳累过度，因病去世，他的儿子寿梦即位，成为吴国第十九任国君。

寿梦，又叫孰姑（zhū），寿梦的全名叫"祝梦乘诸"，寿梦名乘。寿梦是乘的尊号，词义据说可以翻译为"坚硬的渔网"。

从寿梦开始，吴国的历史才有了确切纪年，寿梦是吴国历史上具有深远影响的一代君王。

春秋时期，新君继位一般是隔年改号。寿梦元年（前585），新君寿梦便去朝见周天子，途中又去拜会了楚共王，并和鲁成公在钟离国进行了会晤。

寿梦朝见周天子时，寿梦详细询问了周公著作的礼制音乐。周天子告诉他，礼乐之事可以和鲁成公作一下详细探讨。鲁成公得到周天子的吩咐，便约寿梦在回途过境钟离国时会晤。

钟离国是个小国，往前说是东夷族首领伯益后人的封地。前面说过，伯益是大禹治水时的得力助手，曾被大禹选为继承人，只是后来伯益谦让给大禹的儿子启，启后来建立了夏朝。当初，周武王封伯益的后人在钟离邑，伯益的后人就在此建立了钟离国。钟离国又叫"终黎国"，亦称"童鹿国"。钟离国的级别是子爵，是诸侯小国，国君称钟离子。最初，钟离国封在山东，直到东周初期周平王时，钟离国才迁徙到淮河中游（今安徽省凤阳县）。从史实来看，钟离是伯益嬴姓淮夷的一支，称钟离氏。春秋时期，钟离国灭于吴，钟离国人一直生活在今安徽省蚌埠、凤阳地区。钟离灭国后，国人改嬴姓为钟离复姓，也有人把钟离复姓改成了钟姓。

钟离国似乎天生就是一个战略要地，春秋时期，钟离国人饱受战争的灾难。楚灵王熊虔三年（前538），楚国攻占了钟离国，钟离国灭亡。楚灵王分钟离国为濠州、舒城，钟离国国君成为楚国的下臣。失国的钟离国君服事楚灵王体贴周到，楚灵王动了恻隐之心，便允其复国，成为楚国的附庸国。但钟离国君的爵号降为君，国境收窄。

吴王僚姬诸樊九年（前518），钟离城被吴国攻占，成为吴国的附庸国。吴王阖闾姬光九年（前506）冬季，钟离国在做了吴国附庸国十二年后，楚、越两国水师夹攻吴国，取得小胜。钟离国又成为楚国的附庸国。之后，楚昭王便坐船去巢国都城圉阳（安徽省巢湖巢县）游乐。就在这个当口，伍子胥、孙武从楚国东北部的防备薄弱区突然袭击，直捣楚国腹地，在柏举（今湖北省麻城市）大胜楚军，并长驱直入，攻破了楚国国都郢（今湖北省江陵县）。巢国、钟离国，这两个楚国的附庸国也被吴国攻占，钟离从此灭国。

寿梦与鲁成公在钟离会晤时，钟离国还是个独立的子爵诸侯国。会晤时，鲁成公演奏了一整套规模宏大的周礼。寿梦听后感到羞愧。据说，寿梦当时发表了一通讲话，大概意思是说："孤地处蛮夷之间，以为头上扎个发髻就很时尚了，却哪里见过这样华丽的礼仪服饰，哪里能想到世上还有这样悦耳的礼乐。唉！唉！唉！"

寿梦与鲁成公在钟离会晤之后，心中认同并赞赏中原文化。寿梦觉得偏居蛮夷、不问中原，吴国是没有出路的。于是，他决心通于中原。寿梦是吴国历史上睁眼看中原的第一人。

寿梦二年（前584），寿梦称王。这一年，郯国背叛吴国，倒向晋国，寿梦觉得郯国挡住了吴国通往北方的道路，便兴师伐郯。

郯国，也是一个古老的国家，也叫炎国。郯国同钟离国一样，也是个嬴姓国，郯国人也是古代东夷族首领伯益的后裔。郯国立国在今山东省与江苏省的交界地区，都城在今山东省南部的郯城县。郯城县是如今山东省的南大门。郯国在公元前414年灭于越王朱句，其最终灭亡则要晚于吴国。

郯国的级别是子爵，郯子的"子"便是指国君身份，郯子也就是指郯君，但这个大孝的郯子具体叫什么名字已经失传。尽管如此，他的事迹却被世人铭记。在《二十四孝图》之中，就有郯子"鹿乳奉亲"的故事。这个故事大意是说：郯子在做太子时，父母年老，患有眼疾，听说治疗眼疾需用鹿奶，他便亲自去为父母采集。可是，鹿奶不易采集，几天下来，他不曾弄到一滴鹿奶，焦急在心。有人告诉他，要采集鹿奶，就得猎杀小鹿。但他生性善良，不忍猎杀小鹿，所以一直采集不到鹿奶。最后想出个办法，他披着鹿皮混在鹿群中与鹿一起生活，慢慢地就和这群鹿混熟悉了。每逢见到小鹿吃奶，他就趁机采集。然而有一次，他差一点儿被猎人当作鹿而射杀。就因为这件事情，郯太子留下了"鹿乳奉亲"的美名。

这个郯子不但是大孝子，据说还是大学者。郯子曾是孔子的老师，为何郯子会成为孔子的老师呢？郯子到鲁国去，鲁昭公请他吃饭，鲁臣叔孙昭子便问他，为何少昊要用鸟作为官名。郯子便从炎帝用火纪事，黄帝用云纪事，共工用水纪事，太昊用龙纪事，说到挚（少昊）用鸟纪事的道理。当时孔子二十八岁，听到郯子在鲁国发表的宏论后，对郯子非常敬仰，便向郯子请教古代官制，得到了郯子指教。

郯国虽然处于东夷，但与其他东夷国不一样，在西周初期，郯国就投入了周朝的怀抱。东周之后，随着周王室衰落，郯国慢慢地沦落为北面鲁国的附庸。一个小国、没有实力，做附庸也有做附庸的好处。

公元前605年，郯国和莒国（在今山东省莒县）发生争执，齐、鲁两国便出来调解，郯国听话，然莒国并不罢休，结果莒国被鲁国狠狠地教训了一顿，莒国服帖了，郯国很是解气。郯国知道，小国不听话是要挨打的。这样，鲁、郯两国的关系越来越密切，以致后来鲁君的女儿也嫁给了郯君。但是不知何因，有一天，郯君把鲁女赶回了娘家，鲁、郯两国关系就此破裂。

这时，郯国看到吴国兴起，便去归附吴国。郯国想：这样也好，投靠新兴国家是有好处的，可以共同发展。然而，稍有进步的郯国见异思迁，开始不听吴国的话了，又要背叛吴国，倒向晋国。

这时，寿梦认为很有必要敲打一下郯国。吴师穿过江淮攻打郯国，郯国根本没有军事实力，一交锋便降服了。郯国本来就是一个做附庸的国家，哪里有实力与新兴的吴国交锋呢？郯君觉得自己很冤，便去鲁国诉苦。

鲁国是礼仪之邦，想想郯国原来毕竟是鲁国的附庸国，听说吴国无端伐郯，便对吴国有些不服气，欲替郯国说话，伸张正义。可是，鲁国再不服气也没有实力和吴国叫板，故而只能到处发发牢骚，做些宣传鼓动的事情，抹黑吴国。鲁国执政的季文子在诸侯中这样叫道："蛮夷进攻郯国了，其他强国不但不理会，如今居然也没人肯出手相助。唉！中原已经没有好君主了！如此，鲁国估计也快要灭亡了！"

季文子的这些话是说给晋国听的，晋国是个强国，而郯国挨打的原因是其要倒向晋国的怀抱。可是，晋国无动于衷，这不是晋景公冷酷无情吗？季文子说了这些话后，晋景公终于站了出来。这时，晋景公委派大夫屈巫出使吴国。然而，屈巫出使吴国做的事情并不是听了季文子的牢骚去为郯国出气，那么屈巫去吴国到底是为了何事呢？

屈巫是个有趣的人，他的一生可以写成一本《屈巫传奇》。屈巫姓屈，名巫，字子灵，原籍楚国，后来投靠晋国，改姓称巫，名臣，叫巫臣。

当时，楚国人纷纷到晋国去，屈巫也不是第一个。"楚才晋用"一词说的就是楚国人去晋国在当时已经成为一种社会风气。当时有不少楚国人去晋国谋职，用现代人的话说就是跳槽到晋国去谋职。这个在现代社会很好理解，因为晋国毕竟是个丰衣足食的诸侯国，晋国的月亮比楚国的月亮圆。屈巫算是"楚才晋用"中的一个。当时，楚国人投奔晋国的原因各不相同，但大多数是为了保命而跑路，而楚大夫屈巫是主动跑到晋国去的，他跑路的原因与其他人都不一样。

屈巫跑路是为了一个女人。这个女人是个"资深美女"，名字叫夏姬。屈巫跑到晋国以后，晋景公任命他做了邢地大夫。虽然屈巫的职务并不显赫，但是，屈巫这个人的所作所为在一定程度上改变了春秋历史的走向。

春秋时期，公认的美女是西施，很少有人听说夏姬这个美人。夏姬与西施不是同时代的美人，夏姬是春秋中期的，而西施是春秋末期的。故而，两位美女也不认识，她们要相差一百多年。后世有不少人认为西施是吴国的祸水，当然，这在很大程度上是一种偏见。若说西施是"祸水"，那么西施这个祸水根本没法和夏姬相比，夏姬才称得上是春秋时期的祸水，评得上是"春秋第一妖姬"。

夏姬是郑国人，是郑穆公的女儿。她长得蛾眉凤眼，杏眼桃腮，总之，在当初，听者想入非非，见者魂销魄散，颠之倒之。夏姬年轻的时候，在国待嫁，熬受不住，做出一件荒唐的丑事，竟与公子蛮兄妹私通。公子蛮与夏姬是同父异母的兄妹。

郑穆公去世，嫡长子郑灵公继位。郑灵公在位不足一年就被杀了，其弟郑襄公继位。说也奇怪，郑国丑事就是多，郑灵公被杀，竟是起于吃鼋时开的一个玩笑。这个故事记载在《左传·宣公四年》，故事是这样说的：

宣公四年，楚人送了一只鼋给郑灵公，鼋是大补品。郑灵公的厨子就拿去放在鼎中烹煮做羹。这个时候，公子宋（字子公）与公子归生（字子家）正好去朝见郑灵公。公子宋、公子归生二人来到殿前，公子宋的食指突然动了起来，公子宋便对公子归生说："你看，我的食指在动。"公子归生说："食指动算什么？我的食指也会动。"公子宋说："我食指每每大动，必有奇珍美味，这次君王定有美味与你我分享。"二人入得殿中，果然正遇厨子解割大鼋，二人便相视而笑。灵公奇怪，便问缘由。公子宋据实相告。灵公听后不悦，暗想：今天就不赐予你鼋羹食用，让你食指再怎么动也无用。灵公把鼋羹赐予在座大臣，最后把公子宋召来，让公子宋闻闻鼋羹的味道，却不赐食鼋羹。公子宋大怒，强行把食指伸入鼎中蘸食，之后便拂袖而去。灵公见状，暴怒地说要杀掉公子宋。公子宋怒气未消，又听灵公说要杀他，便先下手把郑灵公杀了。公子宋弑君，结果被诛，成语"染指于鼎"讲的就是这个故事。

当然，这个事件同夏姬没有一点儿关系。但是，夏姬与公子蛮的事没过三年，公子蛮就突然暴毙了。古语说："死了死了，死了了事"，但夏姬的名声变得不好听了。后来，她就嫁给了陈国大夫夏御叔。夏姬本姓姬，因为嫁给了夏御叔，便叫夏姬。据说，周代女子一般都是这样称呼的。因夏姬嫁在陈国，有时候也叫陈夏姬。夏姬与夏御叔很是恩爱，不久便生了个儿子，名叫夏徵舒，字子南。可是，夏徵舒在十二岁那年，夏御叔便患病归天了。夏姬痛哭了一场，一时晕厥，醒来时，夏姬知道自己已经成了陈国大夫的遗孀。古语讲夫死从子，夏姬不回娘家，便待在陈国生活。夏徵舒在城内从师学艺，有自己的事情要做。夜深人静时，夏姬想起自己的两个男人都是英年早逝，便暗自神伤，心灰意冷，再也不想抛头露面，便退居在城外的株林。然而，世上有些事情躲是躲不开的。

陈国大夫孔宁、仪行父二人因为与夏御叔同朝，向来交好。孔宁、仪行父都见识过夏姬美色，如今夏御叔作古不在，故二人都怀有引诱夏姬之意。

一日，孔宁、夏徵舒在郊外射猎，孔宁因送夏徵舒回株林家中，便留宿其家。孔宁留宿株林其实早有盘算，心有旁骛。这天夜里，孔宁使钱买通了夏姬侍女荷华，遂与夏姬私通。次日，孔大夫临走时偷走夏姬的锦裆作为藏物。然而，孔大夫偷就偷了，不想次日他便在仪行父面前把锦裆拿出来炫耀，并说锦裆是夏姬所赠，作为相好的情物。

仪行父见孔宁拥有夏姬的锦裆，非常羡慕，便也去买通侍女荷华，竟也与夏姬私通。仪行父身材高大，鼻准丰隆，更得夏姬倾心。

一日，仪行父对夏姬说："孔宁有你的锦裆，你也要赠我一件情物。"

夏姬便解了碧罗襦短袄送予仪行父。可是，夏姬哪里想到，仪行父与孔宁一样，得了碧罗襦短袄亦去孔宁面前炫耀。

如此这般，后因夏姬多钟情于仪行父，慢慢地和孔宁疏远了。孔宁便心怀妒忌，想出一计来。

陈国君主陈灵公，名平国，在周顷王六年嗣位。陈平国为人轻佻，毫无威仪，嗜好酒色，继陈国君主之后，一无收敛，本色不改。陈灵公厌于国务，平日宠着孔宁、仪行父两位大夫，在朝堂上西说阳山东说海，不理政务。

一日，陈灵公在朝堂上说起夏姬的美色，孔宁想灵公屡次提及夏姬，便对灵公的心思心知肚明。因夏姬日渐疏远自己，孔宁趁着只与灵公独处时，便把夏姬推荐给灵公，在推荐词中尽言夏姬的房中之术，并如此这般地欲作成灵公好事。

又一日，陈灵公在孔宁的安排下微服出游。灵公身边只有孔宁相随，灵公向外只说近来国事繁忙，弄得透不过气来，想去外面游山玩水散散心，实则去了株林。

夏姬见陈灵公前来探望，一时也是受宠若惊，急忙交代荷华设宴招待。陈灵公说："弟妹不必排场，酒菜随意，一二便可。今日前来，只是夜间得梦，梦见弟妹，不知弟妹可好，便来看望看望。"

夏姬平时也听闻灵宫好色，一听便知来意，也不客气，便让荷华吩咐下人酒菜从简，送到竹林小屋里。

荷华安排妥当，便与孔宁在内屋小酌。酒过之后，荷华说："怎么好久不来？"孔宁也不回答，便把一灯吹灭。孔宁这一吹灯，竹林小屋的灯也灭了。

天明时分，灵公告别，夏姬脱了贴身汗衫给灵公穿上。孔宁、灵公二人便快马加鞭回到都城。

这日早朝完毕，灵公召孔宁谢其举荐夏姬之事，又召仪行父说："如此好事为何不早奏寡人？你二人占先，是何道理？"二人在灵公面前便装傻否认。灵公说："美人亲口所言，你二人也不必忌讳。"于是，三人在朝堂之上开始互相炫耀夏姬的赠物。

陈灵公说："我等三人随身都有质证，异日同往株林，可作连床大会矣。"三人大笑。

一君二臣正在朝堂上戏谑，却被大夫泄冶无意听到。泄冶一时怒起，咬牙切齿，大声说："朝廷乃法纪之地，却如此淫乱，陈国亡国，屈指可待矣！"

孔宁、仪行父赶紧避走。大夫泄冶上前进谏陈灵公，话说得很是难听。陈灵公一时觉得有点儿不好意思，便以袖掩面说："卿勿多言，卿勿多言，寡人悔矣。"泄冶愤愤出了朝门，见孔宁、仪行父往人多处躲闪，便又叫住臭骂了一顿。

泄冶走后，孔宁、仪行父便又去见灵公，转述泄冶责备灵公之话，并唉声叹气地说："主公自今之后再也不能去株林游玩了！"

陈灵公说："你二人还去不去？"

孔、仪二人说："泄冶谏君，与臣无关。臣等可往，君不可往。"

陈灵公非常生气，说："寡人宁愿得罪泄冶，却不能不去。"

孔、仪二人又说："主公若再往，难堵泄冶的臭嘴，如何？"

陈灵公问道："你等可有良策，能让泄冶不再从中作梗？"

孔宁说："臣只知死人是不会说话的。"

仪行父也说："主公何不传旨杀了泄冶。如此，便无人再说三道四了。"

陈灵公说："寡人不可也。"

孔宁说："臣派人刺杀，如何？"

陈灵公说："寡人不曾听见。"

孔宁、仪行父用重金买通刺客，刺客在路上伏击，便把泄冶杀了。自泄冶死后，陈灵公、孔宁、仪行父三人不时同往株林，后来习以为常，公然不避。

这年，夏徵舒年已十八，长躯伟干，多力善射。夏徵舒长大知事，见母所为，心如刀割，但又无可奈何，只是每见灵公到株林吃酒，便托故避出，落得耳眼清净。灵公为讨夏姬的欢心，便让夏徵舒继承父职司马，执掌陈国兵权，入朝理事。有一日，陈灵公、孔宁、仪行父三人又同往株林吃酒，夏徵舒为感恩灵公，特地回家设宴，款待灵公。夏姬因儿子在座，不敢作陪。陈灵公、孔宁、仪行父三人几杯老酒下肚，又不忘本色，手舞足蹈，相互嘲谑。

夏徵舒在席中听得心间厌恶，便出外躲避，潜听其言。这时，陈灵公醉醺醺地对仪行父胡言乱语，说："徵舒躯岸魁伟，有些像你，是不是你生的？"

仪行父说："徵舒两目炯炯，极像主公，我看是主公所生。"

孔宁则说："主公和仪大夫年纪小，生他不出，徵舒爹多，是个杂种，连夏夫人自己也记不清了。"三人抚掌大笑。

夏徵舒心中本就痛苦，听了这些话，觉得三人居然侮辱到父亲和自己的头上，一时间怒从心头起，手执利刃从大门杀了进去。陈灵公突然见此情景，酒吓醒了一半，便连滚带爬地逃往马厩。然而，陈灵公还是逃得慢了，夏徵舒一箭射来，灵公一命归天。

孔宁、仪行父倒是急中生智，寻得墙下狗洞，慌忙从中逃出。夏徵舒见陈灵公已死，便拥兵入城，谎称灵公酒后暴疾身亡，遗命立世子子午为君，是为陈成公。孔宁、仪行父则一刻不停地逃往楚国——避难去了。孔、仪二人在楚庄王面前闭口不提淫乱之事，只说夏徵舒弑君谋反。故事本应该就此结束，可往往还有续集。

这位楚国仪容秀美、文武全才的大夫屈巫也有好色的毛病。几年前，屈巫曾经出使陈国，偶遇夏姬出游，见过其貌，一直心甚慕之。如今听孔、仪二人说她的儿子夏徵舒弑君，心生一计，便力劝庄王兴师讨伐，心中却想借此端掳取夏姬。

庄王意识到这是趁火打劫的绝好机会，便问令尹孙叔敖此事宜还是不宜。孙叔敖说："罪，宜讨！"

周定王九年，楚庄王出师进攻陈国。楚庄王进攻陈国前，发了一则通告，告慰陈国大臣、百姓，说讨陈只是为了擒拿弑君的罪犯，对百姓秋毫不犯。楚庄王亲率三军，带领婴齐、公子侧、屈巫一班人马云卷风驰，直捣陈都。因庄王通告在前，陈国也不作抵抗，楚庄王如入无人之地。夏徵舒见此情势，知晓事情不好，在株林家中正要收拾家财准备带母亲逃奔郑国，不想楚军已到，即被拿住。

这时，楚庄王见夏姬来拜，察其容貌秀丽，语言得体，庄王便心志迷惑。夏姬别过，庄王对诸将说："楚国后宫虽多姿色，如夏姬者绝少。寡人纳为妃嫔，诸卿以为如何？"

屈巫听后吓了一跳，急忙进谏说："不可！不可！主公不可！楚国出帅是为讨伐罪人，主公若是纳了夏姬，便成因贪色而来，在诸侯间便成了笑话。楚国以义出师，最后为色而终，实在是不恰当的！"

庄王听后说："子灵之言实也，寡人不敢纳了。往后也再不相见，以免乱了心志，放她出走便是。"

公子侧在旁也贪夏姬美貌，见庄王已不收用，话音刚落，便突然跪求庄王，说："愚弟中年无妻，乞大王赐予臣为室！"

屈巫不妨公子侧有这一手，心都跳到了嗓子眼儿，赶紧说："大王，不可许！"

公子侧见屈巫捣乱，瞠目结舌，非常愤怒。沉默良久，公子侧说："子灵不容，出于何因？"

屈巫说："夏姬乃天地间不祥之物。据吾所知，夏姬克死子蛮、夏御叔，如今连陈灵公也克死了，儿子夏徵舒也将克死。孔宁、仪行父因夏姬出逃，公子侧若是纳了她，怕是也会不得好死！常言道：'天下美人多如池中之鱼'，公子侧为何偏要在这棵树上吊死？"

庄王说："如子灵所说，寡人也真是害怕。"

公子侧却愤怒地说："既然如此，我也不纳了！只是有一件，你说主公娶不得，我亦娶不得，难道你想娶？"

屈巫连声说："不敢，不敢！"

庄王说："两位爱卿也不必吵了，寡人忽有一个想法，既然如此，寡人来做这个主。"

屈巫一听庄王之言，料事不好，心中又是一惊。

庄王说："最近连尹襄的妻子死了，连尹襄命硬克妻。一个克妻，一个克夫，寡人看襄老与夏姬在一起挺合适的。"

屈巫没有想到庄王唱了这出戏，本想留于自家，如今却便宜了襄老。屈巫只得心中暗暗叫苦："可惜！可惜！"但是，屈巫转念一想，襄老这老头子都一把年纪了，如何经得起夏姬折腾，一年半载，说不定夏姬仍为寡妇，自己还有机会，不如到时再作打算。

再说夏徵舒被擒拿后竟被楚王车裂而死，然而，夏徵舒也是罪有应得，他毕竟犯的是弑君大罪。按周朝律法，弑君是天下第一大罪，就算诸侯无道，也只有天子与方伯有权讨伐问罪。

楚庄王履行承诺，并不冒犯陈国百姓，但把陈国国土设置成了楚国的一个县域，并命公子婴齐驻守陈地。公子婴齐倒是很乐意，便称起陈公来。

陈国竟然就为了这点儿破事被灭亡了，真正应了当初陈国大夫泄冶说的狠话。

然而，在陈国被灭这件事上，楚国大夫申叔时对楚王灭陈很有看法，认为这不合诸侯礼法，便去劝谏庄王。

申叔时说："夏徵舒无道，其罪该杀。然蹊田夺牛不可取。"

楚庄王问道："何为'蹊田夺牛'？"

申叔时便说："牵了牛从别人的田地踩踏而过，这个人自然是缺德的。然而，就可以没收他的牛吗？楚国打着讨伐有罪的名义而去，结果却是贪婪地占有了陈国，这样合适吗？"

楚庄王觉得申叔时说得很有道理，便让陈国复国了。

再说孔宁、仪行父，自夏徵舒被楚王车裂之后，松了口气，回到陈国。有一天，孔宁做了个噩梦，梦见夏徵舒成为厉鬼前来索命，因此得了狂疾自投池中而死。仪行父也不时梦见陈灵公、孔宁、夏徵舒三人要拘他去地府受判，后得暴疾而亡。

这下事情好像已经过去了，但是有些事情就是奇怪，偏偏过而不去。

陈国复国，公子婴齐当不了陈公只能回国。楚庄王便欲封公子婴齐申、吕两地。屈巫一听竭力反对，说："此地是北方赋税重地，该为国家所有，况此地又是防御晋国的屏障，为战略要地，大王，不宜充赏。"

时隔不久，说"蹊田夺牛"的申叔时正式告老回乡。楚庄王便封屈巫为申公，屈巫却没有说这是北方的赋税重地，该为国家所有。他接任申叔时做了申公。为此，公子婴齐与屈巫之间生有间隙。

这些是周定王十年、楚庄王十七年时的旧事。

楚庄王十八年。楚庄王认定陈国已是南附于楚国，只是郑国依然跟在晋国的后面，未肯归附，便欲兴师伐郑。这一年，晋、楚两国便在邲地（今河南省荥阳市北）发生了一场伐郑与护郑的战争。然而就是这一仗，连尹襄为救儿子荀罃被晋国一个叫荀首的猛人一箭射死了。

连尹襄死后，夏姬真的又成了寡妇，只是她从陈国的寡妇变成了楚国的寡妇。

话说连尹襄从军时，夏姬与连尹襄前妻的儿子黑要厮混在一起。今黑要见父亲已死，便不肯放弃夏姬，公开和这个女人搞在一起。不久，这则花边新闻在楚国便传开了，不上头条也得上头条了。

屈巫本以为自己的机会来了，心中之灯重又明亮，不想外面的花边新闻越传越广，屈巫听说以后，心里很不是滋味，内心感到蚂蚁抓心般的痛苦。

静夜之中，屈巫想：就连楚国堂堂的申公都得不到夏姬，倒是让黑要这个名不见经传的小子把夏姬当作襄老遗产继承了。屈巫咬了咬牙，定要让夏姬离开黑要来到自己身边。他给夏姬写了封书信派人送了过去。信很简洁，只四个字："归！吾聘汝！"屈巫在信中要表达的意思很明确：你回娘家吧！我娶你！

屈巫这封史上最简洁的情书，信中虽然只有四个字，但是深深地搅动了夏姬死水般的心海。夏姬不禁一笑，她感到欣慰，居然还有贵族大夫不顾一切向自己示爱，夏姬的心海荡漾起来。

夏姬要回郑国娘家不是件容易的事，她需要时机，需要借口，可这样的借口屈巫已帮夏姬想好了。

时下，郑国国君是郑襄公，是夏姬的二哥。屈巫先与襄公取得联系，表达了自己愿意娶夏姬的愿望。郑襄公知道妹妹在陈国命运不济，在楚国也已声名狼藉，夏姬孤苦伶仃，襄公有心让她回国。屈巫告知了襄公自己的计策，郑襄公便差人告知庄王，说连尹襄的尸体在郑国已找到，要夏姬去敛尸运回楚国。庄王听后同意了。

夏姬凭借这个理由回了郑国。然而，楚庄王自得悉连尹襄尸体找到之后不久，突发疾病，竟归天去了。庄王归天后，年幼的共王即位。

楚共王即位之后，楚国准备讨伐鲁国。楚共王便遣屈巫带上少量人马出使齐国，邀约齐国合谋伐鲁。屈巫允诺，年幼的楚共王当然不知屈巫心中另有一个算计。

屈巫想这是自己出走的最好机会，便偷偷地把家私货物打包藏在军队的辎重之中，蒙混出楚。屈巫到达郑国，郑襄公热情地招待了他。郑襄公送与新王楚共王不少贡物，屈巫便叫副使拿了襄公的贡物回国，说自己要单独去往齐国，实际上却留在了郑国。如此这般，屈巫称心如意地了了心中之愿，心满意足地与夏姬同床共枕。

屈巫这是犯了欺天大罪，楚国他是再也回不去了，他也不想回去。一日，屈巫为自己的后事着想，待在郑国是不可靠的，郑国今不如昔，是个弱国了，说不定何时楚国就会来举兵讨伐。屈巫想此来既然是去往齐国，就去往齐国，但一想齐国刚被晋国在鞍地打败，他不想去吃败仗的国家。屈巫思考再三，要去就去最强的国家，便决定带上夏姬去往晋国。

屈巫娶了夏姬并逃往晋国的消息传到楚国，子反气得脸色发青。子反就是当时听说庄王不纳夏姬而跪地欲娶夏姬的公子侧，要不是屈巫这个狗东西搅局，子反早就与夏姬成双入对了，也不会发生后面襄老、黑要这些丑事。

现在，子反是楚国司马，权力还是相当大的，用现在的话说相当于副相兼国防部长。这时，子反心生计谋，强烈要求楚共王用重金贿赂晋国，条件是让晋国不任用屈巫，迫使屈巫成为丧家之犬，当然，最好是把屈巫遣送回楚，交予楚国问罪。

年幼的楚共王却不同意，他自有道理，说："屈巫虽是叛逃了，但他对先君的劝谏是对的。若晋国觉得用他有价值，重金贿赂也是白搭；若晋国觉得用他毫无价值，自然就会抛弃他。贿赂晋国，不是把重金白白扔在河里吗？连个水花也看不见。"楚共王的话还是很有道理的，说得也很严谨。他不愿意听这个叔叔的话就把钱送过去打水漂。

晋景公觉得屈巫是个有用之才，便任命他为邢地大夫。屈巫从此称为巫臣。但是，屈巫的事情不是说过去就能过去的，楚共王对屈巫的叛逃罪还是要追究的。这个时候，楚国的令尹是子重，也就是子反的哥哥。令尹相当于是国相一职，楚国的"二把手"，也是举足轻重的。子重说："虽然擒拿不到屈巫，但屈巫的族人还在楚国。既然屈巫也不可能引渡回楚国，不如把他的族人杀了，没收家财。"楚共王听了不吱声。令尹子重便与司马子反把屈巫家族的子阎、子荡，以及屈巫的死党多人处死，屈巫家族的家产和田地也被他们瓜分了。司马子反做了这些事后，也没有忘记把连尹襄的儿子黑要杀掉。

虽然屈巫得到了夏姬，但是无意间连累了自己的族人与朋友。屈巫心中愤怒，发下一个毒誓：定要让子重、子反死在疲劳的征途上！屈巫的预言后来真的实现了，这是后话。

现在，屈巫改名为巫臣，以晋国大夫的身份，带着儿子狐庸从中原晋国来到了江南吴国。巫臣拜见了寿梦，寿梦看到这个晋国使者带来了三十乘战车，作为国礼送与吴国，大喜。寿梦对晋国战车很感兴趣，是因为吴国还没有战车，吴国有的只是战船。

那么，晋国这次派人送车来到吴国到底是何目的？巫臣清楚地告诉寿梦："让晋、吴两国来面对共同的敌人吧！"共同的敌人是哪个？——楚国。

应该说，巫臣到来的时候，吴国和楚国相比还很弱小，很多时候吴国只能听命于楚国。虽然吴国不曾成为楚国附庸，但是吴国也受到楚国的欺凌，楚国即使不欺负吴国，吴国在楚国的影子里生活，也难以发迹。

寿梦望着三十乘战车爽快地答应了。因为寿梦要的并不只是水乡泽国，他的心里还有远方，这个远方就是北方的中原。何况如今前来要与他合作的是晋国，结交一个强大的国家总比搭上一个弱小的国家要强。

巫臣把自己的儿子屈狐庸留了下来，便回晋国而去。吴王寿梦任用屈狐庸为吴国行人，行人是外交部长，但狐庸除了联络各国，主要事务却是教授吴人射箭技法、驾驭车马，以及布兵布阵的本领。

巫臣的这盘棋已经活了，巫臣利用晋国图谋为霸的心理教唆晋国扶持吴国，巫臣扶持吴国，目的是唆使吴国与楚国为敌，以报自己的仇恨。晋国在军事装备、军事技术上扶持吴国，表面上壮大了吴国的军事实力，实际是为了让吴国与楚国抗衡，削弱楚国的实力，减轻晋国图霸的压力。也就是在这样的背景下，寿梦开始结交中原诸侯，融通四海，同时开始与楚国为敌。

没过多久，吴国的军事实力有所提升，已是不可小看了。巫臣时不时来吴国，鼓动吴国兴师讨伐楚国。但是，还没有等到吴、楚之间开战，晋、楚之间却又爆发了鄢陵之战。

楚庄王十八年，楚庄王因为郑国跟着晋国，不肯归附楚国，兴师伐郑，在邲地发生了战争。这一仗，连尹襄被箭射死，楚庄王没有得到便宜。这一次，楚共王看到郑国还在晋国的屁股后面打转，便又要给郑国点颜色看，当然，这个颜色是有腥气的血色。晋国是郑国的后台，有保护责任和义务，就这样，一场为了郑国而战的鄢陵之战在晋、楚两国之间打响了。

鄢陵（今河南省鄢陵县）是郑国的地盘，这一仗的最后结果是晋国取胜，因为晋军摸透了楚军不少弱点，比如主帅不和，贵族公子参战成事不足，败事有余等，晋国随机应变，楚国很快就不攻自破了。

吴、楚之间存有许多小国，这些小国在现在的安徽省、江苏省、湖北省之间，构成了吴、楚之间的缓冲地带。寿梦一看楚国内乱，不攻自破，晋国取胜，便生念头，夺取吴国周边小国领土的欲望大升。

寿梦五年（前581），寿梦为与楚国争夺这些弱小国家，开始出兵讨伐楚国，吴国一度打败楚司马子反率领的楚军，在争夺这些小国中获得了胜利。

寿梦十年（前576），晋国召齐、鲁、宋、卫、郑、邾、吴在钟离会盟。现在有人说，这次会盟是吴国和中原诸侯国最早的往来（否定了寿梦元年的钟离会晤，认为这个史料是不可靠的）。钟离会盟有个鲜明的主题，就是谋划如何共同对付楚国，并拥立晋国为盟主。寿梦参加了会盟，但是寿梦并没有拥立晋国为盟主，因为他刚刚摆脱了楚国的影响，不想把吴国又绑上晋国的战车。寿梦认为：吴国不是晋国的附庸，而吴、晋之间的联盟是兄弟联盟。寿梦的理想并不是要投靠一个强国，而是自己要成为一个强国，甚至是成为一代盟主，故而，寿梦说什么也不肯在盟书上签字。

寿梦十一年（前575），即钟离会盟后次年，信誓旦旦的郑国突然变卦倒向了楚国的怀抱。用现在的话说，会盟时大家说得好好的，茶刚凉事就转向，友谊的小船说翻就翻了。晋厉公（晋景公已薨）得知郑国变卦，十分愤怒。

晋厉公对郑国的变卦是不能忍受的，便欲出兵讨伐郑国。楚共王为解救刚刚投入自己怀抱的郑国，挥师北上。晋、楚两军又在鄢陵相遇。

上次是楚伐郑，晋护郑，这次是晋伐郑，楚护郑，又是在鄢陵开战，事情就是这么具有戏剧性，交战结果又是楚军战败，晋军取胜。

晋国在这次战胜后完成了一个华丽转身，重新取得了诸侯霸主地位，实现了钟离会盟的愿望。

这次鄢陵交战，楚军失败的原因很是低级。可怜楚共王在交战第一天就被晋军射瞎了一只眼睛，次日，司马子反竟不顾大王伤痛、前方战事吃紧，轻敌到吃醉了酒。楚共王捂着一只受伤的眼睛，得知子反醉酒，仰天感叹道："这是上天要楚国败啊！"楚共王说完便下令退兵回楚。司马子反在退兵的路上酒醒了，得知大事不好，便在路上自杀身亡了。

鄢陵交战，楚共王败后，寿梦又看到了吴国扩张的机会。趁此当口，寿梦借道淮夷小国舒庸国开始进攻楚国的巢城、驾城、厘城、虺（huǐ）城，收获颇大。

楚共王得知吴国借道舒庸而来，便发兵惩罚舒庸国。楚公子橐（tuó）师受命带领一支兵马，轻松地把舒庸国消灭了。舒庸国建立在西周初年，被楚共王灭于公元前574年，舒庸国的都城是如今的安徽省舒城县。

楚共王灭了舒庸国，在精神上战胜了寿梦。因为这一举动，淮夷小国再也不敢轻易与寿梦交好了，吴国在这一时期遇到了在外交上的失利。

楚共王不甘心晋国霸持天下，为重树楚国为霸的信心，他心中打击的首要目标竟是宋国彭城（今江苏省徐州市）。楚共王为何要首选彭城？因为彭城是晋、吴两国的交通枢纽，楚共王选择攻打彭城是要打乱晋国联吴制楚的计划。

楚共王这次出奇兵后，彭城很快被攻下。晋国不甘心彭城被楚国控制，便出兵围攻彭城。楚国令尹子重领兵急忙前去救援被困彭城的楚军，结果在一个叫靡角的地方被晋军打败。

据说，晋军打败楚国令尹子重军队的原因很可笑，因为楚军在靡角战争中胜利在望，就在此时，原是晋人今为楚国军官的雍子体恤军中老弱兵丁，因胜利在望，便下令让他们把自己住的帐篷烧掉后先行回家。令尹子重不知道雍子这个举动的意图，他看到楚国的兵营中帐篷突然起了熊熊大火，搞不清楚发生了何事，只觉战事不妙，便下令退兵。这时，燃烧的帐篷弄得楚军晕头转向，晋军趁机出击，扭转了局势，结果楚军战败。这样，彭城便重新掌握在晋国的手里。

自巫臣受晋景公指派出使吴国之后，吴、楚两国的关系就不可调和，渐渐成为劲敌。楚共王不曾想到屈巫这个叛国贼臣，竟然会帮助寿梦强军对付母国，弄得吴、楚边境一直不得安宁。

说实在的，自此以后，吴国骚扰楚国边邑真是不曾断过，楚境一有敌情，楚共王便劳师远征。更可恨的是，吴军只是小股骚扰，来去自如，楚军一到，吴军连个人影也找不着。在这些年里，楚国已经被吴国搞得十分疲劳。这日，楚共王接报吴军又袭楚国边邑，楚共王对寿梦的这种举动十分愤怒，便心生一念："吴国不灭，楚国不宁。"

寿梦十六年（前570），楚共王厉兵秣马，挥师伐吴。

这一次，楚军的主帅是令尹子重，采取报复式灭杀行动。楚师对吴国开始了疯狂进攻，吴国招架不住，节节败退，楚师则一鼓作气直打到吴国衡山才停下了脚步。

令尹子重吸取了上次因为帐篷突然着火而败走的教训，亲自挑选一支身经百战的精兵，大举伐吴。同时，楚国还出动水师，在长江中游顺流而下，与吴国水师进行了一场具有规模的水战。据说，这次吴楚水战是史书中记载的中国历史上第一次水战。楚师大胜，一举攻克了吴国的江南重镇鸠兹城（在今安徽省芜湖市）。楚师攻克鸠兹后，趁势攻克了吴国衡山城（在今安徽马鞍山市博望区东北）。

马鞍山的东北就是南京，南京的东边便是镇江，镇江向东可直达吴都。再过些时日，吴都就近在眼前了，令尹子重想到这里，心中大喜。

有人认为，当时吴国的都城是在"宜地"（朱方），即今镇江市丹徒区一带，主要依据是此地出土了"宜侯夨簋"。但从文献记载看，当时吴国的都城还在今日的江苏省无锡市梅村、鸿山一带。认为当时吴国都城在今镇江市丹徒区一带的，说寿梦迁都就是因为令尹子重打到了衡山，离楚国太近，只好重回梅里旧都。

令尹子重坐镇衡山，命猛人邓廖为先锋，带领车兵步兵三千余人，意欲一举灭亡吴国。然而，寿梦毕竟是"坚硬的渔网"。宁镇地区地貌多山，寿梦在这里为邓廖设好了包围圈，只等楚军钻入这张大网。

楚军进入山多林密之地，不知不觉间，拉着装备的战车已经进入了寿梦的包围圈中。突然，邓廖看到吴国的旌旗在山上摇动，士兵在山上出现，轰轰作响，瞬息之间已是漫山遍野。邓廖还没反应过来，吴军执着锋利的兵器已从山上冲将下来，山间响彻着喊杀之声。

邓廖措手不及，楚军阵脚大乱。邓廖回顾四周，吴兵已是杀到眼前，一群吴兵挺戟而上把他从战车上揪了下来。邓廖不曾开杀便已做了吴军俘虏。楚将被俘，楚军更是生了慌乱，装备成了累赘，丢弃于山道不顾，只顾各自逃命。一场山地伏击战，把邓廖彻底打败了。据说，逃回的楚兵只占了十分之一，其他士兵不是被杀便是做了吴军俘虏。

当时，子重在衡山认为这次灭吴有望，胜算在握，便在衡山享受野味美食，只等前线的捷报。不想邓廖被捉，楚军被吴军打成了丧家之犬。子重见逃回的残兵个个心惊胆战，无力再战，料想败局无法扭转，只好下令撤营回都。

吴军见楚兵倒拖旗帜，逃之夭夭，士气便越发高昂，乘胜追击。吴军收复了被楚军攻占的大片失地，连寿梦上次借道舒庸国时不曾夺取的楚国驾城，这次也意外收复了。

寿梦正在大喜的时候，令尹子重却在懊悔不已，已经打到了吴国都城附近，彻底的胜利近在眼前，但是最后胜出的是吴国，子重想不通自己失败的原因。

令尹子重是个要面子的人，回到楚国后他向楚共王说："楚师举兵衡山，凯旋归来。楚师胜了，但损失也不小。"

楚共王怎么会不知道战争结果，看着子重疲惫的样子，不好多说，只是说了句客套话："令尹劳苦了！"

子重当然也听懂了楚共王的话，只有劳苦，没有功高。刚开始楚国大臣听说令尹打了胜仗，但很快他们就听到楚国失去了驾城，楚兵伤亡惨重，邓廖被俘，楚国的战车丢弃在吴国山道上，而吴国的宝物一件也没有运回来，吴俘也没看到押回来一个。大臣们便开始责问令尹："这也叫胜利？走了趟衡山城就叫胜利？"消息传开以后，楚国民众开始大骂子重。子重经不住压力，在一天夜里竟猝死了。

寿梦十七年（前569），吴王寿梦任命巫臣之子屈狐庸为国相，狐庸开始在吴国执政。

寿梦二十三年（前563），由晋悼公主持，吴王寿梦和各地诸侯在相地（钟离附近）会晤。清华简《系年》说的会晤是在中原的虢国。

这次相地会晤，主题还是讨论如何对付楚国。吴国倒是取得了一个巨大成果，从此赢得了中原国家的普遍认可。据说，就是这次会晤，中原诸侯国承认了寿梦是太伯之后，以致后来寿梦去世之后，掌管周室礼仪的鲁国国君鲁襄公把寿梦的牌位放进了周室祖庙。从此，一个被长期蛮夷化的国家终于被中原国家认可，并确认了吴国的姬姓身份。寿梦离自己的强国之梦更近了一步，世界也更大了。

不过，相地会晤之后，寿梦明显感到自己已经老了，显得力不从心了。此后，

寿梦便很少外出活动，他在华亭（在今上海市松江区）的一栋华丽别墅里沉默
不语，看天养老。

　　然而，谁也不知道吴王寿梦的心里压着一块沉重的石头，在这栋木屋别墅里，
寿梦正在考虑着事关吴国前途的重大问题，也就是接班人问题。人就是这样，
只有自己觉得老了，才会考虑后来者。对于楚国来说，寿梦的衰老并没有给楚
国带来福音，倒是预示着楚国噩梦的开始。

# 第五章

## 改祖制兄终弟及　隐宫变手革足命

前561年周灵王十一年，寿梦二十五年：

吴王寿梦卒。季札让。长子诸樊继位为吴王，徙都于吴（从《世本》，即今江苏省苏州市）。诸樊，名谒（yè）或盖遏（è）。《公羊传》"遏"作"谒"。在《索隐》《春秋经》中，诸樊称"吴子遏"。诸樊是其号，生年不详，卒于周灵王二十四年（前548）。在位十三年。

前560年周灵王十二年，吴王诸樊元年：

吴乘楚共王卒，康王新立之际伐楚，楚师败吴于庸浦（今安徽省无为县南），获吴公子党。

前559年周灵王十三年，吴王诸樊二年：

楚康王命令尹子囊伐吴，楚师败绩，公子宜含被俘。楚令尹子囊卒，遗言筑郢城以备吴。

前548年周灵王二十四年，吴王诸樊十三年：

楚伐舒鸠，吴师救之，败绩，舒鸠为楚所灭。吴王诸樊伐楚，攻巢（今安徽省瓦埠湖南），中箭死，弟余（餘）祭（zhài）立。吴王馀祭，名戴，又叫戴吴、句余、勾余，馀祭是号。生年不详，卒于周景王元年（前544）。在位四年。

前547年周灵王二十五年，吴王馀祭元年：

楚、秦合师攻吴，闻吴有备，还。

前544年周景王元年，吴王馀祭四年：

初，吴王馀祭伐越，获越俘，使越俘，使守舟。馀祭观舟，越俘杀之，其弟馀眜（昧）继位。馀眜，字夷末，馀眜是号。生年不详，卒于周景王十八年（前527），在位十七年。

吴王馀眜使其弟季札聘于列国，季札历访徐、鲁、齐、郑、卫、晋诸国。在鲁，请观周乐。

前538年周景王七年，吴王馀眜元年：

秋，楚以诸侯之兵伐吴，围朱方（今江苏镇江市东），克之。冬，吴为报朱方之役，兴师伐楚。

前537年周景王八年，吴王馀眜二年：

越人从楚伐吴，吴师败之。

前536年周景王九年，吴王馀眜三年：

楚伐徐，吴救之，楚遂伐吴，吴败之于房钟（今安徽省蒙城县西南）。

前530年周景王十五年，吴王馀眜九年：

楚围徐，惧吴。

前529年周景王十六年，吴王馀眜十年：

吴败楚师于豫章，获荡侯学五帅。吴乘楚灵王之丧，平王新立，兴师取州来（今安徽省凤台县）。

——摘自《勾吴史集·吴国历史大事记》

（本摘录笔者有修改）

## 13. 季札虽是圣贤人　诸樊也非等闲辈

寿梦有四子：长子诸樊，次子馀祭，三子馀眛，少子季札，另有庶子蹶由等人。吴王寿梦认为少子季札最为贤能，便欲传位于季札。

一日，寿梦在华亭别墅中斟酌再三，作出了与周太王古公相仿的决定。吴王寿梦决计要把王位传给少子季札。

心中有了定数之后，寿梦如释重负，便对臣子们说："季札最贤，欲传位之。"这话传到季札那边之后，季札便去规劝父王寿梦。季札说："祖宗的礼制不是这样的，父王欲不合周礼之规矩，废除祖宗之礼制，而从父子之私情是不合适的。"季札的话说得很明确，传位于他不合周礼，不合祖宗传下的规矩，吴国君位理应嫡长继位，也就是传给嫡长子诸樊。

季札不但是这样说的，也是这样做的。季札是个言行一致的人，坚决拒绝继位。寿梦见少子季札态度坚定，也无可奈何，只得再行斟酌。寿梦对长子诸樊说："当年，周太王所施行的恩德遍及天下，成就了周邦大业。今我吴国拥有之地也不过是一个小国，且地处偏远，欲成天下大业，唯有季札。我老了，望你日后能把君位传至季札。你不可忘了我的话，千万不可忘了我的话啊！"诸樊听父王寿梦如此一说，便说："从前，周太王认为姬昌圣明，传位给姬昌的父亲季历，再传至昌，王道因此而复兴。如今季札最贤，您欲传国于季札，以成王业。若真是如此，我也会心甘情愿离开宫廷，耕作于田野。"寿梦说："季札不愿坏了祖制，望你能以伯仲叔季之兄弟次序传授君位，最后把君位传给季札。"诸樊听了父王的话，默默地点头。

周灵王十一年（前561），寿梦二十五年秋九月，吴王寿梦去世。因季札拒绝继位，诸樊摄政。周灵王十二年，嫡子诸樊正式即位，主持国政，号为诸樊。公元前560年，为吴王诸樊元年。这一年，诸樊成为吴国历史上第二十任君主。次年九月，楚共王审薨。世子昭立，是为康王。历史就是往往有太多的巧合，吴王寿梦去世，寿梦的宿敌楚共王在次年也紧跟着去世了。楚共王不曾有嫡子，按祖制庶长子继位，这便是楚康王。

吴王诸樊得知父亲的老对头离世，料想楚国政局不稳，便抓住这个大好时机，决定趁丧伐楚，便命大将公子党兴师伐楚。

趁丧讨伐，吴国是第一家，这在当时是不合中原国家通行的道义的，然而，吴王诸樊身处蛮夷之地，并不在乎中原的这些规矩。

年轻的楚康王是个颇有才能的君主。他得悉吴国兴师伐楚，便命叔叔令尹子囊留守国都郢城，命叔叔司马子庚（公子午）、大将养繇基率师迎敌。养繇基是个十分了得的神箭手，在楚国传为美谈，号称"养一箭"，只因养繇基射杀对手是绝不会拉第二弓，总能一箭毙命。

楚师经过连日行军，司马子庚与养繇基之师到达了长江西岸的庸浦（今安徽省无为县南），司马子庚命令楚师在庸浦停顿休整。休整数日之后，养繇基对司马子庚说："吴国趁楚新丧发兵，定是以为我国无备，不能抵抗。司马不妨在此设伏三道，我过得江去将吴师引来，战于庸浦。"司马子庚同意养繇基之计，点头允诺。

养繇基的舟师小队还未登上长江东岸，立刻被吴国舟师发现。吴师见楚军只是舟师小队前来偷袭，便不把楚师放在眼里，只看作是送上门来的开胃小菜。两国舟师在江上尚未交战，楚国舟师便掉头而去。吴师见楚师逃之夭夭，送上门来的小菜还未品尝，怎肯罢休？吴师大将公子党便下令大军乘势追过江去。

吴国舟师登陆庸浦之地，到达长江北岸，远远望见养繇基的楚师丢弃船只上岸后拼命向西逃跑，公子党便下令一路追击。吴师浩浩荡荡地追过一程，却突然发现司马子庚的三道伏兵从南、西、北三方杀围过来，养繇基也突然停止逃跑，反扑而来。

公子党知是上当，急令突围。然而，吴师已被司马子庚全面包围。吴师见情势不妙，拼命往长江岸边逃跑。此时，养繇基已张弓搭箭朝公子党射来，公子党哪里躲得过去，被养繇基一箭丧命。吴师见统帅丧命，阵脚大乱，士兵四散而逃。最后，吴师终于在长江岸边撕开一道口子，争先恐后地登上舟船突围而去。然而，吴兵在突围时死伤无数，争渡之时的落水者大多被江水卷走。

吴王诸樊趁丧伐楚，毫无得利，还白白死伤吴国士兵无数，公子党也命丧庸浦。诸樊首战失利，庸浦之战成为他的心头之痛，诸樊第一次遭受到人生中的重大打击。

反之，年轻的楚康王在庸浦之战中尝到了从未尝到的甜头，认为吴师也并非前王所说得那样神奇，便决计兴师伐吴。

周灵王十三年，诸樊二年（前559）。

诸樊得知楚康王谋伐吴国，心中无底，便遣使者向盟国晋国告知庸浦之败，并请求晋国出师联合伐楚。晋国大臣羊舌肸（xī）向晋悼公进言："吴伐楚之丧，自取其败，不足恤也。"晋悼公听后觉得合乎道义，便不答应合兵伐楚。晋悼公对吴使说的不出兵理由很简单："吴子诸樊趁楚新丧而攻伐楚国，那是非常不道德的国家行为，晋国不会助长不守道义的风气。"晋国在这个节骨眼儿不肯出师，吴国外交上的失败，加重了对诸樊的打击。

取得胜利的楚康王得知晋国不愿出兵助吴，非常高兴，觉得这是上天给了楚国攻伐吴国的绝好机会。于是，康王命令尹子囊从棠地（今南京市六合区）岸口发兵进攻吴国。

令尹子囊的楚师从长江上游乘舟船渡过江来，进入吴国的腹地。令尹子囊是个细心的慢性子，他不慌不忙，采取稳扎稳打、步步为营、缓慢推进的策略。吴王诸樊则采取坚守不出的战术，对令尹子囊的楚师不理不睬。子囊碰到诸樊的乌龟战术，一时间也搞不清虚实。因吴军惯于埋伏，子囊不敢贸然前进，生怕吴军早有设伏，重犯子重的错误。

子囊在吴地耗费了一段时间，不见吴师出战，便对将士们说："诸樊是被打怕了，吴师躲着不敢出战，我楚之威已慑服吴国，可以回师了。"将士们见此战还不曾与敌交手，便已取得了胜利，便欢欣鼓舞，跟随令尹凯旋回师领赏而去。

楚师因为取得了胜利，将士们都想着回国庆功之事，心中毫无戒备。这时，子囊的大军行进到了皋舟之地，皋舟是个地势险要的地方，他却浑然不知，子囊万万不曾想到吴师在此早有埋伏。正当楚师经过皋舟时，突然之间，从山林里杀出的吴师把楚师冲成了两段，楚军遭到攻击，首尾不能呼应，只得狼狈逃窜，直奔长江口的舟船营地而去。子囊因为在前，跑得也快，算是逃过了一劫，但楚公子宜谷因在后压阵，被吴师包围，突围不成，做了吴师的俘虏。

皋舟伏击战打垮了楚康王刚刚树立起来的信心。事后，令尹子囊对这一仗的失败懊悔不已，他很自责，在这年的冬天竟饮恨而死。古籍《说苑》中说：子囊是因为战事失败，又气又恨自杀而死。子囊临死前对司马子庚说了三个字：

"必城郢！"意思是：一定要加强郢都的防御啊！

吴王诸樊为父王寿梦服丧期满，想起父王寿梦之嘱咐，便对四弟季札说："过去父王在世时，曾早晚不安，一心欲传位于你。也对我说过：'季札最贤。我欲废除嫡长子继承之制，而改立少子，发布继嗣之令，我已经应允了他。'然父王终不忍改变祖制而施行个人的主张，最后把国家托付给我。我岂敢不听从他的话呢？如今服丧期满，这个国家该是你来治理，我欲把它交还于你来执管，以此了却父王之遗愿。"季札说："嫡长子继位执掌国政，并非父王个人之私事，而是祖传之国制，怎可轻易改变呢？"诸樊说："若将祖制施行于国，那父王之遗命又该如何办呢？从前，周太王改立少子季历，季历的两个哥哥便来到了这荆蛮之地，建立吴国筑起了城郭，才使周王朝的治国之道归于成功，先人称颂之词不绝于口，这些都是你熟知的事情，如今吴国百姓也盼望立你为君啊！"季札不想再回答这些问题，干脆弃室而耕，来到了延陵（在今江苏省丹阳市延陵乡王甲庄）的舜过山下种田去了。

再说楚国令尹子囊因为战败自责而死，司马子庚接任了楚国令尹之职。

次年，中原霸主晋悼公因病去世，其子即位，是为晋平公。晋平公年轻气盛，即位当年，晋国便发动了对楚战争，晋国中军元帅荀偃在湛阪打败了楚军。

吃过败仗后，令尹子庚认为楚国当下无力再战。可是楚康王并不这么想，他强令子庚攻伐郑国。郑国是夹在晋、楚之间的中原小国，如今接受晋国的保护。郑国可以说是个倒霉国家，两头都是大国，听从楚国，晋国不舒服，反之亦然，故而常被两国欺负。后来，郑国想到一个在夹缝中求生存的办法，干脆在边界上囤积物品，不管哪国拿它出气，郑国马上请成，贡献物品，以此免受挨打。

楚国令尹子庚短命，不久，便生病去世了。楚康王选中楚国名相孙叔敖的儿子（或说侄子）蔿（wěi）子冯任楚国令尹。可是蔿子冯胆小怕事，是个无能之辈，听说楚康王欲让他任令尹，便装起病来，称自己有病在身不能胜任。楚康王再怎么着也不能任用个病秧子，只好换人，便让公子追舒（字子南）任楚国令尹。但令尹子南也无才能。有一天，楚康王在一气之下把令尹子南连同他的手下观起在殿堂上一并处死。令尹子南死后，装病的蔿子冯再也没有办法，只好出任楚国令尹，小心谨慎地混日子。

时间就这样耗着，这一时期，和平与发展似乎成了春秋时代的主题，吴国也已经近十年没有大的战事，国家和人民都得到了休养生息。

　　然而，好景不长，诸樊十一年（前550），楚、吴战火再起。事情的起因是一起婚嫁。这一年，晋平公欲把自己的一个女儿嫁给吴国的一位公子。因为晋和吴同是姬姓，同姓不婚是周朝的一项重要制度，是写入周朝律法《周礼》之中的。晋国是个中原霸主国家，居然公然违反《周礼》的规定。晋、吴联姻，目的无非是欲巩固达成的国家联盟，但这对楚国的未来十分不利。自晋悼公去世之后，即位的晋平公除了一开始教训过楚康王，后来也没有大的举动。晋国这些年非但没有蒸蒸日上之势，反而出现了走下坡路的迹象，好像这个中原霸主在无声无息之中已经日暮途穷。而吴国这些年，却在晋、楚两个大国衰落时期日益壮大起来。

　　现在，晋国居然愿意把女儿嫁给吴国公子，楚康王自然不愿意看到这一幕，为了维护《周礼》"同姓不婚"的制度，楚康王便借机兴师攻伐吴国。因为令尹子冯无能，楚康王只得亲自领兵上了战场，然而他没有领兵打仗的经验，楚国大军一拉出去便乱成一团，哪里还有大国之威？楚康王自己也看不起这支军队，总觉得有败军的迹象，于是就虎头蛇尾地收兵回国，这仗不打了。

　　楚康王伐吴未遂事小，让吴国看出了楚国实力空虚事大。

　　这个时期，诸樊正在筹划建立吴国的阵营，他要把生存在吴、楚之间的小国拉入吴国的怀抱，第一个想到的就是舒鸠国。舒鸠国是楚国的属国，接受楚国的保护。一日，吴国使者尝试着前往舒鸠国做策反，舒鸠国国君一听吴国要与自己结为兄弟，想都不想就爽快地答应了。其实，舒鸠国国君通过观察局势，心里早就有了自己的盘算，这些年他看到吴国的雄起，心里很清楚，背叛楚国投靠吴国是早晚的事情。既然吴国放下架子出使舒鸠国，自己也就没有理由拒绝。

　　当时，吴、楚之间的小国为了避免战争求得生存，依附强国是一条保全之策，有的小国甚至双面投靠，两面进贡，也是没有办法的办法。求得保护，总比落后挨打甚至灭国要强。

　　舒鸠国欲投靠吴国、背叛楚国之事很快便被楚国知道了，当然，这一定是吴国放出的风声。诸樊欲建立吴国阵营，做些宣传也在情理之中。楚康王得知舒鸠国背叛自己心里非常恼火，便兴师屯兵在舒鸠国附近一个叫荒浦的地方。楚康王对令尹子冯说："打仗你不行，骂人你总会吧？！"令尹子冯只得带着大臣沈尹寿、师祁梨去舒鸠国谩骂舒鸠国国君。舒鸠国国君却死不承认，说："哪里会有这种事情啊？这根本就是个谣言。"令尹子冯本来也不想打仗，便对沈尹寿、师祁梨说："也好，我们姑且回去，若他真的背叛大王，证据便确凿了，到时再行讨伐也不迟。若他没背叛大王，我们如今进攻也无道理。"楚康王一听汇报，觉得令尹子冯的话也在理。令尹子冯劝楚康王说："大王不必再气，气大伤身。这事我看放一放再说。"楚康王也就同意了。没想到的是，一年之后，装病的令尹子冯真的病死了，就在此时，舒鸠国国君也公开背叛了楚国。

话说两年前，陈国发生了一场叛乱，陈国国君陈哀公竟被国内庆氏家族赶出了国门。一个国君被一个大臣赶出国门是件悲哀的事情，陈哀公连夜逃往楚国，请求楚康王伸张正义，出师平息陈国的暴乱。楚康王允诺陈哀公的请求，派时任莫敖的屈建兴师讨伐陈国庆氏。庆氏还未站稳脚跟，就遭到了屈建的攻伐，庆氏掌控的陈国很快就被瓦解了，陈国暴乱得到了平息。屈建原是令尹子冯的下属，令尹子冯病死后，楚康王便任命屈建为令尹。今日，舒鸠国国君公开背叛楚国，楚康王说什么也咽不下这口气，楚康王决定给舒鸠国国君点颜色看，屈建便率师攻伐舒鸠国。

诸樊接到舒鸠国的告急求救，立马调兵前往救援，吴、楚两军便在舒鸠国附近的离城相遇，大战在即。

吴、楚两军毕竟有二十多年的交战史，都因对方吃过苦头，所以谁也不敢贸然进攻，生怕中了埋伏。令尹屈建也深知吴师作战勇猛，决计屯兵扎营，看看再说。吴国救兵则欲采用诱敌深入，后发制人的战术，故而也不主动挑战。双方都在离城相持，等待战机。

这时，令尹屈建的左翼统帅子强等不得了，他说："如此拖将下去，说不定楚师会被拖垮，既然是来平叛，不如速战速决。您让我带领一支小队深入，您在这里设伏，见机行事。"令尹屈建也等得心中烦躁不安，便同意了。

吴师看到左翼统帅子强带领一队人马突然冲将过来，还以为自己已被楚军包围了，顿时陷入一阵慌乱。之后，吴师发现楚军进入的只是一支小队，吴师统帅便立马下令进攻楚军。楚军见吴师来袭，则连忙撤退，回到令尹屈建的设伏之地。此时漫山遍野的楚兵冒将出来。这下吴军真的是被楚军包围了，唯一能做的事情是突围逃跑。错误不是你想不犯就不犯的，结果往往相反，会一犯再犯，吴军就这样在离城打了个大败仗，犯了和庸浦之战同样的错误。

诸樊十三年（前548），吴国大败，舒鸠国被楚国拿下，并入了楚国的版图。吴国的损失是失去了刚刚投靠的舒鸠国，诸樊非常愤怒，因为这件事给吴、楚之间的小国造成了巨大的负面影响。这些小国变得谨慎起来，他们知道乱投靠是要被灭国的，国君是要掉脑袋的。吴国保护不了心向自己的弱小国家，所谓的吴国阵营便会化为泡影，吴国大业很难完成，诸樊的扩张理想在这件事情上又一次遭受了沉重打击。

冬天已经来临，吴王诸樊向外扩张的理想、开创吴国大业的使命，以及重振周边小国对吴国的信心，促使诸樊决计亲率大军讨伐楚国，以振国威，他急需挽回战败的不良影响。吴王诸樊第一个攻伐目标便是楚国的边城巢邑（今安徽省瓦埠湖以南、合肥市西北）。

这次，吴师出动了陆地战车，这种从晋国仿制的战车自从巫臣父子教习之后，还没有在大战之中好好用过。四轮战车，底部悬空，车顶用厚牛皮严密包裹以防箭攻击，一辆战车可容纳十多名军士。战车没有机械动力，前进动力是靠躲藏在战车后面的军士推进，战车前面有壮硕的战士掩护，每位战士都配有修橹（大盾）防身，故而，巢城的箭雨也阻挡不了吴军前进的步伐。吴王诸樊乘坐的战车是正宗的晋国战车加以改装的，所谓改装，也就是用犀牛皮加厚了车顶及四周包裹，四周只留数个观察孔，车内除了司车外，两边各有力士、护卫一名。

巢邑守城的长官叫牛臣。牛臣虽是个守城小官，但他临危不乱，面对黑压压的吴兵，牛臣知道，逃已经不是上策，只有杀死吴王，才能乱了吴阵，才会出现转机。于是，牛臣决定拼死一搏，命令士兵索性打开巢邑的城门，欲用巷战来战胜吴军。

这时，前方来报告吴王，说巢邑城门大开，守城之兵已不知去向。吴王诸樊是个豪放厚道之人，听说巢邑城门大开，料想兵丁都已逃命而去，心中大喜，说："巢邑如今连个守城门的人也寻找不到了。"吴王诸樊便命令入城，他坐着金光闪亮的战车进了城门，却不知躲在城墙后面草丛里的牛臣正在寻找机会。

吴王诸樊命令司车停下车来，他真的是太大意了，竟然探出头去察看四周，牛臣就在这时抓住了千载难逢的机会，一支青铜箭射将出去，不偏不倚，射中了吴王诸樊的头部。转瞬之间，吴王诸樊倒下了，鲜血如注，奄奄一息之时对赶来的二弟馀祭说："记住父王之言，必以国及季札。"诸樊又说，"季札既已在延陵耕作，把延陵之地封给季札吧。"

司车及其他军士一看吴王诸樊将死，认为碰到了楚国大军，慌张得弃车而去，只顾夺路逃跑。牛臣掌握时机反杀出来，这时躲藏在街巷里的牛臣手下纷纷杀将而出，一时间，吴军被杀死、踩踏而死的不计其数。

对于吴王诸樊的死，《吴越春秋》这样分析道：诸樊之死，是因为季札坚持不受君位，诸樊为了完成父王的遗命，故意在执政时期骄傲放纵，轻视祭祀，怠慢鬼神，仰面对天，祈求速死，以便能快速传位给四弟季札。

## 14. 勇非勇不可告人　仇更仇与越结恨

周灵王二十五年（前547），为吴王馀祭元年。

吴王馀祭因兄长诸樊之死继位成为吴国第二十一任君王。馀祭继位之后，时刻牢记父王和长兄的遗言："一定要把国家传于季札。"然而就在这个时候，一个叫光的年轻人内心痛苦万分。光是吴王诸樊的长子，人称公子光。他的痛苦是失去了父王和作为嫡长子却不能继位。按照祖父寿梦的遗愿，君位只能由叔叔馀祭继位，照此下去，公子光永远只能是吴国的公子，而成不了吴国的君王。

馀祭继位之后，他特意打造了一把宝剑。这把宝剑后来在浙江省杭州市余杭区的南湖出土，宝剑上的铭文是这样的："有勇无勇，不可告人，人其知之。"用当今的话说：我勇不勇敢，不需要对别人说，通过我的所作所为，你们便可知道我是个勇敢的人。

馀祭元年，楚康王也想趁吴新丧、国内政局不稳之机兴师伐吴。这次行动，楚国想去联合秦国。秦、楚接壤，春秋时期，秦、楚两国关系一直不错，而晋国的地理位置却堵住了秦国东进的道路，故秦、晋两国的关系一直不太友好。秦国之所以愿意与楚国联合行动，主要是为了箝制晋国，因为这次攻伐吴国，是欲打破晋、吴联盟，最终目的是为了制约晋国。

楚康王这次进攻吴国的另一个意思便是以牙还牙，以报当年楚共王离世之时吴王诸樊趁丧发兵之仇。然而，吴王馀祭也牢牢地记着这件事情。如今兄长诸樊刚刚离世，楚国定会蠢蠢欲动，为了防范楚国趁丧发兵，吴王馀祭便早早做了准备，有了部署。

秦、楚联军浩浩荡荡，在到达雩（yú）娄之城时，楚国探子已摸到了吴国的情况，赶紧来报，说是吴王馀祭为防楚攻伐，早有准备。秦、楚将领一合计，认为突然袭击已经不现实，若不能做到趁其不备而袭，那么这一仗就不一定能够打赢。既然没有十分的胜算，秦、楚将领都不想背个趁丧发兵的坏名声，于是便下令退兵而去。然而，秦、楚大军既出，若一箭不发无声而回，又会显得秦、楚联军是个窝囊之师，国内的舆论也会骂声一片，秦、楚将领受不住这个压力。于是，秦、楚将领再一合计，便把郑国打了一顿出气。

吴王馀祭二年（前546），晋、楚两国突然要签订一份停战协议。晋、楚之间上次盟和要追溯到公元前579年，这是春秋时期第一次弭兵盟会。那次双方盟和约定要停止战事，世代友好，是因为两国都经历不起更多的战争，特别是大国之间的战争。这次盟会还商讨了一些其他事项，如晋国的保护国也要承认是楚国的保护国；反之，楚国的保护国也要承认是晋国的保护国。实际的结果是这些小国要同时纳贡给晋、楚两个国家。这样，小国纳贡的负担越来越重，可是晋、楚两国谁也不想吃亏。

然而，这次晋、楚两国欲签订停战协议之际，楚国提出要重新确立盟主。这一点是晋国不曾想到的。晋国想：盟主不是我晋国吗？重新确立盟主不就是你楚国要做盟主吗？毕竟谁做盟主是件重大的事情，故而，晋国不肯就此事讨论。

盟会在盟主问题上搁浅，楚国就给晋国施加战争压力，如今的晋国每况愈下，晋国在楚国的威迫下不得不讨论盟主问题。按照当时歃血为盟的惯例，谁先歃血、先签字，谁就是盟主。在仪式开始时，晋国以原盟主的身份准备歃血，这时，楚国令尹屈建立马做了个暗示动作，他的手下纷纷把礼服下面的刀子露了出来。晋国执政的赵武突然看到白亮的刀子，察觉到四周充满杀机，楚国是有备而来，看来这个盟主楚国是非当不可了。赵武只得同意屈建先行歃血。然而，赵武觉得晋国太窝囊了，对方亮亮兵刃就当了盟主。于是，他坚持要在盟约上先行签字。晋国坚持要在楚国之前签字，这当然不合歃血为盟的惯例，毕竟楚国这一招只是吓唬晋国，会盟的本意是为了晋、楚两国停战，一番无声的较量后，屈建也就同意晋国在协议上先签字。这场盟会出现了两个盟主，晋、楚两国开始平分霸权。需要说明的是，这次盟会吴国不曾参加，因为吴国并不是他们的保护国。

五月的一天，齐国的齐灵王突然患病不起，虽然吃了各种药，病情却不见好转，还日日加重。这时，大夫崔杼（zhù）便与庆封秘密商议，趁灵王患病期间，欲行政变。若政变成功，便把已经废除的世子光重新扶上台来，让世子光继位。庆封和他想到一起去了，二人一拍即合。于是，崔杼便派人把世子光从封地接到都城即墨躲藏起来。根据分工，这天夜间，庆封带领家甲去叩新世子太傅高厚的府门，太傅高厚毫无防备，在开门时就被糊里糊涂地杀了。这时，世子光则已同崔杼进入宫中，把灵王之子戎子、公子牙一并杀了。齐灵王在病床上听说两个儿子被光所杀，惊恐万分，随即呕血数升，顿时气绝。

齐灵王去世，废世子光即位，称齐庄公。

公子牙原本就是少子，是在太傅高厚、少傅寺人夙沙卫等人废了光的世子位后拥立的新世子。光因为被废世子位而对太傅、少傅怀恨在心，这也在情理之中。如今太傅已经被杀，少傅寺人夙沙卫则举家逃往唐高之地，齐庄公即命庆封追杀。高墙之内，夙沙卫的手下工偻出卖了夙沙卫，工偻在城墙上方放下一条长绳引入了庆封率领的兵甲。夙沙卫被擒拿后被剁成了肉酱，据说，齐庄公还把肉酱赐给了从行诸臣。崔杼、庆封拥立庄公有功，庄公即升二人为上卿，同执国政。

当时，废除世子光，齐灵王也有自己的道理，因为光的德才较差，连他的两个师傅都看不上他。庄公清除世子光的余党后，觉得无事可做，便经常到右卿崔杼家里饮酒作乐，这样一来二去，庄公看上了崔杼继室棠姜的姿色，便开动脑筋，买通了在崔杼家做家臣的棠姜之兄东郭偃。东郭偃想：求他的是庄公，便爽快答应了。于是，庄公在东郭偃的撮合下与棠姜私通。

棠姜与前夫棠公曾经生育一子叫棠无咎。如今，棠无咎也已经长大成人，与舅舅东郭偃一样，靠着母亲在崔杼府上做家臣。话说当年，崔杼与棠姜相识是因为棠公死了，崔杼去棠公家里吊丧，见棠公的遗孀棠姜姿容美丽，也是央求东郭偃说合，娶为了继室。崔杼与过世的前妻生有二子，叫崔成、崔疆，后来又与棠姜生了一子，叫明。这样，崔杼就有了四个儿子，三个姓崔一个姓棠。崔杼对棠姜宠爱有加，为了讨好棠姜，曾经许诺等小儿子崔明长成，就立为嫡子，将来继承父业。

然而，齐庄公与棠姜私通之事毕竟是纸包不住火，时间久了，终被崔杼察觉。崔杼盘问棠姜并得到了证实，因此，崔杼便对庄公怀恨在心，生有谋弑庄公之意。

齐庄公是靠政变得到的君位，故对自己的生命安全极为重视，为了防止公子牙被杀事件不在自己身上重演，出入不被暗杀，庄公便在卿大夫以外专门设置了一个新的职位叫"勇爵"。勇爵的待遇很高，庄公规定：勇爵享受与大夫同等的待遇。然而，勇爵之士不是人人都能当的，必能力举千斤，射穿七札。齐庄公物色勇爵之初，仅得九人，后来，晋国的栾盈因遭人陷害而被驱逐出境，来投奔齐国，栾盈手下有州绰、邢蒯（kuǎi）两位力士被庄公选中。齐庄公把勇爵分为龙爵、虎爵左右两班。右班龙爵以州绰、邢蒯为头，左班虎爵以殖绰、郭最为头。右班龙爵州绰、邢蒯的手下有两个齐人，叫卢蒲癸、王何。

周灵王二十三年五月的一天，莒国的黎比公去齐国临淄拜访齐庄公。庄公大喜，便设宴招待，地方选在北郭，这个北郭就在崔杼的府第旁边。庄公选在北郭，心中自有道理。

这日，崔杼则推托身患寒疾不能起身，便告假不去陪宴，实是有心想拿庄公的破绽，要其性命。崔杼派心腹贾竖去北郭打探消息，不久，贾竖回报，席散之后，庄公欲来问候相国之病。于是，崔杼暗派棠无咎领百余甲士埋伏于宅第左右，派儿子崔成、崔疆埋伏在门内，派东郭偃领甲士埋伏在门外，约定鸣钟为号。庄公吃了些酒，明着是来探望病人，实是想和棠姜幽会，平时因崔杼防备严密，庄公不便多次来往，今日崔杼患疾，正中其下怀。却不知此去无还，被棠无咎等人射杀。

庄公被杀后，齐国诸大夫都吓得闭门不出，只有晏婴前去崔杼的府邸，放声大哭。棠无咎见晏婴前来，欲杀晏婴，崔杼说不可，晏婴有贤名，杀了定失人心。这个时候，庆封命儿子庆舍在城内赶紧搜捕庄公的余党，不久，庄公的余党几乎被庆舍杀尽。庄公被杀之时，正值勇爵卢蒲癸、王何二人当班，跟着庄公例行保护，事不及防，庄公突然被杀，卢蒲癸、王何二人深感事大，没法交代，便连夜逃出城去，出奔他国，以图后事。

国不可无君，崔杼对高止、国夏、庆封说："灵公之子杵臼，其母为鲁大夫叔孙侨如之女，立之可结好鲁国。"三人听后都面面相觑，唯唯诺诺。于是，大家便拥立公子杵臼为君，称齐景公。当时，景公年龄实在太小，崔杼便自为右相，庆封则为左相。

齐庄公被杀的这一年，就是吴王诸樊在巢邑被巢守城大夫牛臣射杀之年。诸樊中矢而亡，群臣遵照吴王寿梦的临终遗言，立其弟馀祭为王。馀祭说："吾兄非死于巢也，以先王之言，国当次及，欲速死以传季弟。故轻生耳。"于是，馀祭在夜间常祈祷于天，以求速死。左右都感到奇怪，问吴王馀祭："人所欲者，寿也。王乃自祈早死，不亦远于人情乎？"馀祭说："昔我先人太王废长立幼，竟成大业。本我兄弟四人，以次相承，若俱考终，札且老矣。吾是以求速死也。"

再说齐国右相崔杼弑杀庄公，拥立景公，威震齐国，从此独揽朝政。左相庆封则有职无权，心生妒忌。此人嗜酒如命，好田猎，又因闲暇，所以不常在国中。崔杼虽独揽朝政，但心中也有难处之事，原本已许诺棠姜之子崔明为嗣，却因长子崔成在政变中损失一臂，崔杼便对长子崔成生起了怜悯之心，所以一直不忍开口对崔成说明欲让崔明继嗣之事。崔成早已旁观探明了父亲的心思。一日，他主动提出让嗣于崔明，但也向父亲提出一个要求，欲讨封崔邑之地作为采邑，日后亦可养老。崔杼不曾多想，爽快答应。

不想，这事被东郭偃与棠无咎知道后，不肯答应，棠无咎说："崔邑是宗邑，必须给宗子。"棠无咎的意思是：既然崔明继嗣，崔邑应该封于崔明。崔杼觉得棠无咎的话也不无道理，就把此事告知崔成，想与他商量另换城邑。崔杼说："崔邑之地给你养老，本也不是什么大事，但如今东郭偃、棠无咎都不听我的，我能怎么办呢？"崔成一听，心中顿生不满，便把此事告诉同胞弟弟崔疆。崔疆十分气愤，大声说："位子已经让了，给一城邑尚如此吝啬，父亲在，东郭偃、棠无咎尚且就这样把持，父亲要是不在了，我兄弟连做个奴仆都不行。"崔成说："不如这样吧，我们去请左相说话，让他帮忙去要。"于是，兄弟二人去见庆封。庆封正好在国中府上，听了崔成相求之事，说："如今，你父只听东郭偃、棠无咎的话，即使我去说，也无济于事。恐怕这二人便是你父他日之祸啊，你俩有没有其他想法？"崔疆说："要么想办法做掉这两个恶棍！只是我俩有心，但势单力薄，恐怕不能成事。"庆封听兄弟俩这么说，便召卢蒲嫳来一起商量。卢蒲嫳听后神秘一笑，对庆封咬耳说："崔氏之乱，庆氏之利也。"庆封对兄弟二人说："你们若欲举事，卢蒲嫳可以从中帮助。"于是，卢蒲嫳爽快地答应赠送精甲百具，兵器如数。实则兵器、甲具都是庆封的库藏。

一天夜里，成、疆兄弟武装家众埋伏于自家府邸的周围，因为东郭偃、棠无咎二人就住在崔宅。这日夜里，东郭偃、棠无咎舅甥二人吃了些酒，正吹着小风爽快之时，被成、疆兄弟武装的家众一齐刺死了。崔杼闻家中出了杀人大祸，急忙叫人驾车逃出宅邸。因崔杼平时专权，也没有知心朋友，只得前去庆封之府哭诉家难。庆封听后佯装不知，惊骇地说："崔、庆虽为二氏，实为一体。你两个儿子竟敢如此无法无天，不知以后会做出何事来？你之难便是我之难，如何处理，我定当效力。"崔杼还在气头上，一时被气蒙了心，竟然说："倘若你能为我除了两个逆子，以安崔氏先祖，我定让崔明拜你为父。"

庆封一听，速叫卢蒲嫳带领家甲前往崔府，按崔相之言行事。卢蒲嫳到了崔府，用言语把兄弟二人诱出门外，当即杀死。卢蒲嫳带上成、疆的头颅来见崔杼，崔杼一见顿时晕倒，卢蒲嫳用冷水激醒他，崔杼开口说："不曾惊动我的内室吧？"卢蒲嫳回答："绝对没有，一切都是悄悄进行的。"卢蒲嫳待崔杼稳过神后，亲自驾车送崔杼回府。崔杼回到家里，唤棠姜不应，抬头一看，见棠姜已悬在梁上，已经身亡。崔杼顿时吓得魂不附体，又急忙寻找崔明，也寻找不见。崔杼放声大哭一场之后，突然想明白了，哭着说："我今日定是被庆封卖了，如今家也没了，活着还做什么啊？"于是，崔杼赶跑家佣，反闩房门，也自缢身亡了。再说崔明，因为当夜在外，幸免于难。崔明得知家中发生大难，便与跟随自己的家丁夜半潜至府邸，偷出父母的尸体，放入一口棺材之中，用车载出都城，掘开祖坟，把父母下葬了。事后，崔明便逃往鲁国。

庆封告知景公："崔杼家庭内斗，六口身亡，崔杼自缢而死。然崔杼实弑先君，不可一世，本也不敢不讨，今自取灭亡。"景公小小年纪，哪里禁得住如此血案，听得心中惧怕，话也说不出来，只是唯唯诺诺而已。自此，庆封大权独揽。这一年是周灵王二十六年，离周灵王二十三年崔、庆二人发动的齐国政变，齐庄王被气死才三年。

庆封独专国政后，荒淫自纵。他的得力手下卢蒲嫳与庆封一样，也是个酒徒，二人既然投缘，便经常在卢蒲嫳的家里喝酒。有一日，庆封已经喝醉了，卢妻出来敬酒，庆封发现卢妻竟然这么漂亮，便对卢妻心生念想，一来二去，两个人就私通到一处。卢蒲嫳知道，却一句话也不说，好像是理所应当一般。时间长了，庆封竟然带了家财和妻妾，搬到卢家来居住。卢蒲嫳后来也和庆封的妻妾私通。然而，这些事情日久难瞒，齐国的大臣私下都对他们指指点点，但庆、卢二人仍不以为然。

庆封在齐国的名声日益下落，他独霸国政，荒淫放纵不说，甚至自己也不理国事，把国事全部交给儿子庆舍来处理。庆封则整天逍遥，与卢蒲嫳寻欢作乐。一日，二人吃酒，卢蒲嫳要庆封把其逃往鲁国的兄长勇爵卢蒲癸召回，庆封自然是一口答应。卢蒲癸回国后，被安排在庆舍的身边做侍卫。再后来，卢蒲癸又把逃往莒国的勇爵王何推荐给庆舍做侍卫。但不同的是，给庆舍做侍卫与给庄公当勇爵得到的待遇有天壤之别，然而，卢蒲癸、王何对庆舍说，这样总比逃亡在外要好多了。从此，卢蒲癸、王何一刻不离地护卫庆舍。可是，庆舍哪里知道，卢蒲癸、王何的心中一直想为庄公报仇，以泄自己保护不力的罪孽。

按照齐国的旧规，公家供卿大夫每日的膳食标准是双鸡。而景公喜爱吃鸡跖（zhí），一顿要吃十来只。公卿各家见景公吃鸡爪，认为鸡爪大补，也纷纷效仿景公的吃法，都以鸡爪为食中上品。可是一只鸡就两个鸡爪，鸡爪供不应求，导致鸡价不断上涨。鸡价飞涨，景公的定额伙食费就不够花销了，御厨不敢告诉景公，只好向庆舍汇报，御厨说："大王喜欢鸡爪，如今大夫公卿都跟着吃，市面鸡价飞涨，导致景公膳费月月亏欠，庆大夫应涨点费用才是。"庆舍看着御厨的眼睛，判断他是否在说谎，并不表态。卢蒲嫳因为在前些时候提议要提高兄长卢蒲癸的侍卫待遇，庆舍以国库空虚为由，不曾应诺，因此，卢蒲嫳对庆舍心生不满，有心要给庆舍使绊子。卢蒲嫳听御厨这么说，便劝庆舍不必追加费用，并对御厨说："景公吃什么都是你一手掌握，何必一定要让景公吃鸡爪呢？市面上鸭掌便宜，且肉多味好！"御厨见庆大夫也不说话，料定费用难加，心想还是要去景公面前进言才行。刚才受到卢蒲嫳的启发，也打算用鸭掌替代试试看。这日，奴仆见御厨烧了鸭子，以为不是景公的膳食，就偷吃鸭肉，见盆里浅了，便把吃剩的鸭骨垫在盆底。这日，碰巧是景公请大夫高虿（dǔn）（字子尾）、栾灶（字子雅）吃饭。就餐时，景公见食中无爪，心中纳闷，便把盆中鸭肉撩开，见仍无鸡爪，倒有几个鸭掌，还有些剥了肉的鸭骨头，当即大怒道："为何不见鸡爪？"御厨听到景公大声问话，赶紧跑出来说了原委。景公愤怒道："庆氏为政，克减公膳不说，竟怠慢寡人到如此境地。"景公气愤而出，子尾与子雅赶紧跟随景公而出。子尾劝道："大王休怒，待我去质问庆相再说。"子尾要去责怪庆封，被子雅阻止。但庆封早就在宫中安插了眼线，庆封听闻此事后就问卢蒲嫳："子尾、子雅为了鸡爪之事迁怒于我，如何？"卢蒲嫳说："那就做掉，有何可怕！"庆封点头，卢蒲嫳便对卢蒲癸、王何说："高、栾两家与庆相过不去，今借助你俩把子尾、子雅做掉。"当天夜里，王何却告密于高、栾两家。高、栾两家是齐国鲍、田、高、栾四大家族之二，听说庆封要害他们，都极为恼怒。子尾说："庆封实是崔杼同谋，弑庄公之徒，不仁不义，我等定当为先君报仇！"子雅赞同。于是，王何说："大夫谋其外，我与卢蒲癸谋其内，秘而不宣。"高虿即与栾灶商议，寻找机会起事。

秋八月来临之时，庆封率其族人庆嗣、庆遗前往东莱田猎。卢蒲癸、王何认为时机来临，就趁景公在太庙行尝祭之礼时刺杀了庆舍，并同鲍、田、高、栾四大家族的家甲一起消灭了庆氏余党。庆封田猎而归，在中途巧遇出逃的家丁前来告乱，庆封闻其子庆舍被杀，怒而攻城，然而，城中已守御严紧，久攻不克，庆封率领的兵丁见情势不好便渐渐逃散。庆封见大势已去，顿感恐惧，于是出奔鲁国。齐景公知庆封出逃鲁国，即派使者去鲁，要求鲁国不要收留作叛之臣。庆封害怕鲁国将他擒拿解往齐国，又连夜逃往吴国而去。

吴王馀祭三年（前545），齐国的相国就这样如丧家之犬般急匆匆地来投奔吴国。吴王馀祭把庆封安置在朱方（今江苏省丹阳市）古城，还给庆封比在齐国更丰厚的待遇。朱方作为庆封的采地，吴王馀祭唯一让庆封做的就是刺探楚国的情报，伺察楚国的动静，但这件事也成为日后楚伐吴的一个借口。

这时候，有一个小国在日益成长，它就是吴国东南的越国。越国是夏朝国君少康庶子无馀的封地。封地以山阴（今浙江省绍兴市）为中心。越人与吴人一样，也是断发文身，虽然在物质生活方面比不上吴国，但是越国依附于楚国正在慢慢发展，到吴王馀祭时期，越国的实力已经不容忽视。

当时，晋国联吴制楚，楚国不是可以戏弄的小儿，楚国的对策便是把越国扶持起来，也就是在吴国的东南方立一把刀子。应该说，在晋国联吴制楚之前，吴、越两国之间几乎没有大的战事摩擦，因为越国还很弱小，对吴国来说，还不值得重视。越国愿意跟着楚国，主要是越国看到吴国不断向外扩张，已经挤压到了越国的生存空间，说不定哪一天吴国要将越国吞下。

吴王馀祭注意到这个东南小国的悄悄崛起，他意识到，决不能让这个东南方的小国成为一条东南小龙。吴王馀祭便趁着它依靠的楚国内部还不稳定，发兵攻打越国。这一仗毫无悬念，吴国大胜，俘虏了不少越国的士兵。这个时候，吴国为了防范楚师的报复，把兵力都部署在前方要地，故后方兵力显得紧张，弄得守城门也缺少人手，吴王馀祭便把这些越俘穿插安排去守吴都的城门。然而，万万没有想到的是，这样大意的安排导致吴王馀祭葬送己命。这一天，吴王馀祭正在城门附近视察吴国水师船只的情况，被看城门的越俘看到，这名越俘便混入视察队伍，靠近吴王馀祭的身边，突然拔刀刺进了馀祭的小腹。吴王馀祭倒在血泊中的这一年是周景王元年，吴王馀祭四年（前544）。

## 15. 使季札誉满中国　雪庆封三败楚师

吴王馀祭倒在血泊中不久，庆封探得楚国的重大消息：楚康王死了。康王的儿子郏敖继位。郏敖不是楚国新王的名字，郏是楚康王儿子称王前的尊号，敖是他死后下葬的地方。郏敖是个可怜之人，他最终没有能够成为楚国正式的国君。这一年年底，庆封又传来楚国的重大消息：令尹屈建也跟着主公楚康王死了。接替的新令尹叫公子围，他是康王的二弟，也就是郏敖的叔叔。公子围这个人后来了不得，成为了吴国的劲敌。郏敖最终没有成为楚王楚某公，是因为楚国的新令尹公子围谋划了一场政变。

公元前543年，令尹公子围把自己的副手蒍掩杀了。蒍掩不是一般的出身，他是楚国前令尹蒍子冯的儿子。蒍掩被杀的原因是因为他有才能。所谓人有才能，就是有想法和办法，人一旦有了想法和办法，就不愿意顺从别人。人有想法和办法按理说不是坏事，但有时也是非常危险的，公子围不为别的，就是把有想法和办法及不太听话的副手蒍掩借事杀了。郏敖听说蒍掩被令尹公子围杀了，虽居君位，但作为令尹公子围的侄子，也不敢反对叔叔。公子围就此一事看清了郏敖的懦弱，便自作主张把自己的弟弟子皙公子黑肱（gōng）与老臣伯州犁调到郑国边境去负责修筑城墙。这样，公子围排除了两位忠臣对郏敖的辅佐。郏敖原本身体病弱，如今身边两位帮手都被公子围赶走，心中有气，竟一病不起。一日，公子围去探望郏敖病情，趁着没人便顺手用冠缨把郏敖勒死了。

郏敖死了还不算，他的两个儿子幕与平夏也被公子围杀了。公子黑肱和伯州犁接到公子围要求他们回国的命令，二人即从郑国边境回楚。入楚都城门之时，他们听说郏敖一家三口被令尹公子围杀了，又听说令尹公子围的弟弟子干（公子比）已经出逃到晋国去避难，公子黑肱顿觉情况不妙，家也不回，趁着夜色赶紧跑回了郑国。然而，老臣伯州犁因为惦记家中老母，被家事牵绊跑得慢了，最终被公子围捕获杀了。

公子围清除完郏敖的势力，便把郏敖葬在了敖地。当然，郏敖不会按照国君的身份下葬，理由是公子围说郏敖的王位继承不合法，他才是合法的王位继承人。公子围对外宣称自己是楚共王的长子，登上了楚国的君位。

公子围靠一场政变登上了王位，称楚灵王。楚灵王任命自己的死党蓮罢做了令尹。据传，后来逃亡吴国的伍子胥，他的祖父伍举也是楚灵王的死党。

我们知道，疯狂的楚灵王后来让齐国使臣晏子钻过狗洞，应该说这还是件小事情，只是在中原各诸侯国中产生了一点儿蛮夷无礼节的负面影响。自晋、楚两国签订停战协议后，战事也确实停了六七年。但是，楚灵王对那次盟会产生的晋、楚双霸主大为不满。他上台后，立即派伍举出使晋国。伍举实际上是去通知晋国，楚国准备召集盟会，确立楚国的盟主地位。

晋平王接见了伍举，知道了楚国这次盟会的目的。晋平王想：晋国这些年也确实不景气，依照眼下的局面，哪里还有实力与楚国去抗衡呢？便推脱说："这段时间寡人身体不适，盟会怕是不能参加了。"晋国毕竟也是盟主，晋平王当然不愿看到楚国一家独大，而自己呆头呆脑地去承认楚国的盟主地位。

这次盟会，吴国当然也不会参加，因为吴、楚两国早已是冤家对头，更何况吴王诸樊的血仇还不曾报呢！这次盟会，楚国取得的成果主要有两个：一是确立楚国的盟主地位；二是楚灵王把徐国国君捉了，原因竟是徐国国君的母亲是吴国的公主。

吴王馀眛因二哥馀祭被派去守门的越俘刺死而继位。继位后，馀眛并未按常例过年改号，还是沿用了二哥馀祭的年号，直到周景王七年，也就是二哥馀祭去世后的第七年，馀眛才改年号为馀眛元年，那一年已经是公元前 538 年。故而，吴王馀祭虽在位四年，古籍上却纪年到吴馀祭十二年。从吴王馀祭五年起，馀祭已经亡故，吴国实际执政的君王已是吴王馀眛了。

周景王元年，馀祭四年（前544）的秋天，馀祭的丧事已经结束，吴公子季札遵照三哥馀眛通好北方诸侯之意，作为吴国主臣出使列国，历访了鲁、齐、郑、卫、晋诸国。

史籍中对吴公子季札的这次出访有较多的记载：

《左传·昭公二十七年》曰："吴子使延州来季子聘于上国。"吴子指馀眛；聘，意为出使；延州来季子，指季札。

鲁襄公二十九年："吴季札来观周乐，尽知乐所为。"

齐景公四年："吴季札来使，与晏婴欢。"

晋平公十四年："吴季札来，曰：'晋政卒归韩、魏、赵'。"

郑简公二十二年："吴季札谓子产曰：'政将归子，子以礼，幸脱于厄矣'。"

吴国要走向中原，不能没有自己的伙伴。吴王馀眛对季札的这次出访寄予重托，通好中原诸侯是吴公子季札这次出访的主要目的。

吴王馀眛早已为少弟季札选好了马匹车辆，并挑选了最好的马夫和忠实的随从。此时的江南已有凉意，梧桐的阔叶已经发黄，这个秋天的早晨，兄弟惜别，吴王馀眛送行时对少弟千叮咛万嘱咐："北方寒冷，贤弟路上一定要小心，事毕之后，早日归来。"吴公子季札望着三哥一脸凝重，抬头看了看吴都晴朗的天空，抚摸着佩戴的那柄心爱的吴国宝剑，在城门口向三哥馀眛稽首告别，踏上了出访的道路。

季札从吴都出发，一路向北渡过长江，经广陵、棠城，过了淮地。江淮大地的秋色更浓，掉落的金黄的叶子在风中打转。这时，前行的探路随从来报，眼前的城邑便是善道了，问公子要不要去驿站停留休息，因为过了善道便是徐国的娄林之邑了。季札挥了挥手，授意队伍不作停留，继续前行。

娄林之邑是徐国的边城。徐国是个老牌国家，在历史上存国一千六百余年，几乎与夏、商、周相始终。据说晋时有《偃王志》一书，记载了徐偃王生平之事，但不知为何人所著，今《偃王志》已失。晚清时浙江鄞县举人徐时栋著《徐偃王志》，其《记事第一（上）》记载："徐国始封，逮商周。子孙相继，君徐不革，三十二世，当周穆之代，君诞即位"，意思是：自徐国封国起，经夏、商、周三代，子孙相继不曾间断，传到第三十二世周穆王时代，徐偃王诞（赢姓徐氏，名诞，字子孺）即位。徐国当时统辖今淮、泗一带。建都下邳（今江苏省徐州市邳州县）。关于徐偃王的出生有一个神话传说，见《述异记》：

> 下邳，古徐国也，昔徐君宫人生一大卵，弃于野。徐有犬，名后苍，衔归。温之卵开。内有一儿，有筋而无骨。后为徐君，号曰偃王，为政而行仁义。

按《述异记》的意思：下邳是古徐国所在地。以前徐国国君的夫人生下一个大肉球，扔在了野外。徐国有一条狗叫后苍（或说叫"鹄苍"），把他衔了回来。后暖之卵开，中有一小儿，有筋而无骨。（见《尸子》："徐偃王有筋而无骨。"）这就是后来的徐偃王，其为政多行仁义。《徐偃王志》载：

> 初，先君宫人有娠，弥月生而胞不坼，以为不祥，弃诸水滨，独孤母有犬鹄苍，猎其所衔而归，异焉，孵之成儿。先君命取而来，有纹在手曰："偃"。是君徐国，号曰"偃王"，为政而行仁义。

《博物志》说：

> 徐君宫人有娠而生卵，以为不祥，弃之水滨。孤独母有犬鹄苍，猎于水滨，得所弃卵，衔以来归。孤独母以为异，覆暖之，遂孵成儿。生时正偃，故以为名。

由于后苍（"鹄苍"）衔卵，救偃王有功，徐偃王厚待鹄苍，直到它自然老死。鹄苍死的时候，头生角，尾巴生有九条，像黄龙。偃王把它葬在徐里，并拢土作墩，名"鹄苍冢"，老百姓则称为"狗坟"。由于后苍死时变成了九尾黄龙，墩又名"龙墩"。千百年来，徐里（今江苏省泗洪县陈圩乡）百姓认为后苍死时是吉兆，能保风调雨顺，五谷丰登，平安吉祥，故年年祭祀，世代添土。

据《后汉书·东夷传》载：徐国徐偃王时有地"东方五百里"，向他朝贡的东夷"三十有六国"。徐国曾联合九夷伐周，穆王因其势力大，承认其为东方霸主。徐国后为楚所败。见《徐偃王志》：

穆王六年春，君朝于京师。是时徐戎方偪天子，分东方诸侯，使
君主之，是始锡命为伯。君通沟陈、蔡之间，得朱弓朱矢。

徐国早期的都城在今徐州市，位于今江苏省西北部，在苏、豫、鲁、皖之间。
这个地方，从古至今都是战略要地。徐国在穆王时代曾经是东方霸主，是东夷
三十六国的头领。穆王六年春，徐偃王越"伯"位而称"王"，实际上是与周王（周
天子）分庭抗礼。

事实上，夏、商、周三代，东夷一直是华夏的心腹大患。郭沫若先生认为，
甲骨文中屡次被商征伐的"虎方"就是徐国，并说"虎"和"徐"是谐音。"虎方"
之地盛产老虎，是个虎国。徐人在此因长期同老虎搏斗而得名徐国。周武王之
弟周公摄政，"三监"不满，煽动武庚叛乱，管叔联合东夷十七国共反，其中
徐国也积极响应。就是这一次，位于泰山南北的奄国、薄姑国在周公东征时灭亡，
逃到了长江以南的江苏省常州市武进区一带，最终被吴国灭亡。

公元前601年，楚国灭舒蓼国。这时，徐国已经彻底失去了淮夷地区，楚
国把国界扩张到淮夷、群舒一带，并与吴、越盟会，划定边界。这时的徐国国
君徐偃王还在大行仁义，不修武备，不想没过多久便被楚庄王攻伐，徐国从此
失去了五百里疆域，举国东迁，退守到今江苏省徐州市邳州县一带。同时，徐
国开始成为楚国的附庸。

《徐偃王传》说："景王元年（前544），吴子以我婚于吴，故使公子季
札来聘。"《左传》载："徐子吴出也。"这个"徐子"据说是仪楚，是徐君
徐偃王的儿子。但这个徐偃王不可能是卵生的徐偃王，所以学者猜测，历史上
可能有多位徐国国君都叫徐偃王。"徐子"仪楚的父亲徐偃王可能是叫徐亘的
徐偃王。"徐子"仪楚的母亲是吴国的公主，这样说来，仪楚是吴国的外甥。
如果这个姻亲关系属实，那么季札这次出使，顺道去徐国，也许是去完成吴、
徐的这桩婚事。照此看来，后来相中季札佩剑的也应该就是徐君徐亘了。

娄林之城在今安徽省北部，当时，徐国是春秋第一霸主齐国的盟国。早在
公元前646年，楚国消灭了位于今安徽西部金寨、霍山一带的英国后，楚庄王
便在次年（前645）东进攻伐徐国，在娄林猛攻猛打。这时，齐桓公带领曹国救

援徐国，但他也不敢与楚国正面作战，只是围而不打。楚国迫于压力退兵。公元前643年，齐、徐两国联合进攻已属楚国的英城，算是报了娄林惨败之仇。

季札在娄林之邑歇宿了一夜，天明时分，又起程出发。进入徐国后，季札看到徐国大地五谷丰茂，人民安居乐业，心中暗暗称赞："徐君素以仁义著闻，名不虚传，今得见矣！"

现在的徐国，在今安徽省泗县与江苏省泗洪县一带。徐国用"仁义"治国，季札想在徐国多留几日，走一走看一看。季札一行过了泗上，不几日，便到达徐国都城睢宁（其时睢宁地属徐国）。

徐国，本不在吴公子季札的出访之列，只是因为要去议亲，徐国便成了出访途中的过境国家。徐君得知季札前来议亲，便出城门等候。徐君对吴公子早有耳闻，季札不谋官利，学知广博，素有贤名。徐君见季札的队伍远远而来，便移步迎接。二人一番寒暄，徐君顿生亲切之感，把季札请入宫去。徐君早备下菜肴，盛情款待。

行酒，过三巡。这时，剑架上那柄祥光闪动的吴剑深深地吸引住了徐君的目光。这柄吴剑铸造得确实很讲究，五颗蓝色的宝石镶嵌在剑柄之中，典丽而又庄重。徐君知道，吴国有许多柄名剑，吴王寿梦的"邗王是野戈"曾经威震北方，这难道就是传说中的神剑？徐君欣赏这柄吴剑的时间许是长了些，他确实喜欢这柄吴剑，但这是吴公子的佩剑，自己怎好意思把羡慕之意表达出来呢？何况只有像吴公子这般气质的人，才能配得上这柄吴剑啊！季札本是心细之人，不用徐君明言，已是知其心意了。古人崇尚"君子无剑不游"。季札心想：出使之路还长，无剑不成礼，况自己将要去往鲁国，鲁国可是周公的后代，是最讲究这一套礼仪的，此时宝剑还不能相赠啊！然而，季札又想到君子应成人之美，心中便产生了许剑之意，等出使而回再见之时，定将此剑赠与徐君，以了徐君心愿。季札在徐国都地睢邑小住了几日后，想起国事在身，便与徐君依依惜别。道路旁，二人各自稽首行礼，季札缓步上车，徐君默视着季札端庄得体的仪容与着装，被他伟岸的气质深深地打动。

季札一路向北前行，望着辽阔的北方大地，他想起父王寿梦在世的时候，曾经不止一次地对鲁国的礼乐赞口不绝，还真想去领略一番。所谓的中原文化到底如何？为何中原各国老是看不起我吴国？如今，尽管吴国已经变得强大，中原各国还是动不动就轻蔑地称我吴国为蛮夷，把我吴国看成是没有文化的"暴发户"。当年，鲁、卫两国来访，父王安排在伊缓接待鲁卫使者，然而，鲁、卫使者一定要把伊缓叫成善道，父王也随了鲁、卫的叫法，便把吴、徐边界的城邑伊缓改称为善道，吴国的城邑就这么随便可以更改吗？

季札经过吕城、钟吾（今江苏省新沂市）、彭城，经鲁邑、薛城、滕城、邹城，到达了鲁国曲阜。曲阜地处泰山西南，一直是鲁国都城。季札到达曲阜这一年是鲁襄公二十九年（前544）的冬天。鲁国大地，早已是千里冰封，万里雪飘。鲁襄公听说吴公子季札来访，心中喜悦，便与叔孙豹一同接待。襄公五年（前568），季文子死后，因季武子年少，叔孙豹曾在鲁国执政了几年。叔孙豹如今是鲁国的外交大臣，一番寒暄之后，鲁襄公设宴款待。三人把酒之间，叔孙豹与季札情趣相投，大谈立德、立功、立言，这就是后人所谓的"三不朽理论"。叔孙豹的意思是说：人要载入史册，死后留名，须在这"三立"上出类拔萃，自此可以看出，叔孙豹也非常人，他的"三不朽理论"到了今日还是一样有用。当年，叔孙豹接待楚国令尹公子围的使者蘧罢，酒席之间，叔孙豹听蘧罢说楚康王过世了，新君是康王的儿子郏敖，令尹是康王的弟弟公子围，叔孙豹脱口而出的一句话便是："新令尹定会有异心！"说得蘧罢心口冷到后背。后来，事情果真如此，继位新君郏敖才做了两个多月便被这位令尹叔叔借探病之机勒死了，他自己成了楚灵王。蘧罢后来装病不愿做楚灵王的令尹，可能除了能力不够之外，叔孙豹的话一直刺痛着蘧罢的神经也是原因。

季札对鲁襄公说："吴子遣我使鲁，酒也喝了，'三不朽'也领教了。我受命而来，是向鲁国通报我国之情，今我新君之愿，望两国永修世好！"鲁襄公说："善也！"季札又对襄公道："我父王在世时，常赞鲁国弦歌，不知今日能否一饱眼耳之福？"

所谓弦歌，是有伴奏之歌。季札不提不要紧，一提这事，叔孙豹便想起了当年鲁成公使乐师为吴寿梦奏乐的情形，来自蛮夷之地的寿梦确实是被鲁国的弦歌所吸引，只会说"美哉！美哉！"后来，寿梦的"美哉！美哉"在中原诸国被当作笑料传来传去，寿梦知晓后也曾羞愧不已。他说："吴国要想不被称作蛮夷，没有弦歌礼乐是万万不能啊！"

叔孙豹对季札说："弦歌，早已为吴公子备好。"接着，鲁襄公一拍手掌，鲁国的乐师便奏起了器乐。

鲁国乐师先是演奏了《周南》《召南》《关雎》的曲调，这是周公和召公作的曲谱。季札静静地听着，听完后说："美哉！这是周朝王室功德的开始，虽不完善，但人民勤勤恳恳，毫无怨言啊！"鲁襄公望了望吴公子，心想：吴公子熟谙周乐，闻弦歌而知雅意，可敬可佩！

接着，鲁国乐师演奏了《卫风》《庸风》《邶（bèi）风》，季札又静静地听着，听完后说："美哉！美好而深沉，忧愁而不困惑！我听说卫康叔、卫武公的德行就是这样的！"

当乐工演唱《郑风》时，季札说："美哉！温婉细腻，感人肺腑。只是过于细琐，繁文缛节让百姓难以忍受啊！郑国恐怕要先于他国而亡！"叔孙豹问："吴公子何出此言？"季札答："《郑诗》曰：'其出东门，有女如云。'又曰：'溱与洧（wěi），方涣涣兮；士与女，方秉蕳兮'，郑国充斥着靡靡之音，礼乐崩坏，郑声雅乐之乱，亡国之征兆啊！"叔孙豹听得心生惊讶。

乐工歌唱起了《齐风》。季札说："美哉！宏大而深远，这是大国的乐歌啊！可以成为东海诸国的表率。"

乐工还在继续歌唱，等《王风》《魏风》《唐风》《大雅》《豳风》《秦风》等"十五国风"与《雅》《颂》演奏完毕，季札一一作了评论。这时，鲁襄公及其左右早已听得一片唏嘘。

叔孙豹挥了挥手，弦歌停了下来，乐师退到了后台。鲁襄公想趁着炫耀鲁国文化之机，听听吴公子对音乐的理解与感悟，探探他的文化底蕴，想不到吴公子都是成竹在胸，鲁襄公便下令表演《大武》。这时，舞台上的演员头戴冠冕，身披犀甲，手执朱盾、玉斧，和着雄浑激越的音乐起舞，其声势阵容大气磅礴。季札赞道："美哉！周朝兴盛之际，便是这样蒸蒸日上的气势！"

接着表演《大夏》，舞台上的演员头戴兽皮帽子，裸露上身，下穿围裙，右手持雉翎，左手持锸铲，八人一行，和着质朴粗犷的音乐舞唱。季札赞道："美哉！为天下黎庶勤劳，治水十三年，三过家门而不入，除了大禹，还有何人能及？！"

表演舜时代的弦歌《韶箾（xiāo）》开始了，季札看完后沉思良久，缓缓地说："功德达到顶点了！像天一样覆盖一切，像地一样承载一切，功德既已达到顶点，便无法再加了。我聆听到这里已心满意足了，若还有别的歌舞，也不想听、不想看了。"一场弦歌乐舞，季札语惊四座，鲁国为之侧目。

鲁襄公、叔孙豹陪着季札听乐观舞，聆听季札的评论，他们没有料到，眼前这位吴公子同当年的寿梦相比，已是天壤之别。吴国再也不可小觑了。季札居然对每一首弦歌都有精致的研究，评论得恰如其分。这时，叔孙豹觉得自己刚才酒席之间的话太多了，甚至后悔大谈"三不朽"理论，那不是自己在圣人面前卖弄学问吗？叔孙豹的脸上有些臊得慌。

在鲁国的这些日子，季札提出不再让叔孙豹陪同，他想自由行动。叔孙豹也不勉强，只是关照下臣，照顾好吴公子的饮食起居。

叔孙豹当年料定楚国令尹定有异心，果然，楚国令尹杀了新君，然而，高人往往能够算准别人但不能算准自己。临行时，季札与叔孙豹作别，季札并没说那些客套的感谢，只是轻声说："我有一句话要提醒你，您恐怕会不得善终！"叔孙豹着急地问："吴公子为何这么说？"季札说："您是善良之人，作为鲁国重臣，却不能区分好坏，不会选拔贤人，那您最后怎么能得到善终呢？"叔孙豹起先是把季札的话当作警训，但时间一长，也没有发生任何不祥之兆，便当作是危言耸听，不再相信。可是，六年之后，叔孙豹被自己的私生子关在小黑屋里，竟活活被饿死了。

来年春天，季札别过叔孙豹后，一路向东北往齐国而去。他越过泰山，到了鲁国边城夹台。季札从夹台出境，经过齐国重镇莱芜、昌城，来到了齐国都城淄博。

齐国是处在今山东半岛的沿海大国，海岸线比陆路边境还长。齐国靠着黄海、渤海，过着靠海吃海的日子，倒也很是滋润。

齐相晏婴（晏平仲）接待了季札。我们知道，晏婴也称晏子，字仲，谥号"平"。晏子曾经代表齐国出使楚国，楚国人欺负他身材矮小要他钻狗洞。

季札到达齐国后的几天里，身材矮小的晏婴领着他在齐国游历。蓬莱岛是齐国东北方的海边城邑，这座仙岛吴公子向往已久，这日天晴，晏婴便与季札往蓬莱而去。蓬莱岛有四大主岛，拱卫四大主岛的内外环岛有一百零八座，其内岛三十六座，外岛七十二座。真乃诸神参拜，万仙来朝之地。季札望着被太阳射照的海面，久久不肯离开。

季札在齐国领略了美丽的海边风光，但这些日子，他了解到齐国社会从高层到底层的真实情况。同样是告别之时，季札对晏婴说："晏相，您机灵而低调，充满了智慧。人缘好，这是您的长处，但也是短处。我从贵国大夫待人接物中看到了齐国将要动乱的端倪，奉劝晏相赶紧交权去职，否则人祸定会降到您的身上啊！"晏婴并没有像叔孙豹一样问"为何"，而是默不作声。不久，他听从了季札的劝告，交权归隐，甚至把自己的封地也还给了齐国。之后，齐国发生动乱，晏婴则一点儿事也没有。

季札往西再往南渡过了滚滚黄河，来到了郑国都城新郑。这时，郑国执政的国相伯有（良霄）除了喝酒就是与公孙黑（子皙）搞内斗，无暇顾及季札的到来。

伯有喜欢喝酒，也很有讲究，他专门造了一个地下室用于喝酒。一到夜里，伯有光喝酒觉得不过瘾，还要乐声相伴。白天，朝见的人来了，伯有还没有出来。来者便问："伯有公在何处？"他的下属说："主人在地下室。"朝见的人等不及只能回去。

伯有与公孙黑搞内斗的起因并不复杂。伯有要派公孙黑去楚国，公孙黑不肯去。当时楚国与郑国的关系很紧张，还在相互憎恨。公孙黑说："这个时候叫我去楚国，不是等于要杀死我吗？"伯有喝了点儿酒，说："你家世代都办外交，外交就是国在危难之际的权衡，怎可不去？"公孙黑说："高兴去就去，不高兴去就不去，说什么世世代代都是做这些的？"伯有见公孙黑不听从，就跑去向郑简公告状。郑简公见他醉醺醺的，并不理睬。伯有见郑简公没有态度，便欲强逼公孙黑去。公孙黑愤怒异常，便欲攻打伯有氏。郑穆公之孙子产当时都在忙于调和二人的矛盾。

子产，公孙氏，名侨，号成子。子产听说吴公子季札来了，很高兴地接待了他。这一次，季札还特地赠送给子产吴国的国礼，是一条丝织的缟带，是产自吴国太伯墓地皇山的一条白绢。子产愉快地接受了缟带，也回赠了郑国的国礼，是一件麻质的衣服，季札随即把麻衣穿在身上。

季札、子产大有相见恨晚之意，竟一连相谈数日。季札离开郑国，告别子产时说："郑相伯嗜酒荒淫，做事奢侈，定会引来灾祸。往后，治理郑国的重任定会落在您的肩上。希望您以礼法从政，谨慎！谨慎！郑国才会有救。"

公元前 543 年七月十一日，子皙带领驷氏的甲士攻打并放火烧了伯有的家。

伯有逃往雍梁，酒醒之后明白这是生死之事，便速速逃亡许国。后来，伯有听说郑国有一个叫子皮的甲士不曾攻打他，便很高兴地说："子皮帮我了。"七月二十四日，伯有从墓门的排水洞进入，到了国都市中，率领士兵攻打旧北门。子皙、驷氏请子产帮助，伯有被贵族驷带杀死。之后，子产便身居相位。子产上任后改革法律，施政爱民，与各国修好关系，郑国一度呈现出中兴态势。

季札往北又回渡黄河，来到卫国都城帝丘（今河南省濮阳市）。卫国蘧（qú）瑗、史狗、史鳅（qiū）、公子荆、公子发、公子朝、孙林父都接待了他。季札对他们说："卫国贤人太多，不会有祸害之事。"蘧瑗（伯玉）是孔子的挚友，在卫国主张"弗治之治"。所谓"弗治之治"，后人称是道家"无为而治"的先声。融通四海，是卫国的生存之道，故而，卫国是个"不倒翁"。战国时期，卫国也能审时度势，甚至自贬侯君，甘愿降级，便一直存国到秦。直到秦二世（前209）时，卫君角被秦二世废为庶人，卫国才彻底灭亡。卫国存国九百余年，传四十一君，是生存时间最长的周代诸侯国，也是众多姬姓诸侯国中最后灭亡的国家。

季札在卫国时住在大夫孙林父的采邑戚地。孙林父这个人曾驱逐过卫献公，与卫献公有过节。季札到达卫国时，卫献公已经过世了，只是还没有下葬。一天晚上，季札听到孙林父的家里丝竹声声，是孙林父与一帮歌女正在寻欢作乐。季札想：献公还未入土为安，大夫便拥姬取乐，君臣虽有过节，但礼法不该如此啊！季札不告而别，连夜离开了孙林父的戚地。季札走后，弄得孙林父万分尴尬。事后，孙林父知晓原委，内心十分自责，自此孙林父发誓不再听音乐。据说他实实在在地做到了。

季札一踏上晋国的土地，便连连发出感慨："晋国，暴政之国啊！""晋国，国力薄弱矣！"他的随从听到这番感慨，便问道："公子，您刚到晋国，是如何知晓的呢？"季札说："你们看，晋国田地荒芜，那定是苛捐杂税多如牛毛，这不是暴政吗？你们看，晋国的房屋老房美观，新房却很矮小，那不是晋国的衰落吗？"季札同晋国国君、大臣见面之后，又连连感慨："晋国，政治混乱啊！"因为季札听说晋国国君从来不向大臣询问国事政治。故而，后来韩、赵、魏三大夫家族瓜分晋国也并非没有缘由。

晋人叔向娶了夏姬的女儿。季札知道叔向是位贤人，在与叔向会谈时说：

"晋国大权最后定会归于大夫家族，您做事定要考虑周密，唯有如此，才能免于祸难啊！"叔向自此警觉，最后躲过了劫难，但到了叔向的儿子杨食我时还是被灭了族。

季札一路走一路听一路看一路说，他出访了五国，用了六年时间。季札离开吴国的时间实在是太久了，他十分思念三哥和吴国，便决定回国。在回国途中，季札又转往徐国，这一次他要去面见徐君，完成他心中早已许下的诺言，把那柄徐君羡慕的吴剑赠送给他。然而，季札万万没有想到，此时徐君已经离世了。

公元前 544 年，也就是季札离开徐国之时，楚灵王继位，楚灵王一上位便疯狂地与晋国叫板，要晋平王让出霸主之位，楚灵王在申地召集诸侯会盟，盟会之时，楚灵王逮捕了一个人，这个人就是徐君。逮捕理由是徐君与吴联姻。后来，徐君就惨死在楚国。

接待吴公子的是徐君的儿子，季札便把赠与徐君吴剑之事说与他听，徐君的儿子不肯接受那柄吴剑，稽首道："先君从未说过此事，怎敢收啊！"

季札来到徐君墓前，心中有说不出的悲戚与感伤。他在徐君墓前拜了再拜，又把那柄吴剑挂在徐君墓前的松树上。季札望着吴剑在风中微微晃荡，站立良久，然后轻叹一声，默默地离去。

路上，他的随从疑惑地问："徐君已经过世了，您将这把剑悬挂在那里，又有何用呢？"季札说："徐君虽已仙去，但我心中对他许下的诺言还在。徐君在世时非常喜欢这柄吴剑，而我在心中也早把这柄吴剑赠予了他。诚信与道义，怎能因人的离世就背弃呢？若不如此，那我背弃的就是自己的信与义啊！"

现在徐州市的云龙山上有徐君墓、挂剑台、碑亭。那里是不是当时季札挂剑之地并不重要，重要的是人们至今还没有忘记季札曾经在此处挂过剑。季札挂剑之事获得了徐国人的普遍赞赏，徐国曾流传有《徐人歌》，唱道："延陵季子兮不忘故，脱千金之剑兮带丘墓。"到了后世，明代诗人杨于臣有《咏睢宁》，诗中咏叹道："季札报徐君，冢树挂剑锋。至今泗水南，高台遗芳踪。"清代状元李蟠也有诗为证："斯事何关物有神，交情赖此尚留真。三朝仍自称公子，一剑安能负故人。国乱先机脱匕首，君仇遗恨失延津。匣中亦有吴钩在，酹酒西风看几巡？"直到现在，《季札挂剑》的故事还在广为流传，可见"信"与"义"的事情会影响久远。

时间过得飞快，这一年已是周景王七年（前538），此时吴王馀祭去世已有七年了。吴王馀昧便在这一年改号，称为馀昧元年。

吴王馀昧的性格与大哥诸樊、二哥馀祭都不一样，他是个沉稳之人。他比大哥、二哥都沉得住气，连过年改号此等大事也不曾着急，而是在七年之后才改了年号。

这时，馀昧想到两位哥哥。大哥在攻伐楚国的巢邑时，一时轻敌大意，被牛臣用铜箭射杀。二哥在周景王元年伐越取胜后，由于一时粗心大意，在视察舟师船只时，被看城门的越俘刺杀。一位被楚人射杀，一位被越俘刺杀，馀昧一想起来就伤心不已。大哥诸樊性格急躁，即位元年，趁楚共王死，康王新立之际，便想抓住机会为吴国立大业出师伐楚，结果在庸浦吃了败仗，公子党也被楚军掳去。二哥馀祭太过大意，竟让越俘看守吴国城门，最后惨被刺杀。

吴国历年征战，使国家和人民得不到休养生息，这不是长久之计。吴王馀昧在这些年里，坚持弥兵不战，就这样，七年的时间一晃而过，吴国不曾有过激烈的战事。然而，战争之事不遂人愿，就在馀昧改过年号的当年秋天，楚灵王纠合晋、蔡、许、顿、胡、沈和淮夷诸国，合成联军，突然兴师伐吴。这次楚国纠合诸侯之兵伐吴，神速地包围了吴国的朱方。

朱方是馀祭二年吴王馀祭封给齐国逃亡之臣庆封的采邑，朱方本是吴都古城，故而，朱方城邑不论政治还是军事都极其重要。联军围困朱方城已有一月之久，守城的吴军奋力抵抗，但是城门关了一个月，城内早已混乱不堪，城中百姓已成热锅上的蚂蚁，意志全丧，恨不得去开了城门做亡国奴。庆封更是着急，因为他知道，联军包围朱方要擒拿的是他。庆封出不得城，恨不得变成一只老鼠，打个洞逃将出去。这些日子，他急火攻心，嘴上生了一层厚厚的疥疮，便秘、口臭之病也都犯了。

吴王馀昧为解朱方之围，屯兵于太湖北口的雪堰、胡埭之地，因前方大军压境，推进不得。吴王馀昧想：如此相持下去，吴都梅里也会越来越危险，便重兵守卫梅里。

过了一个月，吴国的朱方城终于被联军攻克，庆封及其家人全被擒获。其实，庆封这位齐国的前相本来也非好人，在齐国可以说是作恶多端。他不但把国君齐庄公害了，还控制过幼君齐景公，设计陷害过同僚蔡杼，最后终于引起了齐国四大家族的联合攻伐。当年庆封逃往吴国，吴王馀祭把他安置在朱方，庆封自知是在别人的屋檐下讨生活，便做了吴王馀祭的眼线，这些年也很努力，多次为吴国侦察到了楚、晋两国的情报。

因为庆封的名声不好，楚灵王讨伐庆封便成了正义之身，他毫不犹豫地把庆封的家属全部杀死。庆封犯有弑君之罪，本是诸侯共伐之人，楚灵王便准备让庆封在联军集会上示众，让其亲自交代自己犯下的滔天罪行，然后再行处决。楚臣伍举便力劝楚灵王这样做不妥，不如把庆封杀掉了事，不必多此一举。可是，楚灵王欲要彰显自己本次讨伐的功绩，不听伍举之言，定要这么处置。庆封被押解到会师现场已是疯癫之样，他心知难逃一死，便毫无惧怕之色。楚灵王说："庆封狗贼，容你自道弑君罪孽！"楚灵王没想到，庆封一开口就声嘶力竭地大骂楚灵王是第二个自己，今日是弑君之人斩杀弑君之人。本是庆封交代罪行，却成了庆封控诉楚灵王的现场大会。楚灵王怕自己成为联军议论的笑料，自知是弄巧成拙，便立马下令把庆封杀了。

楚灵王虽然把庆封灭族，但也被庆封弄得灰头土脸，便无心再战。回途之中，楚灵王越想越来气，后来，他竟把这股怒火无缘无故地发在赖国身上，顺道欲把赖国灭了。伍举对楚灵王说："赖君口中含璧，双手反绑，还抬着一具厚实的棺材出来，表明他已向楚国投诚了，依照战争默认的规矩，应该到此为止，或是收了降国之土，或是变为附庸，一把火把棺材烧掉了事。"然而，楚灵王不接受赖君的降服，不肯烧掉赖君的棺材，他非要用这口棺材把赖君装进去。赖国就这样灭亡了，楚灵王命令与郑国南面交界的许国人南迁到了赖国，赖国之地成了许国之地。后来，楚灵王在这里建立了军事基地，用以日后对付吴国。

吴王馀昧对朱方被克、庆封被杀之事非常愤怒，这毕竟是馀昧为王后的首次大战，吴王馀昧对大臣们说："庆封在困窘之时投奔吴国，吴国把朱方封给他，先王以示吴国是看重人才的啊！此仇不报，哪里还会有人来投奔我吴国，吴国还怎么立足于诸侯？"吴王馀昧在愤怒之中，下令吴师全面备战，以泄朱方之恨。

这年冬天，吴王馀昧为解心中之愤，兴师讨伐楚国，其军队所向披靡，楚师大败，吴师直袭楚国腹地，入棘（今河南省永城市南）、栎（今河南省新蔡县北）、麻（今安徽省砀山县东）三邑。吴王馀眜出了这口恶气后，退兵回师。楚灵王想不到吴军如此勇猛，一口气攻下了三邑。吴军退后，楚灵王便派遣大臣前去三地筑城，加固驻防。

馀眜二年十月。楚灵王抱怨吴国为庆封出气而攻楚三邑，积聚在心中的忿恨一直不能消除，便会同蔡、陈、许、顿、沈、徐、越之师，合八国联师伐吴，以报三邑之仇。

吴王馀眜面对楚国会合的八国联师，出师应战。八国联师以楚师为先锋，由楚灵王亲率，命薳启强为大将，兼顾各师。楚灵王令联师各国在吴、楚边境鹊岸（今安徽省无为县西南）会合。

楚灵王亲率的楚师行动迅速，很快屯兵到了鹊岸。吴王馀眜为摸清楚师的情况，派庶弟蹶由、副使沮卫二人前去楚王营地侦察敌情。蹶由、沮卫被楚师伏兵抓获，被押解到楚王营帐之中。楚灵王说：“吴公子，寡人正发愁找不到鲜血祭鼓祭旗，你却送上门来了，何不来时占卜吉凶？竟是如此粗心大意。”蹶由见楚灵王阴阳怪气地拿自己戏谑，临危不惧地说：“我怎会不占而来，我王特意烧裂了收藏多年的一只大龟壳，卦象无不显示吉祥。我王却还不放心，再用蓍（shī）草占卜验证，剩下的根数同样显示了吉祥。”楚灵王说：“吴公子，难道掉脑袋的事也算吉祥？”蹶由说：“大王说得真对！”楚灵王不解地问道：“寡人从未听说掉脑袋是吉祥之事，何不说来听听？”蹶由说：“我等自己送上门来，定被楚王所杀，我等之死换我王醒。我王知我等丧命，必修固城墙，囤积粮草，加紧防范，往后，楚王想攻打吴国便不易了。若楚王以礼相待，不杀我等，我王自会认为两国可和平共处，会无意于楚国，日常间放松戒备警觉，如此，吴国会加速灭亡。楚王难道不认为我等掉了脑袋对吴国来说是吉兆吗？”蹶由的回答出乎意料，杀也不是，放也不是。楚灵王想：馀眜既然敢派他们来，吴师定是做足了准备，若是如此，这仗的胜负就不好说了。想到这里，楚灵王便命薳启强在他国未到之前，楚师唯守不攻。楚灵王自己则带着蹶由、沮卫回郢都去了。

吴王馀眜见庶弟蹶由不回，知已出事，便再派兵士化装成楚兵前去侦察，终于弄清八国联师尚未会合。

由于各国之师到达鹊岸的路程不等，故而到达的时间有早有晚。当薳启强还在集结八国联师之时，吴王馀眜先发制人，把薳启强率领的楚师打得落花流水，四处逃窜。八国联师的一些小国还未赶到鹊岸，便听说楚师已败，薳启强中箭身负重伤。这些小国寻找借口，迟迟不到。楚师顶了几日，实在是顶不下去了，薳启强只得命令退师而回。

楚灵王看到身负重伤狼狈回来的薳启强，便采取了怀柔政策。楚灵王非但不杀薳启强，还破例把他提拔为太宰。吃了败仗却升了官，薳启强也安下心来，在家养伤。然而，楚灵王咽不下这口气，他仇吴之心不死，虽已两战失利，但楚灵王倒是想屡败屡战，不肯罢休。

鹊岸之战，徐国参与了八国联师伐吴，但徐师行动缓慢，赶到鹊岸时，薳启强已败，正在退师的路上。徐师与楚师在道途相逢，徐师将帅去请示薳启强还攻不攻伐，却被薳启强的手下掴了两个大耳光，大骂徐师阳奉阴违。其实，楚灵王会合的八国联师——这些诸侯小国惧怕楚灵王的日后报复而不得不出师，出师本不是他们心甘情愿的，这些小国知道，即使八国联师取胜，他们也分不到任何好处。如今吴、楚两强并存，强国之间可以相互制约，弱国还可以在夹缝中求得生存，虽被强国压迫，这些小国常常也透不过气来，但总比一家独大安全，若是一家独大，说不定自己就会国将不国了。徐国参战是被迫的，徐国历来愿意与吴国修好，它是吴国北方邻居，徐、吴还有姻亲之缘，故而，徐国打死也不敢与吴国为敌，但如今楚国是盟主，楚国有权代表周天子联合诸侯讨伐不听话的国家，徐国要是不参战，那么接下来被讨伐的很可能就是徐国了。楚灵王也知道小国出师不出力，只是混个场子，但毕竟命令其国参战，楚国可以体现自己是领导核心，不然的话，这些小诸侯连哪个是盟主都忘记了。楚灵王的算盘是人多就可以势众，反正自己的人自己管，不费楚国的粮草。然而，满怀胜算的楚灵王不曾想到八国联师在鹊岸之战吃了个大败仗，这让徐国这样的小国看清了楚国外强中干，是连个吴国也打不过的盟主，只会欺负一个赖国，徐国强烈地意识到，跟着楚国最终是要吃苦头的。

然而，徐国不跟着楚国也不行，而且苦头已到眼前。徐国因为八国联师伐吴迟到，害怕楚国报复，便派太子仪楚出使楚国去拜见楚灵王，说明迟到的原委。楚灵王在收下徐国的贡品后，却下令把徐太子仪楚抓起来。

在楚灵王的心中，徐国的心是向着吴国的。徐国虽然跟着楚国参战，但是未到前线，楚灵王当然不会相信徐国。楚灵王认为徐师故意迟到，这就是徐君亲吴的证据，徐国亲吴不是小事，早晚是要背叛楚国的。

徐太子仪楚被抓后，了解到楚国内政腐败，日常之间便与狱吏套近乎，身无分文的他竟通过许诺发誓等手段买通了看管他的狱吏。一日，一名狱吏出主意教仪楚越狱，仪楚按照他的办法果然成功了，趁着夜色逃回徐国。这样一来，楚灵王认为若原来徐国不想反水，那么这次越狱事件后，徐国一定会反水了。

周景王九年（前536），馀眛三年。徐太子仪楚越狱不久，楚灵王当机立断，任命薳泄为大将率楚师进攻徐国。徐国得知楚师来犯，自知不能抵挡，便紧急向吴国求救。

徐国是吴国的北方大门，吴王馀眛非常重视处于危机中的徐国。如今，楚国耀武扬威，把战火点到徐国，烧到了吴国的家门口，吴王馀眛决计抗楚援徐，保家卫国，绝不允许楚国在自家门口生乱。于是，吴师迅速北上援徐。

楚灵王得知吴国出师救徐，更证实了自己的判断，吴、徐果然是一家啊！楚灵王即刻命令尹薳罢率师调转枪头先行东进攻吴，命大将薳泄之师放弃伐徐，撤出徐地与令尹薳罢之师合围伐吴。

吴王馀眛在出师北上援徐之时，已做好两手准备，料到抗楚援徐必会引火烧身，吴国会成为楚国偷袭的目标。

大将薳泄正在攻城之时，却逢吴徐之师合击，久攻不下，连连失利。薳泄看到战局不利，便不想恋战。这时，他接到灵王命令，企图撤出与薳罢会合，无奈自己已被吴师死死拖住，欲罢不能。

吴、楚两师在房钟（今安徽省蒙城县西南）大战，薳罢、薳泄的楚师因不能合围，薳罢在房钟大战失利。

令尹薳罢吃了败仗，原因是薳泄之师未来会合，便把失败的直接责任推给了薳泄。楚灵王也认为薳泄牵制吴、徐联军不力，又不能按时合围，一怒之下就把大将薳泄处决了。

自吴国在朱方吃了亏后，吴国连续打赢了棘、栎、麻三邑之战，鹊岸之战，房钟之战三次战役，三战三捷的重大胜利，表明吴国已朝着军事强国的目标前进了一大步。三年的吴楚战争，吴师在诸侯国中军威大振。

1997年，一柄属于吴王馀眛的青铜宝剑在浙江省绍兴市鲁迅路出土，宝剑铭文夸耀的战功是馀眜讨伐巢地（今安徽省桐城市、安庆市）的收获，以及在楚国伐徐的战役中，吴国反攻楚国，大败其三军并俘虏五位贵族的战迹。

楚国自三败战迹以后，情况就不容乐观。这个当时的令尹公子围、楚康王的二弟，先把自己的副手蒍掩杀掉，再趁着探望病情把继位的楚康王儿子郏敖用冠缨勒死，顺便又把郏敖的两个儿子幕、平夏杀掉，自己做了楚灵王。不久，他又把逃得慢了点的老臣伯州犁杀了，他的两个弟弟公子比、公子黑肱幸亏逃得快（前往晋国、郑国避难），如今还在侥幸活命。楚灵王杀了庆封全家，甚至为平心中怒气竟把赖君也杀了。房钟之战失利后，楚灵王又处决了蒍泄。楚人发现，这个靠弑君篡位的楚王简直丧心病狂，动不动便要人头落地。楚灵王杀人如麻，这些年来，楚国上下都笼罩在一片血色恐怖之中。

这几年，楚灵王面对吴王馀眜产生了较多顾忌，三战接连失利，使他不得不暂时放弃攻伐吴国的念头。他开始把目光转向国内事务及一些中原小国的问题上。

公元前530年，楚灵王在章华（今湖北省枝江市）大兴土木搭建的高台落成。楚国人把这个南北二千五百步、东西一千二百五十步的巨台称为"三休台"。所谓三休台，是因此台高入云端，走上台顶至少要歇三次。楚灵王却不这么叫，他把这个巨台叫作"章华台"。章华台上建造一座宫殿，楚国人叫作"细腰宫"。细腰宫名声一传，大家都知道了楚灵王喜爱细腰楚女。这个秘密一经曝光，害得宫里宫外的楚女都不肯吃饭，后来甚至出现了宫女饿死的事件。后世有诗人咏叹："楚王好细腰，宫中多饿死。"说的就是细腰宫建成后的事情。

章华台修建了七年后宣告竣工。楚灵王听说台成，心中高兴，便邀同伍举登台观赏。伍举对筑台本有顾虑，只因大王邀请，心想别扫了大王的兴致，只能前往。楚灵王走上台去，对跟在身后的伍举说："普天之下，唯有吾大楚之章华台才是真正的壮美！"伍举拼了老命走上章华台，还真是歇了三次，心跳尚未平复，正在气喘吁吁之时，听到灵王的赞美，不以为然。伍举在细腰宫的台级上坐着休息了良久，觉得作为老臣，还是得向灵王进谏几句。

伍参是楚庄王时期的老臣，伍参的儿子就是楚灵王身边的老臣伍举。伍参是后面要说到的伍子胥的曾祖父。当年，伍参看到楚庄王在即位后的三年中，不理国家政事，整天沉湎于饮酒，纵情于声色，曾冒死进谏，促使庄王归于正道。

　　这个冒死进谏的故事是这样说的：有一次，伍参见到庄王左手拥着秦国的歌姬，右手抱着越国的美女，坐于编钟、排鼓之间，享受着大王的生活，非常气愤，欲进谏庄王。庄王知道伍参想进谏，甚至知道他想说的话，便下令道："有胆敢进谏的，处死！"伍参不惧，道："臣听说，有一只大鸟，栖居在楚国宫殿之上，三年来不飞也不叫，请问大王，这是什么？"庄王思考了一下，回答："此鸟不飞则罢，一飞冲天；不鸣则已，一鸣惊人。"伍参哈哈一笑，说："臣听说，此鸟若仍不飞不叫，将被射猎之人图谋猎取，一旦矢在弦上突然射来，大鸟哪里还能冲天惊人？"伍参的警示教育触动了庄王的灵魂，他接受了伍参的进谏，便抛开秦国歌姬与越国美女，撤去钟鼓之乐，开始治国理政。庄王任命孙叔敖为令尹，委以国家政事，终于称霸天下，威服诸侯。

　　庄王去世后，依次为共王、康王、郏敖，如今是灵王，伍举觉得大楚是一代不如一代了。伍举开口道："臣听说，作为国君以受到天子恩宠为美，以安定人民为乐，以能听净谏为耳聪，以能招来远方贤才为目的，却未曾听说把土木筑得高峻，把丹楹刻桷（jué）的雕饰，钟磬器乐的清音，管弦音乐的凄婉当作大美的。从前，庄王建造抱居台，高度不超过能望见预示国家吉凶的云气，大小不超过能摆得下宴席，所用木料不妨碍国家的守卫战备，经费开支不烦扰官府，百工干活不违误季节农活，官吏不更改国家典章制度，庄王有自己的基准啊！"

　　楚灵王原本想让伍举来开开眼界，唱唱赞歌，想不到这老臣啰里啰唆地说了这么多教训的话，赞美之语却一句不提，真是人老话多不中用，十分扫兴！楚灵王没想到伍举的话还远远没说完，且越说越难听了。伍举继续说："大王如今修建章华台，耗时已有七年，国家财力在逐渐耗尽，卿士大夫在讥讽诽谤，城内人民在埋怨，天下百姓在厌烦，诸侯在愤怒怨恨，难道这是一国之君值得称美之事乎？"楚灵王听得面红耳赤，他上位以来从没听过有人敢如此批评他，真是句句刺耳，字字扎心。要不是伍举是楚国元老，与他父亲伍参一样是楚国公认的忠臣，楚灵王早就发作了。当下，灵王表示会即刻遣散工匠。

　　可是，楚灵王说归说、做归做，心里还是希望搞一个隆重的庆典仪式。三日后，灵王便命令尹薳罢向诸侯国广发请帖。

　　万万没想到的是，吉日庆典当天，竟然只有鲁国的鲁昭公在太宰薳启强的陪同下来到章华台。鲁国毕竟是礼仪之邦，楚国喜逢大事，既然鲁国拿到了请帖，怎能不来？不来不是有失鲁国身份乎？楚灵王看到如此冷清的庆典场面，想起前几年热闹非凡的会盟，才过去几年工夫，已经今非昔比了。章华台的重大庆典竟然搞成了自娱自乐的节目，楚灵王的心里充满了怒火。

楚灵王一旦发怒，就会有血光之灾。说来也巧，楚灵王的这股恶气正没地方出的时候，陈国大夫干徵师急急忙忙来到楚国。原来是陈国陈哀公去世了。干徵师使楚，一是来向楚国报丧，二是来告知陈国已立新君，新君是哀公次子公子留。

楚灵王还在为庆典之事生气，也没心思去理会陈国大夫干徵师。但陈国大夫干徵师还未离楚，手下又报陈国三公子胜来访。楚灵王心中疑惑，陈哀公之死，怎会有前后二使来报丧？楚灵王便召见了公子胜。公子胜见了灵王如见亲爹般痛哭流涕，状告叔叔公子招与公子过二人趁父哀公病重，杀了哀公长子偃师，扶起了如今的次子公子留。哀公在病中获知此事，气得吐血，竟上吊自尽了。楚灵王听说哀公上吊的原委后，震惊异常，便问公子胜："公子此来要寡人如何？"公子胜直言不讳，请求楚国出师，为父亲与大哥报仇。

陈国居然出了如此大事，而干徵师只是轻描淡写地说哀公去世了，立了新君公子留，原来是隐瞒了实情来忽悠寡人。楚灵王便对公子胜说："此风不可长，寡人定为陈国伸张正义。"其实，楚灵王与公子胜各有各的盘算。公子胜想得是，万一楚灵王同意出师讨伐，那么再立新君便是我公子胜。楚灵王则想到了自己，等老了之后身体大不如前，那些觊觎王位的不肖之徒不也会有样学样吗？灵王当然不会反思自己的上位方式与陈国公子留并无区别。楚灵王补充道："寡人与哀公相好多年，想不到哀公不能善终，寡人非得教训一下这帮无耻之徒，为哀公出这口恶气。"

楚灵王说到做到，命令尹蓬罢、太宰蓬启强立马处决陈国大夫干徵师，又命公子弃疾率领楚师攻伐陈国。陈国是弱小之国，从不曾与他国交战，公子弃疾不怎么费力便把陈国的乱臣贼子杀了个精光。

公子胜见公子弃疾获得胜利，喜出望外，正当他想回陈国做国君时，楚灵王却当机立断把陈国吞并了，并任命楚国大夫穿封戌做了陈公守卫陈地。公子胜在心里连呼上当，从梦里跌出梦外，醒来的时候自己已经变成了亡国奴。

蔡国是陈国的邻居，百姓安居乐业，国君安守本分，国内也无大事。但楚灵王想：蔡侯你并无要紧之事，章华庆典为何不来？难道日子好过了礼义都不要了吗？这分明是看不起我楚国，蔡侯你不来也可，那寡人就不客气了！因为公子弃疾攻下陈国后去陈国视察，令楚灵王突然想起了邻居蔡国。他让太宰薳启强去招呼蔡灵侯前来吃饭，有些事情要说清楚。蔡灵侯见楚太宰薳启强前来，心里便"咯噔"一下。薳启强很是客气，只说楚王挂念，特遣下臣前来请你吃饭聚谈。蔡灵侯想：上次高台庆典未曾前去，今日又请，再不去便说不过去了。转念又想，若是灵王问起高台不贺之因，只能推托陈哀公不主张来，我也一时糊涂未去庆贺，反正哀公已死，此事也无对证了。这次去赴宴一定要把高台未贺之礼带上，好消灵王之气。蔡灵侯跟着薳启强一路劳顿，车马刚到陈国都城，蔡灵侯下车后想抖抖灰尘，好去见灵王，却不想竟直接被楚灵王的手下给绑了。蔡灵侯突遭绑架，心中惊慌，高声嚷道："我要说清楚！我要说清楚！"然而，楚灵王的手下问也不问，便用刀把蔡灵侯的头砍了。蔡灵侯人头落地，楚灵王即命公子弃疾率领楚师再伐蔡国。蔡国国君被杀，蔡国疆域便纳入了楚国的版图。楚灵王任命公子弃疾做了蔡公守卫蔡地。

公子弃疾做了蔡公之后，与蔡国贵族来往颇多，特别是贵族阳的府邸去得很勤，就与阳府的千金相识了。这年的中秋之夜，月很圆，公子弃疾与阳的千金开始眉目传情。一来二去，有一天晚上，阳府的千金竟然跑到了公子弃疾的府邸不肯回去了。有了第一次，便有第二次，后来干脆不避旁人之眼。日子久了，阳的千金还为公子弃疾生了个私生子，取名建。

陈、蔡两国都与晋国相邻，两国本是楚、晋墙上的草，一会儿倒向楚，一会儿倒向晋。客观上说，陈、蔡两国还是依附楚国更多一些，故而，陈国三公子胜还是跑去楚国告状。晋国每况愈下，不然的话，它也不会允许楚国在自己的家门口发生战争，陈、蔡两国毕竟是晋国的军事屏障，如今两国都被楚灵王占领了。楚国攻灭陈、蔡两国，晋国没有出师干涉，实在是实力不够，怕引火烧身。如今，楚灵王得了陈、蔡两地，便在边境修筑工事与城邑，以窥视晋国动静。虽然晋、楚之间南北还有郑国，西边还有周国，东边还有宋国，但郑国早已被楚国侵占，这样，晋国面对楚国的军事压力变得越来越大了。

周景王十五年（前530），为馀眛九年。陈、蔡两国的灭亡提升了楚灵王称霸中原的信心。这时，楚灵王又惦记起徐国来，但楚灵王知道徐国的背后有吴国保护，不像陈、蔡两国那样好吃下。六年前，楚灵王伐徐，吴国抗楚援徐，房钟一战的败绩楚灵王还记忆犹新。然楚灵王想：此事已过六年，楚国之威又已雄起，不伐徐国总不能解气。于是，楚灵王命令尹蒍罢、太子禄与公子罢敌留守郢都，自己亲率楚师东进，屯兵在豫章（今安徽省西部）之地。楚灵王命荡侯学等五将前往徐国围困，来个围而不打。

围而不打，以此惧吴，是楚灵王的计谋。楚灵王用武力威慑徐国，以试探吴国的反应。围而不打，是攻心战术，如箭在弦上，满弓不发，这下，徐国的形势变得十分紧张了。

因为楚灵王定的基调是围而不打，视情而动，看势而为。故而，楚灵王作了战略部署之后，便带着手下打猎去了。楚灵王的亲信跟着灵王一会儿在豫章，一会儿在州来，逍遥狩猎。再说郢都由令尹蒍罢、太子禄与公子罢敌三人留守，禄和罢敌只不过是两位年轻公子，楚灵王强势，平时他们在父亲面前说不上话，更没有接受过战火洗练，只是一对纨绔子弟。令尹蒍罢当年在房钟被吴王馀眛击溃，非但不反思，还把责任全部推给去围攻徐国的蒍泄，害得蒍泄丢了性命。令尹蒍罢命硬，不曾死于房钟，但若论军事才干也是一般，能官居高位，只是因为楚灵王认可他的忠诚。如此说来，郢都好似一座不设防的城池。

楚灵王围困徐国，出师之前的占卜并未显示不祥之兆，然而，楚灵王万万没想到楚国的上空飘荡着一朵"黑云"，且越来越大。其实这片"黑云"已经飘荡很久了，如今已经弥漫开来。

当年，康王时期，楚康王一气之下把无能的令尹子南连同他的手下观起一道杀死在楚国的殿堂上，观起的儿子观从逃亡于蔡国。如今，观从在公孙归生的儿子朝吴手下任职，深得公孙朝吴的信任。蔡国亡国，有些贵族过不惯亡国奴的生活，好像从天上掉到了地下。蔡国贵族群体内心普遍都不平静，不要说既得利益还能否保留，贵族特权还能不能行使，眼下连生存权也得不到切实保障了，难怪阳的千金到了公子弃疾的府邸就不肯回去了。

这个时候，观从向朝吴献计，意思是说：现在是蔡国复国的最好时机。观从说："楚灵王有两个弟弟，公子比逃亡在晋国，公子黑肱逃亡在郑国，他们对楚灵王都恨之入骨，巴望着他早早咽气。再说，楚国的边境已经伸到了晋国的家门口，这些年晋国也受够了楚灵王的欺凌。我们若推举公子比为将来的楚国新王，说服晋国出兵，晋国为了维护自身利益，肯定愿意培植寄居在晋国的公子比。事情一旦成功，晋国可以得到最大利益，而蔡国也可以借机复国。"朝吴想想自己如今的处境，觉得观从的一番话说得句句在理。观从接着说："与其在此做亡国奴，不如成为复国英雄！"观从的这句话激发了朝吴的勇气。

朝吴与观从便开始筹划倒楚复国。这时，凡是遭受楚灵王血腥杀戮的家族，包括陈、蔡两国的贵族都纷纷出场，倒楚复国结成了同盟，这些人一致愿意反抗楚灵王的残酷统治。朝吴与观从便以驻守蔡地的公子弃疾的名义写了一封信，动员公子比、公子黑肱回国主政。晋国分析时局，眼看着倒楚复国成为趋势，自然不愿放弃这个千载难逢的机遇，也鼓动公子比回国执政。由于各方势力的积极参与，驻守蔡地的公子弃疾得知情况后也不反对，竟然开门迎接逃亡的两位哥哥来到蔡地商量国事。公子弃疾支持他们回国执政，可他并不是平庸之辈，有自己的理想和抱负。公子弃疾是行动的先锋，他在倒楚队伍中安插了自己的亲信，一个是务牟，一个是史猈。务牟、史猈随即潜进郢都，刺杀了太子禄和公子罢敌。使得倒楚队伍轻而易举地攻入了楚都郢城，令尹蒍罢也惨死在乱军手中。

这时，楚共王的三位儿子，公子比、公子黑肱与公子弃疾同桌而坐，他们按照年龄大小进行了分权。公子比是老三，为新楚王，公子黑肱是老四，为新令尹，公子弃疾是老五，为楚司马。

公子弃疾认为观从是一个好帮手，便派观从潜入楚灵王的军队，散布楚国动乱的消息，以动摇军心。观从有自己的一套办法，他在军中编了个口号："先回家的重赏！后回家的割鼻！"楚军中的士兵本就受够了楚灵王的欺凌，只是惧怕他的残忍手段，听说国内发生政变，公子比已成为新王，便纷纷逃跑回家。

楚灵王还在野外打猎，没有料到会发生政变。因为兵士出逃，将领心散，强悍的楚灵王一下子变得软弱无力，哪里还能再拉得起平叛的队伍。他自知大势已去，生怕军中反叛，把自己绑了去献首级，便叫上侍从畴驾车逃往深山。楚灵王走得匆忙，又只顾赶路逃命，几天不曾吃过饱饭，已经累得精疲力竭。在一片林中楚灵王叫侍从畴停歇，便枕着侍从畴的大腿倒地而睡。楚灵王这一觉睡得很香，醒来时，发现自己的头枕在一块硬泥上面。楚灵王赶紧呼唤侍从，可是侍从畴早已逃得无影无踪了。楚灵王只得自驾马车，总算到了棘地，然而，棘地连城门也不让他进去，只是从城墙上丢下了一包干粮。他最后逃往了芋地，芋邑大夫尹申亥收留了他。尹申亥大概是发昏了，居然把两个女儿嫁给了楚灵王。

楚灵王想起逃亡的两个弟弟公子比、公子黑肱，公子比已经取代了他的王位，自己的儿子禄与罢敌已被杀害，最可恨的是他唯一信任的弟弟公子弃疾居然成了叛逆先锋，楚灵王真是伤心不已。如今他能做的只是整日整夜地咬牙切齿，他胸腔里的怒火好像要把他烧灼吞没了。馀昧十年（前529），有一日，楚灵王开始疯癫起来，终于在五月的一天，上吊自尽了。

司马公子弃疾知道后，立即封锁了这个重要的消息。这天夜里，公子弃疾安排务牟、史猈与大夫斗成然在宫门前喊叫："楚王杀回来了！楚王杀回来了！"一连几天，一到深夜，都是远远的叫声。刚做两个月楚王的公子比本来胆子就小，遇事只有逃跑的本事，只好叫来令尹公子黑肱商议，他说："如今每到夜间就能听到叫喊声，吓得我寝食难安。"公子黑肱便命令大夫斗成然带人在宫门前蹲守，若再有喊叫，必抓了拷问。然而，他们哪里想得到，喊叫的就是斗成然安排的人。

又过了一些日子，夜间的喊叫还是不断。一日，斗成然急急忙忙的跑进宫，故意把头撞到大殿的柱子上。公子比、公子黑肱见斗成然这副样子，问道："何事如此惊慌？"斗成然说："大王杀进来了！大王杀进来了！司马已被大王杀了！"连司马都被楚灵王杀了，把公子比、公子黑肱哥俩吓得脸色苍白，急问斗成然如何是好。斗成然慌忙回答："逃是没戏了，总是一死，自了为好，免得被捉拿，还受羞辱！"公子比、公子黑肱一听，便拔剑自尽了。

这时，司马公子弃疾走进大殿，看着躺在地上流着鲜血的两个哥哥，脸上露出了微笑。他坐上楚王宝座，成了楚平王。

周灵王十六年（前529），为馀昧十年。楚国动乱，灵王自尽，平王新立。

楚国的内斗给了吴王馀昧绝好的机会，馀昧兴师攻伐围困徐国之楚师。围徐之师是楚灵王派遣的，但灵王已丧，平王新立，围徐之师望风而逃。荡侯学、潘子、司马督、嚣尹午、陵尹喜五将因是灵王亲信，不曾得到平王招纳，便在豫章之地等候，处于进退两难的境地。荡侯学说："我等若是回去，作为灵王死党，恐性命难保。若平王仁慈，保了性命，又难逃去职。"五将商量之后，都不愿落到这般落魄之境，于是守在原地，只等平王召回，也有个说话的余地。

战事就这么拖着，馀眜之师已将豫章反围，楚师成了吴、徐两师的夹层肉饼。荡侯学说："我等躲在夹层总不是好事，虽能安一时，却难安长久。"吴、徐两师却并非围而不打，很快，围歼楚师的战斗序幕拉开，围徐五师连个援兵也求不到，不到十日，五将便一齐被俘。馀眜兴师乘胜攻伐了吴、楚的边境州来（今安徽省凤台县），不日，州来被吴师占领。州来古国本非楚土，今入吴土。

大夫斗成然为公子弃疾上位建有功劳，公子弃疾任命他为楚国令尹。楚平王把楚国大局稳定下来后，为争取各国诸侯的支持，开始收买人心。他释放的第一个红利便是让陈国、蔡国复国，归还了他们的土地和人民。甚至还把楚灵王侵占郑国的土地归还了郑国。

这时，令尹斗成然提出夺回州来的想法，但被楚平王否决了。楚平王面对国内大局告诫令尹斗成然说："眼下以安民为上，攻伐之事得慢慢再说。"

# 第六章
## 伍员奔吴图复仇　专诸刺僚酬报恩

前 527 年周景王十八年，吴王馀眜十二年：

吴王馀眜（夷末）卒，四弟季札让，馀眜子僚立为吴王。

前 525 年周景王二十年，吴王僚二年：

吴公子光率舟师伐楚，战于长岸（今安徽省当涂县西）。

前 522 年周景王二十三年，吴王僚五年：

楚平王杀太子建傅伍奢及长子伍尚，尚弟伍员（伍子胥）出奔于吴。

前 519 年周敬王元年，吴王僚八年：

吴王伐州来。与楚战于鸡父（楚地，今河南省固始县东南），楚师溃败。

前 518 年周敬王二年，吴王僚九年：

楚攻吴，败绩。吴破巢、钟离。

前 515 年周敬王五年，吴王僚十二年：

吴王僚弟掩馀、烛庸率师伐楚。

使季札聘于上国，于晋以观诸侯之变。

公子光求王位，使专诸刺杀王僚，光代立，是为吴王阖闾。

公子掩馀奔徐，公子烛庸奔钟吾。

——摘自《勾吴史集·吴国历史大事记》

## 16. 吴楚师长岸开战　公子光有惊无险

州来一战后，吴王馀昧因感风寒而卧床不起，整日昏昏沉沉的，自知患上了重病。一日，偶感神清气爽，他想到了父王寿梦与两个哥哥的嘱托，便差人急切地召见四弟季札。

季札自不受王位以来，历经父王寿梦、大哥诸樊、二哥馀祭的相继离世，如今，三哥馀昧又患重病，即将不久于人世，吴国也真是多难啊！季札心知三哥召见自己的意图，然而，不做君主的信念难道可以就此动摇吗？

季札匆匆赶往宫中，伏在三哥馀昧的床前，眼泪夺眶而出。馀昧也是含着泪花，重复着父王和哥哥的嘱咐。季札安慰三哥病不日便会好转，再勿说王位继与不继之事。

周景王十八年（前527），为吴王馀昧十二年。州来之战两年后，馀昧终于经不住疾病的折磨离开了人世。馀昧自继二哥馀祭之位起，共在位十七年之久。这十七年，他扭转了大哥、二哥时期受楚国压制的局面。

公元前527年，吴王馀昧病逝。群臣奉季札接受君位，季札却坚持不受，跑回自己的采邑延陵去了。吴国群臣无可奈何，便奉吴王馀昧长子州吁继位。州吁继位，尊号僚。由此州吁成为吴国第二十三任国君，即吴王僚。

州吁的继位引起了吴王诸樊长子公子光的强烈不满。公子光心中盘算道：四叔季札不受王位，那王位也不该让三叔的儿子州吁来继承，难道不该是老大的儿子继位吗？公子光认为这样的继位不合祖制，对他来说太不公平了。然而，三叔馀昧刚刚去世，群臣一致拥立州吁，公子光急火攻心，父王去世已有二十余年，骨寒人散，自己已是无所依从，无可奈何。

吴王僚元年，齐景公突然逞强，趁吴国政权更迭之际把依附于吴国的徐国狠狠地打了一顿。徐国不备，被齐国征服了。吴国因僚刚刚继位，政局还不稳固，吴王僚也不敢贸然出兵救徐。

齐景公突然出兵，主要是因为楚灵王上吊死了。灵王死后，楚平王新继王位，国内局势也不稳定，楚国的霸主地位便被晋昭公夺去。齐景公当政的这些年，齐国国势蒸蒸日上，一路向好。齐景公看不过晋昭公夺了霸主，便把徐国打了一顿。晋昭公夺了霸主理应与徐国没半点儿关系，再说徐国也不曾得罪景公，齐景公为何要不明不白地将徐国毒打一顿？原来齐景公打徐国是要试探诸侯的反应，其实就是和晋昭公叫板，齐国不做老二，也要霸主的地位。

公元前525年，周景王二十年，为吴王僚二年，楚平王四年。吴王僚自感吴国大局已趋稳定，便遣公子光率舟师讨伐楚国，以报楚灵王会合诸侯攻伐吴国城邑朱方并诛杀庆封之仇。

吴国水师规模颇大，出动了小翼、大翼、桥船、楼船、突冒多种战船，这些战船随着公子光乘坐的余皇号指挥船一同前行。吴国因在长江下游，攻伐楚国只能是逆流而上。

这日，楚平王得悉吴国水师前来攻伐，即命令尹阳匄（gài）率楚国水师反击。令尹阳匄（字子瑕）则命司马子鱼（公子鲂）为急先锋，带领先遣船队顺长江东进。

吴、楚水师在长岸（今安徽省当涂县西）水上相遇。相遇便战，司马子鱼的船队因在上风，即命楚国水师船顺流撞击吴国水师的小翼、桥船。吴国的小船在江中随浪起伏，本就晃悠，哪里经得起楚国船只的顺流撞击，顿时，一些小翼便人仰船翻，水手跌入江中，随波逐流而去。司马子鱼看楚师占了上风，便急功近利，不等令尹的后援大军到来，便命令自己的指挥船直冲公子光的余皇号指挥船。

公子光见司马子鱼的指挥船直冲而来，顿时慌忙不已。刚想出舱迎敌，即遇司马子鱼船上弓箭齐射，公子光招架不住，缩进船舱躲避。司马子鱼见公子光不敢出舱，更是竹枪齐投，乱石俱抛，把他压在舱中。公子光正在心急火燎之时，远远望见江面上有黑压压的船队驶来，料想是楚国水师的后援。

这时，天空突然刮起大风，楚国水师利用风势，在长江上游迅速乘势攻击，吴国水师一时抵挡不住，只得边战边退。不一会儿，余皇号指挥船便被团团围住。公子光想：与舍命的子鱼不可穷斗，还是先顾性命再说。于是，他跳上余皇号旁边的一条突冒船夺路而走。司马子鱼见公子光弃船而逃，便命船只靠近余皇号指挥船。司马子鱼一个纵身跳上船，楚师船只纷纷围聚过来，余皇号指挥船上的兵士、船工见楚军入船，不战而逃，纷纷跳入江中。司马子鱼站立船头，望着江中出没的头颅，命令水师用竹竿击打，可怜的兵士、船工无力还手，在水中挣扎。司马子鱼一阵大笑，摇旗挟船命令楚国水手把船停进江边水湾。

公子光初战司马子鱼，吃了个大败仗，连余皇号指挥船也被司马子鱼劫持，心慌意乱。余皇号可是吴国最高级别的指挥船，是先王馀眛的宝船，可以说是吴国舟师的象征，容不得半点儿差池。如今，余皇号竟被楚国水师劫夺，公子光这仗打得也太狼狈了。

司马子鱼夺得余皇号后把它泊在水湾，天色渐暗，江面上泛着白光。这时吴国水师已经顺流而下，司马子鱼料想公子光也不敢再犯，便不再追赶。司马子鱼的水师也是第一次见到如此考究的船只，个个喜气洋洋，纷纷上船观看，以一饱眼福。令尹阳匄率领的楚国后援到达后，听说吴国的余皇号宝船被司马子鱼俘获，心花怒放，便也去水湾察看。但见余皇号船体宽大，船头到艄竟有七十八步，两舷宽有三十八步，船体重楼五层，船顶用水牛皮包裹，顶上插有红、黄、绿彩旗十二面，在江风中呼呼作响。舱内更是豪华：第五层顶内为瞭望台，兼指挥用，放有各色令旗，号角金鼓；四至三层，为生活用，用具一应俱全；第二层为兵甲层，驻护卫水兵；第一层为船工层，两侧架有大小船桨无数。令尹阳匄大开眼界，对司马子鱼说："司马缴获吴国余皇，大功一件，今日司马驻守野地，以备吴师再袭。但恐余皇船泊此难安，不如我先把余皇号押回告于平王，好让大王喜悦。"

司马子鱼闻言，知道令尹要抢首功。他本就不服阳匄，再遇到这种事，心中不悦，说："天色已暗，况江风大作，令尹带着大船行走不便，今吴师早已逃之夭夭，即便借他熊胆，料他也不敢再来。令尹可把余皇一事先告于大王，待我明日白天运回为好。"

令尹阳匄心想：途中没准会突遇风浪，黑灯瞎火的，出了意外也犯不上，便说："司马所说不无道理，只是夜间定要派人看守。"

司马子鱼说："令尹安心，我亲自看守，不敢怠慢。"

令尹阳匄说："这样也好，我先回去，告捷于王。"

再说公子光在突冒小船上从浪尖落到浪谷，又从浪谷推到浪尖，脸上被带水的风刮得生疼。见已将楚国水师甩掉，他感到饥寒交迫，便命令逃出的吴国水师将船只靠岸停泊。船只靠岸后，公子光心中一阵慌乱，暗忖如此回师无法交代，吴王僚定是一番怪罪，即便是念及兄弟之情不斩杀他，名声也是一落千丈，失去吴王僚的信任，被剥夺兵权，如咸鱼一般再无翻身之日，余皇号将被吴人永久放在心里当成笑话。公子光如此一想，不愿也不敢撤退，他要同楚师再搏一回，夺回余皇号。

公子光命令水军上得岸去，暂作休整，重组残部决一死战。公子光一踏上土地，心里就有了奇谋：水上斗不过子鱼，改成岸上斗，明里斗不过子鱼，改成暗里斗。公子光料想子鱼夺得大船定是趾高气扬，疏于警戒，奇袭定能取胜。他在军中挑选了三名勇士，让他们装成楚兵，趁夜潜至余皇号的附近，公子光则亲率残部百余人口衔小棒，紧随其后。

果不出公子光所料，司马子鱼自得了大船，在船上东走西看不肯下船，见船内生活用具一应俱全，便吩咐属下在此设宴。司马子鱼把楚酒推开，说："既然舱内有几缸吴酒，为何不喝？明日驶回还不是让令尹搬去。"手下人附和道："既是如此，司马何不拿出两缸慰劳下士。"司马子鱼说："吴酒甜淡上口，不可多喝。"手下几人得令，便叫人搬出三缸，分与小士。士兵得知是宫内用酒，哪个还肯少喝？司马子鱼三碗下肚，顿时忘了守护大船之责任，与手下拼起酒来。

这时，公子光派出的三名勇士早已潜伏在大船附近，见夜已深，楚兵因白天战斗劳累又争喝了吴酒，除几人放哨外，其余都在呼呼大睡，便大呼一声"余皇"，第二名勇士依计随即应声"余皇"，第三名勇士也随即应声"余皇"。这样连叫了数遍，如稻田里布谷鸟的鸣叫，东一声西一响，楚师放哨的人听到岸上水边有"余皇、余皇"的叫声，觉得奇怪，便出来搜寻。不成想，刚上岸便被埋伏的人一刀砍了。"余皇、余皇"叫了数遍，公子光见再无人上岸，便带吴兵登上余皇大船，见司马子鱼及其手下早已醉倒在酒缸边。公子光也不理睬他，悄无声息地命令下桨起船。船出水湾入得江中，岸上埋伏的吴兵突然在黑夜里蜂拥杀出，响起了一片喊杀声。司马子鱼被喊声惊醒，睁眼一看，自己已被吴兵绑缚，动弹不得。公子光说："余皇乃我先王宝船，岂能容你在此放肆？"说完一剑刺去，正中心口。楚兵一看司马被刺，自己也被绑缚，个个吓瘫求饶。公子光哪里肯饶，命人把他们一个个抛入江中。岸上的吴兵一阵乱杀，楚兵慌不择路只管逃命。余皇号趁着风势消失在夜幕之中。

公子光奇迹般地夺回了余皇宝船，说也奇怪，长岸的吴师夜袭，竟把楚国水师打得惧怕万分，以为是神兵天将。

长岸之战，公子光转危为安，但他的抱负并不在打打杀杀上，篡位的野心和称霸的雄心时刻激励着他。他只是在等待机会，而这个机会在不久之后也真的到来了。

## 17. 费无忌蛇蝎心思　楚平王父纳子妇

公子光这个机会的源头，要从楚平王夺子之妻慢慢说起。

楚平王即位之初，允许陈、蔡两国复国，还归还了侵占的郑国土地。蔡国复国事实上是公子阳的千金的功劳，故而，不要随意污蔑女人就是亡国的祸水，要是没有公子阳的千金，蔡国或许还不能复国，陈国更谈不上复国，也不会归回郑国的土地。楚平王即位后，也是有情有义，明媒正娶了公子阳的千金，称为蔡姬。二人恩爱有加，经蔡姬的枕边风一吹，本没有资格做储君的私生子建也被立为太子。

长岸一战，余皇号事件后，楚平王不想与吴国交战，便主动释放了先王楚灵王扣留的诸樊庶弟蹶由，以示吴、楚和好的诚意，表现得如仁君一般。

在楚国，出任令尹有个传统，一般都是国君的叔叔或弟弟。蒍氏大族出过蒍子冯和蒍罢两位令尹也是意外。楚平王上台后，想法与先王不一样，他不想任用直系亲属来当令尹，他要任用的是没落贵族，因为没落贵族才有感恩之心。因为斗成然帮助他上位有功，楚平王便任命身为斗氏族长的斗成然为令尹。但是好景不长，楚平王发现斗成然也不是死心塌地地跟着自己，居然与养氏家族勾勾搭搭，来往密切。养氏家族可是出过"养一箭"的，楚平王对他们的交往很不放心。不久，斗成然就被楚平王加罪杀害了，改用了更加弱势的没落贵族阳匄为令尹。

楚平王很关心太子建的成长，便任命伍奢为太傅，费无忌（极）为少傅，希望伍、费二人能共同担起教育、辅佐太子建的重任，期望太子建能够成才。

伍奢是伍举的儿子，楚国人都知道他是正人君子，他的搭档费无忌却是个小人。费无忌平日靠谗佞得宠于平王，且深得平王信任。其实，一个大王天才要用，庸才也要用，这是大王用人的常法。天才往往自以为是，庸才却有一肚子奉承的话，大王自然爱听，然而，这个庸才还有一肚子坏水，大王最终会深受其害。

楚国人说费无忌是小人不是凭空捏造。当初，蔡国平公庐立嫡子朱为世子，其庶子东国暗中行贿费无忌，图谋夺嫡。费无忌得了东国的好处，便到处诬陷世子朱，散布谣言说世子朱心向吴国，蔡国现在还是楚国的属国，待朱继位后，蔡国可就是吴国的属国了。费无忌看上去是不痛不痒地随便一说，但是，世子朱知道这是大是大非的原则问题，说不定什么时候就因为这句话引来杀身之祸。世子朱生性胆小，吓得他不但不敢亲近吴国，甚至不敢在国内生活，竟投奔去了郑国。蔡平公去世之后，世子朱从郑国回来继位。费无忌见谣言不起作用，便假传楚平王之命，鼓动蔡国人驱逐朱君，改立东国为君。楚平王得知蔡国动乱，便问费无忌："蔡国人为何欲驱逐朱君？"费无忌说："朱将叛楚，蔡人不愿，故欲驱逐。"楚平王听后便没有再问。

虽然楚太子建生性敦厚，但也看透费无忌的为人，故而，太子建与伍奢总是相谈甚欢，与费无忌相处则冷淡不已。

费无忌见太子建与伍奢的关系日益密切，心里盘算，如此下去，自己恐怕一辈子也出不了头。平王在世还不要紧，要是何时平王一薨而去，太子建继位做了楚王，那自己的结局还不知如何呢。费无忌越想越恐惧，便事先筹划起自己的前程来。

历史的经验告诉我们，小人的办法总比君子的办法多一手。因为君子讲礼讲义，便这个做不得，那个不好做；小人无度，便是样样做得，真是只怕想不到，不怕做不到。

一日，费无忌对平王说："臣为太子少傅，见太子建日夜成长，转眼已到成年，应该娶亲了吧？"

楚平王这才想到太子建已长大成人，是个伟岸的男人模样了。男大当婚，理所当然，费无忌这人真是细心，为父的还不曾想到，无忌却已挂在心头。

楚平王笑着问道："卿以为该配哪国之亲？"

费无忌心中早就有过谋划，脱口而出："若要求亲，不如去往秦国。秦国是个强国，且秦、楚睦邻，两强联姻，楚势益张！"

楚平王觉得费无忌的话说得在理，便道："太子的婚事不算小事，既然卿已有谋划，又是太子少傅，那就有劳卿了。"

费无忌听平王把太子的婚姻大事托付于他，便一口应诺，说："臣来日便去往秦国，向哀公求亲。"

这里我们来说说秦国。公元前900年，秦国开国君主秦非子还是孝王的一个马夫，因为秦非子养马有功，周王室便于西部边陲，封给他一块不足五十里的封地。此时的秦非子既算不得诸侯，也算不得大夫，只不过是一个远在西部边陲的周王室的附庸而已，然而，这却是秦人掘得的"第一桶金"。让秦人真正发生蜕变是在秦襄公时期。公元前771年，周幽王在骊山被西部游牧民族犬戎攻击，秦襄公领兵去救，力战犬戎，且护送周幽王之子，即后来的周平王从镐京东迁洛邑。秦襄公因护送有功，于这一年被提升为诸侯，并再次获封岐山以西的土地。然而，此时岐山以西的土地早已被犬戎占领，秦襄公所接受的不过是周平王的一纸空文。为了能享有与齐、晋等国一样的地位，秦襄公奋不顾身，死力作战，最终战死在征程中。从一个马夫到一方诸侯，秦国用了一百三十多年。秦国最终在关中站稳了脚跟，得到了大片领土，但是秦国一直被中原国家排斥，中原国家总是看不起这个依靠养马起家的国家。后来，秦穆公野心勃勃，决定改变中原国家对秦国的看法，欲向东拓展称霸中原。然而，秦穆公的东进困难重重，晋国成为阻碍秦穆公东进的最大障碍。公元前627年，秦穆公发动崤山之战，晋襄公率军在崤山全歼了偷袭郑国的秦军。公元前625年，秦穆公发动彭衙之战，晋襄公率军在彭衙又击败秦军。秦穆公在经历了崤山和彭衙之战后，不得不改变计划，改东进为西征，讨伐西戎去了。这一次，秦穆公战绩辉煌，一口气灭掉了西方戎人建立的十二个国家（包括义渠）。秦穆公一下子开辟了上千里的国土，洋洋自得。周襄王见秦穆公壮大，便顺水推舟任命秦穆公为西方诸侯之伯，秦穆公开始在西戎称霸。至此，秦国又花费了将近一百五十年的时间，终于在诸侯国中崭露头角。

自秦穆公去世二百五十年后，秦孝公实施商鞅变法，奖励军功，制定秦律，使得秦国国力大增，其他各国开始与秦国来往。公元前358年，商鞅率领秦军在西山击败韩国，取得了庞涓破秦后秦军的第一次胜利。公元前357年，秦孝公的女儿嫁往楚国，秦、楚联姻。公元前355年，秦孝公与魏惠王在杜平会盟，结束了秦国长期不与中原诸侯会盟的被动局面。秦国花费了五百四十五年，终于从一个默默无闻的马夫，蜕变成称霸西方的帝国，与东方诸国并列成为"战国七雄"（秦、赵、魏、韩、齐、楚、越）。公元前325年，秦孝公之子嬴驷，改公称王，六十六年之后，嬴政在邯郸出生。公元前247年，嬴政登基。公元前221年，获封附庸后的六百七十九年后，嬴政统一六国。秦国的崛起，是一个国家由弱变强的奇迹。秦国最后赢在战国。这些都是后话，这里只说费无忌去向秦哀公求亲一事。

秦、楚连土，晋国不但是秦国的敌人，也是楚国的敌人。因为有共同的敌人，故而，秦、楚一直保持着睦邻友好的关系。这日，有使来报，说楚国太子少傅前来拜见，秦哀公很高兴，便热情接待。

费无忌对哀公说："大王在上，小臣此次是受楚王委托，替楚太子建求亲而来。"哀公一听，更是不敢怠慢。秦哀公想：楚国可不比我秦国西土，楚国虽地处南蛮，不在中原，可是个真正的强国！既然这是太子的姻亲，必须慎重。哀公在王族近亲里挑选女子，挑来选去，最终选定了自己的长妹孟嬴许婚（孟嬴在《东周列国志》称作"伯嬴"，在俗家小说里称"无祥公主"）。

费无忌得到秦哀公以长妹孟嬴许婚的口信后，便急忙赶回楚国去禀报平王。楚平王也很满意，说："卿为太子操心，好事定要做到底了。"

楚平王叫费无忌去宫库领取金珠彩币，择日再去秦国迎娶孟嬴。费无忌心中得意，竟忘乎所以地哼起了小调往宫库去了。

楚国去往秦国的迎娶队伍浩浩荡荡，领头的是马拉彩车，后面是一队从媵（yìng）车辆。队伍前后彩旗猎猎，虽一路上车队吱吱嘎嘎，随着黄土风沙颠簸不已，但一看马队彩旗便知是个大排场。

费无忌面见哀公之时，呈上聘礼礼单。哀公见到大红丝绸制成的礼单大悦，即叫公子蒲速速准备，送孟嬴至楚。哀公也不小气，给长妹孟嬴的嫁妆也装了百车，从媵之妾也有十人之多。

娶亲队伍回程途中，费无忌突然担心起一件事来。因为费无忌不知哀公妹妹孟嬴长得是何模样。要是个美人坯子，一切都好说，要是个丑女，太子建不喜欢，自己白忙一场不说，太子建定要怪罪，这就吃力不讨好了。

费无忌毕竟是太子少傅，见多识广，他给自己打气，都说秦女多娇，这位新娘定不会差。但这只是自我安慰，还须见上一面才能安心。路上，费无忌便假说彩车坏了，请新娘落车稍歇。孟嬴也不小气，落车之后便揭了盖头呼吸新鲜空气。费无忌假装问候，实是察看孟嬴之貌。不看不要紧，一看则惊为天人。此女竟有绝世之色。费无忌心中感慨：还真是个大美人啊！

如此美人却让太子建消受，岂不便宜了他？费无忌顿生一个坏念，这样的大美人万万不能让太子建得去。这时，他见随队之中有一媵女，仪容也很靓丽，便寻机暗问其来历。媵女道："妾本是齐女，因父在秦为官，妾在秦国长大。今为媵女随孟娘娘入宫，是为侍妾。"

费无忌摸清了齐女的底细，这日黄昏用过餐后，便在道途馆驿密召齐女。费无忌说："道途之中相你之面，侍妾之中独你姣美，且有贵人之相。今日我有心抬举于你，让你做世子正妃，如何？"

齐女突然听到费大夫要将自己立为世子正妃，惊喜之余，自然不信，不知费大夫葫芦里装的是什么药？齐女便说："小女薄命，哪来得贵人之相？费大夫不要拿小女开心。"

费无忌说："看你樱桃小口，眉目清秀，水蛇身材，便觉有贵人之相。你只须随我计谋，闭口不谈，保你将来富贵不尽。"齐女听了心中欣喜，只是低头不语，点头应是。

本来顺顺当当的婚事，费无忌到底想弄出何事来？原来，他见秦女孟嬴容貌美艳，便心生一念，想利用这个机会去讨好平王。费无忌心想：与其便宜了太子建，不如让平王娶之。此事若成，平王定会对我心生感激。费无忌与齐女一番密谈，将事情安排妥帖。

车又行了数日，费无忌见此地已离郢都不远，便吩咐手下周到照看，路途小心，自己则快马先行赶回都城回奏平王去了。

费无忌见到楚平王，显得异常激动，全身的血液好似全都集中到了脸上，从额头红到了脖根。他说："大王，秦女已到，距此还有三里路。"平王随口问道："卿有劳了，哀公之妹相貌如何？"

费无忌知道平王本是酒色之徒，说："大王，臣就是为了此事而来。当说，臣见识的世间女子也算多了，却从未见过如孟嬴这般美丽的女子。臣看大王的后宫是找不出一个可以与她相比的。"

平王一听，心里有些不悦。

费无忌继续说："臣并非虚妄之言，相传古来绝色，有妲己、骊姬，如今看来也只是徒有其名，恐亦不如孟嬴之万一矣！"

平王听费无忌如此夸赞秦女之美，突然之间脸也变得通红，好长时间不曾说出话来。

费无忌料想平王定是动了心思，便在一旁观察。良久，只听平王轻叹："寡人枉自称王，未见过此等绝色，真所谓虚度一生矣！"

费无忌听平王这么一说，便请平王屏退左右。四下无人后，他说："大王若喜欢秦女美貌，为何不自己娶之？"

楚平王说："秦女既已聘为子妇，这如何是好？若是做了，岂不是猪狗不如，有违人伦？"

费无忌说："这怎么能算有违人伦！大王多虑了。此女虽聘于太子，但尚未入得东宫，更未拜堂成亲，故还非子妇。大王把她接入自己宫中，谁敢有说不是？"

楚平王问："群臣之口可以吓住，太子之口如何封得？"

费无忌说："大王，秦女美若天仙，下臣之想实为大王所虑。趁如今太子尚未与秦女会面，不知秦女姿色之前，下臣换上一个相仿的女子，太子也一样喜欢。况且，此事也可以试探太子是否忠心于大王，若太子今后对大王有怨言，不就证明他对大王不忠吗？"

楚平王被费无忌说得主见全失，只是说："也对！也对！"

费无忌觉得平王与自己的想法合拍，便把事先与齐女说好的事情也一并告知。他说："臣请秦女先进入王宫，再让齐女进入东宫，两相隐匿，不就两全其美了吗？"

平王一听，心中大喜，夸奖了一番，又关照费无忌要机密行事，不得走露半点儿风声。

费无忌得令，便去对前来主亲的秦国公子蒲说："楚国婚礼与秦国有异，新人应先入宫拜见舅姑，而后再行成婚之礼，甚是烦琐。秦公子一路劳顿，如今既已完成王命，请随下臣先行歇息。"

公子蒲说道："惟命。"

于是，费无忌叫手下将公子蒲先行安顿，好生款待。

公子蒲心想：孟嬴既已入楚，一路顺利，父王的重托也已完成，接下来的事情由楚人负责。他自觉无事，顿觉人困马乏起来。

费无忌见下人已将公子蒲安顿妥当，便将孟嬴所乘的彩车及姜媵十余人一并送入平王宫中。费无忌对孟嬴说："按照楚国规矩，新人须在此留下，成婚之前不可抛头露面。"孟嬴初来乍到，不曾见过楚国宫室的模样，自然也不知其中有诈，听话便是。

费无忌让齐女进入密室，换上了成婚的喜服，假作秦女孟嬴。又令楚宫侍妾多人扮作秦国寝媵。一切妥当，费无忌便传平王之令请太子建迎秦女归东宫成亲。

太子建听说新娘是个秦国美人，也是人逢喜事精神爽，一切听从少傅费无忌安排，哪知费无忌将新娘调包。这时的楚国大臣也都被蒙在鼓里，不曾知晓。礼成之后，费无忌把一对新人送入洞房。太子建与齐女及其妾媵多人留于东宫，其他贺喜的大臣便都去外室厅堂享用喜宴去了。

孟嬴在平王宫中等了许久，见天已全黑，便按捺不住，呼唤齐女问事，见齐女不在，便问费大夫齐女人在何处？费无忌见事已如此，只好说："齐女已赐太子矣，刚已成婚，现在东宫太子的榻上。"孟嬴见说好的婚事变成一场闹剧，急忙呼唤公子蒲，但公子蒲早已离开，孟嬴只得暗自流泪。

平王在酒席上吃酒一杯，因急于进宫去会见孟嬴，便吩咐大臣们开怀畅饮，自己则推托身体突感不适，欲先行歇息。大臣们见大王满面涨红，站立恭送，口呼大王安康。平王留夫人蔡姬在席，独自离去。

平王进门后，见孟嬴躲闪不已，便上前捉住孟嬴手腕，仔细端详，但见孟嬴流泪不止，心中怜惜不已。那么，平王究竟是如何说服孟嬴共榻而眠，直到今日也无人知晓。

当夜，费无忌把事情办得十分周到，竟然不出一点儿破绽，这让平王心中着实开心。事后，平王便调费无忌在身边，专事侍奉自己。

然而，费无忌也有想不到的事情。自从平王得了孟嬴之后，朝夕与孟嬴在宫中宴乐。几日不理国政，费无忌还可以为平王想到一些托词，但时间长了，大臣们便有所议论。常言道：世间哪有不透风的墙。大臣们终于知道了平王纳秦女之事。平王还沉浸在欢乐之中，恐怕太子知晓秦女之事闹进宫来，便对费无忌说："不准太子入宫来见其母。"

平王不理国政之后，费无忌也不敢去劝平王适可而止，毕竟此事的起端是他，不禁开始焦虑起来。因为他知道自己与太子建的关系从此再也无法修好了，倘若太子继位，自己也将万劫不复，必死无疑。这样的结果当然不是费无忌想要的。他横下心来，要么不做，做了便不罢休！

过了一段时间，费无忌利用在平王身边的便利，说："如今，晋国称霸天下已久矣！晋国之所以能称霸，是因为依靠中原。过去，我楚国先王灭了陈、蔡两国，在那里修城驻军，震慑中原，楚国才有了称霸基础。而今，陈、蔡两国已经复国，我国也退守到了南方，如此，大王您如何再称霸于天下呢？"

楚平王和孟嬴温存已久，突然听到费无忌谈论称霸之事，也醒过神来，问道："卿有何良策？"

费无忌说："大王欲度霸业，为何不让太子去镇守城父（今安徽省亳州市）以联络北方？如此，大王您专事南方，这不能不说是称霸天下的策略啊！"平王沉默了良久，不曾出声。费无忌见平王沉默不语，便想方设法在平王面前败坏太子建。

平王因为有了孟嬴，太子建的母亲蔡姬自然就失宠了。这位公子阳的千金也不曾料到在儿子成婚之后，自己便被平王搁置一旁。蔡姬的脸上毕竟已经刻上了岁月的痕迹，再怎么有办法，也比不过年轻美貌的秦国女子。蔡姬无可奈何之时，唯一的安慰便是儿子已经长大成人，有所作为了。然而，蔡姬哪里想到，费无忌一心要让太子建离开都城。

费无忌知道只要太子建不在都城，他就有机会说太子建更多的坏话，这样才可以挑拨他们父子的关系。有一日，费无忌对平王说："秦婚之事，时间长了，太子不可能不知道。太子因为秦女的缘故，也不可能不生怨恨之心，大王若派太子建去镇守城父，加强楚国边防，应该是一举两得的事情。"

平王这才恍然大悟，明白了费无忌表达的意思。次日，平王便命太子建前去城父镇守，并任命奋扬为城父司马。临行之前，平王还特地把奋扬召来说："司马往后事太子，如事孤也，不可不知？"

太子太傅伍奢听说镇守城父之事，料定是费无忌的离间之计。伍奢正想进宫进谏，费无忌却先对平王说："太子去镇守城父，大王可派伍奢跟随，他毕竟是太子太傅，理应随之左右，以辅佐太子。"平王一想，便同意了。

太子走后，平王就把蔡姬安排到郧地去了。又过了一段日子，平王竟把孟嬴立为夫人。孟嬴入楚宫，事后知道事情原委，亦无办法。虽蒙平王百般宠爱，但平王毕竟年老，孟嬴心中便一直不悦。一年以后，孟嬴生下了儿子，平王喜出望外，把儿子爱如珍宝，取名叫珍。因平王一直想讨孟嬴的欢心，一日，高兴之余竟脱口欲立珍为太子。

太子建去了城父之后，听说父王添子之事，这才转弯抹角地弄清楚费无忌运作的换婚之事。但事已至此，即便太子建对费无忌心有怨恨，也是无可奈何，好在齐女是知书达理之人，自己也甚是喜欢。不久，齐女有孕，生子名胜。

太子建对这场婚事倒还淡定，却不知费无忌的计谋还没有结束。有一日，费无忌对平王说："太子如今驻守城父，统率城父驻军，臣听说太子正在结交四方诸侯，派人与齐、晋两国通好，齐、晋两国对太子都有许诺，大王您不可不防啊！"

平王说："吾儿向来孝顺，不会做出出格的事。"

费无忌说："因孟夫人之事，太子久怀怨恨，在城父缮甲厉兵已经有些日子了，保不定何时就会到都城作乱，大王您要有所防备才是啊！"开始时平王并不怀疑太子会作乱，可是这些话听得多了，假的也成真的了。

平王本来就在孟夫人面前脱口许诺立珍为太子，但改立太子不是小事，要先废掉太子建。这日，平王早上起来听到梧桐树上的乌鸦乱叫，本就心情不好，又听费无忌说太子建欲谋叛逆之事，更是怒火中烧，便对费无忌说："梧桐树上的乌鸦乱叫，不是好事，定是太子要作乱的前兆，废太子宜早。"

费无忌说："太子在外握有重兵，若是就此传令废了太子，会激其反叛。叛逆之事，太傅伍奢是主谋，大王不如先召太傅伍奢回都，再派遣军队捉拿太子。如此，大王便可除去祸患了。"

时当三月，平王便从城父召回伍奢查问此事。平王问道："太傅于城父日夜与太子一起，今建有叛心，太傅可曾知道？"

伍奢听得气不打一处来，愤愤地说："王纳子妇，已过矣！如今又偏听谗言，疏远父子骨肉之情，于心何忍？"

平王本来是要核实建有无叛逆之心，反倒被伍奢教训一顿，心中非常恼火，话也不说，即吩咐侍卫把伍奢囚禁起来。

费无忌对平王道："伍奢方才斥责王纳秦女，他们心中的怨恨已是昭然若揭。今日大王囚了太傅，不久太子便会知晓，必会反击，到时齐、晋两师也定会从中助威，合力攻伐。如此事态扩大，必难挡矣！"平王听了，怒从心头起，密令城父司马奋扬杀掉太子建。

司马奋扬得到平王的密令，知是费无忌在中间捣鬼，便派人密报太子建。信使说："太子，快走！不然，你将被诛杀！"太子建接到密报，便带上齐女及子胜逃离城父之地，连夜奔宋国而去。

司马奋扬知太子已趁着夜色逃走，便让城父守兵将自己绑了，跟着平王信使去郢都面见平王。司马奋扬见过平王，对平王说："世子已逃脱！臣之罪也。"

平王勃然大怒，呵斥道："孤密令于你，无他人知晓，是谁泄风露声，告知了太子？"

奋扬说："不关他人的事，是臣告知，让世子逃跑。"

平王怒："为何违抗孤命？"

奋扬说："昔日大王对臣说过，事建如事大王，臣牢记王言，不敢有二心，故而告知。过后想来，臣是有罪，但悔之晚矣！"

平王说："私放太子，又敢来面见孤王，不怕死吗？"

奋扬说："臣未执王命，若怕死不来，当是二罪！然臣知太子并无反叛之心，更无反叛之举，若杀太子，实是无名。如今大王的儿子活着，臣死了又有何妨？"

平王听了奋扬的话，脸上露出愧色。良久，平王说："司马虽有违命之事，但孤念你也是一片忠心，可嘉奖也。"平王赦其罪，继续说，"今死活两罪都免，你仍做城父司马去吧。"

因太子建出逃，国中已无太子，平王便新立孟夫人之子珍为楚太子，命费无忌任太子珍的太傅。


## 18. 世代忠臣史可鉴　势利小人书有痕

周景王二十二年，为吴王僚五年，这一年是公元前522年。

太子建逃往宋国后，费无忌并不罢休。他对平王说："伍奢有二子，叫伍尚、伍员（伍子胥），都是人中之杰。若二人因为其父出奔吴国，日后必为楚国祸患。

大王为何不以伍奢免罪而召之？二子若爱其父，必应召而来，来则杀之，可免后患矣。"

平王听后，以为好计，甚是大喜，便差人去狱中叫出伍奢，令左右授以纸笔，说："教唆太子谋反，本当斩首示众，今念你祖上有功于先王，不忍加罪。你可写书召二子归朝，授予官职，孤赦你归田便是。"

伍奢心知楚王使诈，要召其父子同斩，便说："臣长子尚慈温仁信，闻臣召之必来；少子员则少好于文，长习于武，文能安邦，武能定国，蒙垢忍辱，能成大事。员此前已知之，怎肯前来？"

平王说："你只须如孤之言，作书往召，召而不来，于你无事。"

伍奢这时还念君父之命，不敢抗违，于是当殿写书：

> 书示尚、员二子：吾因进谏忤旨，待罪缧绁（léi xiè）。感吾王念先人功绩，免我一死，已听群臣议功赎罪，改封尔等官职。尔兄弟可星夜前来，若违命延迁，必至获罪。书到速速！

伍奢写毕呈上，平王看过，缄封妥当，伍奢仍复收入狱中。

平王即遣鄢将师持封函印绶驾驷马，往棠邑方向速速而去。这个时候，伍尚已不在棠邑，而是回城父了。鄢将师便快马去城父寻找，见到伍尚，鄢将师下马便称："贺喜！贺喜！"

伍尚不解，问道："将军不要戏弄我，我父被囚，何喜之有？"

鄢将师说："正是为此而来，日前，王误信人言，囚系尊公。今有群臣保举，称君家三世忠臣。王乃内惭偏听，外愧诸侯之耻，反拜尊公为相国，欲封尊公二子为侯，尚赐鸿都侯，员赐盖侯。尊公久系初释，思见二子，故复作手书，遣某奉迎。请必早早就驾，以慰尊公之望。"

伍尚说："父在因系，心如刀割，得免为幸，怎敢贪官封爵？"

鄢将师说："此王命也，请勿辞。"

伍尚听后心中喜悦，于是拿了父书进得里间去告诉伍子胥。

伍尚把刚才鄢将师说的一番话对伍子胥重复一遍，又说："子胥，可愿去见使者？"

伍子胥说："你且安心坐下，稍等片刻，容我卜一卦，以测吉凶。"

尔后，他对伍尚说："卦象预示国君在欺骗他的臣下，父亲在欺骗他的儿子。如今你去等于送死，哪有封爵好事？"

伍尚说："我非贪图封侯，只是想念父亲欲前去探望罢了！只要与父亲见上一面，我虽死无憾。"

伍子胥说："你暂且不要去，如此，父亲会因你我的存在而得以保住性命。楚王畏惧我们勇武，势必不敢害他。如果兄长去了，你与父亲都必定逃不过一死。"

伍尚说："父子之爱出自内心，若能侥幸见到父亲，那我也就尽心达意，便也觉得坦然了。"

伍子胥说："如若你我与父亲一起被处死，家恨又怎能昭示于世？冤不能伸，仇不能报！你若定要前往，我与你也就从此诀别了。"

伍尚开始哭泣，说："你文韬武略，善于计谋策划，如若真是这样，也是我心甘情愿。父兄冤仇，也唯有你来报。如若不是这样，我能够活着回来，便是老天保佑伍家啊！"

伍尚执意欲去，伍子胥阻挡不住，伍尚与伍子胥就此作别。临别时，伍尚问伍子胥："今日一别，不知生死，只是弟将何往？"

伍子胥叹气说："如若父兄被楚王加害，能报楚者，我即从之。"

伍尚听完，便随鄢将师一道向楚都奔去。

楚平王骗得伍尚后自然是将他拘捕起来，关进牢狱。

费无忌见伍子胥不曾前来，心生惧怕，便对平王说："今囚得伍尚，但伍员还没来，大王宜急捕之，迟则逃矣！"楚平王即遣大夫武城黑领精兵二百前去追捕。

伍子胥探到楚兵来捕，知兄必已被囚，便对妻子贾氏说："今日伍家遭遇大难，我欲逃奔他国，来日定当借兵报仇。只是往后不能照顾于你，你且自加保重吧！"

贾氏听后潸然泪下，说："今你含父兄之冤，如割肺腑，还为我担心，你应立马就走，勿再顾于我了。"贾氏说完，竟转身进入内屋，上吊自缢了。

伍子胥并未多想，以为贾氏一时心酸才去内屋，不想进去一看，见贾氏已断气。他痛哭一场，草草安葬了妻子，新仇加旧恨，也只得咬牙切齿，忍下满腔怒火，持弓佩剑，逃亡而去。

伍员，字子胥，楚国监利人。古籍上说，伍员生得身长一丈，腰粗十围，眉广一尺，目光如炬，有扛鼎拔山之勇，经文纬武之才。伍尚、伍员兄弟二人都随父亲伍奢在城父驻守，协助太子建管理事务，伍员怎会料到伍家门庭突然出现如此劫难，因事发突然，他一时不知去哪里避难为好。

武城黑的兵马很快就到了城父，包围了伍子胥的住所。他下令搜捕伍宅，但并未搜索到。武城黑猜测伍子胥必往东去，便驾车加速向东追击。

武城黑的判断没有错，兵马大约追了三百里，便追上了逃亡的伍子胥。伍子胥见身后出现追兵，便张弓搭箭，一箭把武城黑的车驾射杀了，本想再搭一箭把武城黑也射杀了事，不想武城黑手脚甚快，翻身下车，连滚带爬地逃走了。

伍子胥远远地喊道："武将军，今日留你性命，回告楚王，欲保楚国宗祀，便留我父兄性命。若不然，我必灭楚，亲斩楚王头颅。"

平王得知伍子胥已经逃走，又听到武城黑的传话，大怒，下令费无忌把伍奢、伍尚父子即斩首于街市。

平王问费无忌："伍奢死前说了何话？"

费无忌说："伍奢临刑时狂言道：'楚国君臣从此便不能安心吃饭睡觉了！'"

平王沉默了一阵，说："伍奢说得不是毫无道理。今伍员已逃走，定是逃得不远，应再追拿为好。"

武城黑因不曾拿得伍员，被平王痛骂一顿。平王改派左司马沈尹戌率精兵三千，对伍员穷追不舍。

伍子胥一路逃亡，到长江岸边时心生一计，将自己所穿的白袍挂于江边的柳树之上，又将自己的鞋子弃于江边。之后改穿用江边芦苇做的草鞋，沿江而下。

沈尹戌追至江口，远远望见有白袍在江边的柳树上飘荡，便派人前去察看。探子回报后，沈尹戌前往观察，又见得鞋子一双，知是伍子胥丢弃的袍履。沈尹戌得其袍履而回，奏明平王："伍子胥在江边留下袍履，怕是沉江，然死不见尸，活不见人。今已不知去向。"

费无忌凑近说："沉江绝无可能，许是伍员使了诡计，迷惑将军罢了。臣有一计，可绝伍员之路。"

费无忌之计是张榜通缉。他说："大王应四处悬挂伍员画像，不管何人只要捉得伍员来献，赐粮五万石，封大夫官职；如若有胆敢收留他，杀尽全家。"

楚平王依计而行，命宫中及城内画工日夜画像，再令兵丁四处张贴。平王在各地关卡、渡口增加守卫兵丁，兵丁对来往行人严加盘问。他还不放心，又广派楚国使者遍告列国诸侯，一律不得收留楚国逃犯伍子胥。平王认为如此一来，伍子胥便进退无路，虽一时抓他不着，但已成孤势，便成不了气候了。

伍子胥沿江东下时，心里慢慢有了目标，他要去投奔吴国。伍子胥很清楚，吴、楚相邻，两国是一对老冤家，也只有吴国敢收留他了。然而，吴国路途遥远，且有江水相隔，一时难以到达。

伍子胥想起了太子建，他得悉太子建逃至宋国，心想自己不如先去那里，日后视情况再作打算。于是，他便朝宋国的睢阳城而去。

伍子胥在逃奔途中，只顾匆匆赶路，突然，听到有人在叫他的名字。定睛一看，原来是他的好友申包胥。

申包胥是个有名的才子，这次偶遇是他出使回途。伍子胥遇见申包胥，真是他乡遇故知。心中的痛苦加上逃亡的艰难，让伍子胥失声痛哭。哭完之后，他把自己的不幸遭遇一一讲给申包胥。

伍子胥说："平王残忍，杀害我父亲兄长，如今我该如何是好？"

申包胥沉默了一会儿，说："我要是叫你报仇，便是对平王不忠；要是叫你弃仇不报，便是对朋友不义。我能说些什么呢？子胥，你还是上路吧。"

伍子胥说："无论如何，我定要让平王偿还犯下的罪孽，以洗刷我父兄蒙受的耻辱。从此余生，我就只有灭楚一事了。"

申包胥说："楚乃你我之母国，你若灭楚，我便保楚；你若欲危害楚国，我将使楚国安宁。"

说完，二人便分道扬镳。

## 19. 太子建见利忘义　郑定公横刀断情

没过多久，伍子胥到达宋国的睢阳城。与太子建相见时，又是抱头痛哭。号啕一场之后，各诉楚平王无情，费无忌歹恶。

然而，伍子胥来得不巧。此时，宋国正发生一场大规模的叛乱。宋本为商之宗邑。宋之立国始于微子，本是商之子遗。宋的读音也是商音的转声，宋人为殷商遗人。

宋元公因为不讲信义，宋国人都已经厌恶了他。宋大夫向宁、华定、华亥等人得到宋国人民的支持，正准备谋杀元公。太子建来到宋国已是数月，直到现在还不曾见到元公，过着在宋大夫间流浪的日子。如今，宋国的街头到处都在传言，说楚平王派薳越将军前来助华氏谋反，楚军已在路上，不日将到。

伍子胥听到这个消息，便与太子建商量："不管消息是真是假，宋国都非久留之地，还是趁早离开这个动乱的国家。"于是，二人投奔郑国。

伍子胥与太子建到达郑国时，郑国正与晋国邦交，与楚国为敌。这对于他们来说，应该是件好事。伍子胥一人先行拜访郑定公，定公知伍子胥是三代忠臣之后，今日来投郑国，心中甚是喜悦。伍子胥见定公收留，又道此次是与楚太子建同行而至，定公一听，更是大喜。

二人终于在郑国安定下来，并且郑定公给了他们很高的礼遇。生活虽然安定了，报仇之心却安定不下来。

伍子胥与太子建每次去见定公，总是哭诉各自的冤情。郑定公也不笨，知二人心中所想，道："郑国微，兵寡，不足用也。子欲报仇，何不谋之于晋？"郑定公的意思很清楚，郑国是个小国，在这里生活是可以的，但出兵去与楚国叫板，不免是鸡蛋碰石头。你们要报仇泄怨，为何不去晋国谋求办法呢？

定公说的不是假话。

郑定公是郑国第二十任国君，姓姬，名宁，在位时间是公元前529—前514年，共在位十六年。郑国传到定公之时已是今非昔比，国势一路下行。周宣王二十二年（前806），周厉王的幼子姬友封于郑地（今陕西省渭南市华州区、宝鸡市凤凰翔区一带）。姬友建立郑国，是郑国的开国之君，史称郑桓公。周幽王时期，郑桓公任周王室司徒。在教化国民的同时，他看出西周即将灭亡，在太史伯的建议下，于郑桓公三十三年（前774），郑国迁移到东虢国和郐之间（今河南省嵩山以东）。郑国迁移不久，犬戎把周幽王杀死了，周王室司徒郑桓公也不幸死于这场战争。桓公之子武公（姬掘突）即位，攻灭了周边的郐和东虢国，定都新郑（今河南省新郑市一带）。武公在位二十七年后去世，儿子庄公（姬寤生）即位。武公、庄公当时都是周平王的卿士，在周王室拥有很大的实权，所以在春秋初年，郑国甚是活跃。庄公时代，郑国内部肃清余孽，外部消灭许国，打败宋国。一段时间之内，强大的齐国也对郑国俯首称臣，跟随郑国东征西讨。郑国是春秋时期第一个强起来的诸侯，故而有"天下诸侯，莫非郑党"之说。自此，庄公对周王室的态度也骄横无礼。庄公的目中无人促使周平王分权。周平王要把郑庄公的一半权力分给虢公，庄公知道后，竟去责问平王。平王毫无办法，竭力否认，以至发生"周郑交质"事件，并且爆发了战争。然而好景不长，郑庄公死后，郑国陷入内乱。经过几次君位的争夺，郑国国势大不如前，而周边列强则纷纷而起。地处南方的楚国由于要求周天子加爵不成，早已不尊周王室的号令，开始大肆兼并汉水诸姬姓国，危情直捣郑国。与此同时，北方晋国的曲沃一族在对晋国公室的斗争中取得了绝对优势。齐国则通过改革，齐桓公开始称霸。郑国的地理位置夹在楚、晋两大强国之间，郑国失去了机遇，已是无险可守，成了春秋列强争霸的战场。也难怪这一时期的郑国时而亲楚，时而亲晋，弄到"爷来爷好，娘来娘好"的地步。

　　郑定公之后的一百三十九年，也就是在定公之后的第七任君王郑康公（姬乙）手中，郑国被韩国灭国，是年为公元前375年。当然，这已是后话了。如今伍子胥与太子建听了定公的话，也一时拿不定主意。

　　经过反复商量，太子建决定先去往晋国察看形势。晋顷公热情地接待了他。太子建把自己的冤情详细陈述了一番。晋顷公显得十分气愤，想借此不义之事伐楚。他立刻召六卿共议。当时，晋国的六卿是魏舒、赵鞅、韩不信、士鞅、荀寅、荀跞（lì）。晋顷公时期是臣强君弱时期，每逢大事，晋顷公必召六卿共议，不敢自专。然而，晋国六卿之中除了魏舒、韩不信有贤名外，其他四卿都是贪权怙（hù）势之辈，其中以荀寅尤甚。

　　荀寅与郑国素来不和。此时，他抢先对晋顷公说："郑国在晋、楚之间两面倒也不是一天两天了，郑定公今日信任太子建，容楚太子在郑国居住，楚太子若能利用此机会做我晋国之内应，我国此时起兵灭郑可成。若成，我国可把得来的郑国之地封赠与太子建，然后，我国再图灭楚。"

晋顷公说："郑国当下正与晋国交好，怎么能做这种事？"

荀寅说："郑国向来同楚国交好，也多次助楚害我晋国，今虽投靠我国，日后还会投靠于楚，合楚祸害于晋。"

晋顷公一时没了主见。晋顷公召集六卿明明是讨论伐楚之事，议题却突然变成了欲兴师灭郑。晋顷公在大是大非问题上毫无主见，便将荀寅之计告知太子建并与其商议。太子建一听，贪图郑国之地，竟忘恩负义，答应了顷公。

太子建回到郑国，把伐郑事宜告诉了伍子胥。伍子胥对太子建说："晋国之计为侥幸之计，必不可！不为晋应，未有罪也。若谋郑，则信义俱失，何以为人？今虽动念，但未动手，若是动手，祸立至矣！"伍子胥把局势看得十分明了，劝太子建不要做晋国的内应，若贪于得国，不但毫无信义可言，还会引来杀身之祸。

太子建本来想与伍子胥一道谋事，没想到伍子胥竟然一口否决。他左思右想，终不肯听伍子胥的告诫，开始在晋国的策划下谋取郑国的行动。

太子建先是用晋国的财物贿赂了郑定公身边的二十余人，过了一段日子，晋人便到郑国与他密商起事日期。然而，谋国是件天大的事情，太子建不知自己的图谋早已泄密，受贿者中有人向郑定公汇报此事。郑定公闻言，毫不含糊地把太子建杀了。

太子建的随从急急忙忙来馆驿告知伍子胥，说太子已被郑定公杀害。齐女在过道上正巧听到消息，当即昏死过去，竟再也没有醒来。太子建之子胜（芈胜）尚小，见母亲突然倒地而亡，扑在齐女身上号哭。伍子胥感到情况紧急，对芈胜说："此时不跑，性命难保。"

伍子胥吩咐太子建的随从好生把齐女安葬，自己便迅速做了一番乔装打扮，带着太子建的儿子芈胜逃出了郑国的都城。

伍子胥在荒野中，看着眼前惊魂不定的芈胜，思量着何处才是安身立命之地。眼下已是到了走投无路的地步，只有吴国才是希望之地。伍子胥拉起芈胜，便往吴国的方向奔逃而去。

## 20. 员奔吴走投无路　过昭关柳暗花明

伍子胥与楚公子芈胜生怕郑国追兵来捕，一路上小心翼翼，昼伏夜行，很快便到了陈国地界。伍子胥知道陈国也非久留之地，不敢停下脚步继续向东行进，数日之后，两人近得一地——昭关（在今安徽省含山县北）。

二人行至历阳山，问过当地人，知历阳山离昭关约有六十里之程。伍子胥知道他们已经出了陈国，转入了楚地，眼前的昭关正是楚国东行的重要关卡。

白天，伍子胥不敢在官道上行路，便与芈胜偃息于深林中，徘徊不进。一日，伍子胥在林间小道突然碰到一老者，伍子胥正想避开，不想老者向他作揖。伍子胥只得回礼。老者说："君莫非就是伍员子胥？"

伍子胥大吃一惊。老者察觉到伍子胥的惊慌，便说："子胥莫慌，吾乃神医扁鹊弟子，人称'东皋公'是也。老夫年老隐居于此，时日已久矣。"

伍子胥这才定下神来，与东皋公打听外界的情况。原来宋国所传的"楚国将领蘧越兴师帮助宋国华氏谋反"是个谣言。蘧越之师这时正镇守在昭关。

刚才，东皋公能够一眼认出伍子胥，是因为几天前他去昭关关卡给蘧越将军看病，见到那里张贴的伍子胥画像与眼前之人十分相像，故而上前询问。

伍子胥见东皋公面目和善，知非恶人，行过大礼之后，便点头称是。东皋公说："蘧将军镇守昭关，昭关在小岘山（在今湖北省）之西，两山并峙，中间有一口，是庐、濠往来之冲，此关难过矣！子胥若能出得此关，便是大江通吴的水路了。"伍子胥听了不由得浓眉紧锁。

这时，东皋公又说："寒舍就在山后，伍公子有话可去舍中再叙。"伍子胥看东皋公眼神和善清澈，不似有诈，便随他而去。

进得山中小屋，双方又行礼节，伍子胥便把小主芈胜介绍给了东皋公。东皋公说："自从伍公子出行，平王便下令捉拿，将伍公子之通缉头像贴得到处都是。如今关上戒备森严，每日开卡必严加盘查，没有关照是过不去的。听蘧将军说，平王料定伍公子必从此关出行吴国，故右司马蘧越带领精兵驻扎于此久矣！伍公子若欲去吴，又必过昭关，须思得万全之策，才可脱险。"

伍子胥赶紧向东皋公讨教计策。东皋公说："伍公子急不得，容我几日，定想得一策送你过关。"

伍子胥和芈胜便在东皋公的山中小屋暂住，七日已过，东皋公只以酒菜招待，闭口不提过关之事。伍子胥因大仇在心，以刻为岁，等待不得，忍不住催问东皋公。东皋公说他在等一个人。到底在等何许人，他却不说。

伍子胥又熬过几日，天天夜不能寐，只觉身心如在芒刺之中。一日早上，伍子胥起来碰到东皋公，东皋公露出难以置信的神情，原来伍子胥在一夜之间竟是须鬓全白。这便是"伍子胥过昭关，一夜愁白了头"的典故。伍子胥听说自己须鬓全白，急忙借着溪水一照，放声痛哭起来。东皋公走过去说："此乃伍公子吉兆矣！伍公子，老夫要等的人已经到了。"

东皋公一直说在等一个人，此人名叫皇甫讷。伍子胥一看，眼前之人竟与自己长得十分相像。于是，东皋公详细说了送伍子胥出关的计谋。伍子胥听后称是。

伍子胥与皇甫讷相互换了衣服，伍子胥扮作一仆者，小主芈胜扮成了村家小儿。三人收拾停当，便向昭关进发。

皇甫讷来到昭关关卡，正欲过关，守卡兵丁突然看到他长得和画像一模一样，便扣下他不予通过，并跑去报告蒍将军。蒍将军站在高处遥望，说："正是！押上来！"镇守关卡的将士便蜂拥而出，围住了皇甫讷。

等着出关的人听说伍子胥被抓，争相围过去看。就在这个当口，伍子胥和芈胜趁着卡上松懈无人，赶紧跑出关去。

东皋公知伍子胥与芈胜已经走远，便赶去关卡营救皇甫讷。东皋公见到蒍将军后说："蒍将军，听说将军抓了伍子胥，老夫也凑个热闹，结果一看，这人哪里是伍子胥？这是老夫友人皇甫讷！"

蒍将军先是一愣，再亲自去仔细打量和盘问，才知确实抓错了人。抓错了人不说，此人还是东皋公的朋友，心中更觉惭愧。蒍将军命下人设酒席为东皋公的朋友皇甫讷压惊。酒席之间，蒍将军听说东皋公是邀约皇甫讷前去东游，皇甫讷先行出关，才出了这般差错。蒍将军便又吩咐下人资助二人东游的盘缠。

伍子胥出了昭关，心中暗喜，便大步而行，只过了一炷香的工夫，已是数里之外。伍子胥正想坐下歇息，却见迎面有人走来，定睛一看原来是左诚。左诚是城父人，曾经跟随伍家父子射猎，所以二人不但认得还很熟。如今，左诚是蒍将军手下驻在昭关的击柝（tuò）小卒。

左诚见来人是伍子胥，愣在那里，直觉奇怪。良久之后，左诚便问道："关卡查得严，伍公子如何过得？"

伍子胥笑了笑，说："关卡查得严，真要过得也容易。因我有一颗夜明珠，薳将军知道后便向我索要。不过，此珠早已落入他人之手，薳将军便让我去取，所以放我过来。"

左诚不信，说："楚王有令，放公子者，全家处斩。公子如今同我前去关上，问明薳将军，才可前行。"

伍子胥说："可以，见了薳将军，若我说夜明珠已交予你手，你说得清吗？今日，你不如做个顺水人情，视作不见，日后你我还好相见。"

左诚听出了伍子胥的话中含义，想了想，自己一个击柝小卒，只是每日夜间敲着梆子喊喊平安无事，也犯不上和伍子胥过不去。况且伍子胥是个勇力之人，若他不去，自己也奈他不得，要是硬来，恐自己性命不保。左诚不敢相抗，只说如此也好，你我不曾相见。左诚回到关上，就此隐瞒了此事。

伍子胥别过左诚，怕左诚去关上告密，便同芈胜一路疾行。到了鄂渚之地，伍子胥停下脚步，遥望大江，只见波涛万顷，浩浩荡荡，江中却无舟可渡。

伍子胥恐后有追兵，心中焦急万分。就在此时，忽见有一渔翁乘船从下流溯水而来。伍子胥对胜说："天不绝我也！"便急切地呼喊，"渔父渡我！渔父速速渡我！"

渔翁听到江边有人呼喊，但见岸上有其他人走动，不敢贸然前往，便放歌暗示伍子胥进芦洲等待。伍子胥听懂渔父的歌声，便进入芦洲等待。过了一会儿，渔翁将船拢岸而来。

伍子胥、芈胜二人待船停妥，便践石登舟，渔翁随即将船驶入江心，不到一个时辰，船到达对岸。这时，一直不曾说话的渔翁才开口道："夜来梦到将星坠入吾舟，知必有异人问渡，今观子容貌，确非常人。"

伍子胥见船已在江南，就告知姓名。渔翁见伍子胥面有饥色，便将船系于树下，称自己入村取食，请公子在此耐心等待。

伍子胥久等不至，心中起疑，便对芈胜说："世道险恶，人心难测，该不会去找人来图谋你我？"于是，二人又急忙隐于芦苇深处。

渔翁拿了麦饭、鲍鱼羹、盎浆（酒）来到树下，却不见伍子胥和芈胜，便高声叫道："芦中人！芦中人！吾不是以子为取利者也！"伍子胥与芈胜听到喊声，察看四周确定无人，方才出了芦苇，在树下饱餐了一顿。

临别时，伍子胥解下剑欲送于渔翁，说："此剑乃先王所赐，自吾祖父佩之，已三世矣。中有七星，价值百金，以此答丈人之惠。"

渔翁说："楚王有令，得伍员者，赐粟五万石，爵上大夫，吾都不图，难道图此百金之剑？"

伍子胥见渔翁执意不收，心中又是起疑，但嘴上只是说："敢问丈人姓名，好来日报答。"

渔翁说："吾只叫汝芦中人，汝便叫吾为渔丈人罢了。"

伍子胥听懂了渔丈人的意思，就此告别而去，走不多远又折了回来。伍子胥求渔丈人保守秘密，唯恐引来楚国追兵。

渔丈人听了，仰天长叹，说："吾渡汝是为德，汝却起疑，若追兵从别处渡江，吾哪里还说得清楚？吾愿一死，让汝放心便是。"说完，渔翁跳上船去，船至江中，渔翁竟倒翻船底，溺于江心。

伍子胥心头一阵难过，只怪自己多疑，无奈话已出口，渔丈人也已溺水而亡。伍子胥望着滚滚江水，叹息而去。

伍子胥与芈胜终于进入吴国的境内，二人一看界碑，已到了溧阳，这才觉腹中是饥饿难捱。

就在此时，伍子胥见一女子，正蹲在沙石之上于急流中浣纱。女子身旁有一圆竹筐，筐里有饭。伍子胥停下脚步，上前问道："夫人能否赏些饭吃？"

女子回头见是一老一小两个男子，说："妾独与母居，三十未嫁，怎能随便将饭给过路之人？"

伍子胥实在饥饿难捱，便再三请求。浣纱女子再次抬起头来看伍子胥，见他满头白发，但形貌魁伟，便说："妾观君之貌，似非常人，如实在饥饿，妾怎能看得过去？"浣纱女子起身揭开竹筐，取出酒菜，跪而进之。

伍子胥、芈胜二人吃了一半便停下了。浣纱女子问："君似远行，为何吃个半饱？"于是，两个人又接着吃，直到吃光为止。

临行时，伍子胥对女子道谢，并说自己是个苦命的逃亡之人，倘若遇见他人，请不要告诉此事。女子凄然感叹："妾服侍寡母，三十未嫁，发誓坚守贞节，而今又予汝等饭吃,还与男子说话。妾已贞节全失,日后如何做人?汝赶紧走吧。"伍子胥听了怕节外生枝,便赶紧离开。

伍子胥没走多远,回头却见此女抱石移步,于是赶紧喊停,无奈女子烈性,还是投江而去。伍子胥心中感伤,恨恨不已,回到江边,咬破手指在石上沥血写下了二十个字:"尔浣纱,我行乞;我腹饱,尔身溺。十年之后,千金报德!"伍子胥写完之后,又恐被人发现石上之字,查出自己的逃亡踪迹,临走前用泥土把石头掩没了。

伍子胥、芈胜二人过了溧阳,又向东行了三百余里,到达一地,名叫吴趋。在吴趋的街上,伍子胥见一壮士正与一大汉厮打。壮士状如饿虎,声若巨雷,街上众人在旁力劝不住。突然,门内有一妇人叫道:"专诸,不可!"壮士即有畏惧之状,敛手归家。

伍子胥觉得奇怪,问旁人得知门内叫他停手之人是他的母亲。壮士名叫专诸,是吴趋乡里出了名的勇士,可力敌万夫。旁人又说,专诸平生好义,不畏强暴,见有不平之事,即肯出死力相助。他是个孝子,素有孝行,事母无违,虽当盛怒,闻母至即止。伍子胥听后说:"专诸,真烈士矣!"

伍子胥、芈胜二人当日即在吴趋投宿。睡眠之中,伍子胥做得一梦,梦中之境竟与白天所见专诸与大汉厮打时一模一样,只是在梦中,大汉变成了自己。伍子胥醒来之后觉得奇怪,心想梦境与事实相反,莫非我与此人有缘,不然梦中怎会有此照应?伍子胥这么一想,决计明日前去拜访。

次日一早,伍子胥便去专诸家造访。他对专诸说:"昨日在街上见壮士勇猛,再听街坊传言壮士乃一孝子,夜来又做了个梦与壮士结交,我谓之与壮士有缘。我敬子孝行,特登门拜访,愿与你结交,不知壮士意下如何?"

专诸见来者虽头挂霜雪,却长得魁梧,话中透着知书达理,一来便是赞扬自己的孝行,心中喜悦。说话之间,二人便互道姓名,以兄弟相称。因子胥长专诸两岁,便做了大哥。专诸为喜迎贵客,便在家设宴招待。席间,热酒下肚,伍子胥便把自己的冤情一一告知专诸。

专诸说:"兄长负此大冤,何不求见吴王,借兵报仇?"

伍子胥说:"贤弟有所不知,愚兄初来乍到,人生地不熟,未有引见之人,不敢自谋。"

二人你一言我一语，竟已亲如兄弟。谈话之间，不觉日光移步，时已黄昏。专诸叫堂客掌上灯来，再添黄汤，重煮菜肴，便又喝了一通。二人相见恨晚，喝得只是哥哥弟弟，别无他语。芈胜则在旁呼呼大睡。夜色已深，专诸不肯放哥哥离开，硬留伍子胥、芈胜夜宿。

次日早起，伍子胥便别过专诸，说："我此去吴都，按贤弟所言，觅一机会，便求事于吴王。"

专诸说："吴王好勇而骄，不如公子光亲贤下士，若投靠他，来日必有所成。"

伍子胥说："蒙贤弟指教，我当牢记。他日有用弟之处，万勿见拒。"专诸允诺。二人就此依依别过。

伍子胥又一路东行，见吴都梅里就在眼前，心想芈胜毕竟是楚王后人，怕生枝节，便让他藏于郊外，先不入都，自己只身来到吴都梅里。

吴都梅里城郭卑隘，朝市粗立，舟车嚷嚷。这吴都与郢都还真是不能比。方才伍子胥一路进城，心情异常激动，直到走入梅里市井，才觉得口干舌燥。正在此时，他的眼前出现一条大河。大河的河滩石上有位妇人在洗衣择菜，伍子胥便走上前问洗衣妇人大河的名字，才知此条大河名叫伯渎，是吴国开国始祖太伯所凿。伍子胥一屁股坐在河滩石上，捧起河中的清水，猛喝了几口，直觉得河水清冽而甜爽，便又捧起一汪清水，在脸上擦洗。擦洗完毕，伍子胥顿觉有凉风拂过，心中一阵清爽。

然而，伍子胥在吴国举目无亲，如何能近得吴王呢？

## 21. 吴市小吏善相面　阳山农夫谋深算

周景王二十五年，为吴王僚七年，这一年是公元前 520 年。

伍子胥在吴都梅里伯渎河的河滩石上坐了良久，河边一棵大柳树上的知了不知伍子胥有心事正在烦恼，"知了，知了"地叫个不停。伍子胥抬头望着柳树，知了就在眼前的柳枝上随风晃荡。伍子胥想：自己不及一只小虫，挂在枝头毫无烦恼。知了声里，他心生一计，便挖出伯渎河中的烂泥抹在脚上和脸上，惊得洗衣妇人躲闪不已，只道大汉不是怪人就是疯了。

伍子胥不管这些，从腰间取出一支箫来，走上街头。市中百姓见此大汉顶着一头白发在街头吹箫，又时不时在路旁装疯卖傻，都好奇地跟着他。伍子胥吹箫于梅里吴市，因心中充满怨恨，箫声哀怨。

一日，梅里吴市的被离听出了伍子胥的箫外之音。被离本是一个善相之人，今任吴市小吏，专管市场摊贩。被离之职乃公子光所荐，因为被离会相面识人，公子光要求他利用行走吴市之机，咨访豪杰，把发现的人才引为自辅。

被离听到伍子胥的箫声，出门一看，不由得大吃一惊，心想：我相人也算见多识广，却从未见过此等相貌！莫非是楚国逃臣伍子胥来此？于是，被离上前作揖，道："公子箫声哀怨，必因心满怨恨。小吏听说楚王残暴，杀害忠臣，逼得伍子胥逃亡，难道公子便是？"

伍子胥没有直接回答，只是从乱蓬蓬的头发中睁开眼睛看着被离。被离又说："我非坏人，见公子虽蓬头垢面，但绝非一般常人，被离只愿为公子求得富贵。"

伍子胥看着眼前套着近乎的吴市小吏，想着自己在这里举目无亲，今又用烂泥抹脚涂脸在吴市吹箫乞讨，出此下策，就是想要引起官家的注意，要见吴王，若无官家之人引见定是枉然。今日有小吏被离搭讪，好歹也是官家之人，或许是个机会。想到这里，伍子胥对被离说："官家之人眼光厉害，小民正是楚国逃亡之臣伍子胥。"被离与伍子胥一番寒暄之后，伍子胥便提出要被离引见吴王。

被离本想引见于公子光，不料伍子胥一再要求见吴王。被离便答应了伍子胥的要求，说："伍公子稍等，待我先去报知吴王。"

吴王僚一听说是楚国逃亡之臣伍子胥求见，当即要被离引伍子胥入宫。被离出宫后，想到自己毕竟是公子光推举，得官之后也不曾为公子光觅得人才，而眼前之人却是大才，此事公子光不能不知。被离告知伍子胥道："吴王欲立马召见，但公子如此模样进不得宫，须沐浴更衣，再入宫去见。"被离安排他去沐浴，趁伍子胥沐浴之际，急忙向公子光私报而去。

公子光得知后，问被离："为何要告于吴王？"

被离实话实说："伍子胥非一般常人，他定要见的是吴王。"

公子光想：此人之才只是听得，不曾见得，今可借故去宫中见面察之，探个究竟。我得立刻入宫，先于伍子胥一步。

公子光说走就走，来到吴王宫中，见过吴王，说："臣昨夜去太湖边检查水军，住在帐中梦见大王，醒来想：是久未见到大王，心中思念。今日早起，见湖边渔家捕得硕大的白鱼，知王最爱品尝烤炙鱼味，当即让渔家烤炙，今特意带来拜见，请大王尝鲜。"其实，公子光所带的炙鱼是在来途的吴市烤炙店里购买的。

吴王僚听说公子光为自己因念成梦，又带来烤炙白鱼，心中喜悦，便说："贤兄真是上心。既是这样，我等一同食之，顺便等待一人。"

公子光问道："是何人？竟让大王等待，快传便是。"

吴王僚说："楚国逃亡之人，一同见见如何？"

公子光说："听王差遣。"

没等多久，伍子胥便跟着被离来见吴王。吴王僚见眼前之人状貌伟岸，一头白发，十分惊奇，确非一般常人。吴王僚问道："伍公子来我吴国有何事？"伍子胥跪而不起，说起父兄被楚平王加害之事，说话之间咬牙切齿，怒目圆睁。

吴王僚得知伍家悲惨经历，深表同情。吴王僚感叹道："子胥，贤孝啊！若是不嫌，在吴为臣如何？"

伍子胥急于借兵伐楚，报仇雪恨，便提借兵之言。吴王僚问他伐楚方略，伍子胥脱口而出。吴王僚便说："报伍公子的心头之恨，容孤日后再定。吴国定当为公子兴师伐楚，报仇雪恨。子胥不妨今为大夫，先为吴国谋事如何？"

公子光一言不发，在旁观察，只见此人果非常人。眼前之人应是智勇双全，公子光恐子胥成为吴王亲信，更有心将他纳于自己门下。如果子胥成了吴王亲信，日后便是挡住自己的一块巨石。于是，公子光起身对吴王僚说："臣听大王称赞伍公子贤孝，不知大王从何看出？"

吴王僚说："孤听伍公子陈述，又一同筹策国事，伍公子句句都在要害，此为贤。伍公子说到父兄之冤，时刻不忘报仇，还求孤出兵伐楚，此是孝。难道贤兄不曾听到？"

公子光说："大王，吴、楚之间兵刃相见已久，只是兵刃之中吴国不曾有过大胜。若大王欲为伍公子兴师动众，岂非为报个人之仇而动用一国之军？若胜了，也是泄其愤怒；若败了，则是吴国的耻辱。都说万乘之主，不为匹夫兴师，何况伍公子还是一个外人，如此为之，臣觉得不可取矣！"

吴王僚听了公子光的话，觉得不是没有道理，就对伍子胥说："伍公子，孤答应的伐楚之事本也是来日方长，非眼下所为。"

伍子胥在一旁听到公子光的谏言，想起专诸曾经提及的话，知眼前之人心有内志，只是不曾对外表露而已。于是，伍子胥再拜吴王僚，推辞吴国大夫之职，只是向吴王僚讨要几亩良田。这时，公子光又对吴王僚说："伍公子以大王不肯兴师，便辞职不受，心存怨念，臣看此人不可用。"

吴王僚一时缺乏主意，见伍子胥不受官位，便顺水推舟赐伍子胥阳山（今江苏省苏州市阳山）之下田地十亩，听其自去。伍子胥谢过后离开。

次日，被离便领伍子胥去阳山之下察看吴王僚赐予的王田，见伍子胥身边还带着一个小儿，一问才知道是被楚国抛弃的王孙，因父被郑定公所杀，孤苦伶仃。伍子胥说："同为天下沦落人，一老一少互相怜。被大夫只是自知为好，不要道于旁人。"被离应诺。

自在阳山得了吴王田地，伍子胥便与芈胜在阳山之野日日耕种，过起农夫生活，自此也不去宫中，便与吴王僚日远。然而，伍子胥的心志哪是十亩王田？农夫的日子只是暂而为之。伍子胥心中料定，公子光定会记着自己。

转眼夏季过去了，但江南的夏季与别处有些不一样。江南夏季的尾巴拖得特别长，伍子胥眼看稻熟变黄，天气的余热还是不散，积聚在心头的怨恨更是日日发酵。他曾经想去私会公子光，转念一想，或许公子光的心里比自己还急，走过去与走过来还是有天壤之别的，说不定哪天他就走过来了。

伍子胥没有猜错，公子光自见了他后，真是日日烧心。一日，公子光叫上被离，说要前去阳山看田，实则是去考察子胥。伍子胥不因前嫌，与公子光相谈甚欢。自此之后，公子光便干脆抛开被离单独前往，且每次去都不空手，来往之中二人便混熟了。

有一次，公子光问伍子胥："子胥出入吴楚之境，有无遇见勇力之士？"

伍子胥说："见过一人，名叫专诸，真勇士也！"

公子光说："我欲结交专先生，你可否引见？"

伍子胥说："专诸为我结拜之弟，可叫他来日拜见公子。"

公子光说："既是才勇之士，理应是我去造访，岂可召来？"

公子光见人心切，约定三日之后便去造访，伍子胥应诺。

这日天明，公子光与伍子胥便同车共载，直奔吴趋专诸之家。

黄昏时候，专诸正在家门口一块巨大的水磨石上磨刀，准备帮别人杀猪。突然见一华丽马车径直而来，正欲避让，听得有人在叫自己的名字，仔细一看，原来是伍子胥。伍子胥在车上急忙招手喊道："愚兄在此！"专诸急忙放下刀，两手在衣袖上来回擦净，等候伍子胥下车。

伍子胥指着身边的贵人说："此乃吴国长公子，便是贤弟说过的公子光。今慕吾弟英勇，特来拜见，弟不可辞。"

专诸说："我闾（周代户籍编制单位，二十五户为一闾）巷小民，有何德能，敢烦劳此大驾？"

专诸说归说，却是作揖请公子光进屋。因是蓬门荜户，公子光只能低头而入。公子光入得屋内，随即奉上金帛，作为初次上门拜见的贽（zhì）礼。专诸见公子光的见面礼实在贵重，便一再推让，伍子胥在旁力劝，专诸才收下。

自此，专诸投于公子光门下，公子光对专诸关心备至，常派心腹予其米肉布帛，或专去问候专诸老母。再说专诸遇到贵人，也不知是祖上哪世修来的福分，心中只是对公子光感激万分。

过年时分，公子光与伍子胥又专门去看他，专诸觉得实在过意不去，便对公子光说："我是村野小民，蒙公子大恩，无以为报！常言道：大恩不言谢，公子倘有差遣，唯命是从。"

公子光听专诸所言，便向专诸述说了心中图王之意。他说："吾先王三叔馀眜去世，四叔季札不受君位，既是四叔执意不受，我姬光乃太伯长子诸樊之后，理应立吾！而今却是立僚为君，僚怎可为君？于祖制礼法不合。今吾势单力薄，不足以图谋大事，故欲求助壮士，剑刺王僚。"

专诸听公子光如此道来，心中不禁一惊，一时语塞。尔后，专诸说："公子为何不明理于吴王，使其退位，何必用剑。以伤先王之德？"

公子光说："僚贪而恃力，知进之利，不能退让，与之言也是与虎谋皮，反生忌害。光与僚已是势不两立！"

专诸说："公子之言小民记得，只是我有老母在堂，不敢以死相许。"

公子光说："吾知先生为孝子，今母老子幼，只此大事无你不成！"他又补充道，"事成之后，先生之子及老母便是我子及老母，自当尽心照顾。"

专诸沉思良久，说："凡事轻举无功，必图万全。鱼在水底深渊，入渔人之手，必有香饵。今欲谋吴王，必投其所好，方能亲近其身。不知吴王有何所好？"

公子光说："好味。"

专诸问道："何味最好？"

公子光说："尤好炙鱼。"

专诸说："既是吴王喜烤炙鱼味，我杀猪之人必先学得一手厨艺，尤其是炙鱼之技。"

最好的炙鱼之技在太湖边的一个渔夫之家，公子光亲自上门与渔夫讲好，让专诸前往学炙鱼之技。专诸在渔夫家中住了下来，一学便是三个月，烹饪太湖鱼鲜是次，尤其学精了炙鱼一术。三月时过，渔夫品尝专诸的手艺，不禁啧啧称赞，称其炙鱼浓香四溢，肉嫩味鲜，已胜于我，足已成为一道美味佳肴。专诸这才告别渔家，在家静候公子光的召唤。

一日，公子光同伍子胥一起去品尝专诸炙鱼，二人吃后也大加赞赏，都说此乃仙界之肴。

三人商量一番，伍子胥让专诸去公子光的府中当厨，以等待时机。

日子一天天过去，公子光心中急切，问伍子胥："专诸已精其味，如此，何以近得吴王？"

伍子胥说："欲制鸿鹄，必先去其羽翼。公子知道，吴王僚的儿子庆忌不能小觑，其筋骨如铁，万夫莫当，是个手能接飞鸟，步能格猛兽之勇士。今庆忌时刻不离其父王，仅此一人尚且难以得手，何况庆忌之弟掩馀、烛庸手握兵权驻守国中。你我即使有擒龙搏虎之勇，神鬼不测之谋，也难成此事。"

公子光听了伍子胥的话，心凉了一半。他问道："如此说来，如何是好？"

伍子胥说："公子要除掉僚，必先去其三子，然后可图大位。不然，侥幸事成，公子能安心在位吗？"

公子光思考良久，恍然说："君言是也！"

## 22. 姬光率师显军威　平王修城压吴都

周敬王元年，为吴王僚八年，这一年为公元前519年。

秋天。

楚太子建与晋国图谋郑国不成，太子建在郑国被杀已有三载。建母蔡姬因平王宠爱秦女孟嬴，也早已失宠，蔡姬被请回蔡国郹城（在今湖北省）娘家也有些时日了。楚平王对这位曾经倾心的夫人已是不问不闻，做得很是绝情。

可是，秋天的落叶不时地牵动蔡姬的心事。遥想当年，这位不顾一切追求楚国公子弃疾的蔡国阳府千金，如今因为夫君得了新欢，自己悲情还乡不说，儿子竟也命丧他乡。蔡姬望着落叶，思念着她的孙子芈胜，这个跟着伍子胥一同逃亡在吴国的孩子，不知过的是什么日子。

秋天大概是个多愁善感的季节，费无忌也开始胡思乱想起来。这日，费无忌早上起来眼皮跳动，突然想起了远在蔡国的蔡姬。他左思右想，便又生恶念，力劝平王欲把蔡姬杀掉。

费无忌对平王说："如今伍子胥挟持芈胜逃亡吴国已有三载，臣昨夜做了个梦，恐怕日后伍子胥会要挟蔡姬谋反，蔡夫人心善，必会成为吴国内应，蔡国会倒向吴国，臣斗胆而言，不如先把她处理干净。"

平王虽然绝情，但蔡姬毕竟是夫人，在郹城生活，也从无出格之事，虽日久淡忘，但费无忌欲使平王做出出格之事，平王终究于心不忍。他摇头道："不可做，做不得，会遭天谴雷击矣！"

平王虽然不允，费无忌则在外假传平王欲杀蔡姬。蔡国得悉，蔡侯深感不安。

蔡姬也听到了消息，感觉今日无事，日后也会有事。蔡姬在蔡国熬着已不安全，思来想去，便派人密向吴国求救。

这个当口，吴王僚正在谋划攻伐楚邑州来。说起楚邑州来，原是一个州来国，国都在今安徽省凤台县，势力在今淮南市、凤台县、寿县一带，方圆上千平方公里。州来这个诸侯小国在西周晚期受封，当时西周的统治势力向长江、淮河下游拓展，州来便和六（六安）、桐（桐城）、舒（舒城）、巢（巢湖）、徐（徐州）等被周天子封为诸侯国。春秋初期，楚国发动州来之战，州来国小，不敌于楚，就这样，八公山之北、淮河以东的州来国土被楚国吞并，成为楚国州来邑。吴王馀眛十年（前529），楚国发生政变，国内动乱，灵王自尽，平王新立，州来邑便被吴王馀眛占领，州来就此灭国。吴国占据州来之地六年之久，楚平王又起兵收回失地，州来又成楚土。楚占据四年之后，吴国再夺州来，封与季札，但不久州来又失。又过了四年，就是当下吴王僚正在谋划攻伐州来的时候。

州来是个是非之地，后面还有故事。三十六年后（前493），楚昭王伐蔡，蔡昭侯向吴王求救，吴王夫差助蔡伐楚，但吴王夫差迫使蔡昭侯把蔡国迁往州来。蔡国（在今河南省上蔡县）本是武王之弟叔度的封地，周成王时，叔度之子平侯迁都到了新蔡（即今河南省新蔡县）。蔡昭侯在吴王夫差的号令下，只得举国迁往州来，改名为下蔡。战国时期，州来则是秦、楚两军的争夺之地，成语"朝秦暮楚"说的就是州来。早上秦兵打过来，百姓便说自己是秦国良民，把门牌翻成秦国门牌；待晚上楚军攻过来，百姓就说自己是楚国的顺民，把楚国的门牌翻了过来。当然，这是后来之事，这里不提。

再说吴王僚接到蔡姬的求救信件，心想蔡姬毕竟是平王之妻，虽已失宠，但在吴、楚之间还是一枚好棋子，救得蔡姬，不但蔡国感激，而且在诸侯国中也能彰显吴国仁义。吴王僚即改变夺取州来的谋划，命公子光带领精兵先往郧城接应蔡姬，回师途中再取州来也不迟。

公子光领兵到达钟离（楚地，在今安徽省凤阳县东），却突遇楚军。探子报：蔿越率楚师在前方阻挡。探子探得蔿越之师人多势众，公子光只是精兵一支，并无后援。公子光便派人速报吴王僚，请求援军，并率师绕道转入鸡父（楚地，在今河南省固始县东南）。

蔿越也是在毫无准备的情况下突遇吴师，不知吴师在钟离意欲何为，便也派信使飞报平王。

平王得知吴师来犯，速速增兵。命楚令尹阳匄为大将，并征调蔡、陈、许、顿、胡、沈六国之师，合成七国联军，准备同吴师交战。

吴王僚得知公子光在前方遇险，不敢轻敌，便同公子掩馀率吴军一万，罪人三千，一路奔袭，行至鸡父之地下寨。

然而事有蹊跷，吴、楚两军尚未约战，楚国令尹阳匄却突然暴病而亡。事情来得突然，平王即令蓮越代为司马之职，统领联军。

公子光得知敌军消息，便对吴王僚说："两军未战，楚亡大将，其军已元气大伤。六个小国合同参战，本也是惧怕楚国，不得已而为之，其心不服，作战时定不肯尽力。今楚帅蓮越位卑无威，七国同役而不同心。若我分师先攻胡、沈、陈三股小国之军，三国必定先逃，其他三国军中定会生乱。若如此，楚将必定害怕，联军便可大败。请大王以弱诱之，精兵随后，与之决战。"

吴王僚思考再三，从其计谋，便军分三队，自率中军，姬光（公子光）在左，掩馀在右。这日，全军饱食之后，吴王僚先遣罪人三千，突袭楚之右军，吴国大军则严阵以待。

事有凑巧，这日，时逢秋季七月晦日（农历七月的最后一天），晦日则是交兵忌讳之日，古时一般不用兵，有用兵必败之嫌。正因如此，胡国公子髡（kūn）、沈国公子逞与陈国大将夏啮（niè）合成的右军都以为今日无战事，如放假一般不做应战准备。突然之间，楚国右军听到喊杀之声，知是吴兵已到，便匆忙开营迎击。

吴军充当先锋的三千罪人本无纪律，罪人参战肯出死力，战斗就是赎罪，总是一死，死在沙场，便不连累父母兄妹；若是不死，死罪就变成活罪，若战功显赫，提敌首三颗，便可将功赎罪，这是罪人参战的好处。但罪人往往缺乏训练，不懂打仗，故此刻这三千罪人只是在楚国右军阵前大喊大叫。三国领兵一看吴兵有的乱窜奔跑，有的站立观望，竟是如此散乱不堪，彼此便生出夺功之心，争先命令部下追逐吴兵，结果楚军被吴军先锋弄得也全无阵型。

公子光见状，即率领左军趁乱进击，正遇陈国大将夏啮，便一戟将夏啮刺于马下。胡、沈两位公子一看吴国公子光飞奔而来，顿时心慌，欲夺路而逃。这时，公子掩馀的右军也到了，胡、沈两位公子如禽入网，被掩馀所获。一时间，吴军喊杀震天，楚右军死伤无数。

就此一战，吴军生擒楚右军甲士八百余人。这时，公子光征得吴王僚的同意，喝叫手下将胡、沈两位公子斩首。说时迟那时快，胡、沈两位公子还来不及伸冤，头颅已被抛进草丛。被俘的甲士见两颗带血的头颅死死咬住野草乱啃，都吓得魂不附体。

公子光又命令手下，放归擒得的八百甲士。八百甲士都不相信自己的耳朵，以为有诈，都不敢迈步。公子光便大声喝道："跑在最末者杀！"八百甲士一听此言，遂仓皇而逃，直奔楚左军而去。

许、蔡、顿三国合成的楚左军看到成群的右军俘虏拼命奔来，吓得胆战心惊。三国将士都宿之营寨，不敢开营，更不敢出战。逃回的右军俘虏便在营前大哗，三国将士这才知陈国大将夏啮已亡，胡、沈两位公子也被吴军斩杀。就在三国将领各自盘算如何各寻出路率师而逃之时，吴王僚已合左右二军，如泰山一般压了过来，杀得楚国联军尸横遍野，血流成渠。楚国统帅蘧越见状，急忙奔逃。蘧越逃出五十里方才脱险，楚师大败。

吴王僚见楚师大败，经不住再打，便命公子光入蔡接人，自己则带领大军先行回途，驻守在州来外围等候公子光。

公子光率领精兵直入郧阳城中去接楚夫人蔡姬，此时，城里驻守的蔡军不敢与吴国公子光交战，放弃驻守城门，逃之夭夭。

蘧越脱险之后，定下神来，听探子报告说公子光单师前往蔡国，便清点兵员，这一战战损达到一半。蘧越不肯服输，于是星夜兼程地奔赴蔡国，欲与公子光再战。

然而，等到蘧越赶到蔡国，蔡姬被公子光接走已有两日。公子光回师途中，在楚邑州来与吴王僚会合。姬光（公子光）、掩馀各率兵攻城，楚军不日败逃，吴军占领州来，派兵把守。吴师凯旋回到吴中，公子光向吴王僚提议，州来之邑本已封予四叔，以增四叔采邑之地，今应奉还。吴王僚点头许诺，不日便请四叔季札入宫再封，季札谢受。因此，季札也被称为"延州来季子"。

蘧越听说州来失守，已成吴土，心知自己是罪孽深重。当初镇守昭关，却让伍子胥从关上逃脱，鸡父一战又损失七国之师半数，楚夫人蔡姬被公子光接走不说，今日再失州来之邑，自己真是有数罪而无一功，怎还有脸面去见平王？蘧越越想越恐惧，最后竟连路也走不动了，便在军帐之中自缢而亡。

鸡父一战实在是让楚国伤了脸面，楚平王这才真正体会到了吴师的威猛，心中感到惧怕。因令尹阳匄暴亡，楚平王便任命囊瓦（子囊之孙）为楚国令尹。

囊瓦上任，便向平王献计献策："郢城已显卑狭，风水不佳，应向东迁，筑一大城，以压吴都。"

平王听后也觉得这些年来诸事不顺，囊瓦之言或许有些道理，便准奏且并命他负责新筑大城。

襄瓦速征工匠、建材，倾力督促监工。高七尺、广二十余里的大城不久便建造完毕。楚平王把旧都改叫"纪南城"，新城称作"郢都"。新都筑成之后，襄瓦又在城西再筑小城，号称"麦城"。如此，三城以"品"字之形呈现，三城之间联络有势。楚人见新城建立，都称赞襄瓦筑城有功。襄瓦在民间的威信日益增加。

之后，襄瓦向平王进谏要操练舟师，平王许诺。他便在江口亲自操练舟师三月有余。一日，为显舟师神威，襄瓦率领舟师从长江水上直逼吴疆，骚扰吴边，不日便耀武而还。

这样反复演习几次之后，襄瓦自以为楚国舟师已是强大无比，心中跃跃欲试，欲与吴国舟师在水上比个高下，以雪楚国鸡父之耻，自己也好立威于楚廷。

## 23. 居巢之战桑事小　鱼肠一剑乾坤大

周敬王二年，为王僚九年，这一年是公元前 518 年。

春天，吴、楚之间发生了一场争桑之战。

话说，楚国的胛梁邑与吴国的卑梁邑都是吴、楚边境的城邑。植桑养蚕是边民的家业。在两邑之地有棵百年老桑，枝繁叶茂，长得郁郁葱葱，但巧得是，这棵桑树根在吴地，因朝着太阳生长，树干往楚地生长而去。

一日，楚境胛梁邑的养蚕女子与吴境卑梁邑的一处女在这棵老桑树上争夺桑叶，两个女子从打嘴仗发展到上手撕打。两家主人知道后，采桑之事便闹大了，后来竟发展到吴、楚两家势力手执农具相互殴打。吴国处女之家因人少，势单力薄，不曾取胜，处女受伤，血流不止。

吴家便去卑梁邑把此事告诉了城邑大夫，要求他来主持公道，保护吴民。城邑大夫听后非常气愤，便赶车去往楚境胛梁邑找城邑大夫理论，不料胛梁大夫却不买账。卑梁大夫气愤地说："树根在吴土，树便是吴国之树，就如你为楚虫长成，便是楚人一样。"

卑梁大夫话说得很难听，胛梁大夫也非常气愤，说："树枝伸在楚空，叶自然是楚国之叶，就如吴女红杏出墙，自行跑到楚国，这就怪不得楚人，不吃白不吃！"

双方大夫争执不下，各不相让，事情闹得越来越大。楚国脾梁大夫见口头解决不成，心中便起了怒火，命令脾梁守军破了吴国的卑梁城邑，大开杀戒，最后竟把卑梁大夫吊死在这棵百年老桑上，大快而回。

吴王僚得报楚师为桑犯边，吊死大夫，闻讯大怒，即命公子光率师伐楚。公子光星夜兼程，赶往吴、楚边境。楚守边之师因战胜吴国得了便宜，还沉浸在欢乐之中，便疏于防备。

公子光之师夜间进入楚国的脾梁邑，杀了脾梁邑大夫。楚守边之师早上起来看到脾梁邑大夫的头颅悬挂在城门之上，知是夜间吴师来犯，吓得纷纷逃窜。

公子光根本不理这些败兵，早已潜师入巢（在今安徽省瓦埠湖南），一阵猛攻猛打，便把楚国巢邑攻破。巢邑一战，大快人心，公子光报了父王诸樊被巢邑牛臣射死之仇。公子光一不做二不休，又夺取了楚地钟离。这一仗，吴军所向披靡，大败楚军，凯旋归来。

鸡父之耻未雪，今又失吴、楚边境的居巢、钟离两邑，楚平王大惊失色，气愤异常，从此终日对吴师提心吊胆，竟落下心病。

周敬王四年，为吴王僚十一年，这一年为公元前516年。

楚平王病情加重，便急召令尹囊瓦、公子申到病榻前交代后事。楚平王遗命立太子珍为王，嘱之而薨。

楚平王共有五个儿子，分别是建、珍、公子申（子西）、公子结（子期）、公子启（子闾）。楚平王与蔡姬之子，即前太子建已被郑定公所杀。太子珍为秦女孟嬴所生，平王薨时，太子珍（壬）尚幼。

楚平王逝世后，令尹囊瓦便同楚臣商议，欲改立公子申为王。令尹囊瓦私下说的理由是：秦女孟嬴原为太子建所聘，后平王纳之，珍出生时孟嬴尚未立为楚夫人，故而并不正统。令尹囊瓦说："长子建亡，子西即为长子。子西善良，立长则顺，向善则治。诚立子西，楚必赖之。"

大臣商议一番之后，囊瓦便请郤（què）宛告知公子申。不料公子申听后大怒，说："立珍为王，父王嘱之。若要废除太子，便是败坏父王的名声。太子秦出，其母已立为君夫人，哪有不正统之说？若是这样，内外恶之。令尹欲以利祸我，其病不轻，再言此事，我必杀之！"囊瓦不想讨好不成，反倒弄巧成拙，十分惧怕，便速拥立珍即位。

珍改名轸，是为楚昭王。

话分两头，郑国的郑定公听说楚夫人蔡姬被吴国接走，不禁想起太子建被自己所杀，顿感事态严重。说不定蔡姬在吴国站稳脚跟，想起儿子，吴国会助她伐我郑国。郑定公心想，冤家宜解不宜结，定要与楚夫人蔡姬修复关系，只是杀子之仇结得太大了。想到这里，定公便派人带上若干珍宝去见蔡姬，以释杀建原委，求楚夫人谅解。郑定公这么心急与蔡姬修复关系，怕的不是蔡姬，也不是楚国，而是吴国。

楚夫人蔡姬来到吴国之后，吴王僚即赐宅于吴都西门之外。因楚夫人来吴，吴王僚才知伍子胥身边的小童便是蔡姬之孙，叫作芈胜，便准芈胜陪她生活，祖孙一起居住。

眼下，楚平王的死讯传到吴国，楚夫人也不掉一滴眼泪，由此可见，蔡姬对平王已经死心。而想不到的事情发生，伍子胥听说楚平王突然患病而亡，顿时捶胸顿足，暴跳如雷，终日大哭不止。

楚平王之死，本以为伍子胥听了可以释怀，可他如此反应，令公子光觉得奇怪，他便问子胥："楚王是你仇人，死当痛快，你却反而大悲，为何？"

伍子胥说："我非哭楚贼，是恨我不能在他有生之年杀他雪恨矣！"公子光听后也只是一番感叹。

周敬王五年，为吴王僚十二年，这一年为公元前515年。

吴都虽处长江之南，但江南的春天来得比较晚，清明已过，江南大地还是萧杀一片，天空是灰色的，北风还在时不时地叫嚣。伍子胥在阳山脚下，自恨不能报其冤仇，已是一连三夜无眠，心中便生出一计。

伍子胥问公子光："公子欲行大事，可寻得可乘之机了？"

公子光说："吾昼夜思之，未得其便。"

伍子胥说："当下楚国新丧，朝无良臣，公子为何不去进谏吴王，趁丧伐楚图霸？"

公子光问道："子胥有何良策？"

伍子胥说："吴王若欲图霸，必战；倘若真战，便生间隙，好图弑僚之事。"

公子光沉思良久，道："倘若吴王真战，命我为将去伐，如何是好？"

伍子胥说："公子可假托用车之时伤了脚筋，吴王便会思虑另择他人。公子便可推荐吴王之弟掩馀、烛庸为将，举荐吴王之子庆忌连结郑、卫两国，共同伐楚。此一网而去三翼，王僚灭亡便在眼前。"

公子光问道："三翼虽去，然延陵季子在朝，见我行事，能容我乎？"

伍子胥说："吴、晋两国和好，可使吴王派季子先出使晋国，再行齐国，以观中原他国之变。吴王好大喜功，必考虑不周，听从公子计谋，待季子出使归国，公子大位已定，还能复议废立之事？"

公子光当即下拜，道："得子胥，乃天赐也！"

次日，公子光以趁丧伐楚之利言于吴王僚，僚欣然听之。不日，吴王僚即命掩馀、烛庸带兵二万，水陆并进，攻伐楚国六（在今安徽省六安市东北）、灊（在今安徽省霍山县）两邑。

季札也受吴王僚之命，带上其长子逞之和随从出访晋、齐两国及中原诸国。

唯有公子庆忌还留在身边，吴王僚不肯差遣。

吴师久围楚国六邑，围而不战，六邑松懈，吴师突袭，大捷，夺取六邑。大军转而围困灊邑，灊邑大夫做起缩头乌龟，坚守不出也不战，只是向郢都告急。

昭王新立，忽听吴师已攻下六邑，正围困灊邑，顿时慌急无措，速召宫内大臣商议。宫内大臣听过战报，举朝惊慌。这时，公子申说："吴人趁丧来伐，若不出师迎敌，便是示之以弱，依臣愚见，速令左司马沈尹戌率陆兵一万救潜；再遣左尹卻宛率水师一万，从淮汭（今淮、泗之间）之地出击，截吴兵之后，使吴军首尾受敌，如此吴将可擒也。"昭王听后大喜，于是派遣两将，取道水陆而行。

掩馀、烛庸正在围攻灊邑，有探子报："楚救兵到来！"二将即分兵一半围城，一半迎敌。楚左司马沈尹戌却坚壁不战，把掩馀、烛庸之人围夹在里面，并派兵把四边小道都用石头垒断。

掩、烛二将得悉大惊。此时，探子又报，楚左尹卻宛率领水师已在淮汭塞断江口，吴水师首尾受敌，进退两难。危急之时，掩馀、烛庸商议把吴水师分作两寨，形成掎角之势，与楚舟师相持，并把前方敌情速报吴王，紧急求援。

吴王僚召公子光问策，公子光说："臣原就进言要征郑、卫之兵，以对付不测之情。今大王即纠合郑、卫之兵，尚未为晚。"吴王僚听后即命公子庆忌前往郑、卫两国，纠合兵马。

伍子胥见计谋已成，吴王僚已成孤家寡人，便对公子光说："公子可有锋利匕首？欲用专诸之时，便是眼前了。云烟一散，机不再来。"

公子光说："鱼肠剑便为匕首。"鱼肠之剑是一把锋利的匕首，鱼肠形虽短狭，却削铁如泥。他又说，"先君赐吾鱼肠，吾常持于床头，以备不时之需。近日奇怪，此剑连夜发光，原是它要饱僚之血矣！"

第二天，公子光取了鱼肠剑去阳山拿给伍子胥观看，伍子胥看后觉得剑纹混乱，但寒光逼人，夸奖不已。两人即招专诸，因专诸在公子光府上，一召便来，公子光以剑付之。

专诸见剑，已明其意。他说："两位公子，生死之际，专诸不敢自作主张，容我禀过老母，才敢从命。"

之后，专诸回家看望老母，下跪于母前不言而泣。专诸老母问道："儿为何悲伤？难道是公子要你做事？"专诸点头不语。

专诸老母又道："唉，全家受公子恩养多年，大德当报。自古忠孝不能两全，你勿受我牵挂。你若能成事，垂名后世，我死亦不朽了。"

专诸依依不舍，不肯离开。老母便开口道："我想饮河中清水，你为我取些水来吧。"

专诸听老母说要饮河中清水，想到这是自己最后一次尽孝了，便提桶去河边取水。

待专诸回到家中，却不见老母。专诸的家仆说："方才老夫人说她困倦，关门睡去了，还关照你我不要去打扰她。"

专诸一听，心中疑惑，推门进去，见老母已自缢于床前。专诸抱头痛哭，三日后，便把老母葬于吴趋西门之外。专诸临行，对家仆说："我受公子大恩，因老母在堂，不敢拼命，今老母不在，我将为公子做得一事。若我不在人世了，公子定会照顾于你。"家仆听后抽泣不语。

专诸见过公子光，说起母亡一事，公子光过意不去，如丧考妣，大哭一场。反倒让专诸安慰了他一番。

是夜，公子光、伍子胥、专诸三人聚在一起，策划行刺吴王僚之事。伍子胥说："宴请吴王是上法，若吴王肯来，事八九可成。"三人意见统一。

次日一早，公子光便入宫去请吴王僚赴宴。他说："大王近来为前方战事所焦虑，日事操劳。臣新近在太湖边得一厨子，擅长烹炙鱼，味道鲜美。今欲请大王去臣家中品尝，以解大王烦恼。"

吴王僚在宫中确感烦闷，听公子光说这个厨子擅长烹炙鱼，便欣然应道："贤兄好意，只是今日不便，来日定到贤兄府上，不必过费。"于是，二人约好日期，不见不散。

这日早上，公子光府上做足准备。公子光为防吴王僚变卦，午前又去宫中请过吴王僚。他说："臣今早饮具已张，大王定要赏光。"吴王僚应诺，公子光这才放心。

吴王僚在宫中遇见其母，道："姬光再三请我去他府上用餐，该不会另有图谋吧？"

僚母听说，心中很不放心，说："自从僚儿为王，光心里不曾服过，脸上常见怨恨之色。此番相请，谅无好意，僚儿何不推辞？"

吴王僚说："兄弟之间，推辞恐生间隙，况姬光前些时候为国出力有功，不去不好。此去吾多有戒备，谅他也不敢！"

僚母说："僚儿既然心有戒备，小心便是。"

这日，吴王僚出行之前，安排兵甲三重，自王宫直到公子光府门，所过之处布满兵甲，接连不断。

吴王僚的御驾到得门口，公子光早在门口迎候。公子光拜见吴王僚之后，请他入席安坐。吴王僚在主位坐定，公子光便端坐于旁。此时，吴王僚的亲信武士布满堂阶，四周还有侍席力士约百人。侍席力士都操长戟、带利刃，时刻不离王僚左右。

宴席开席，厨子上菜。厨子每次都在庭下被搜身更衣，再由十余位力士握剑挟持膝行徐进。厨子上好菜肴，不得仰视吴王，只能膝行而出。一桌宴席，除了僚、光兄弟二人相聚劝酒，并无他人。故堂内肃静，气氛紧张。

酒过二巡之后，公子光依计立身再次敬酒，突然脚下一拐，脸上扭曲，露出痛苦之状。吴王僚见状问道："贤兄何故？"

公子光答道："脚疾未愈，只是一拐，便痛得难耐。"他又说，"臣脚痛突发，须用大帛缠紧，方能止痛。大王且宽坐一会儿，容臣缠好便来。"

吴王说："既是如此，请自方便。只是快上炙鱼。"

公子光应诺，便一步一拐地步出厅堂入得内屋，闪身进入地下室。

少顷，厨子专诸上前通报进炙鱼。吴王一听，抬头观看，见庭下侍卫搜身如前，专诸更过衣服，力士握剑挟持专诸膝进而来。

专诸膝行到得吴王眼前，跪于王前，用手擘（bāi）去包裹炙鱼的干荷叶，不备之中，猛地在鱼腹中抽出一把鱼肠短剑来。只见寒光一闪，鱼肠剑径直刺向吴王僚。因专诸趋于蹲势，突然挺立而起，手势便去得十分沉重，鱼肠短剑就这样直贯吴王僚的三层坚甲，剑锋竟险些透出背脊。吴王僚哪里禁得住如此一击，惨叫一声，气绝身亡。

力士、侍卫虽多，搜身虽严，可谁能想到鱼肠短剑竟暗藏于鱼腹之中。力士、侍卫见吴王僚倒地，纷纷上前。顷刻之间，专诸被吴王僚的侍卫、力士刀戟并用，剁成了肉泥。

公子光听到堂内喊声大作，知道事发，便命事前潜伏于自家地下室中的甲士纷纷杀出，与吴王僚的侍卫、力士交斗。因吴王僚气绝，那些侍卫、力士慢慢丧失斗志，一半被杀，一半逃奔。

逃奔之人在路上遇到伍子胥安排在外围伏击的百人敢死队，一下便被杀死、冲散。

吴王僚身亡，公子光升车入朝，聚集群臣，宣告僚自立为王之罪。他在大庭广众宣布道："今非光贪位，实是僚不义。光今暂摄大位，待吾四叔返国，仍当奉之，以实现先祖寿梦王之愿。"

吴国群臣的脑中唯有"让"字，自太伯开国以来，只有"让"字，从未有过此等弑君失德之事，今王僚竟无端被杀，皆不知所措。本来吴国群臣就此事情心中战战兢兢，再见朝中满力士，手执利刃长戟，便无人敢道半个不字，堂中鸦雀无声，真是掉一根绣花针的声音也能听清。

公子光差遣下人收拾僚的尸首，殡殓如礼，埋葬于今苏州市狮子山中。又命下人收拾专诸肉泥，厚葬于今无锡市鸿山上（今山中有专诸墓）。

姬光（公子光）权摄大位，封专诸之子专毅为吴国上卿，封伍子胥为行人（今外交大臣）并以客礼待之。被离因举荐子胥有功，亦升为大夫之职。事后，姬光令下臣散财发粟，以赈穷民，如此这般，国人倒也安定。

然而，姬光不是没有担心。公子掩馀、烛庸此时正在攻围楚国灊邑，姬光担心的并非吴、楚之间的胜负，而是担心掩馀、烛庸手中的两万兵马，若是掩、烛二人知晓，不知是否会领兵杀回。但姬光最担心的还是僚子庆忌，公子庆忌此去纠合郑、卫之兵，去解淮汭江口塞断之围，庆忌手中必有郑、卫之兵可用。当初，姬光用郑、卫之兵把庆忌从吴王僚身边支开，如今，姬光担心庆忌如果真纠合郑、卫之兵，起兵闹事，也不是小事。想到这里，他召伍子胥、专毅等人商议，密派亲信前去郑、卫两国察看庆忌的动向，探听庆忌的归期。姬光则命大军屯于江上，等待庆忌，攻杀了事。

再说庆忌纠合郑、卫之兵，正欲去淮汭江口解围，突闻国中政变，父王被杀，气得脸色从红到青，又转为黑。

庆忌虽年轻力大，如虎豹一般，但是毕竟历练不多，平日多陪同父王，带兵便缺少实战。姬光却是沙场老将，又积愤已久，心狠手辣。两两相对，孰输孰赢？真是天定之事。

屯兵江上的吴国舟师等待了数日，果然等到了从水路而来的公子庆忌。姬光见庆忌单枪独舟而来，便击鼓出击。庆忌为求隐秘，潜于吴地，只想尽己之力与光寻机一搏，不曾料到前面早有设伏，一时之间，但见江中船只众多，岸上人头一片。庆忌料想将被围困，立马弃舟而逃，真是其行如飞，马不能及。姬光命弓箭手速速放箭，顷刻之间，箭如雨下，庆忌则挽手接箭，竟无一能中。箭雨停息，姬光又令驷马去追，庆忌却早已不见人影。

庆忌逃脱，姬光心想，杀父之仇，不能不报，庆忌不灭，自己无法安心，吴国也不会有安定之日。事已如此，姬光只得命吴军四处追捕，并在吴国四境加强戒备。

掩馀、烛庸因围困楚国灊邑日久，而援兵迟迟不到，正在考虑脱身之计，忽然快马来报："姬光弑君夺位。"掩馀、烛庸二人听后放声痛哭。

掩馀说："姬光既已弑君夺位，与我等必不相容。若等我投敌，恐楚王不信，正所谓有家难回，有国难投，进退两难，如何是好？"

烛庸说："你我困厄于此，终无了期。不如趁黑从野路逃奔他国，以图后举。"

掩馀说："楚兵已前围后堵，你我如飞鸟入笼，如何脱身？"

烛庸心生一计，道："传令两寨将士，谎称来日与楚军交锋，夜半你我再微服秘走。"掩馀点头。

掩馀、烛庸传令两寨将士饱食备战，听候军令布阵。是夜，掩馀、烛庸约同心腹数人扮作哨兵分头行动，顺利出了军营。掩馀投奔徐国而去，烛庸投奔到了钟吾国（在今江苏省新沂市）。

天明时分，吴军两寨都不见主将。于是，军中大乱，将士争抢快马船只，奔归吴地。然而，那些无船可乘、无马可骑的甲士无数，都被卻宛之师捕获。不提。

楚国诸将见吴军溃败，欲乘胜追击，卻宛说："姬光弑君夺位，吴国新丧，全是当初吴国趁楚新丧而伐种下的祸根，今日得此下场，我等难道要仿效吗？"于是楚军不追。

卻宛、沈尹戌得胜班师，向楚昭王汇报战况去了。

楚昭王以卻宛有首功，便赐他吴俘一半，钩甲无数。自此，卻宛深得昭王敬重，每每遇事咨访。

沈尹戌则次赏之。

## 24. 仁德见微知清浊　义贤遇凶又奈何

季札得国中变故之讯，即离齐国速速回国。话说福无双至，祸不单行，季札一行到达齐、鲁边境的嬴博之地，却不曾料到长子逞之在路途之中突然病倒。逞之竟一病而去。因事出突然，又人在他乡，季札万般无奈，便把逞之随地而葬，丧事从简。

这时，孔子正在周游列国，听说季札遇长子逞之丧事，心中悲凉，便带领弟子前往嬴、博（在今泰山脚下）观葬。

季札对手下陪臣说："逞之之墓，用土封穴，墓高可用手扶凭即可。"墓冢垒好之后，季札偏袒肩膀，沿墓右绕三周，哀号了三声。

孔子见状，赶紧上前安慰季子。季札感慨道："仲尼啊，人终有一日归于土壤，命也。"

孔子在事后评价季札葬子时说："季子知礼，习礼，守礼。"用如今的话说，季札是周礼忠实的实践者。

季札简葬逞之之后，便与孔子告别，急忙踏上了归途。季札一行，道途之中千辛万苦，终于到达吴都之野。他也不入宫，先去城外狮子山王僚墓哀悼。

姬光得知四叔回到国中，心中一惊，但事已如此，别无他路，四叔此关不得不过。他也赶往狮子山墓地而去。姬光在吴王僚的墓前跪而不起，口中念念有词，意思是请四叔宽恕自己的行为，诚请四叔回都继位。

姬光见四叔头也不回，毫无理会他，便大声说："王叔，今日吴国大位已空，叔父应速继之，以了祖父之愿！"

季札这才叹了口气，说："吴国大位，光求之不得，又为何假意要让？"

姬光说："光非假意，实在是僚不该为王！"

季札又叹了口气，说："国不可一日无君，若是先王祭祀不废，社稷之神能得到供奉，我便不问谁是国君了，只是我吴国祖德从此沦丧矣！事已至此，难以挽回，还去怨恨谁呢？我所能做的，也只能顺应天命安排，哀悼死者，事奉生者，这也是先辈的常法。"

姬光从季札之言中听到了先辈的常法，便自立为王，号阖闾。

在此，我们再说季札。季札，又称公子丸，生于周简王十年（前576），卒于周敬王三十五年（前485）。

周灵王十一年，寿梦二十五年（前561）。吴王寿梦病重将卒，欲立季札为吴王。当时季札只有十七岁，他对父王说："礼有旧制，奈何废前王之礼，而父子之私乎？"季札是寿梦的四子，也是最小的儿子。论祖制，季札不应为王。季札该如何是好？最后，季札并没有听从父王之言，坚持不肯接受吴国大位。季札认为，父王这么做不合祖制，是徇父子情义之私。季札最后维护了周礼嫡长子继统的祖制。吴王寿梦遗命而去，他最后想到的是兄终弟及的殷制。吴王寿梦告诫诸樊等三个儿子，一一传位，务必最后传与季札。长子诸樊允诺，寿梦便闭上了双眼，寿梦享年六十岁，其墓在镇江大港至谏壁沿江地带的青龙山上，墓制宏大，在江南首屈一指。

诸樊摄行国政，三年之后，除丧完毕，诸樊欲让于季札。季札说："夫适长当国，非前王之私，乃宗庙社稷之制，岂可变乎？"季札还是坚持嫡长子继位的祖制，不容更改。诸樊却总是觉得自己的德能远在四弟季札之下，欲将国君之位让予季札，季札每次都是婉言谢绝。他说："当初，曹国也是这样，曹国之人欲拥立子臧为国君，说子臧贤能，应取代无德的曹王，子臧断然拒绝。为了坚守臣应有的忠义，并打消国人拥立的念头，子臧离开曹国，奔走到了宋国，使曹国的君主仍然得以在位执政。子臧有此谦恭无争的美德，故子臧被人们赞美为是能守节的盛德之人。前贤的殷鉴历历在心，国君的尊位，哪里是我季札可得的呢？我虽薄德，但我祈求追比贤圣，子臧美德则是念念在心啊！"季札态度如故，信念坚定，坚持不受。季札如同子臧一般，弃其室，避耕于舜柯山（又名舜山、历山）之中。

诸樊就这样当政了十三年，最后在伐楚巢邑之时被姓牛守臣射中，一箭而亡。诸樊遗命季札承先志，季札还是不受。之后，二弟馀祭便被立为吴王，最后却被越俘阍杀，在位只有四年。再是三弟馀眛立为吴王，馀眛在位十七年，病重期间又欲传位于季札，季札还是辞让，逃归到了封地延陵（在今丹阳延陵镇一带）。季札四次不受大位，真是前无古人，后无来者。

周景王元年，馀祭四年（前544）。季札为通好北方诸侯，出使中原，历访鲁、齐、郑、卫、晋等国。此次出访，季札一路观察中原诸国运势，从观赏的弦歌之中析清浊、知兴衰，季札所发表的宏论为世人赞赏。这是春秋历史上一次前所未有的访问，季札因此扬名四海。访问途中，季札过境徐国，又因于徐墓挂剑而深受徐人敬重，四海贤者皆赞美之。

据传，季札曾经是孔子的老师。之所以会这么说，是因为季札出使鲁国的时候，孔子聆听了季札的教诲。然而季札去鲁时，孔子还只是八岁的儿童，所以此事着实还需要推敲。当年在鲁国，叔孙豹与季札大谈立德、立功、立言，以至于流传后世的所谓"三不朽"理论，一个人要在历史的长河中不被遗忘，应在"三立"上做文章。可惜的是，季札在"立言"上并无建树，今人也寻找不到其宏论巨著（或许已毁于后世）。然而，不可磨灭的是季札的"立德"堪为人师表率。

在吴王寿梦的四个儿子中，季札博学多才，贤德仁义。故而，吴王寿梦欲效仿周太王立少子季历为君。在吴国的君位更替中，吴王寿梦终无成功，这是他最大的憾事。故而，"德"与"孝"有时候也难以并存。

公元前527年，馀眛卒，四弟季札当立，季札让。这一"让"，便立了吴王馀眛的长子僚。吴国之所以后来出现了宫变，与这一让不无关系。吴国在这一期间的继统制度发生了变化，生乱也就成为必然的事情。

吴王僚十二年，即公元前 515 年。吴王诸樊的嫡长子公子光与伍子胥、专诸密谋刺杀了吴王僚。事发之时，季札出使在齐国。吴国发生政变，这个"让国之国"就这样留有了污浊。公子光欲把君位交予四叔季札。季札说："你杀死了国君，我若受位，岂不是与你合谋篡位吗？"季札是个把名誉看得比生命还重要的人，君位算甚？而公子光恰恰不是这样。但话说后来，吴国在阖闾时期的大兴，充分说明吴国也需要这样一位敢作敢为的君王。

自此以后，季札退守回自己的封地。他是如何原谅公子光的弑君夺位的呢？事发之后，他一度感到前所未有的耻辱。自始祖太伯立国以来，在国数百年的历史长河中，唯有礼让之说，哪里有过弑君夺位之丑恶？

后来，季札的内心不断自问，"这是谁造成的？难道真的与我无关吗？若是当初应了父王，继了国君，我吴国的几十年又会是如何呢？"季札望了望天空，天空没有阳光，黑沉沉一片。季札只是默默地说："老了，老了，自己已经老了。"便落下了浑浊的眼泪。

季札因受封于延陵，史称"延陵季子"，后又因加封"州来"，故又称"延州来季子"。季札是吴氏先祖，德高望重，被历代吴氏后人所敬仰。季札世居延陵、州来，其后裔有以"延""延陵""延州"为氏者，故季札是"延氏""延陵氏""延州氏"的开氏始祖。季札就这样在延陵安心养老，从此不问吴事，也不入吴宫，开始变得如局外之人一般。

季札老而善终，享年九十二岁。辞世后葬于延陵（在今江苏省江阴市申港申浦之西）。孔子手书"呜呼，有吴延陵君子之墓"，特派子游（常熟人）持自己的手书竹简凭吊。后人将孔子手迹摹刻于石碑，这十个字的季札墓碑史称"十字碑"。今江阴有"季子陵园"。丹阳市延陵镇有季子庙，内也有"十字碑"。

司马迁在《史记·吴太伯世家》中写道：

> 延陵季子之仁心慕义无穷，见微而知清浊。呜呼，又何其闳览博物君子也！

唐李白在"安史之乱"后，途经延陵拜谒季子庙时，作《陈情赠友人》诗，现摘句如下："延陵有宝剑，价重千黄金。观风历上国，暗许故人深。归来挂坟松，万古知真心。"李白赞美的是季札的"徐墓挂剑"。在此，我们也感到心中的诚信才是真正的诚信！当然，这是后话。

呜呼！古往今来，无论中外，许多人为了争权夺利，不惜同室操戈、骨肉相残。春秋之世，弑君三十六，亡国五十二，子弑父，弟杀兄，史不绝书，而季札的让天下之事，在征伐不断的春秋时代，实在是到了美德的顶端。

下部　秋落

# 第七章

## 孙武著兵书出山　阖闾兴王朝入霸

前 514 年　周敬王六年，吴王阖闾元年：

吴王阖闾召伍子胥为行人，以伯嚭为大夫，共谋国事。

前 512 年　周敬王八年，吴王阖闾三年：

吴为二公子事伐灭徐。伍子胥请分别以扰楚。齐孙武避乱于吴，伍子胥荐之吴王阖闾，与吴王谋，为吴治兵，威震楚越。传世有《孙子兵法》十三篇。

前 511 年　周敬王九年，吴王阖闾四年：

吴用伍子胥谋伐楚，楚师疲于奔命。

前 510 年　周敬王十年，吴王阖闾五年：

吴王率师伐楚，越君允常迎战，吴、越始交兵。

前 506 年　周敬王十四年，吴王阖闾九年：

柏举之战。吴王阖闾率师会蔡、庸之师伐楚。吴、楚之师陈于柏举（在今湖北省麻城市东北），大败楚师。吴师五战五捷。楚昭王出奔，吴师遂入郢。楚大夫申包胥如秦乞师，哭七日，秦师乃出。

前 505 年　周敬王十五年，吴王阖闾十年：

越君允常乘吴师在郢，率师入吴，秦、楚联军反击，吴师大败。吴王败归，楚昭王还郢。

前 504 年　周敬王十六年，吴王阖闾十一年：

吴王阖闾以太子夫差率师伐楚。楚大恐，迁都于鄀（在今湖北省宜城市东南）。

前 496 年　周敬王二十四年，吴王阖闾十九年：越败吴于檇李。吴王阖闾闻越君允常卒，兴师伐越。吴、越战于檇李（在今浙江省嘉兴市南），吴师败绩，阖闾趾伤而死，子夫差继立。

——摘自《勾吴史集·吴国历史大事记》

## 25. 迁都只为新开基　铸剑却图拓疆域

周敬王六年，即吴王阖闾元年，这一年为公元前 514 年。

自从鱼肠之剑饱饮吴王僚血之后，吴王阖闾认为此剑为不祥之物，便函封不用，束之高阁。

一日，吴王阖闾问政于伍子胥，说："孤欲强国图霸，如何才可？"

伍子胥顿首垂泪，只是说："吾乃是被楚国追逃之人，父兄含冤而亡，蒙受大耻大辱，吾奔命于王，幸王不杀，怎敢对吴国大政说三道四呢？"

阖闾听出了伍子胥话中有话，说："若无子胥，孤还屈居人下，蒙伍公子指教，才得有今朝。孤今问政于公子，公子为何中途退志？孤有做错之处吗？"

伍子胥说："子胥寄人篱下，怎敢居于吴国谋臣之上呢？况吾大仇未报，心中不安，报仇雪恨之事也不知如何为之？怎敢谋吴国大事？"

吴王阖闾说："吴国谋臣，未有智谋过你之人？你勿要推辞，等国事稍定，孤定为公子报仇。"

伍子胥听到吴王阖闾这么说，心情略显舒畅，便问道："大王欲谋何事？"

阖闾说："吴国处东南偏僻之隅，都城低矮潮湿，道路坑洼难行，又时有海潮之患，仓廪库房无地建造，田地水潦不能耕作，边境防御薄弱，百姓立本之志不固。吴国对外少有威严，公子看如何是好？"

伍子胥说："我听说：治民之道，在安居之理；霸王之业，则需从近制远。大王之虑，吴国必先筑城郭，加强防守，先使仓廪殷实。大王应重农务实，兵员裁至内可守防，外可应敌，足矣！"

阖闾说："公子说得对，孤今托于子胥，为孤图之。"伍子胥允诺，便着手建筑城郭之事。

伍子胥要寻找的新都是地势高耸、淡水丰盈之地。一日，伍子胥东行考察，来到一地，见一平原为三湖环抱，水量充沛，欲作城址，但因地势不高，易发生涝灾而放弃。此地今为阳澄湖畔是也，所谓"三湖"，即今之阳澄湖、盛泽荡、昆承湖。

伍子胥后又南行，在姑苏山东北三十里寻得一块善地。伍子胥便请吴王阖间踏勘，阖间见此地靠近大湖，群山绵长，风景秀丽，陆路可进退，水路可通达，遂颔首称赞。

伍子胥开始连夜规划吴国都城，新都周长四十七里，陆上有八门，分别是南面盘门、蛇门；北面齐门、平门；东面娄门、匠门；西面阊门、胥门。伍子胥按图筑就大城之后，又在大城之南筑了一小城。小城周长十里，开有南、北、西南三门，西南门墙上塑有两鲵，以像龙角。两城筑好之后，吴王阖间便从梅里迁都于此。吴都新城前朝后市，左祖右社，仓廪府库，无所不备。

过不多久，吴、越两国起了冲突，吴王阖间便在凤凰山之南又筑一城，此城叫南武城，专以防备越国。吴王阖间本欲裁兵，南方的越国却虎视眈眈，为防备越国，便在平民中大选兵卒，教练战阵射御之法。

如此之后，吴王阖间还不放心，又请伍子胥在牛首山筑城。牛首山山城其实是个专门铸造兵器的地方。伍子胥为铸造更多的兵器，收罗了城内外的铜铁匠人几百余人，每日铸造扁诸剑千柄。吴王阖间则为铸造传世名剑，请伍子胥寻访铸剑名师，铸剑名师干将正好就在吴国，伍子胥便将其纳聘而来。

相传，干将与越人欧冶子同出一师。也有说干将是欧冶子的徒弟。干将当时居住在匠门专门铸造利剑。也有说干将与欧冶子同为越人，住在德清莫干山。作者认为，干将祖籍是干国，吴灭干国之后，干国的版图并入了吴国，干人后裔干将则在吴国铸剑，当属吴国人。

干将应伍子胥之邀，与妻子莫邪一同来到牛首山城中铸剑。干将在山中采集优质铜、锡矿石。吴王阖间听说干将铸剑，便命伍子胥要干将在三月之内铸造出削铁如泥的宝剑来。干将听了伍子胥的传令，选一吉日，沐浴斋戒之后，便起火生炉。

三个月即将到期，干将遇到了一生中最大的难题，炉中矿石顽固不化，更不要说铸剑之事。一日，干将把此事告诉莫邪："师傅铸剑，也遇矿石三月不化的情况，遂同师娘双双跳入熔炉，矿石才终于化开，他的徒弟才铸成了宝剑。难道上天注定我与师傅的命运一样，也要如此吗？"

莫邪说："神物之化需要人力配合，铸剑也是如此。看来我们也只能效仿。"

干将说："那是万不得已之法。师傅若非剑痴，哪会有这等举动？"

莫邪说："今吴王封夫君为剑师，铸不就利剑，何以为师？"

一日，莫邪听干将说欲去吴都面见大王，讲明缘由，以期延时。莫邪见干将走了，便偷偷沐浴，断发剪甲，立于炉旁。一旁的徒弟见师娘变了模样，神情肃然，立于炉旁，纷纷过来劝慰。莫邪则叫拉风箱的几个徒弟急促鼓风。见炉中炭火方烈之时，莫邪突然跳入炉中，在旁的徒弟纷纷吓瘫在地。

干将从吴都回到牛首山，得知莫邪自投于炉，悲痛万分。他来到炉旁，炉中已是尸骨无存，但见矿石已经熔化，矿水通红如血。干将欲哭无泪，便将熔液取出，铸成两剑。干将把先成者称为阳剑，即干将剑，后成者称为阴剑，即莫邪剑。干将因铸剑失去爱妻莫邪，心中痛苦，决意留下一剑以作怀念，便将莫邪剑献给吴王，干将剑则偷偷私藏了下来。

吴王阖闾得知莫邪之事，封其为吴中烈女，在牛首山竖起一碑以示褒奖。又对干将作了一番安慰之后，便不再提起。吴王阖闾得了莫邪剑后，欣喜若狂，便欲一试。干将随吴王阖闾来到海涌山（虎丘山）上，吴王持剑试之以石，一剑下去，巨石竟应声而开。相传，此石即今虎丘山上之"试剑石"是也。

吴王阖闾得了莫邪宝剑后，又在国内悬赏百金招募能铸金钩者。国人听到这个消息后，便纷纷打造起金钩来。不时有人把打造好的金钩献于吴王，吴王专门派人在城门检验接收。一时间，献来的金钩堆积如小山一般，然而这些金钩普普通通，没有一件是吴王称心的。

有道是：重赏之下，必有勇夫。吴中有一钩师贪图吴王的重赏，在家挖空心思铸造金钩。在制钩过程中，钩师几日不吃不睡，甚至到了有些疯癫的状态。一日，这个利令智昏的钩师竟将自己的两个儿子杀了，取血以衅金钩，打造出两把神奇的金钩来。钩师去献金钩时，收钩者也不当回事，掷于金钩堆中了事。钩师不甘心，欲面见吴王阖闾，便不肯回去，终日蹲于城门。几日之后，吴王阖闾、伍子胥去查看金钩，这个蹲守在城门的钩师便窜出来，跪倒在吴王阖闾面前，要求赏赐。

吴王阖闾说："献钩者众多，为何独你求赏，你所铸的金钩有何异处？"

钩师说："他人之钩怎可与我之金钩相比？我铸金钩以二子血衅以成。"

吴王阖闾便叫看守取出他的金钩来看。看守说："此人不吃不喝，疯疯癫癫，蹲守已有数日，所献金钩已混入众钩之中，且形制相似，莫能辨识。"

钩师说:"小民能辨。"看守便让钩师进入存钩之地,钩师察看数遍也没能辨识出来。这时,钩师向金钩大呼二子姓名:"吴鸿、扈稽!父在此,为何不显灵于王前啊!"呼声未完,忽然有两钩从中飞出,贴于钩师之胸。

吴王阖闾大惊,说:"神也!奇也!"他满心欢喜,便叫手下人以百金赏他。钩师得百金,缠于腰间,心满意足而去,不想在过桥之时,一脚踏空,失足落水,百金也随其而去,再也看不见其冒出水面。

金钩,即吴钩是也。

## 26. 费鄢设计害卻宛　囊瓦轻信杀忠臣

吴王阖闾忙于筑都、铸剑的时候,楚国的上空又飘荡着"乌云"。

楚昭王因伯卻(郤)宛立有战功,赐给他吴俘一半、钩甲如数之后,每每遇事便去咨访伯卻宛,一来二去,伯卻宛便深得昭王敬重。伯卻宛的大红大紫引起了另一个人的妒忌,这个人便是费无忌。

一日,费无忌与鄢将师商议了一个计谋,欲加害伯卻宛。

费无忌对令尹囊瓦说:"卻宛人品好,虽说现在得宠于大王,但他非常敬重您,在我面前常说令尹的好话,想请令尹去他家里吃酒。卻宛这个人就是这样,自己不敢来请,托我来探探令尹的意思,不知令尹肯不肯赏脸?"

囊瓦说:"大家一起共事,既然卻宛有这番心思,我哪有不赴之理?"

费无忌探听到囊瓦的意思后,又去找伯卻宛,说:"令尹与我说,想到你家吃酒,托我问问您,意下如何?"

伯卻宛不知费无忌是在用计,便随口说:"某位居下僚,蒙令尹枉驾,诚为荣幸。明日待我备好酒菜奉候,烦请大夫告知一声。"

费无忌说:"令尹家里有的是好酒,我看吃酒是假。"

伯卻宛一时弄不清费无忌的意思,便问道:"大夫可知令尹何意?"

费无忌说:"令尹嗜好武器和甲胄。令尹为何要来吃酒,不就因为缴获的吴国兵器一半在你家里吗?令尹是借吃酒之名想来看看吴国兵器。要不你把兵器全部陈列出来,我帮你挑选一些作为礼物送予令尹。"

伯卻宛不曾多想,吩咐下人把楚王所赐的兵器及家藏甲胄全部陈列出来。

费无忌则在兵器及甲胄之间来回观看，反复选择，终于挑选出五十件锋利之器。

费无忌说："你可以把这些利器放置于几处门的背后，令尹来了必定会问兵甲。令尹一问，你便能立马拿出。令尹看了肯定喜爱，你便可趁机献予他。若是其他物品，令尹是不会喜欢的。"

伯郤宛只会打仗，不知世上还有借刀杀人一说。翌日，伯郤宛准备妥当，便托费无忌去请囊瓦。囊瓦很高兴，临行之时，费无忌却对囊瓦说："令尹可否稍等片刻，常言道：人心叵测，您还是让我先去，探其设宴虚实，您稍后再去。"被费无忌这么一说，囊瓦愉快的心情凉了一半。

少顷，费无忌踉跄而入，喘吁未定，急忙对囊瓦说："我该死，我该死，险些害了令尹！郤宛今日相请，是不怀好意，欲不利于令尹也。"

囊瓦说："何事如此慌张？快些说与我听来。"

费无忌说："方才前去窥探，见门后全是利器，若令尹前往，必遭其毒手！"

囊瓦说："我与郤宛向来无隙，郤宛为何这般对我？"

费无忌说："郤宛深受王宠，想必欲取令尹之职吧？"

囊瓦说道："郤宛会行此等恶事？"

费无忌说："令尹听说过郤宛通吴之事否？灊邑一战，因吴王僚被公子光弑杀，掩馀、烛庸出逃，诸将欲乘胜追击讨伐吴国，郤宛却说吴国趁丧伐我，如此下场，我等不能仿效吴国。于是强行要沈尹戌班师。吴趁丧伐我，我趁吴乱讨伐，正好相报，有何不可为？令尹您想，若是郤宛不曾得到吴国的贿赂，怎肯违众轻退？他若得志，楚国危矣！"

囊瓦听了费无忌的话，心想：你也不是省油的灯。还是不肯信费无忌之言，但费无忌说得有理有据，心中总有忧虑，便派遣下属速去郤宛家中查看。

不久，下属便来回报："伯郤宛家门幕之中全是利器，肯定埋伏了甲兵！"囊瓦大怒，随即派人将鄢将师叫来，告知郤宛欲谋害自己之事。鄢将师说："令尹不知，郤宛与阳令终、阳完、阳佗三族结党营私，欲专楚政，已非一日矣！"

鄢将师的话真是火上浇油，囊瓦一听，即令鄢将师率领兵甲围攻伯郤宛的宅院。费无忌说："令尹，待我前去先行稳住郤宛。"囊瓦应允。

伯郤宛正在等候令尹前来吃酒，但见无数兵甲突然闯来。他急忙高声呼唤费无忌。费无忌却混在兵丁之中装作不曾听见。郤宛这才知道自己中了费无忌毒计，纵使自己无罪，也是说不清楚了，便拔剑自刎而死。

囊瓦命兵丁将伯氏房屋前后围住，不知郤宛早已拔剑自刎，便下令焚烧伯氏房屋。兵丁念在郤宛是个贤臣，都不肯响应。囊瓦大怒，命令道："不肯焚烧者，与之同罪！"众人拗不过囊瓦，就各取一把柴草，投于伯氏房屋门外而走。火势随风而起，越烧越旺，熬红了天空，烧黑了屋基。

囊瓦一不做二不休，随后灭尽伯氏、三阳之族。独伯郤宛之子伯嚭逃脱，事发之时，伯嚭正在郊外狩猎，听闻家中遭遇突变，父亲已经命丧黄泉，便自顾自地逃命而去。

伯郤宛被逼死，伯氏被灭族，其房屋被焚毁，三阳无罪被杀，一系列事件之后，楚国朝野震动，待楚昭王知道此事，已为时晚矣！

公子子西责问囊瓦道："郤宛有何通吴之事？"

司马沈尹戌也对囊瓦说："郤宛之死，国人怨愤，令尹难道听不到吗？费、鄢二人将你蒙蔽，他们坏事做绝，百姓早已恨之入骨。今郤宛之事捆绑于你，是你杀了楚国忠臣，百姓都在数落你的罪过，令尹危矣！"

囊瓦心中后悔，说："事已至此，是我的罪过。愿司马助我一臂之力，杀了二贼。"

沈尹戌在城中扬言："费、鄢狼狈为奸，杀害楚国忠臣。令尹今日欲行讨伐，国人愿意来的都可以来，我等共往诛之！"楚国百姓听司马这么一说，争相而去。费、鄢二人束手被擒，百姓数其罪孽，杀其于集市。囊瓦下令，焚烧费、鄢两宅。事后，费、鄢党羽也被灭尽。

再说伯嚭在外逃奔，听说伍子胥逃到吴国后得以重用，心想同是楚国逃臣，还是去往吴国为好。于是，伯嚭也去投奔吴国。

伯嚭千里迢迢来到吴都，千辛万苦地见到了伍子胥。拜见时，伯嚭、伍子胥各诉新仇旧恨，相对而泣。

数日之后，伍子胥把伯嚭引见于吴王。吴王阖闾说："孤僻处东隅，汝不远千里而来，有何要告诉孤？"

伯嚭说："泣禀大王，吾祖及父数代效力楚王，功不可没。今父无罪，却横遭杀戮。吾无处可去，只得逃亡贵国。久闻大王高义，收子胥于潦倒之时，故吾不远千里，投奔大王，唯大王发落。"吴王阖闾征询伍子胥的意思后，便任命伯嚭为吴国大夫，与伍子胥共议国事。

忽有一日，吴国大夫被离遇到伍子胥，便私下问道："伍公子为何如此信任伯嚭？"

伍子胥说："伯嚭心中的怨恨与我一样，同病相怜，同忧相救。难道你不知道受惊之鸟相随而集的道理，被大夫有何奇怪的？"

被离说："伍公子只见其表，不见其心矣！老夫相面，伯嚭此人，鹰视虎步，其性贪佞（nìng），行即专功而擅杀，不可亲近！若是重用，必为其累也。"被离毕竟是相面者出身，竟一下把伯嚭看穿了。伍子胥却哈哈一笑，不以为然，仍与嚭否热络，共事于吴王。

## 27. 丘䜣徒手斗水怪　要离独臂刺庆忌

吴王阖闾二年，即公元前 513 年。

吴王阖闾虽在位上，但终日担忧着一件大事。他惦记的是王僚之子庆忌还逃亡在外，说不定哪天会来袭吴报仇。吴王阖闾心想：庆忌之害，一日不除，便是一日不安。（按《勾吴史集·吴国大事记》载：吴人杀公子庆忌的时间在公元前 475 年，周元王元年，夫差二十一年。夫差二十三年，吴国亡。吴国灭亡前，吴人杀公子庆忌似乎毫无意义。本地民间传说，要离刺庆忌在吴王阖闾初年，故把故事提到此处。）

吴王阖闾派出的探子得知公子庆忌已经逃往艾城，正在联系邻国，招纳死士。吴王阖闾得悉后召伍子胥说："过去专诸之事，孤全得汝之相助。今日庆忌存谋吴之心，孤坐不稳，食无味，睡不安，汝定要助孤。"

伍子胥因吴王阖闾答应伐楚，但迟迟不见行动，便说："我不忠无善，因而与大王共谋王僚。今大王又欲讨伐僚之子庆忌，恐怕不合上天的旨意？"

吴王阖闾说："从前周武王讨伐商纣王，后来周公又奉命杀掉了纣的儿子武庚，世人并无不满，这是天欲灭武庚。武庚叛乱，自作自受，周公只是顺天而行。庆忌若是活着，好比僚未死，孤定要与之决一胜败，决不可小不忍而酿大祸。孤若再得一专诸，事便可了了。汝访求勇谋之士也非一日，心中可有人乎？"

伍子胥说："若王必欲行事，我看重一细人，能图谋庆忌。"

吴王阖闾说："庆忌之勇，天下闻名。他若是飞步，能追上奔跑的野兽；他若是挥手飞跃，可抓住空中的飞鸟。他的骨骼、肌肉呈腾飞之势，能跑数百里而不歇，孤乘四马之车追他到江边，都不曾赶上。孤弯弓射他，他能接住飞箭，射他不中。庆忌有万人不敌之力，非一个瘦小之人所能图谋！"

伍子胥说："此人虽为细人，实有万人不及之勇。"

吴王阖闾说："汝如此说他，到底是谁呢？说来听听。"

伍子胥说："此人姓要名离。我曾听说过他折辱过齐国使者椒丘䜣（xīn）。"

吴王阖闾说："如何折辱？"

伍子胥便把事情的来龙去脉一一道出。

椒丘䜣，东海边上人。有一次，他梅里的友人死了，椒丘䜣便来奔丧（另一说法是为齐王出使吴国）。椒丘䜣经过淮河渡口时，要在渡口饮马，管理津渡的小吏劝道："河中有一水怪，见马便会冒出，将马拖去吃掉。您还是不要在此饮马！"椒丘䜣目中无人，不听劝说，便让马夫去渡口照常饮马。不想马头刚伸入水中，水怪突然出现，一口便咬住了马，把马拖入水中翻滚起来。椒丘䜣见马被水怪拖入水中，愤怒异常，立马手执宝剑跳入水中，寻找水怪搏斗。

所谓的水怪其实是鼍龙，鼍龙即扬子鳄。因当地水系通江，鼍龙便进入内河觅食，盘踞于渡口。鼍龙与恐龙是同一时代的物种，恐龙早已灭绝，而扬子鳄存活至今，已有一亿五千万年了。

椒丘䜣在水中与鼍龙搏斗多时，水怪最终不见了踪影，椒丘䜣只得上岸来，但马已被水怪吃掉，自己还弄伤了一只眼睛。

他心中懊丧不已，这下，只能靠双脚一路走到了梅里。友人丧殓完毕，按例宴请。椒丘䜣是个酒徒，有喝酒人的通病，三杯梅里白酒下肚，便有些管不住自己的嘴。椒丘䜣在酒席上盛气凌人，吹嘘自己与水怪搏斗的事迹，不停地夸耀自己的本领。同席之人听得不能忍受，听也不是，走也不是，但也无人敢于驳斥。

这个时候，有一细人，叫作要离，正好坐在椒丘䜣的旁桌。要离听了这个齐国人的"豪言壮语"后，再也忍受不住，便站起来说："作为勇士，与太阳作战，不待日晷移动；与神鬼作战，不须移动脚跟；与人作战，连声气也不发出。活着出去，死了回来，不受对方侮辱，才是天下真正的勇士。你声称与水怪搏斗，结果马没了，自己还被弄伤了一只眼睛，戴着眼罩瞎嚷嚷，形体已残，尚在称勇，这是勇士的耻辱！不战死敌手，而贪恋小命，还在我等面前如此傲慢，算什么英勇？"椒丘诉不想突然遭到指责，回头一看，见说话的人竟是旁桌的一个细人，恨怒交加，欲行攻击。

席散之后，要离回家便与家仆说起酒席之事。要离说："这个莽夫今晚必来寻事，你不要关门。"晚上，椒丘诉果然来到要离家中，见大门敞开，便直奔前堂，前堂门也开着，他便直取要离卧室，要离卧室的门竟也是开着的。

椒丘诉一看，卧室内仰面躺着一人，披头散发的样子。椒丘诉近前一看，正是这个细人。椒丘诉一手拿剑，一手揪住要离，说："你有三条该死的罪过，你可知道？一个风都能吹倒的细人，竟敢在大庭广众侮辱我，该是一死；回家不闭门户，该是二死；睡觉不设提防，若无其事，该是三死。你有这三条该死的罪过，想必死了也不会怨恨我！"

要离慢慢睁开眼，说："相反，你诳语勇士，这三条便不够格！我在众人面前侮辱于你，你却不敢当场回答，屁也不放，这一条不配做勇士；你入我大门不咳，进我堂屋不吱，这两条也不配做勇士；你来寻事却选天黑，见人先行拔剑，再揪住我头，才敢大声说话，这第三条更不配做勇士。你自以为是勇士，却晚上来吓唬于我，难道行为不卑鄙吗？"

椒丘诉见要离不慌不忙，视死如归，毫无惧怕之色，心中顿时服软。他扔下手中之剑，叹息道："我的勇猛过去从没人敢轻慢，今听你之言，远超我之上，你才配得上称为勇士啊！"

吴王阖闾听到这里，拍手叫好，道："如此勇士，孤欲设宴待他。"

过了一日，伍子胥搭被离之便去梅里东北的鸿山寻找要离。要离正在家中叉晒网，被离对要离说："这位是伍大夫，受吴王之托，找你有事相商。"伍子胥也不与要离寒暄，道："吴王听说你行为高尚，且合于正义，有事找你，望你能随我去宫中一聚。"其实，要离与伍子胥在阳山脚下早已相识，且关系熟络，只是被离不知。要离也不多问，跟着便走。

吴王阖闾见到要离，沉默良久不曾说话。心中虽有准备，但眼前之人太过瘦小。这时，要离说："大王不言，定是嫌我瘦弱。我虽瘦小乏力，迎面大风一吹就向后倒，背面大风一刮就前扑，但只要大王有令，我可以使尽微薄之力！"

吴王阖闾单刀直入，道："你可知庆忌其人？你能斗得过他吗？"

要离当然听说过庆忌的本事，说："大王不必忧虑，若是大王要他命，我定能杀了他！"

吴王阖闾问道："这么有信心？"

要离说："同样是狼，眼光不同。只有黄鼠狼才会紧盯着鸡，西北狼是看不起鸡的。庆忌是勇士，就是一匹西北狼，他不在乎我，这正是我行事的长处。"

吴王阖闾听了，有些不解，又问道："如何做得？"

要离说："大王设计让我获罪出逃，便成功了一半。"

吴王阖闾还是不解，道："你何罪之有？"

要离说："天下都是大王的，大王说我有罪，我就有罪。在大王嘴里，假的也可以是真的。"

吴王阖闾明白过来，哈哈一笑，道："既是如此，你告诉孤如何办就是了。"

要离提出，让吴王杀掉他的妻子，并砍断他的右手。要离说："唯有如此，庆忌才会信我。"

吴王阖闾说："你无罪，孤何忍如此待你？"

要离说："臣闻安妻子之乐，不尽事君之义，非忠也；怀室家之爱，不能除君之患，非义也。臣若以忠义成名，虽举家就死，其甘如饴矣！"

这时，伍子胥从旁进言："要离愿意为国舍家，为主舍身，真千古之豪杰也！你为忠义举家赴死，如喝了蜜一般甘甜，我听了心酸不已。但功成之后，大王定要旌表其妻孥（nú），不没其绩，使其扬名后世！"

吴王阖闾点头，许之。

次日，伍子胥同要离一同入朝，伍子胥在众大夫面前推荐要离为将，请兵伐楚。大臣们一听，都笑出声来。吴王阖闾在堂上说："孤观要离之力，不及一小儿，何能胜伐楚之任哉？况国事粗定，岂堪用兵？子胥是吃酒吃糊涂了。"

要离说："不仁哉，王也！子胥为王定吴国，王却不为子胥报仇！"

吴王阖闾突然发怒，道："国家大事，岂野人所知？奈何当朝责辱孤！"当即，吴王叱力士执要离，断其右臂囚于狱中，又差遣左右收其妻子。伍子胥见状便号啕大哭，叹息而出。堂中群臣都不知这是吴王阖闾、伍子胥、要离三人演的一出戏。

几日之后，伍子胥密谕狱吏，放宽对要离的拘禁，要离便趁机逃出狱去。吴王阖闾听说要离越狱而逃，怒不可遏，下令杀了他的妻子，并焚烧于街市。

要离逃出吴国，得知庆忌已在卫国，便去卫国散布怨言。卫国百姓不知真伪，都认定要离被吴王无罪加害，大骂吴王残暴。

一日，要离去求见庆忌。庆忌是个有勇有谋之士，因疑其诡诈，故吴国来人一概不见。要离在庆忌住地不走，并脱衣赤膊示于路人。几日之后，庆忌终于放下疑心，召见了要离。

要离对庆忌哭诉："阖闾贼人，暴虐无道，公子早有所知。今他砍我右手，杀我妻子，且焚烧于街市，我得此下场，何罪之有？"

庆忌说："阖闾暴虐不假，不知你来见我何为？"

要离说："阖闾贼人弑公子之父而夺大位，公子心中定是不平，公子乃天下勇士，故我以残命相投。若公子来日有复仇之举，要离愿随之，死不足惜。"

庆忌说："你如一稻草人，风一吹便倒，况缺一手，与我何用？"

要离说："我知吴情，可做向导，愿为公子一举擒获阖闾献上微力，只求千刀万剐之时不要忘记了我，好让我补上一刀。如此，公子报了父仇，我亦雪了亡妻之恨，死了也可闭眼。"

尽管要离说得恳切，庆忌犹未深信。

几天之后，庆忌的心腹从吴国探事归报，说是亲见要离之妻被焚弃于市。这时，庆忌看着要离弱不禁风的瘦小残躯，心生怜悯，这才对要离深信不疑。

一日，庆忌问计于要离，说："我听说阖闾任伍子胥、伯嚭为谋士，练兵选将。今国中大治，我兵微力薄，如何报仇？"

要离说："吴中都说，伯嚭乃无谋之徒，无须担心。吴臣之中唯有伍子胥老谋深算，但今与阖闾贼人亦有间隙。"

庆忌说："伍贼为阖闾贼之恩人，两个贼人之间会有何间隙？"

要离说："公子只知其一，不知其二。伍子胥忠于阖闾贼人不假，但父兄之仇一直未报，故欲借兵伐楚，报仇雪恨。今平王已死，费无忌亦亡，阖闾得位，安于富贵，为伍子胥报仇之事便停留嘴上，伍子胥内心已大为不满。我就是为伍子胥进言伐楚，触怒阖闾，才遭如此对待。伍子胥内心怨恨阖闾已是明事，我能越狱，亦全靠伍子胥周全之力。伍子胥对我说过：'此去必见公子，观其志向？若肯为我报仇，愿为公子内应，以赎同谋之罪。'公子何不趁机向吴国发兵？若待其君臣复合，我与公子之仇，便无再报之日了。"要离言罢大哭，以头撞柱，欲自尽。

庆忌急忙制止，道："我信你便是！"

庆忌与要离同归艾城，自此把他纳为心腹，派他参与修治舟舰、操练水军之事。

庆忌挑选的一批好勇之士在水上训练已经多时。三个月后，庆忌压不住心中报仇之怒火，遂与要离同舟启程，去往吴国擒拿阖闾。

这日，庆忌的指挥船行驶在大江的急流之中，江里的风浪越来越大，船队渐渐不接，船与船之间都落了一程。这时，要离说："公子应坐船头，可戒饬（chì）舟人。"

庆忌见风浪巨大，前船不搭后船，便到船头坐定观察，要离左手执短矛跟随侍立。忽然，江中刮起一阵怪风，吹得人眼迷离，要离趁此转身立于上风，就在庆忌眯眼躲过风头时，要离突然借着风势执矛刺向了庆忌。

要离这一刺，矛透入了庆忌的心窝，竟穿出后背。庆忌顿感一阵疼痛，伸手捉住矛柄把要离提举起来。庆忌使出浑身力气捉住了要离。倒提双脚，将其头颅没于江水。庆忌如洗萝卜般，把他沉入提起，如此三次，要离只得咕咚咕咚地吃水，水呛入要离的肺部，要离便不停地咳着。庆忌见要离被水呛得已经不能忍受，便把要离提起来放在自己膝上，说："天下真有勇士竟敢用矛刺我，我原来不信，今日信了。"

这时，庆忌左右欲用戈戟刺杀要离，庆忌摆手说："此人勇士也，岂可一日之间去二勇士哉？"过了一会儿，庆忌嘴里吐出鲜血，对随从说，"天要灭我，勿要怪他，也勿要杀他，放他回去，以旌其忠吧！"庆忌说完，推要离于膝下，自以手抽矛，顿时血流如注，须臾而死。

船到达江陵（今湖北省荆州市），要离显得神情忧伤。突然，他移步跳入江中，却被船上的水兵救起。要离问："你等捞我何意？"

水兵说："你今回国必有官爵俸禄，为何不等此日？"

要离笑着说："我不惜家室性命，何况爵禄？"于是，夺过水兵的佩剑，自断其足，之后伏剑刎喉而死。

## 28. 孙武隐吴著兵书　吴王小试失二妃

庆忌的水军见庆忌已亡，便收了要离尸体，并载着庆忌尸体，来投吴王阖闾。

吴王阖闾听说庆忌的水军来降，不曾料到能一举两得，大悦，便重赏降卒，收于行伍，并命人把要离葬于鸿山的专诸墓旁，庆忌则随其父葬于狮子山上。

吴王阖闾心中愉悦，大宴群臣。宴会上，伍子胥泣奏道："王之祸害皆除，不知臣仇何日可报？"伯嚭亦垂泪请兵伐楚。

阖闾说："今日喜事，等明日谋之。"

次早，伍子胥与伯嚭到宫中见吴王。阖闾问："孤欲为二卿出兵，谁人可为将？"

伍子胥与伯嚭都说："只要大王下令，我等唯命是从。"

阖闾心想，你二人都为楚人，都是为了报私仇，未必肯为吴国尽力。于是，吴王不禁黯然，又顷，阖闾长叹不止。

伍子胥已窥其意，说："大王是担心楚国兵多将广，吴国没有把握吧？"

阖闾说："孤所虑是也！"

伍子胥便说："今日臣举一人，可保大王必胜。"

阖闾欣然问道："卿所举何人？其能若何？"

伍子胥说："此人姓孙名武，吴人也。"

孙武实为齐人，伍子胥故意说他是吴人。阖闾听说是吴人，面露喜色。

伍子胥又说："此人精通韬略，有鬼神不测之机，天地包藏之妙，自著《兵法》十三篇。因隐于罗浮山（据说是今苏州市穹窿山）之东，世人莫知其能。"

阖闾说："卿为孤召此人来。"

伍子胥说："此人非比寻常之人，必以礼聘之，方才肯就。"

阖闾便取黄金十镒（古代重量单位，1镒为20两，或说24两），白璧一双，交予子胥。伍子胥便驾驷马，往罗浮山而去。

伍子胥见到孙武，告诉吴王相慕之意。孙武心想，自己著就兵法也待实践，于是应予。伍子胥、孙武二人相随出山，一同去见吴王。

阖闾在殿上降阶而迎，接入殿中赐坐。坐定，问以兵法。

孙武说："武有《兵法》十三篇。今献上，大王可观之行事。"说完便将所著《兵法》十三篇次第进上。

阖闾问道："《兵法》十三篇，所作何事？"

孙武便详细道来："一曰《始计篇》，二曰《作战篇》，三曰《谋攻篇》，四曰《军形篇》，五曰《兵势篇》，六曰《虚实篇》，七曰《军争篇》，八曰《九变篇》，九曰《行军篇》，十曰《地形篇》，十一曰《就地篇》，十二曰《火攻篇》，十三曰《用间篇》，皆言战事。"

吴王阖闾请孙武分次一一解读。孙武每终一篇，阖闾便赞不绝口。

阖闾静听孙武解读完《兵法》之后，对旁边的伍子胥说："观此兵法，孙子真通天彻地之才也。只是孤国小兵微，如何可为？"

孙武说："兵不在多，而在军令如山。武之兵法，非但可施于卒伍，即使妇人女子奉吾军令，亦可驱而用之。"

阖闾轻慢地鼓起掌来，笑着说："先生之言，太不切合实际了。天下难道真有妇人女子可以操练习战？"

孙武说："王若以武言为迂，请将后宫女侍与武试之。若不可，武甘愿领欺罔之罪。"

吴王阖闾即吩咐召宫女三百，令孙武操演。孙武说："敢请大王宠姬二人为队长，然后号令，方有所统。"

吴王阖闾宣宠姬二人，叫左姬右姬站在队伍前面，便对孙武说："此二人为孤所爱，可充作队长乎？"

孙武胸有成竹地说："可以！"

操练开始之前，孙武请二人作为军吏，专作传令，并严肃地对传令者讲明赏罚条例。他说："虽为操演，但赏罚条例不废。"孙武再请一人为执法，请二人击鼓鸣金，请力士数人充当牙将，执斧锧（zhì）刀戟列于坛上，以壮军容。孙武吩咐将宫女分为两队，由二姬分管，皆披挂持兵器。然后，孙武宣军法三不许："一不许混乱队伍，二不许言语喧哗，三不许故违约束。明日五更，都集中在此教场听操，恭请吴王登台观之。"

次日五更，两队宫女都到教场，一个个身披甲胄，头戴兜鍪（móu），右手操剑，左手持盾。二姬顶盔束甲，充当将官，分列两边，等候孙武升帐。孙武亲自在教场上用白灰画好线条，布成阵势，叫传令官将黄旗二面分授二姬，令执之为前导。众女跟随于队长之后，五人为伍，十人为总，各以步迹相继，随鼓进退，左右回旋，寸步不乱。孙武讲明要点之后，令两队宫女都伏地听令。

少顷，孙武下令："闻鼓声一通，两队齐起；闻鼓声二通，左队右旋，右队左旋；闻鼓声三通，各挺剑为争战之势。若是听到鸣金，便欲敛队而退。"宫女听令之后，掩口嘻笑。

鼓吏禀道："鸣鼓一通。"

但见众宫女或起或坐，参差不齐。孙武离席而起，说："约束不明，申令不信，将之罪也！"

于是，军吏再申前令。鼓吏敲起第二次战鼓。宫女便都起立，但倾斜相接，其笑如故。

孙武揎（xuān）起双袖，指着斧锧这个腰斩犯人所用的刑具，又申前令，并亲自操枹击鼓。二姬见孙武亲自击鼓，便同宫女一起大笑。孙武大愤，两目忽张，发欲冲冠，大声说："执法何在？"执法者即前跪之。

孙武说："约束不明，申令不信，将之罪。既已约束再三，而士不用命，士之罪矣！依军法当何执法？"

执法回话："当斩！"

孙武说："士难尽诛，罪在队长。速将二姬斩首示众。"左右见孙武发怒，不敢违令，便上前绑缚左右二姬。

吴王阖闾在望云台上观看孙武操演，忽见绑其二姬，急忙派伯嚭持节去救。伯嚭传令："大王已知将军用兵之能。今此二姬服侍大王枕边，得大王宠爱，大王若没此二姬，便会食不甘味，请将军放了！"

孙武说道："军中无戏言。武已受命为将，将在军中，君命也可不受。若听大王而释放有罪之人，往后武怎可服众？"于是喝令左右，"速斩二姬！"

左右应诺，挥剑斩之。

二姬被斩杀，孙武命令把砍下的头颅挂于军前。两队宫女见此，个个吓得脸色发白，不敢抬头。孙武又在两队之中选取二人为左右队长，再申令击鼓。

一鼓起立，二鼓旋行，三鼓合战，鸣金收兵。号令发出，左右进退回旋，都在规定的线内，毫发不差。队伍操演时，自始至终寂然无声。事毕，孙武便禀报吴王："兵已整齐，请大王检阅。大王可号令之，即使赴汤蹈火，也不敢退避了。"吴王阖闾哪里还有心思去号令她们。

伯嚭按吴王旨意，把二姬厚葬于横山，并立祠祭之，祠名爱姬祠。痛失二姬之后，阖闾几日茶饭不思。

吴王阖闾因痛失爱姬，心生弃用孙武之意。这时，伍子胥进言道："大王，战争是凶险之事，操演不可只试不用。若诛杀不能实行治军，军令便无法执行，此治军之道也。大王欲征伐楚国而称霸天下，本应诚心诚意求得贤能之士。倘若孙武不能为将，又有谁能统领吴军横渡淮水、泗水，跋涉千里去作战呢？美色易得，良将难求，若因二姬而弃用良将，难道不是爱莠草而弃嘉禾吗？"

吴王阖闾被伍子胥的一番话点醒，于是，正式封孙武为偏将军，号为军师，责成伐楚之事。

## 29. 徐钟告密国有殃　胜玉矫情王失女

周敬王八年，即阖闾三年，这一年是公元前512年。

夏天，伍子胥问孙武："伐楚，吴师宜从何地攻入？"

孙武却说："大凡行兵之法，先除内患，方可外征。今土僚之弟掩馀在徐国，烛庸在钟吾国，此二人皆怀有报仇之心。若发兵，应先除掩馀、烛庸。"

伍子胥以为然，便奏明吴王。吴王阖闾说："徐与钟吾皆为弱国，派遣使者前去要人即可，他们不敢不从。"于是，吴王阖闾派遣二使，率领兵丁前去，一往徐国，一往钟吾，责令两国交人。

徐子章禹见吴使前来质要公子掩馀，心中不免一惊。徐子为吴姬所出，也就是吴国的外甥，与公子掩馀、烛庸还是近亲。徐子心想，若是交出公子掩馀，他定是凶多吉少，必为吴王加害。徐子认为此事只要倚仗强楚撑腰，即使拒不从命，吴王也奈何不了。徐子心善，不忍看到掩馀被无辜加害，便派人速速秘告他吴使索要之事。掩馀得到消息，知道自己担心的事情还是发生了，便即刻起程逃离徐国。说来也巧，掩馀在逃跑的路上碰到从钟吾国逃出的烛庸，二人久别重逢，又是在逃亡路上相见，只是相拥而泣。泣后神定，二人商议，奔往楚国。

　　楚昭王听说吴国的两位公子一起来投，心中大喜，道："掩馀、烛庸，想必今日已是到了穷途末路之时，越是如此，孤更应加以优待。二位公子今日怨吴必深，日后可用之。"楚昭王以礼相待，让掩馀、烛庸暂住养地（在今河南省沈丘县和安徽省界市首一带）。不久，楚昭王便把养邑东北的城父、东南的胡田两地分封给掩馀、烛庸。当然，楚昭王心中自有盘算，他想利用掩馀、烛庸危害吴国，但昭王的企图外人也看得真切。相传，掩馀、烛庸遂世居于此，其后裔以盖馀、烛庸之名，姓"盖馀氏"和"烛庸氏"。

　　然而，也有书载，楚昭王把掩馀、烛庸安置在舒城，教练楚兵以御吴师。舒城，即今舒城县，属安徽省六安市。武王克纣后，封功臣偃姓子爵于此，立为舒国。之后舒国又分立有舒庸、舒鸠、舒蓼、舒龙、舒鲍、舒龚，史称"群舒"。今舒城县为"群舒"的一部分。诸侯争霸，"群舒"势弱，周定王六年（前601），楚庄王灭舒蓼。周简王十二年（前574），楚共王灭舒庸。周灵王二十四年（前548），楚康王命令尹屈建率师灭舒鸠。至周敬王十二年（前508），前后百余年间，"群舒"先后为楚所灭，并入楚国的版图。

　　吴王阖闾得悉掩馀、烛庸逃往楚国，投奔昭王，昭王拿吴楚边境的城父、胡田两地分封掩馀、烛庸，甚至还命沈尹戍大修掩、烛养邑之事后，大怒道："昭王欲加害于孤吗？孤若再不出兵，必会后患无穷。"

　　时值初冬，吴王阖闾夜不能寐。一日，在朝堂上，吴王阖闾令孙武、伍子胥为将出兵伐徐，欲灭徐国。

　　前面我们已经说过徐国，在此我们不妨再介绍一下徐国。徐国是夏朝所封的诸侯国，是个老牌侯国，其立国时间比吴国早千年。殷商时期，徐国曾经是个帝国，跟着它的小国成群结队。徐国封国是因为伯益辅助大禹治水有功，其子若木便被封于徐（在今山东省郯城县以北一带）建国。故而，若木是徐国的开国君主。徐氏为颛顼、皋陶的后代。徐国在建国后，曾不止一次迁徙都城，其都城先在安徽省泗县，之后在江苏省宿迁市泗洪县。这个历经一千六百余年，历四十四君的国家，存国历程有着自己的特色。徐国凭借自己的强大，在周武王时期曾誓不称臣。在周公、周成王、周康王时期，周王与徐国战争频繁。周公摄政时期，徐国参与了以武庚（纣王之子）为首的殷商残余贵族针对周朝的叛乱，即竭力抵制周公东征。在徐国的历史上，徐人一直为一场徐、周战争而沾沾自喜，这场战争便是徐驹王起兵攻周，驹王竟一直打到了西周的黄河边上。后来的日子里，周公的儿子鲁侯伯禽与徐国在徐戎、淮夷地区发生多次摩擦，有时甚至发生激烈的战争。鲁国有这样一个不服西周的强邻，也实在是巨大的威胁，以至鲁国被弄得一度不敢打开国都的东门。但是，战争也在削弱徐国的国力，直到周穆王时期，徐偃王嬴诞在位，行仁义，结众心，得到百姓拥护，徐国开始复兴。一时，四周三十六国（见《韩非子》。也有一说是三十二国）竟都向徐国朝贡。然而，人都是有欲望的，徐偃王见民心所向，被欲望驱使的野心一发而不可收拾。终于有一日，徐偃王举兵进攻周朝都城，在他即将获胜的时候，局势突然逆转，竟然被周穆王打得狼狈逃窜，只得在彭城（在今江苏省徐州市）一带的山中隐居下来，说是隐居，其实是被打得再也不敢露头，躲在山中过苦日子。周穆王仁义，并没有灭亡徐国，而是别封徐偃王的子孙为徐子，继续管理这个国家。就这样，低下头来的曾经的东夷强国又延续了数百年。春秋初期，徐国经常承受楚国的怒火，被楚国打得心服口服，最后成为楚国的附庸。但即便如此，楚国偶尔还是会教训徐国，每当楚国发难，徐国便投入吴国的怀抱。

孙武、伍子胥的大军压到了徐国的都城，但徐国都城所处位置在高处，有居高临下的优势，使之成为一个易守难攻的都城。曾经有一年，楚灵王攻伐徐国，围困徐国都城半年也没有攻破。

孙武却不急于攻城，而是围绕徐国都城的城根转了一圈儿。通过实地考察，他发现徐城附近有一条大河。孙武眼前一亮，便想到了筑坝蓄水之策。

吴军将士冒着寒风用泥沙堵住了大河的水流。河水被堵，上游来水积聚得越来越多，水位越升越高。徐子面对如此危险的境地，并不屈服，幻想着楚军能够到来。

终于有一天，大坝溃塌了，冰冷的河水反灌入徐国都城，大水汹涌，徐都城池顷刻被淹。

徐子章禹万万不曾料到，自己等来的不是楚国救兵而是决堤的洪水，大水洸洸，徐子仓皇出逃，却被吴军擒住。（也有一种说法是徐子章禹逃到了楚国）

这个很长一段时间曾是吴国友邦，甚至是吴国姻亲的老牌侯国，这个曾经把疆域扩大到整个苏北、皖中、鲁南等江淮广大地区的国家，最终因为吴王质令他们交出掩馀、烛庸，又因为徐子错误的估计和心慈的私放，在公元前512年冬没有逃脱灭亡的命运。徐国被吴王阖闾所灭，土地从此并入了吴国的版图。

孙武率领吴师灭了徐国，又踏上了讨伐钟吾的征程。钟吾国是个小国，在吴国面前毫无抵抗之力，钟吾国国君束手就擒，被押往吴国。

徐国、钟吾国被平定之后，孙武、伍子胥又带兵袭破楚国掩馀、烛庸的养地，对公子掩馀、烛庸进行追杀。

这个过程非常顺利，一切按照吴王阖闾的心愿成事。这时，吴王阖闾认为时机已到，便欲乘胜攻入楚国的郢都。

孙武摇头说："军队太疲劳了，目前还不能依仗他们取胜。"孙武欲班师回吴。

伍子胥因伐楚心切，献谋道："大王，凡以寡胜众、以弱胜强，必先虑劳逸之数，应自逸而劳予人也。大王请以三师扰楚。我出一师，楚军必全出。彼出则我归，彼归则我复出，使彼力疲而卒惰，之后再猝然乘之，无不胜矣！"用当今的话说，伍子胥说的是一种游击战术。

阖闾深以为然，便三分其军，迭出以扰楚境。楚即遣将来救，吴兵却已归国，楚军就这样白跑了几次，被吴军着实弄得苦不堪言。

就在吴师不断扰楚之际，吴王阖闾的爱女胜（滕）玉却突然自寻短见，死了。这让吴王阖闾伤心不已。

事情的起因说来奇怪，也不值一提，但是结果很重要。这日，吴王阖闾、吴夫人与爱女胜玉在一起吃饭，吃的是刚从太湖捕来的清蒸白鱼。吴王因还在谋虑伐楚一事，一时走神，竟将自己碗中吃剩下的白鱼夹到了胜玉的碗里。胜玉是吴王的掌上明珠，平时养尊处优惯了。自娘胎里出来，她从未碰到过这样耻辱的事情，而且是源于自己的父王。胜玉恼怒地说："父王给我吃剩下的鱼，如此侮辱于我，为何？"吴王因在走神，并为理睬。胜玉便道："父王如此，叫我怎么能再活下去？"吴王阖闾心里想着大事，还是没有理会女儿。吴夫人说："玉儿，你父王心里想着大事，休要烦他。"胜玉一听，母亲也不向着自己说话，便离席而去。然而，谁也不曾想到，胜玉竟哭着跳井了。

吴王阖闾惊悉胜玉跳井而亡，心里绞痛，悔不该自己当初做夹鱼之举。人死不能复生，吴王便吩咐伯嚭把爱女胜玉厚葬于吴都以西的阊门之外。

伯嚭不敢怠慢，叫来能工巧匠凿池积土。所凿之处，遂成一湖，此湖即今日苏州城外的女坟湖。胜玉的椁是都城郊外的石匠斫（zhuó）文石而为。伯嚭将金鼎、银尊、玉杯、珠襦（rú）放入胜玉的棺椁之中。珠襦是一套用珍珠缀串的短衣短袄。最后，按照吴王的意思，又把"盘郢"剑放入了石椁，作为胜玉的陪葬。

送葬那天，伯嚭命舞白鹤为胜玉送葬，队伍过吴都大街时，成千上万的百姓跟随着观看，直到最后，伯嚭让一对童子随白鹤进入了墓门。相传，童子触发了墓门机关，最后竟掩闭在墓室之中了。《东周列国志》中写道："男女既入，遂发其机，门闭，实之以土，男女死者万人。"阖闾说："使吾女得万人为殉，庶不寂寞也。"胜玉之葬，杀生送死，吴王阖闾因此遭到了国人的非议。

我们以为，为解寂寞，用万人殉葬，纵然不可信。然今之吴地殡事，丧亭之上即制有白鹤，便是当时吴国之"白鹤遗风"。

## 30. 胡子说剑云雾里　阖闾一怒占六潜

周敬王十年，即阖闾五年，这一年是公元前 510 年。

一日，楚昭王在宫中睡觉出了一身虚汗，恍惚之中忽见枕边寒光一闪，睁眼一看，竟是一柄锋利的宝剑。一身虚汗顷刻变成一身冷汗，再也不能入睡。等到天明时分，昭王差人急召风胡（湖）子入宫。

风胡子与吴国小吏被离一样，也是一名善相者。然而，被离是相人之面，断以凶吉；风胡子不相人面，专相宝剑，是楚国出了名的相剑者。用今天的话来说，就是宝剑鉴赏家。

风胡子一来，楚昭王便将莫名而得的枕边宝剑拿给他看。风胡子观剑大惊，问："大王何处得此宝剑？"

昭王便说："孤昏睡之中，得于枕边。不知此为何剑？"

风胡子说："此为湛庐之剑，是越人剑师欧冶子所铸。"他端详着剑口，接着又说，"昔日越王允常（《吴越春秋》又作'元常'，？～前497，句践之父）曾命欧冶子铸剑五口，吴王寿梦闻而求之，越王便献吴王三柄宝剑，谓之鱼肠、盘（磐）郢、湛庐。今鱼肠剑已被阖闾用于刺僚，盘郢剑已被阖闾陪葬于其女胜玉，而湛庐剑却在楚国出现。"

楚昭王说："奇哉！如此说来，湛庐剑既属吴国，今为何离开阖闾？"

风胡子说："昔日越王允常让欧冶子铸剑五口，曾拿于薛烛鉴赏。薛烛是这样说的，鱼肠剑纹理颠倒混乱不可佩戴，拥此剑者若是大臣，将会用它来谋杀国君；拥此剑者若是儿子将会用它来谋杀父亲。果不其然，姬光（公子光）用鱼肠剑刺杀了僚。盘郢剑也称豪曹剑，是个不祥之物，对活着的人无益，故阖闾用作陪葬死者了。湛庐剑为五金之精华所铸，具太阳之灵光，精气和神灵都集于此剑一身。故佩戴具威风，拔剑有神气，湛庐剑可抗击敌手进攻。但若佩戴此剑的国君有违背天理之阴谋，湛庐剑便即出鞘，会远离无道之君。今阖闾弑君，筹谋伐楚，杀生送死，乃无道之君啊！故湛庐剑来到大王身边了。"

楚昭王问道："那湛庐剑是如何来的？"

风胡子说："湛庐剑憎恨阖闾暴虐无道，便自行离开阖闾，出了吴宫，沿着水路到了楚国。"

楚昭王看着这柄被风胡子说得颇为神奇的宝剑，觉得还是有很多疑惑，便问风胡子："此柄宝剑价值几何？"

风胡子说："臣听说此剑在越国时便有人出价购买，愿意以三十个有集市的乡、一千匹骏马、两个有万户人口的都市作为交换的代价。且此只是求购者中的一个开出的价目。"用现在的话说，这还是没有比价的价格，若是拍卖，行情远不止此。他继续说，"薛烛当时便对求剑者说，赤堇山的山谷闭合无云，若耶溪的溪水深不可测，当年帮助铸剑的众神已经回到天上，剑师欧冶子也已经死了。你即使拿出堆满全城的黄金，塞满河道的玉石珠宝，尚且不能得到此把宝剑，其他的哪值得提起呢？"

楚昭王听后大喜，他不时看向湛庐剑，仔细端详。风胡子献媚道："大王可佩戴于身，以宣示国人。"昭王听了风胡子的建议，叫人制了剑鞘，佩剑于身，并向众人宣示道："此剑乃上天降下的祥瑞，有德之君才可佩之。"自此，昭王把湛庐剑视作国宝。

很快，吴王阖闾就发觉湛庐剑已失，急令伯嚭到处寻访。过了段时间，有密探告知吴王："湛庐剑已归于楚国昭王佩之。"

吴王阖闾听后非常愤怒，道："定是楚王贿赂孤之左右盗走宝剑！"说完，即吩咐伯嚭抓了有嫌疑的十余人进行拷问。十余个嫌疑人却无人肯认账，伯嚭便把嫌疑人都杀了。

人是杀了，但阖闾失剑之气迟迟不消。湛庐剑既已归于楚国，盗剑之事必与楚昭王相关，失去湛庐剑的怨气终日积于吴王心头。

一日朝堂之上，吴王阖闾为泄愤解怒，命令孙武、伍子胥、伯嚭率师伐楚。吴王阖闾出师之前，欲拉拢越国，便派遣使者去往越国。

吴使告知越王允常说楚国盗取了大王赠送给吴国的湛庐宝剑，今昭王恬不知耻，占为己有，竟把盗取的宝剑佩戴于身，还对外宣称自己为德君，岂不笑哉？！此等恶行有伤吴、越两国友情。今吴王欲伐楚王，望越国出兵，一同往讨之。

然而，越王允常与楚国关系一直很好，为了对付吴国，楚国也一直在暗中扶持着这个东南海边的国家慢慢发展。越王允常看得通透，他对吴国来使态度蛮横地说："吴国这不是要孤抛弃亲近自己的邻邦吗？吴国可以不守信盟约，孤不可。"

吴使受了越王允常一肚子的气，怏怏回国，禀报时不免添油加醋，说允常态度蛮横不肯出兵，阖闾知后十分恼怒。

孙武、伍子胥、伯嚭等不到越兵，便率吴师伐楚。不久，吴师攻下楚国边境六、灊二邑，并没有再深入，即班师回吴了。

之后，吴王阖闾对越王允常不肯出兵讨伐楚国怀恨在心，欲实施报复，便请孙武谋伐越之事。孙武说："今年岁星在越，伐之不利。"

吴王阖闾伐越心切，不听孙武劝告，坚持出师攻越。孙武只得与伍子胥率领吴师出击，吴师所向披靡，不费吹灰之力便攻下越国的檇（zuì）里（在今浙江省嘉兴市南），大掠而还。

仗是打胜了，孙武却不时叹气。回师途中，孙武私下对伍子胥说："四十年之后，越强而吴灭也！"伍子胥不以为然。

阖闾六年，楚昭王命令令尹囊瓦率楚国水师讨伐吴国，以雪六、灊之役之恨。

吴王阖闾得悉楚国水师来犯，派遣孙武、伍子胥迎敌作战。孙武采用明攻暗袭战术、诱敌骄敌谋略，在豫章之地突然包围了楚师。楚师猝不及防，大败而逃。随后，吴师又出其不意地攻克了楚国的巢邑，俘虏了守城大夫公子繁（芈繁）。公子繁被伍子胥押回吴国，当作人质。由此，孙武、伍子胥打通了吴国入楚的通道，为日后破楚创造了条件。

这时，吴王阖闾见吴师伐越、伐楚连开得胜，便霸意膨胀，灭楚心切。吴王阖闾对孙武、伍子胥说："吴师虽胜，然非大胜。今虽败楚兵，不入郢城，有何功劳可数？"

伍子胥赶紧接着吴王的话头说："大王说出了臣之心声啊！臣无时无刻不在想着进入郢城。"

孙武却道："当今天下楚国最强，不可轻视。囊瓦虽已不得民心，而诸侯还不曾厌恶他。臣听说囊瓦索赂不至，过不了多久，诸侯定会恶之，到时吴国便有机可乘。"

吴王阖闾听后只是心中不悦，也不强求。孙武则在漕湖、太湖及江口加紧了对吴国水师的演练。伍子胥则想方设法探听楚国消息。

## 31. 囊瓦索贿囚两侯　敬王生怒伐楚王

一日，伍子胥派出的探子突然来报："有唐国、蔡国的两位使者求见，人已在郊外等候。"伍子胥心想，唐、蔡两国都是楚国的属国，无故派遣使者远道而来造访吴国，必与情由，莫非是天要我破楚入郢了？

原来，楚昭王得到了湛庐宝剑后，不但示之国人显威，还广发请帖要求诸侯属国前来观瞻。唐成公、蔡昭侯也在邀请之列，便去了楚国郢都。

蔡昭侯为这次出访做的准备，应该说还是很周到的。蔡昭侯为何要做准备？俗语道：前事不忘，后事之师。只因蔡昭侯的先祖当初未曾赴楚灵王章华台落成庆典，最后落了个人头落地。故而，蔡昭侯随身带有羊脂白玉佩一双，银貂鼠裘两副。蔡昭侯进见昭王之时，以一佩一裘献于昭王，作为贺礼，余下一佩一裘则是自己所用，以示显贵。不想，这份贺礼被令尹囊瓦知晓。他见蔡昭侯尚有一佩一裘佩服在身，便派人去向蔡昭侯索要。裘佩系蔡昭侯心爱之物，便回绝了囊瓦使者，不予囊瓦。

唐成公此行也很隆重，虽不曾带有奇珍异宝贡献昭王，但有名马两匹，名叫"肃霜"。肃霜本是大雁的名字，因为大雁高首长颈，羽毛又如白练，唐成公的二马与之形色相似，故以此命名。后人因"肃霜"是马名，所以都加上了"马"字旁，写作"骕骦"。"肃霜"是天下少有的良驹，唐成公便以此二马驾车去楚。这日，囊瓦见到唐成公的肃霜马，十分喜欢，便派人去向唐成公索要。唐成公心想，肃霜马在我唐国也唯此两匹，此次远途全靠它们，其行速而稳，甚是舒坦。若给予囊瓦，我如何归途？唐成公便一口回绝，也不予囊瓦。

囊瓦不曾要到裘佩，肃霜马更是求之不得，心中愤恨不已。

蔡、唐二君侯在楚宫朝礼完毕，准备回国。这时，囊瓦对楚昭王说："今得知唐国、蔡国私通吴国，证据确凿。若放二君侯回国，日后其必联吴伐楚，不如留下为好。"楚昭王毕竟年轻，处事还不够老辣，且国有令尹囊瓦执政，听说唐国、蔡国有此等大事隐瞒，只是心慌，既不盘问也不调查，便交于囊瓦定夺。囊瓦大权在握，便把蔡、唐二君侯拘留在两处馆驿，各以千人守之，名为护卫，实则监押。

可怜的是蔡、唐二君侯只为赏剑贺喜，不想因为不曾贿赂囊瓦，遭囊瓦暗算。蔡、唐二君侯虽然思归心切，却不得动身，一住竟有三年之久。

唐世子久久不见唐成公归国，不知何故，心里着急。一日，唐世子派大夫公孙哲去楚国省亲，才知道唐侯早已被拘，原因竟是为了肃霜马。

公孙哲打通关节，进谏唐侯，道："主公，二马与一国哪个更重要？主公为何不献马而求归？"

唐成公说："此马乃稀世之宝，吾之珍爱，尚不愿献于楚王，何况令尹？囊瓦贪得无厌，以威劫持，吾宁死而不屈！"

公孙哲见主公头脑不清，想是关得时间长了所致，多言也是无益。这日夜间，公孙哲对唐国随从说："我主不肯献马而久困于楚，弄不懂我主为何重马而轻国！我等不如把马偷出来献于囊瓦，倘若主公得以回唐，我等虽有盗马之罪，恨我等又能如何？"

众人说好，于是公孙哲遣人趁夜偷得马匹献于囊瓦。公孙哲说："我主三年来感令尹德高望重，悔不当初，自己又下不了脸面，故今令我等献上良马，以备令尹驱驰之用。"囊瓦听后大喜，乃受其所献。

次日，囊瓦便入告昭王，说："唐公地偏兵微，谅他也做不成大事，况他已在楚三年，白吃白喝，今赦免归国也无妨。"昭王准许，囊瓦便放唐成公出城回国。

唐成公回到国内，公孙哲与众随从都自系于殿前请罪。唐成公回到故土，也明白众人的苦心，说："幸亏诸爱卿献马予贪夫，孤才得以回国，此孤之罪也，诸爱卿不怨孤便好了。"说完，唐成公厚赏了公孙哲与众人。

相传，湖北德安府随州城北曾有一地名，叫"骕骦陂"，就是因为唐成公的肃霜马经过此地歇息而得名。

数日以后，蔡侯听说唐成公献马得归，亦终于低头，只得解下裘佩托人去献于囊瓦。囊瓦便又对楚昭王说："唐、蔡一体，今唐公已归，蔡也不必独留。"昭王听了囊瓦的话，也放他出城。

蔡侯出了郢都，怒气填胸，取出身上的白璧沉于汉水，对天发誓："孤若非为伐楚而来楚国，定如此大川之水，一去不还！"

蔡侯是个性急之人，返国次日便以世子到晋国做人质为条件，欲借兵伐楚。晋定公下不了决心，也不敢独自借兵，便把此事上告于周天子。

周敬王得悉楚国令尹囊瓦之事，天颜大怒，即以天子之威命卿士刘卷以王师会之，动员晋、齐、鲁、宋、卫、陈、郑、许、曹、莒、邾、顿、胡、滕、薛、杞、小邾子、蔡十八诸侯在召陵（在今河南省郾城县东）集结，共谋伐楚，欲擒楚国令尹囊瓦。

周天子命令十八国诸侯联军以晋为主，刘卷为统，约定诸侯各师在召陵之地集结，时间是来年的春天。晋定公便命士鞅为大将，荀寅为副将。

然而，周天子之令在晋国副将荀寅那里被看作此事只是为蔡国兴师，荀寅借此向蔡侯索贿。荀寅说："听说君侯把裘佩送予楚国君臣，为何独我等不予？我等千里兴师，专为蔡国而战，不知蔡国用何犒劳我师？"

蔡侯说："吾因楚国令尹囊瓦贪冒不仁，便放弃楚国而投靠晋国，以为晋国大夫会尽盟主之义，消灭强楚而扶持弱国。若楚国灭亡，那么荆襄五千里都是犒劳晋军之物，何为利大？"荀寅听后，觉得蔡侯言过其实，心里十分不快，但对蔡侯也奈何不得。

周敬王十四年（前506年）。

春三月，召陵大地大雨连旬。周敬王任命的联军总指挥刘卷在队伍开拔之时突患重疟，这一病病得不轻，人已是奄奄一息。眼看刘卷根本无力统领联军，晋国副将荀寅便对大将士鞅说："昔日，五伯诸侯国也曾驻师召陵，与楚交战只是求得小胜。先君晋文公与楚交战数次，仅胜一次。就算是胜了一次，也遭来扰兵不已。自晋、楚建交以来，两国无隙，和平相处。今日开战，怕是日后又是扰兵不断，若是如此，扰兵则是自你我开始。况今水潦方兴，恐战未必会胜，不可不谋退兵之策。"

晋国大将士鞅其实也是个贪夫，心里也在想着蔡侯的酬谢，事到如今也没有得到蔡侯的回报，便托言雨水不利，难以进兵，便传令班师。各路诸侯见晋国不肯牵头做主，便各自散了，回本国而去。

蔡昭侯见诸军解散，大失所望，思来想去，他竟然毫无理由地把出师不利责怪到了沈国的头上。沈国很长时间都是楚国的属国，这次蔡昭侯派遣使者去沈国游说合师伐楚，沈国却不愿挣脱楚国的怀抱，死活不肯出兵。还是周天子一声号令，沈国才被迫从令，但并未动兵。直到沈国得知联军解散，才急忙兵出国门，在路上匆匆赶来。蔡昭侯想，沈国既然不愿背叛楚国，心中定是常念楚国，如此，沈国便是蔡国的敌人。

沈国这样的弱小之国，蔡国还是拿得下的。这年农历四月，蔡昭侯责怪沈国公子嘉不从晋伐楚的怨恨变成了愤怒。蔡昭侯征得晋国的许诺，终有一日突起恶念，派大夫公孙姓率领兵马袭灭沈国，把沈国的国君擒拿后杀掉，以泄心中之愤。

楚国令尹囊瓦知晓联军伐楚虽是半途而废，但事在蔡侯，觉得异常愤怒，后悔当初没杀掉蔡侯。蔡国灭掉沈国的这一年秋，楚国便兴师伐蔡，围其都城。这时，公孙姓对蔡侯说："今日楚师伐我，晋国是靠不住的，不如东行求救于吴。吴臣子胥、伯嚭与楚皆有大仇，必能尽心出力。"蔡侯听后觉得有理，即叫公孙姓约了唐侯，共投吴国，同谋伐楚。

## 32. 柏举战役少胜多　孙武兵法入化神

伍子胥听明情况，即把唐、蔡使者引见于吴王。唐、蔡使者又向吴王复述唐、蔡两国之怨。伍子胥接着说："今唐、蔡以伤心之怨，愿为伐楚先驱。蔡侯愿以次子姬乾为吴国人质，可见其一片真诚。大王入郢之心也非一日了。出师救蔡可扬名，破楚可得利，臣以为机不可失啊！"吴王阖闾允诺，公孙姓即回蔡国汇报。

这时候，孙武自江口巡视操练水师归来，吴王阖闾就召他入宫，告以唐、蔡之怨，并讨论救蔡伐楚之事。

孙武说："楚国之所以难攻，是因为楚之属国众多，战非能直达其境。今晋侯借周天子之名高声一呼，十八国群集。此十八国中，陈、许、顿、胡原附于楚国，今已弃楚而从晋，可见人心怨楚不单是唐、蔡两国，现在正是楚国势单力薄之时了。"

吴王阖闾听闻大喜，便吩咐被离辅佐太子波居守吴国都城，调吴师六万，号称十万，命孙武为大将，伍子胥、伯嚭为副将，命公子夫槩为先锋，命公子山专督粮饷，即刻出发。

吴师从水路渡过淮水直抵蔡国。囊瓦得悉，见吴师势大，遂弃蔡而走。囊瓦之师一路逃跑，又恐吴师追赶，便直渡汉水，方才放心屯扎。安营扎寨之后，囊瓦遣人连连急报，向郢都告急。

蔡侯打开大门，迎接吴王阖闾入城。未几，唐公亦到，拜见吴王。蔡侯、唐公哭诉楚国君臣的罪状，双双发誓愿为吴王左右两翼，相从灭楚。吴王阖闾听后大喜，即召孙武、伍子胥、伯嚭诸将商议伐楚之事。

几天后，伐楚方略既定。出发之日，孙武下令将吴国战船都留于淮水港湾，全体将士登陆而行。伯嚭不解，问孙武舍舟之故。孙武说："舟行逆水追赶不及，若楚军得徐地守备，我等便又难破楚。"于是，吴、蔡、唐大军自江北陆路走章山，直趋汉阳。

不多时日，吴、楚两师已是隔水而望。楚师屯兵于汉水之南，吴师屯兵于汉水之北。一南一北，虽有浩荡汉水之阻隔，囊瓦却日夜担心吴师乘船渡过汉水。这时，探子来报："吴国战船都留于淮水。"囊瓦这才稍稍安心，虽吴师已在眼前，但有汉水隔断，吴师再有能耐，也是飞不过来的。

楚昭王接报吴师大举救蔡，便紧急召见诸臣商议。公子申说："子常（囊瓦）非大将之才，应付不了前方局势，大王应速令左司马沈尹戌领兵前往，阻止吴师渡水。如此，吴师远来无继，必不能久。"昭王听从公子申的计策，即命沈尹戌率领一万五千兵士，协同令尹在汉水力拒吴师。

左司马沈尹戌赶到汉阳之南，囊瓦见救星已到，速将沈尹戌迎入大寨。沈尹戌问道："吴师从何而来？为何如此神速？"

囊瓦说："吴师弃舟于淮，从陆路自豫章至此。"

沈尹戌听后发出数声大笑，说："都说孙武用兵如神，如此看来，也不过是儿戏矣！"

囊瓦问道："司马此话，请问为何？"

沈尹戌说："吴人惯于舟楫，利于水战。今舍舟从陆，只度轻便快捷，却不想万一失利，定无归路。"

囊瓦说："吴师今屯于江北，何计可破？"

沈尹戌说："我分兵五千予你，你沿汉水之岸列营，并将船只尽聚集于南岸，再派轻舟早晚不停往来于江上，不让吴师掠夺过往船只。我率领一军即从新息抄至淮地，去把吴师船只焚毁，再将汉东之道用木石垒断。如此之后，令尹引兵反渡汉水，攻其大寨，我即从后打击。吴师水陆道绝，首尾受攻，吴国君臣之命，不都将丧于你我手中？"

囊瓦听后大喜，道："还是司马有高见，吾不及也！"

于是，沈尹戌留大将武城黑统军五千相助囊瓦，自引一万人连夜往新息进发。

吴、楚两师在汉水两岸对持日久，各见营寨战旗猎猎，炊烟袅袅。这日，武城黑对囊瓦说："吴人舍舟而从陆路进发，确是去其长处，今吴人在此不熟地理形貌，司马之计，吴人必败。今吴、楚两师已相持数日，吴师不能渡水，想必军心懈怠，令尹应速速攻伐。"

囊瓦手下爱将史皇也接过武城黑的话头，说："今楚人说令尹好话的不多，而说司马好话的人多矣！若司马引兵把吴舟焚毁，又能堵塞陆道，此破吴之功司马可计第一功。令尹虽德高望重，却屡次失利，今第一功若又让于司马，往后令尹怎立于百官之上？司马执政的时候便在眼前了。令尹不如听武城将军之计，渡过汉水去与吴师决一胜负。"

囊瓦一听，觉得这番话不是没有道理。他一股血流冲入脑门，也不多想，即命楚师渡水，进驻在小别山，列成阵势。

孙武见囊瓦渡水而来，也不骚扰，心想，这样倒是省得我渡水过去了。

次日，囊瓦令史皇领兵前去吴师军中挑战。孙武即命吴师先锋公子夫槩迎敌。

夫槩挑勇士三百，各持坚木大棒，冲将而去，一遇楚兵，便没头没脑地打将下去。楚兵从来没有见到过这样的大棒打法，顿感措手不及。吴兵把楚兵乱打一阵，楚兵抱头乱窜之间，已是皮开肉绽。史皇坚持了一阵，终因力敌不住，只得大败而走。

囊瓦见史皇大败而回，非常气愤，道：“要渡水的是你！要决一胜负的也是你！今日刚一交兵，便败下阵来，还好意思来见我？你还不如自行了断！”

史皇说：“攻不擒王，战不斩将。今非兵不勇，实是吴兵战法怪异。现在咱们知道吴王大寨驻于大别山下，不如施以一计，也用怪异之术，出其不意，趁夜将吴王擒拿，以建大功。”

囊瓦听完，点了点头。

于是，囊瓦挑精兵万人，乔装打扮，令每人嘴里都衔着筷子状短木小棍，以防行军途中发出声响。精兵趁着夜色，专从小路杀向大别山去。

夫槩初战得胜，很是骄傲。孙武告诫道：“囊瓦是斗筲之辈，贪功侥幸。今史皇小挫，未有亏损。今夜必来掩袭大寨，不可不备。”

于是，孙武命夫槩、专毅各引本部伏于大别山左右，但听哨角为号，方许杀出。孙武又遣唐、蔡君侯分两路接应。孙武再令伍子胥引兵五千，抄出小别山，反击囊瓦营寨，令伯嚭接应。孙武还令公子山护送吴王阖闾，移屯于汉阴山下以避冲突。如此这般，大寨之中仅留老弱数百余人守之，旌旗仍挂，随风飘动。

孙武号令既毕，时已三更。没过多久，囊瓦引精兵无声无息从山后突然抄出。囊瓦见大寨寂然无备，杀进大喊：“首擒阖闾者！重赏！”囊瓦精兵杀入军中，大寨中迎战的士兵却寥寥无几，并不见吴王。囊瓦知道有诈，周围定有吴军埋伏，即令精兵慌忙杀出。然而，时不待机，囊瓦忽听得四野里哨角齐鸣，埋伏的吴师已经杀出。夫槩、专毅各引本部从左右突然夹攻囊瓦。囊瓦且战且走，死伤甚多。

囊瓦一路狂奔，好不容易逃脱，还未稳神，忽闻前路喊声大震，原来右有蔡侯，左有唐公，把他的去路已经截住。

唐公大叫：“还我肃霜马，免你一死！”

蔡侯也喊：“还我裘佩，饶你一命！”

囊瓦又慌又怕，正在危急之时，武城黑引兵前来，大杀一阵，救出囊瓦。

囊瓦一下逃出数里，遇见守寨小兵来报："本营已被伍子胥打劫，史将军大败，不知下落。"囊瓦一听心胆俱裂，便领着败兵连夜奔逃，直到柏举方才驻足。过了好久，史皇领残兵到来。囊瓦之师余兵渐集，在柏举之地再立营寨。

营寨之中，囊瓦心神不宁，他对史皇说："孙武用兵，果有机变。柏举之地，不能久留。不如弃寨而归，请兵再战。"

史皇说："今令尹率楚师与吴师交战，若令尹弃寨而归，吴师即渡过汉水，一过汉水，便可长驱直入，吴师入郢就不远了。如此，令尹之罪何处可逃？不如尽力一战，即使战死，也可留个芳名于后。"

囊瓦正在犹豫不决之时，忽然接报楚王又遣一军前来接应。囊瓦慌忙出寨迎接，见是大将蘧射带兵而来。

蘧射对囊瓦说："大王知吴师势大，恐令尹非能取胜，特遣小将带兵一万前来听命。"

囊瓦听后面有愧色，把战事详说了一遍。蘧射说："令尹若是依了沈司马之言，何至如此？今日之计，只能依仗深沟高垒，与吴周旋，勿与吴战，待司马兵到，然再合击。"

囊瓦刚才被史皇的一席话说得心惊胆战，但见又来楚兵一万，一下血气方刚。为挽回糟糕局面，囊瓦立功心切，故蘧射这么说，十分不悦。囊瓦说："前因轻兵劫寨，反被其劫，若两阵相当，楚军怎就不敌吴兵？今蘧将军初到，乘军中锐气，宜决一死战。"

蘧射听后以为不可，便不从囊瓦。囊瓦自恃位高权重，不敬蘧射。蘧射欺囊瓦无能，也不为之下。就这样，囊瓦与蘧射因意见不合，各自为营，虽互为犄角，但相去竟有十里之远。如此，楚师两边各怀异议，不肯和同商议。

吴师先锋公子夫槩探知楚将不和，去见吴王，道："囊瓦贪而不仁，素失人心，蘧射虽前来支援，但不受约束。今楚师三军皆无斗志，若追而击之，必定全胜。"

吴王阖闾听后不以为然，不许公子夫槩前去追击。夫槩退下之后，心生不满，竟然说："君行其令，臣行其志。吾将独往，若幸破楚军，郢都可入也。"

次日一早，夫槩率领本部五千人马不告而别，直奔囊瓦之营。孙武及时得知，急调伍子胥领兵前去接应。

这边，公子夫槩已经打入囊瓦大寨。囊瓦因毫无防备，一时之间，营中大乱，幸亏武城黑舍命挡住夫槩。囊瓦见武城黑与夫槩厮杀，也来不及乘上战车，便逃向寨后，但左胛还是中了一箭。紧急关头，史皇率本部兵到，囊瓦这才得以乘车而逃。囊瓦不忘史皇，要史皇跟随同行，史皇说："令尹自行方便，小将当死于此！"囊瓦当即卸下袍甲，乘车逃去。

囊瓦虽然逃出重围，但郢都是不敢回去了，左思右想，便逃往郑国。

不久，伍子胥领兵赶到。史皇见吴师援兵到来，恐吴师追击囊瓦，便提戟杀入吴师，左冲右突，竟死伤吴师兵丁二百余人。史皇最终寡不敌众，身负重伤倒地而亡。楚将武城黑则在交战中被公子夫槩斩杀。

薳射儿子薳延听说囊瓦前营已失，急报父亲。薳延欲领兵去救，薳射不许，并自立于营前镇压，下令道："乱动者斩！"

一场厮杀之后，囊瓦尚存败军万人，纷纷逃往薳射营地。薳射把囊瓦的败军整编合成一军，如此，楚师军势重壮。这时，薳射下令："吴师乘胜攻击，势不可挡！趁其大军未到，我师速速退往郢都，再做准备，与之决战。"薳射之师拔寨而起，薳延前行，薳射断后。公子夫槩探得薳射移营，急急追去。

薳射大军行至清发之地，便停下脚步，慌忙收罗江中船只，准备回渡汉水。

这时，吴师将士纷纷请求上前杀敌，公子夫槩不许，说："困兽难斗，若逼得太狠，必死力回击。不如暂且驻屯，放其过江，待楚师半渡，再行攻击。到时，已渡者则会拼命渡江，未渡者则欲争抢船只，哪个还肯死斗？如此，吴师则必胜！"于是，公子夫槩命令退后十里安营。

这日黄昏时分，孙武大军也到达夫槩营地。孙武听夫槩把计谋一说，点头称善。

吴王阖闾得悉夫槩之计，对伍子胥说："孤有弟如此，何患郢都不入？"伍子胥则给吴王泼了盆冷水，说："臣听被离说过，夫槩之相，毫毛倒生，此相凶险，必有背国叛主之事。夫槩虽勇，但不可重用。"阖闾听后哈哈一笑，不以为然。

薳射听报吴师不再追击，心中稍定，道："吴人胆怯，料也不敢穷追。"于是，薳射下令五更之时兵将饱食，一齐渡江。

五更之时，天色尚暗，薳射亲立岸头指挥楚师渡江。令他想不到的是，兵将刚渡及十中有三，突然之间，夫槩引兵如蝗蜂一般蜂拥而来。楚师听说吴师追兵杀来，正如夫槩所料，果然大乱。蒍射大声命令，兵将全然不顾，蒍射立马拔剑斩杀两士兵，但杀人都禁止不住，他知道败局已定，便只得独自乘车疾走。这时，楚师将士尚未上船的都跟随主将乱窜。夫槩趁机从后掩杀，一时间掠取旗鼓戈甲无数。

孙武见楚师大乱，即令唐、蔡二君，各领本国将士，夺取渡江船只，并沿江一路接应吴师。

蒍射一口气逃到雍澨（shì）（在今湖北省京山县）之地。这时，跟随的将士都饥困难耐，个个瘫软如泥，倒地便睡。蒍射料追兵还远，便暂作停留，命各营埋锅烧饭。一时间，雍澨之地炊烟四起。然而，楚师饭米未熟，蒍射又听报吴师风一样地刮来，距离极近，便急命楚师弃食而逃。这一逃，楚师留下的现成饭食，反被吴师受用。吴师吃饱楚饭，又尽力追赶。

吴师紧追其后，楚师慌不择路，蒍射的战车突然被路上的杂物绊倒，蒍射跌出车外，人还未爬起，便被追到的夫槩挥戟刺死。蒍延见父亲被刺死，暴怒之下欲与夫槩拼命，无奈自己也被吴军围住，突围不出。正在危急之时，蒍延忽然听到东北角喊声大作，原来是楚左司马沈尹戌率领大军赶到。沈尹戌兵分三路杀入，蒍延遂解围而走。

夫槩因屡屡得胜，也不拿沈尹戌当回事，结果吴师被沈尹戌大杀一气。一时间，吴军将士千余人丧命，幸亏阖闾及公子山的大军赶到，沈尹戌方才撤出战斗。

楚、吴两师远远扎营相拒。沈尹戌在营帐之中对跟随自己多年的家臣吴句卑说："囊瓦贪功，使吾计不成，此是天意！今战况紧急，敌患已深，只待明日决一死战，若幸胜之，吴师便到不了郢城，那便是吾国之万福。万一战败，我则把头颅托付与你，万不能让吴人得去。"

吴句卑听后战战兢兢，道："主公使不得！万万使不得！"

沈尹戌对蒍延说："你父已死于敌手，你不可再死，今命你速返郢城，把战况告于公子子西，速谋护都之策。"

蒍延哭着下拜，道："但愿司马驱除吴寇，建成大功！"说完便垂泪而别。

次日交锋，楚军拼命，但终因寡不敌众，被孙武、伍子胥、伯嚭、蔡侯、唐公杀得七零八落。

吴军之阵强弓劲弩在前，短兵在后，沈尹戍杀出重围时已身中数箭，僵卧车中，不能再战。这时，他大声呼叫吴句卑："我已无用，速取我首，去见楚王。"吴句卑不忍下手，沈尹戍大喝一声，瞑目不语。吴句卑不得已，用剑断其首级，脱下自己衣裳把头包裹入怀，再同兵丁把沈尹戍的尸体用土掩埋，直奔郢城而去。

左司马沈尹戍已亡，楚师残余便无心再战，溃败而逃。于是，吴师朝郢城（在今湖北省荆州市荆州区城北）长驱而进。

蘧延见到昭王，哭诉囊瓦战败逃向郑国，家父战死在雍澨。昭王听后大惊失色，路也走不利索，急忙召来公子子西、公子子期等人，商议接应左司马沈尹戍之事，不想正在商议之中，沈尹戍的家臣吴句卑也到了宫中。吴句卑呈上沈尹戍首级，细说兵败之事。最后他说："全怪囊瓦不听司马之计，才导致现在的局面。"

昭王痛哭着说："孤不早用司马，孤之罪啊！"哭完又大骂囊瓦，"误国奸臣，偷生于世，猪狗不食其肉！"

吴句卑说："大王别再伤心，吴师日日逼进，沈将军嘱咐定要大王早谋护郢之策！"

昭王急召沈尹戍之子沈诸梁领回其父亲头颅，吩咐予以厚葬，并封沈诸梁为叶公。昭王最后叹着气说："如此局势，郢难矣！孤只得弃郢西走了。"

公子子西闻言，当即号啕大哭，进谏道："楚国社稷陵寝，尽在郢都，大王若弃郢西走，郢都怕是从此难回了。"

昭王说："楚所依恃的江汉天险已经失守，江汉要塞尚且守它不住，楚还可凭何处天险抵挡住吴人的进攻？吴人早晚要到，总不能束手就擒吧？"

公子子期说："城中尚有壮丁数万，大王可把宫中粟帛拿来激励将士，固守城堞，再遣使者往汉东诸国求助，请求合兵来援。吴人深入我境，想必粮饷不继，终不能长久。"

昭王说："吴人已在楚土，可食楚粮，还怕忍饥挨饿？吴人北上南下，东进西入，有唐、蔡二国当向导，熟门熟路。若是晋国再一呼，顿、胡之国合伙前来打劫，今楚人离心，有何再可依恃？"

子西说："我等定全力迎敌，若战而不胜，大王再西走也不晚。"

昭王颓丧着说:"楚国存亡,只能倚仗二兄,当行则行,孤也不想多说了。"于是,昭王含泪入了内宫。

子西与子期却不甘心,威威大楚,难道已别无他法?于是,二人商议,即派大将斗巢领兵五千,助守麦城,以防北路;大将宋木领兵五千,助守纪南城,以防西北路;子西自领精兵一万,在鲁洑江扎营,以扼东渡;楚地西路有川江,南路有湘江,不必置备过多兵力,仅凭险要地势即可扼守,故西、南两路非吴师能入楚之道。

子期则督令王孙繇于、王孙圉、钟建、申包胥等人日夜巡城。

子西、子期护郢之策做得倒也十分严紧。这边,吴王阖闾聚集诸将,问何时可入郢都。孙武说:"楚军虽屡败,但郢都毫发未伤,且今郢都三城联络,轻易难破。若是西去鲁洑江,虽是入楚之道,但定有重兵把守。臣以为须先从北,再来个大转弯,然后分军三路:一路攻麦城,一路攻纪南城,大王率一路直捣郢都。一路、二路攻伐须速战速决,务使其顾此失彼。二城若破,郢都便再无可守了。"伍子胥听了表示赞同,吴王阖闾也点头称赞。

楚师见吴师向北而行,以为吴师坚守不住,退兵而去。但子西不这么认为,吴人兴师动众,哪肯不战而退?定是另有计谋。他下令各城严阵以待,不得有误。吴师完成战略大转移之后,伍子胥、公子山领兵一万,蔡侯助之,攻麦城;孙武、夫槩领兵一万,唐公助之,攻纪南城;吴王阖闾、伯嚭则领大军攻伐郢城。

伍子胥行军数日之后,前方探子来报:"今离麦城已近,城内有楚将斗巢领兵把守。"伍子胥下令就此屯兵,自己则换上微服,带上两名小卒前去观察地形。

伍子胥进得一村之中,见村中老者在牵驴磨麦,但见驴走磨转,麦屑纷纷而下。伍子胥不知受何启发,当下回营,暗传号令:"军士必备布袋一个,装满泥土,并备齐柴草一捆,明日五鼓交割。"后又下令,"每军再备乱石若干。"

天明时分,伍子胥分军二阵,蔡侯去往麦城东面,公子山去往麦城西面,把所带土石、草束速速筑起小城,以当营垒。不日工夫,但见蔡侯所筑东城营垒,狭长像驴形,伍子胥把它叫作驴城;公子山所筑西城正圆像磨形,伍子胥把它叫作磨城。东西两城,驴城磨城,吴师将士都不解其意。伍子胥说:"东驴西磨,还怕'麦'不下吗?"原来伍子胥筑成驴城、磨城两个营垒,是取"驴走磨转,

"麦屑纷纷而下"之意。

斗巢听说吴师在麦城东西筑起营垒，急忙引兵前来，确见麦城东西二处城垒已立。东城之上已是旌旗布满，迎风飘扬。斗巢听得城垒之中将士喊声嘹亮："东驴西磨下麦城！东驴西磨下麦城！"

斗巢大怒道："妖言惑众！"他凭着一股怒气即令攻城，忽见吴军中出得一员少将引兵出战。斗巢问其姓名，原来是蔡侯的小儿子蔡乾。斗巢根本看不起蔡乾，道："你本为吴人人质，我不与你小毛贼计较，伍子胥何在？"

蔡乾答道："取你麦城去了！"斗巢听后愈加愤怒，挺着长戟，直取蔡乾。蔡乾奋戈相迎，当下交锋二十余回。

正在酣斗之时，斗巢忽听哨马飞报："吴兵攻打麦城，请将军速回！"斗巢即鸣金收兵，蔡乾乘势掩杀一阵，但也不敢穷追。

斗巢回到麦城，正遇上伍子胥指挥吴兵围困麦城。斗巢喊道："子胥别来无恙？你先世之冤，为费无忌作孽，今谗人已被诛杀，你也无冤可报了。宗国三世之恩，难道你就全都忘了？"

伍子胥说："吾先人对楚国建有大功，楚王不念，冤杀父兄，又要我命，幸蒙上天保佑，脱离灾难，盼了十九年，才有今朝。你若相谅，速速远避，勿撄吾锋，可以相全。"

斗巢听后大骂道："背主之贼，避你不算好汉！"说完便挺戟来战，伍子胥也持戟相迎。

两人略战数回，伍子胥说："你已疲劳，放你入城，明日再战。"

斗巢说："来日便是死敌！"

说话之间，二下各自收兵。城上之人见伍子胥人马收兵，便开门接应斗巢入城。是日半夜，斗巢忽听城上大喊："吴人入城了！"原来斗巢收兵入城时，被吴军俘虏的楚兵也跟在斗巢入城的军中。夜半时分，被俘楚兵在城墙上放下长索，吊上吴兵，等楚军发现时，城上已有吴兵百余人。此时，城上吴兵齐声呐喊，城外大军也齐声应之，吓得守城士兵乱跑乱窜。斗巢眼看约束不住，只得乘轺（yáo）车出走。伍子胥也不追赶，轻松得了麦城，便遣人报捷于吴王。

孙武领兵过了虎牙山，转入当阳阪，这时望见漳江在北，水势滔滔，但见纪南之城地势低下，西有赤湖，湖水通到纪南城与郢都城下。孙武故计重施，如攻徐城一般，欲筑起长堤，用坝拦住江水，引漳江之水通于赤湖。孙武计谋既定，便命将士屯在高处，限一夜之间，筑起长堤，并掘开深濠一道。天明时分，漳江之水进入深濠，水进无泄，待到这日黄昏，水已高起旧都纪南平地二三丈。眼下正值冬月，又西风大发，孙武命人挖开长堤。忽然之间，大水沿着深濠汹涌而去，直灌入纪南城中。纪南守将只道是江涨，驱赶城中百姓往郢城高处避水，水追人去，不多时，纪南城、郢城已是水势浩大，一片汪洋。

孙武命令将士将自制竹筏入水备战，乘筏破城。此时，郢城水涨不停，楚人得知大水是吴人引漳江之水而来，一时间众心惶惧，各自逃生。

再说楚昭王得悉纪南城发水，料定郢都难守，连母亲也未顾及，急忙叫箴尹固把船停在西门，叫上妹妹季芈一同登舟而去。这时候，子期正在城上督军抗洪，听说楚王已行，只得同百官弃城保驾。

至此，郢都无主，不攻自破。

孙武将吴王阖闾迎入郢都城中，即派人掘开水坝，放水归江。数日后，郢城水退。不几日，各方吴军在郢都会师，孙武便调兵在四郊驻防。

吴王阖闾步入楚王之殿，随行将官便行礼拜贺，阖闾大喜，欲置酒高会。是夜，酒过之后，吴王阖闾略显疲倦，便在楚宫歇宿。阖闾寻思让楚夫人当夜侍寝，只是自身高贵不好开口。伍子胥看出吴王想法，道："大王，如今楚国都是吴王的，何况他妻？"

吴王听后，哈哈一笑，笑过之后便暗中示意，吩咐楚夫人侍寝。数日之间，吴王淫其妾媵殆遍。

吴王逍遥了数日之后，一日，侍从说："想必大王定知昭王之母孟嬴，原为太子建礼聘之妻，因容貌姣好，被其父平王纳之。现在虽年龄大些，但风采依旧，仍是楚楚动人。"阖闾听了心里一动，更好奇这孟嬴到底长得如何，便叫侍从去召。

侍从得令而去，无奈孟嬴不从，门也不出。吴王说："今楚既已为我，还有何不从？"吴王顿感恼怒，即令侍从道，"牵来面见孤。"

侍从又得令而去，孟嬴仍关门不出，并在屋内手持利剑敲击门户说："妾听说能做诸侯的人，是一国榜样，今吴王放弃礼仪，以淫乱在楚国扬名，还配为君王？妾今宁愿伏剑而死，不敢承命！"

吴王听到回复，有所醒悟，直觉惭愧。于是，吴王让侍从陪同上门说："孤敬慕夫人，只想认识一下，不敢乱来，夫人不愿相见便歇息吧。"吴王阖闾便遣孟嬴旧侍守护，警告他人不得擅自进入。

古籍《列女传》也记载了阖闾与孟嬴之事，并说到孟嬴拿着刀子对准自己的细节。

伍子胥叫伯嚭等人分别居住在楚国各大夫家中，淫其妻妾。唐公、蔡侯与公子山则赶到囊瓦家中抄家，好在裘佩、肃霜马都在，唐公、蔡侯便各取其物转献于吴王。

囊瓦府中有无数的金帛宝货，唐公、蔡侯便让随行之人随意运取，路道之上，一时一片狼藉。公子山对金帛宝货的兴趣不大，他更想把囊瓦夫人占为己有。不料生米还未煮成熟饭，公子夫槩到达，便把公子山赶跑，自取享用。

此时的楚国郢都成了吴国将士的"欢乐城"。

唐公、蔡侯怨恨已泄，心中舒坦，便去告别吴王，各归本国。

伍子胥则向吴王进言，欲将楚国宗庙都予捣毁。孙武在旁边插话道："兵为义而用，才出师有名。平王不义，故吴国打败楚国。今楚都已破，臣以为应召建子芈胜，立为国君，使其主持宗庙，并废昭王之位。楚国百姓知晓太子建原为无辜被废，必会拥其子。芈胜心怀吴德，定会贡献不绝。若能如此，看似吴国赦免楚国，实是大王还是得了楚国。如此，大王名声实惠俱得！"

吴王阖闾贪于灭楚，以为孙武之言不妥，便放任伍子胥焚毁楚国宗庙。伍子胥愤怒之下，把象征楚国王权的九龙之钟（一说是"十龙之钟"）一并捣毁。

吴王阖闾听说楚灵王当年营造的章华台极其奢华，便对伯嚭说："孤闻章华之台奢华，欲在台上置酒，邀群臣大宴。"伯嚭便吩咐下人操办。

这日，章华台上乐工奏乐，舞者起舞，群臣欢笑，喜不胜收，唯有伍子胥不快，在旁痛哭。吴王阖闾问道："卿仇已报，还有何悲伤？"

伍子胥说："平王已死，昭王又逃，父兄之仇尚未报得万分中之一分。"

吴王阖闾便问道："卿欲何为？"

伍子胥说："求大王准许挖掘平王之墓，开棺斩首，以泄吾心头之恨。"

吴王阖闾说："卿为孤操心劳神，孤怎会惜其枯骨，不让泄愤？"

伍子胥得到吴王的准许，便四处寻访平王之墓。几日之后，伍子胥终于探听到平王之墓在东门外的方室丙庄廖台湖。

伍子胥引兵前往，只见平原衰草，湖水茫茫，根本就没有墓葬。伍子胥心念不死，派人在四处搜觅，但无踪影。伍子胥寻找不到平王墓地，难控愤怒情绪，便捶胸顿足，仰天号叫。

正在此时，忽有一老者路过，老者听到叫声凄惨，便上前问明原委。老者说："当年，平王自知多怨，恐人掘墓，故墓不在岸上，而是葬于湖中。若将军定欲得棺，须湖水干了才可找见。"老者与伍子胥登上廖台，为其指示了湖中平王墓的大概方位。

伍子胥再也不能等了，便派遣没水本领好的兵士入水去寻，几次往复，终于在廖台之东发现一具石椁。

伍子胥命令全体将士各自负沙一袋，乘船堆积在石椁墓旁。沙袋越积越高，流水壅住之后，便命将士筑起了围堰，待捞干积水，石椁便显露了出来。

石椁既得，伍子胥本想捞于岸上，无奈此棺十分沉重，只得下令凿开石椁，但开棺一看竟是些衣冠，衣冠之下藏有数百斤精铁。

伍子胥很是失望。这时，老者在旁指教说："将军，此为疑棺，真棺在下面。"

伍子胥便下令去掉疑棺层，果然又见一棺。伍子胥命令捣毁棺材，见棺内躺有一尸。士兵拖出尸体，老者上前验身，称确是平王之身。老者说："因平王死后身体用水银殓过，故尸身不腐。"

伍子胥见平王真尸，怨气冲天，便手持九节铜鞭，即刻狠鞭三百。老者说："将军，平王之身早已骨折肉烂，不如放过算了。"

伍子胥仍不解气，左脚踏其腹，右手抉其目，狠狠地说："你活着时就有眼无珠，不辨忠佞，听信谗言，杀我父兄，要此目又有何用？"伍子胥随即挖了平王眼珠，斩断平王头颅，毁其衣衾棺木，同骸骨一起弃于廖台湖原野。

伍子胥发泄完心头之恨，才问起身旁老者怎知平王墓葬详情。老者告诉伍子胥自己是个石工，曾为平王修墓。不想等到墓成，平王怕工匠泄露其墓秘密，竟把五十余人杀在冢内，独老汉因水性好跳水逃脱，得以幸免。今见将军孝心诚挚，故特来指明，亦为五十余冤魂解恨！

伍子胥感激万分，取出金帛厚谢，老者却分文不受，摇头而去。

## 33. 楚昭王弃郢奔随　渔父子击桡救郑

大水来时，昭王知郢都已是扼守不住，慌忙之中乘船向西，船涉过沮水，又转而南渡大江，入于云中。这个云中便是江南的云梦泽，在长江中游，之所以叫云梦泽，是因长江两岸都见湖泊、沼泽，云梦泽是这些星罗棋布的湿地的统称。云梦泽中最大的湖泊便是今日的洞庭湖。

云梦湿地原始荒芜，宜于捕猎，本是楚国的领土。是夜，昭王因一路而来身心疲惫，便在船中歇息，船在水中摇晃，昭王很快入睡。夜深时分，船上的灯火竟引来数十名草寇。有几名草寇趁着夜色蹑手蹑脚登上了船只，又摸进昭王歇息的船舱之内。

草寇无义，什么也不问便持戈向昭王刺来。

好在草寇进舱时，护卫王孙繇（yáo）于在旁还未睡着，他听到声响速起身用背护王，草寇之戈刺中其肩。繇于大呼道："此楚王也，汝欲何为？"

草寇说："吾辈只知有财帛，不知有王。况令尹也是贪贿，无况乎小民。"

草寇下令不准其动，大搜船中金帛宝货之物。

这时，草寇忙于搜货，箴尹固趁草寇搜货之时，急扶昭王上岸避险。昭王边走边呼："护孤爱妹，不可伤害。"草寇要的是财，故而不去追赶。

昭王爱妹叫季芈畀（bì）我。"季"是最小的意思，"芈"是姓，"畀我"是名。故而叫她芈畀也可以。大夫钟建听到昭王呼唤，又去背负季芈，跟着昭王上岸。

昭王见爱妹季芈也已上岸，便拼命向前逃跑，逃过一程之后，昭王才回过神来。这个时候，他看见身后火光冲天，料想草寇已搜了宝物，放火焚舟而去。

草寇甚是恶毒，搜了宝物也就算了，竟放火把船也烧了。昭王见此，掉了一把眼泪。因为船被烧毁，昭王一行只得趁着夜色继续向前步行。

逃过数里，东方放亮，昭王一行慢慢聚拢到一起，子期、宋木、斗辛、斗巢也陆续找到他们。少顷，王孙繇于也负伤赶来。

斗辛对昭王说："臣家在郧（在今湖北省郧县），离此地不过四十里。大王随我先到那里，再行考虑，可否？"昭王点头，便派斗辛去成臼津渡寻觅过往船只。

斗辛在渡口等到日上竿头，等得口干舌燥，还是不见有船只过往，便捧起河水喝过几口。正想回转之时，远远望见东面有一舟过来。船近之时，斗辛看清原来船上是楚国大夫蓝尹亹，载着他自己的一家妻小。

斗辛在渡口上招手大呼起来："蓝大夫，大王在此，欲乘船而去！"

蓝尹亹装作不曾听见，斗辛又急切地大呼数遍。蓝尹亹这才应道："亡国之君，为何要载他而去！"斗辛急得连呼大叫，蓝尹亹的船却只顾摇走。

斗辛可奈何，只能在渡口再等，好久之后，才见有一渔舟过来。斗辛脱下自己的外套送给渔夫，渔夫便舣舟拢岸。

昭王、季芈、斗辛等人上了渔舟，同船而去。

到得郧邑，斗辛仲弟斗怀听到哥哥回家，便出门迎接。斗辛也来不及与弟寒暄，赶紧叫斗怀去备好饭菜。

吃饭时，斗辛告诉斗怀这是楚国大王。斗怀听后便一边吃饭一边盯着昭王看，看得斗辛心中存疑。斗辛叫上季弟斗巢，二人商议一番后，斗辛决定亲自守卫昭王歇息。

半夜时分，斗辛听到有磨刀声响，开门一看，竟是斗怀在磨刀霍霍。斗怀一脸怒气，手上的刀子在月光之下显得白亮。斗辛问道："半夜磨刀作甚？"

斗怀说："杀大王。"

斗辛说："为何生此逆心？"

斗怀说："过去，父亲忠于平王，平王竟听信谗言杀了我父，我今杀平王之子报仇，有何不可？"

斗辛愤怒地说："君为天，天降祸于人，人怎可记仇？"

斗怀说："有国是君，今失国便非君王，杀父之仇不报，还是人吗？"

斗辛说："自古以来，仇不涉后代，今大王悔恨前人过失，用我兄弟，而今趁王有危你欲杀他，天理不容，除非你先杀了我！"

斗怀见哥哥不允，于是挟刀而去，心中恨恨不已。

这时，昭王在屋内被门外声音吵醒，便披衣窃听，后又问明斗辛原委，便再也不肯留在郧邑。斗辛、斗巢、子期三人商议，便奉昭王向北而去。昭王就这样去了随国（今湖北省随州市）避难。

大水来时，公子子西在鲁洑江把守，听说郢都已破，昭王出奔，子西恐国人四处逃散，便穿起王服，乘坐王车，自称楚王，暂安人心。逃难百姓听说楚国如今是公子子西为王，便感国中有主，都往子西把守的鲁洑江边落脚。人心稍安之后，子西便遣人探听昭王的下落，得知昭王已去随国，便也向随国而去。

伍子胥因为不曾擒到昭王，心中感到愤恨，便对吴王阖闾说："楚昭王未得，楚国便是不曾灭亡。臣请领一师西渡，追寻楚王踪迹，擒拿回来。"阖闾准许。伍子胥便一路追寻，探得楚昭王已在随国，便领军往随国而去。伍子胥到达随国边境，屯兵致信随君，向随君索要昭王。

伍子胥在信中说："周天子分封在汉川一带的诸侯国，都被楚国侵占了。今吾借吴师向楚君问罪，若把楚君交出，随国便是与吴国交好，汉阳一带的田地便都属于随君，吴王与随君也视为兄弟，共同服侍周室。"

随侯看到信后，急忙召集群臣与楚王随员计议。公子子期说："此事来得突然，不然这样吧，我与昭王长得相像，随君把我当作昭王献出，大王便可免于灾难。"

随侯一听，便叫太史卜其凶吉。良久，太史说："凶！"

随侯感到进退两难，道："楚、随两国交好久矣，今吴笑里藏刀，欲与随交好，如何是好？鬼神请告诉我吧！"鬼神当然没有告诉随侯，但随侯还是生有一计，让昭王先秘密躲藏起来。

随侯派人来到吴师营中对伍子胥说："随国向来与楚国交好，世代参与盟誓不假。今楚君有难，随国不敢不帮。然楚君来到随国却是水土不服，待不习惯，又另走了他处。楚君早已不在随国，随侯请将军前去查验。"

伍子胥当然不信随国信使的话，于是率师入境。伍子胥在随国大肆搜捕，却寻找不到昭王。这时，伍子胥心中突起一个念头，想到囊瓦还逃在郑国，昭王也许去了郑国。况且，楚太子建当初是被郑定公所害，此仇还记在账上不曾得报，今日正是时候。于是，伍子胥命令移师伐郑，把郑国都城郊外围了个水泄不通。

此时，郑国贤臣游吉刚刚死了，郑国国内正在为游吉治丧。郑定公听说吴师突然包围，便惊慌失措。慌乱之余，郑定公思前想后，终于明白吴师为何突然而来，吴师伐郑为囊瓦矣！郑定公把吴师伐郑归咎于囊瓦，便欲赶跑囊瓦。囊瓦在郑国已是待不下去，自想此劫难逃，便在住所自缢身亡了。

郑定公这下有了底气，索性把囊瓦尸体交予吴师。伍子胥说："交出昭王，可存国；私藏昭王，则灭国。"

郑国使者再三说明昭王不曾来过郑国，郑国并无昭王。伍子胥则不信其言，便围而不退。一日，吴军中传出狠话，非要灭了郑国，以报当初太子建之仇。

郑定公这下六神无主，心想自己担心的灾难真的来临了，便急忙召集群臣计议。郑国大夫大多主张背水一战，以决存亡。郑定公却说："我郑国兵马远远不及楚国，强楚尚且败了，更别说郑国矣！"郑定公只得感叹着说："游吉若是活着，还有办法退兵，可游吉已下葬了。"

说到游吉，郑定公心生一计。郑定公之计是出令四处张榜，榜云："若是能退吴师者，孤愿与之分国而治。"

郑定公的榜令出了三日，还真是有人揭了榜文来见定公。

来见郑定公的人其貌不扬，来人见过定公，便说："吴师围困郑国毫无退兵之意，但围郑主将伍子胥，我可去求见，请他退兵。"

郑定公听说可使吴师退兵，急切地问道："卿退吴师，欲需几多兵马？"

来人淡定地说："不用一兵一粮，只需给臣一桨。臣击桨行歌于道中，吴师便退。"

郑定公心中疑惑，心想莫不是碰到说大话之人。但定公别无良策，也就信他一回，死马当作活马医，总比不医好。定公就照他说的，准许他去。

原来这个讨要船桨的人是鄂渚渔丈人的儿子，只见他手持船桨，人在城墙上沿着绳索而下。此人下得城头，毫无畏惧，直入吴师，并在营前敲击船桨唱道："芦中人，芦中人，腰间宝剑七星文。不记渡江时，麦饭鲍鱼羹！"营中军士听到歌声便出来观看，见营前来了个疯癫之人，口中之词一句也不能听懂，便将他拘了去见伍子胥。

渔丈人的儿子被押入伍子胥营帐。渔丈人的儿子脚踏进入营帐便又唱起"芦中人"来。伍子胥听到"芦中人"，便下席惊问："足下何人？"

渔丈人的儿子举起船桨说："将军难道不见我手中船桨吗？我乃鄂渚渔丈人之子。"

伍子胥一听，突感伤心地说："可怜你家父因我而亡，我正欲报恩，但恨无报答之门。今日幸遇，你唱着歌见我，意欲何为？"

渔丈人的儿子说："郑国恐惧将军兵威，令于国中，若是能退吴师者，与之分国而治。臣想家父与将军有仓卒之交，今来别无他求，只是乞求将军赦了郑国。"

伍子胥听后仰天长叹，而后说："员得有今朝，全仗渔丈人所赐，上天苍苍，岂敢忘怀？"

伍子胥问渔丈人的儿子道："家父姓甚名谁？葬于何地？"

渔丈人的儿子说："家父一生在水上以鱼为伴，是个渔夫。家父对我说过，'鱼''吴'同音，就姓了'吴'。因家父长得高大，常被人唤作吴丈人。"渔丈人的儿子又补充道，"家父新亡，墓地就在鄂渚渡口。"

伍子胥觉得奇怪，问道："怎是新亡？渔丈人倒扣船只，溺于江中，乃我亲眼所见，难道有假？"

渔丈人的儿子说："将军看到的不假，只是家父常年在水上谋生，水性极好，如鱼儿一般，家父在水中是死不了的！"

伍子胥越听越觉得奇怪，便又问道："难道渔丈人不曾溺水而亡？"

渔丈人的儿子说："家父怕将军信不过他，故覆舟为之。"

伍子胥听了直觉惭愧，脸色竟也红了，说道："愧也！那渔丈人是如何做得的？"

渔丈人的儿子说："船覆时分，家父扣于船中，嘴里却有一根芦苇伸出水面，可以潜于水中半天不出。"

伍子胥不觉笑道："原来如此！只是今生还是不曾见着，可惜！"

渔丈人的儿子说："家父十多年来常念道将军，我所唱'芦中人'也是家父所教，只是家父说过，不到万不得已不可麻烦将军，故而未有谋面之事。"

伍子胥听后感慨道："真乃丈人也！"

伍子胥为报渔丈人恩德，便即刻下令，解围而去。

郑定公见吴师一忽儿如潮水般退去，大喜，便封渔丈人的儿子百里之地。封地在溱（zhēn）水、洧（wěi）川（今河南省境内）两河之间。

后来，郑国人都把渔丈人的儿子称为"渔大夫"或"吴大夫"。

## 34. 胥哭秦廷搬救兵　概潜吴都搞兵变

伍子胥从郑国退兵回到楚国境内，大军扎营在麇地，之后派人四出招降楚国大臣，同时继续寻访昭王下落。

楚臣申包胥自从郢都被吴师占领，便避在夷陵的石鼻山中。申包胥听说吴军屠城，子胥掘墓鞭挞平王尸首泄怨解恨，还在反复搜寻昭王下落寻求报仇，觉得伍子胥对母国做得实在是过了头，本来心中对子胥不幸遭遇的同情就此荡然无存。申包胥想起了与伍子胥在路途之上匆匆一别时发过的誓言，细细算来，虽已过了十九个年头，但誓言记忆犹新。申包胥便拿起笔墨在竹简上致书一封，派人送给了伍子胥。申包胥所著书信的大意是：你原来也是平王的臣子，今却为吴国做事。你如今侮辱平王尸首，虽为报仇，实太过分。物极必反，你若还念母国，应即刻离开楚国。不然，包胥定当兑现复楚诺言。

伍子胥看完书信，沉默不语。良久，伍子胥对申包胥的信使说："我因军务繁忙，不能书写回信，借你之口，为我致谢并告诉申君：忠孝难以两全。吾日暮途穷，故倒行而逆施耳！"伍子胥告诉申包胥的意思是：我已年老而离乡久远，人生之路已走向尽头，对于故国，忠孝两字，我已不能尽忠，只能尽孝了。

申包胥听了信使回复，道："伍子胥灭楚之心坚定不移，我也不可坐而待之。"申包胥心里想起秦国。平王夫人孟嬴是秦哀公的妹妹，昭王是哀公的外甥，今日昭王之国，唯有去求秦国才有解困之望。

申包胥心中有了方向，说走就走。时值隆冬，天寒地冻，去秦都之路山高水长，申包胥稍作准备，告别了夷陵石鼻山中的妻儿，向西赶路而去。

申包胥越走心里越急，好似屁股后面被火盆烤着，便不分昼夜，累了就睡，醒了就走。因为天寒连续赶路，申包胥的脚跟裂满了口子，迈出去的步伐竟是步步滴血。申包胥撕了衣裳包裹脚跟继续赶路，如此风餐露宿到了雍城。

申包胥对秦哀公说："吴国贪如封豕，毒如长蛇，一心只想吞并别国，今日已从楚国开始。楚君失守社稷，逃于草莽之间，今特命吾来告急上国，请求大王念在舅甥之情，兴师解楚之困。"

哀公自长妹孟嬴婚事上了楚平王当后，长期背负着被楚国欺骗的包袱，认为楚国是蛮夷之国，无礼仪，不可信。自此十多年来，哀公与楚平王之间情淡如水。故而秦哀公说："申大夫辛苦，非是不念舅甥情面，只是秦在偏僻西陲，兵微将寡，本是自保也难，有何能耐助人？"

申包胥说："秦土楚地相连，倘若楚国遭遇兵灾而秦国不救，他日吴国若把楚国灭亡，大王，接着便是秦国矣！今大王若助楚亦是自保秦国。倘若楚国就此复国，楚君感恩戴德之余，愿世世代代服事于秦国。"

秦哀公被申包胥的话说得犹豫不决起来，俄倾便说："大夫姑且先在馆驿安心住下，容孤与群臣商后再议。"

申包胥说："昭王尚逃在草莽之间，不能安居，吾却在馆驿住下，心非能安也。"

这段时间，哀公沉湎于酒，不理国事，竟把申包胥的事情忘了。申包胥见秦哀公毫无动静，便去宫中催问，秦哀公酒痴糊涂，置之不理。

申包胥见哀公根本不把楚国放在心上，料想也是不肯发兵，便立于寝庭之中不走。申包胥见哀公还是无动于衷，便衣冠不脱，水浆不入，昼夜大哭不绝，竟一连在哀公寝庭哭了七天七夜。

秦哀公见申包胥七天七夜在秦庭哭泣，惊讶不已，说道："楚国大臣为其国君急成如此，楚国有这样的贤臣，难道吴国还能灭亡楚国？况且，孤尚无如此贤臣，若吴国灭了楚国，到时肯会放过秦？"秦哀公说得真切，被申包胥感动得流泪。

秦哀公终于下令出师救楚。秦哀公派遣大将子蒲、子虎统帅车五百乘，跟随包胥前往楚国。

申包胥顿首称谢道："道途之中，臣听说楚君幸被随君接应，许是已在随国。楚君渴望救援之心已久，吾当先行一程告知哀公大义，好让昭王宽慰。两位元帅可从商谷向东，不出五日，可达襄阳，再折而向南，便可到荆门。吾领楚军余部，自石梁山南面而来，不出半月，秦楚便可会师。今吴师自以为得胜，定是疏于防备，况吴师将士出外已久，归乡心切，秦楚之师若能破其一军，吴师定当自会瓦解。"

秦将子蒲说："秦师不知路径，须有楚兵向导，大夫不可失期！"

申包胥面向秦哀公下拜，发过誓后，即往随国去见昭王。

申包胥见到昭王，见昭王与往日已是判若两人。昭王形影消瘦，目中无光，申包胥心头涌过一阵心酸。申包胥也不寒暄，说道："大王，楚国有救了。臣请得秦兵已经出发在路上了。"

昭王突然听到此大好消息，大笑不止。申包胥有些莫名其妙，心想昭王莫不是大悲大喜，脑筋搭错了。尔后，昭王脸色红润起来，对随侯说："卜人所说西邻为虎，东邻为肉。西秦东吴，真是应验矣！"

昭王让申包胥详说秦、楚两师如何会师联动之后，便吩咐薳延、宋木收拾楚人兵马，与子西、子期一道向襄阳进发。

约期之中，秦楚两师便会师荆门。会师之后楚兵先行，秦师在后，在沂水之地首遇吴师夫槩一部。

秦将子蒲对申包胥说："大夫领兵先与夫槩一战，子蒲稍候加入。"申包胥应诺，便与夫槩先行交锋。夫槩恃勇，根本看不起申包胥，骑在马上飒飒地冲将过来。双方斗了十多个回合，难解难分，不分胜负。

这时，秦将子蒲、子虎领兵大进。夫槩突然望见"秦"字旗号，大惊道："西兵怎会在此出现？"于是，夫槩急急收兵，然为时已晚。

双方一阵厮杀，夫槩突围而出，吴军则已折兵大半。

子西、子期见夫槩仓皇而逃，便乘胜追过五十多里方才停歇。

夫槩逃回郢都，去见吴王，道："秦兵在沂水突冒且势锐，不可抵挡！"

阖闾听闻后面露惧色。这时，孙武对吴王说："兵，凶器也，可以偶用而不可久为。况楚国土地广大，楚国人心不肯服吴。臣前次请求大王立芈胜为王，实是安抚楚人，正是为了应对形势变局。今日之计，不如派遣使者与秦通好，许诺恢复楚王，割楚鄙野，以扩吴国疆域。如此，大王不可说无得利益，若久恋楚宫，与楚相持，楚人因愤怒而积蓄力量，吴人因骄傲而变得懒散，加之虎狼之秦，臣难保万无一失！"

伍子胥花了大力气擒拿不到昭王，心中不免泄气，也就附和孙武的谋划："秦国，马夫之国，凶狠无常，不与敌为上策。"

这时，伯嚭却说："吴师自离东吴，一路破竹而下，五战拔郢，征服楚国。今日一遇秦兵，便即班师，为何前勇而后怯？请大王给臣一万兵，定杀得秦军片甲不留。若臣不胜，甘当军令！"阖闾被伯嚭的雄心壮志感动，点头许之。

孙武、伍子胥竭力阻止伯嚭不与楚秦合师交兵，伯嚭不从，便引兵出城，两军相遇于军祥之地发生大战。伯嚭刚一出战即被子西、薳延、子蒲、子虎围住。伯嚭见情况不妙，左冲右突，终不能脱身。这时，幸伍子胥来得及时，引兵杀入，救出伯嚭，然吴师一万兵只存了二千。

伯嚭因满话在先，只得自囚，入见吴王待罪。

孙武对吴王说："伯嚭为人矜功自任，长久下去必是吴国祸害，不如乘此兵败，以军令斩之！"

伍子胥则说："伯嚭虽有丧师之罪，然前功不小，况大敌当前，不宜斩将。"

于是，吴王赦免其罪。

这时，秦师乘胜直逼郢都而来。阖闾即命夫槩守卫郢城，自引大军屯于纪南城中。伍子胥则屯兵磨城，伯嚭屯兵驴城，如犄角之势，与秦兵相持。如此布局，吴王阖闾还是觉得不放心，便遣使者去唐、蔡两国，要求再次出兵。

公子子西对秦将子蒲说："吴师以郢都为巢穴，凭借坚固城墙与我军相持，若唐、蔡两国出师相助，我军定会战而不胜。不如先突击唐师，灭了唐国，蔡国则必然惧怕而不敢出兵。若是如此，可一心对付吴师。"

秦将子蒲表示赞同，于是，子蒲、子期分兵一支袭破唐城，把唐成公杀了，唐国自此灭亡。果然，蔡哀公听说唐成公被秦师所杀，十分惧怕，便不敢出兵助吴。

夫槩原本自恃破楚首功，骄傲自满，不想却因沂水之败，损兵折将，这时，吴王派他协守郢都，心中便感不乐。夫槩在城中察观战事局势，如今吴王与秦楚两师相持不决，不知是何结局。

这日，夫槩忽然心动，按先祖之制，我吴国曾兄终弟及，若阖闾亡，吾应嗣位也。只是今吴王阖闾之子波已立为世子，吾再如何也已全无指望！不如乘此吴师在楚，国内空虚，私自回国，夺位称王，也可胜过日后相争。

夫槩想到这里，心里烧得不能自控，便引本部兵马，半夜偷偷从郢都东门而出，渡江回国。

夫槩在国中四处散布谣言："阖闾兵败于秦楚，今日不知死活。吴国传统乃兄终弟及，夫槩应以弟之分立为吴王。"谣言传来又传去，已是三个回合，阖闾还是不曾回国，吴人信以为真，夫槩便自称吴王，并派儿子扶臧带领人马占领淮水，以阻阖闾归路。

吴国世子波与先行回国助波守城的大夫专毅察觉夫槩兵变，即引兵登城防守，不准夫槩部进入吴都。夫槩见吴都防守严密，便一不做二不休，竟派使者通越而去，请求越国由三江进兵夹攻吴国，并以事成之后割五城作为酬谢。

吴王阖闾得报秦兵灭唐，大惊！正想召集诸将计议战守之事，忽然公子山前来急报："夫槩不知何因，引本部兵马已私回吴国而去。"

伍子胥立即说："夫槩此行，必是反水！"

吴王阖闾问："若是，何为？"

伍子胥说："夫槩只一勇夫，不足为虑，须虑的倒是越人，大王应防越人闻变而动。大王该速回吴都，平息内乱。"

于是，吴王阖闾留孙武、伍子胥退守郢都，自与伯嚭以舟师顺流而下。吴王阖闾渡过汉水，刚一上岸，世子波遣人送来的告急信即到，信中说："夫槩反，称王。连越寇，吴都危！"吴王阖闾大惊道："真不出子胥所料矣！"吴王阖闾急派使者返回郢都，调回孙武、子胥兵马。

夫槩在吴都郊外广泛动员民众，计谋变民为兵。但吴中百姓不见吴王尸首，心中疑惑阖闾尚在，便逃走躲藏，不愿为兵。

一日，夫槩正在招募兵马，突然得悉吴王阖闾前来围困，夫槩惊慌不已，只得硬着头皮率本部出战。

阖闾问道："孤以手足相托，何故反叛？"

夫槩答道："昔日，你杀王僚，难道不是反叛？"

阖闾听了大怒，即令伯嚭："为孤擒贼！"

伯嚭领兵与夫槩斗了几个回合，阖闾便令大军直进。夫槩虽勇，但终因寡不敌众，大败而走，幸亏扶臧准备船只候于江边。夫槩乘船便走，渡江逃奔宋国而去。吴王阖闾也不穷追，回到吴都，考虑拒越之策。

孙武、伍子胥得吴王召令，正欲回途，却得申包胥书信。信中云："子君臣据郢三时，而不能定楚，天意不欲亡楚，亦可知矣。子能践覆楚之言，吾亦欲酬复楚之志。朋友之义，相成而不相伤。子不竭吴之威，吾亦不尽秦之力。"申包胥书信的大概意思是："你君臣占据郢都已有三季，而不能灭楚，天意不让楚亡是可知的了。你能实现颠覆楚国的诺言，我也会实现复楚的志向。朋友是讲义的，应该互相帮衬而不是互相伤害。你若不用尽吴国的威武，我也不会用尽秦国的力量。"

伍子胥看完书信传给了孙武。伍子胥说："吴国以数万兵力，长驱入楚，焚其宗庙，毁其社稷，鞭死者之尸，占生者之室，自古报仇，也无如此痛快的。今秦兵虽胜我余军，但也无大损。《兵法》云：'见可而行，知难则退。'当下，楚国还不知吴国有难，应是退兵之机了。"

孙武说："如此退去会被楚人当作笑话，你为何不把立芈胜一事提议给申包胥？"

于是，伍子胥复信说："平王逐无罪之子，杀无罪之臣，某实不胜其愤，以至于此。昔齐桓公存邢立卫，秦穆公三置晋君，不贪其土，传诵至今。某虽不才，窃闻兹义。今太子建子胜，糊口于吴，未有寸土。胜若能归楚，使奉故太子之祀，某敢不退避，以成吾子之志。"伍子胥说得很明白，如果让芈胜回楚并封予土地，吴国便退兵。

申包胥得到伍子胥送来的回信，把信中意思对公子子西说了。子西说道："封太子建之子胜，正是我意！"

就在公子子西欲派人去吴国接胜回楚之时，大夫叶公沈诸梁说："故太子早已被废，而胜为楚之仇人，为何欲养仇害国？"

子西说道："胜，孤寡一人，对楚有何伤害？"

公子子西不顾叶公沈诸梁反对，竟以楚王之命召来芈胜，许封大邑。

孙武、伍子胥见芈胜回国，便把楚境万户迁徙至吴国境内，满载楚府库中宝物而归。

孙武从水路先行，不提。伍子胥则从陆路而还。

伍子胥经过历阳山之时，想起了东皋公，便顺道拜访东皋公而去。伍子胥此去欲行报恩，可是东皋公的山中小屋已经不在，找了半天也没有找着。于是，他派人去龙洞山寻找皇甫讷，也未有踪迹。伍子胥便就地拜了三拜，感叹着上路。伍子胥行到昭关，昭关空空荡荡已无把守。伍子胥触景生情，命令兵士把昭关捣毁。一日，伍子胥行到溧阳濑水边上，又感叹道："我曾在此饥饿难耐，向一女子乞讨，女子给我盎浆麦饭，后竟投水而去，此事今日还是心有余悸。当时，我曾在石上留书，不知还在否？"伍子胥叫左右拨开封土，石上之字竟清晰可见。

伍子胥欲以千金报答，苦于找不着女子其家，便命人投金于水中。行过一里有余，伍子胥见一老妇看到兵过而大声哭泣，军士问之，谁知老妇竟是投水女子的老母。于是，军士将此事告知伍子胥。伍子胥即命人去水中取金予之。

孙武这边星夜驰归，并在沿江一路放出话去："夫槩的人，先回吴的可复其本位，后回吴的杀头问罪。"夫槩儿子扶臧手下的淮上之兵听说孙武放话，便大多倒戈来归。扶臧毫无办法，自己只得逃往谷阳。

再说越子允常探到孙武等已经回到吴国，心知孙武用兵如神，料难取胜，也只能歇兵而归。允常在回途之中连连感叹，道："自此，越与吴为敌了！"允常归国自壮，便自称为王。

吴王阖闾等伍子胥回国之后，便论破楚之功。吴王以孙武为首功，欲为其加官晋爵，然孙武无心于吴王封赏，更不愿为官，再三请求吴王使其还于山中。

吴王阖闾便请伍子胥劝说，孙武却私密地对伍子胥说："你看大道，春去便是秋来，春华便是秋落，暑热过后便是寒冬来临。今吴国四境无险，吴王依仗国力强盛，必生骄乐。为臣之道，功成不退，必有后患！我非只顾自全，你也定要功成身退！"

伍子胥心中感恩吴王阖闾兴师为其报仇，便对孙武之言不以为然。吴王阖闾知道留不住孙武，便赠金帛数车放他而去。孙武则把吴王所赠大部救济于沿路贫苦百姓。孙武就此飘然而去，自此世人竟不知其所终。


孙武在吴国的出现是偶然的，孙武在吴国的历史舞台上消失也是突然的。在此，我们有必要对孙武之事再作些交代。

孙武，字长卿，又称"孙子"。齐国乐安人。祖父田书为齐大夫，攻伐莒国有功，齐景公赐姓孙，封采地于乐安。周景王十三年（前532），齐国内乱，孙武避乱出奔吴国。长期"辟隐深居"，潜心研究兵学，总结以往之战争经验，创作而成《孙子兵法》。

《吴越春秋》说："孙子者，名武，吴人也，善为兵法，辟隐深居，世人莫知其能。"说是吴人实应是吴地新市民。吴地民间相传，孙武僻隐在太湖东边苏州吴中区藏书镇的穹隆山。《孙子兵法》诞生于穹窿山的茅蓬屋。穹窿山又名穹崇山、穷窿山，位于藏书镇善人桥镇西。北西走向，长十五里，最宽处八里，绵延光福、藏书和胥口三乡，主峰高三百四十一米，为太湖东岸群山之冠。

在西破楚国占领郢都之后，孙武没有接受吴王阖闾的封赏和挽留，最终飘然而去，再无登上历史舞台，史书中也再没有有关他的其他记载。真所谓自此不知其所终也。然而，孙武真是就此飘然而去，自此世人亦不知其所终吗？

这甚至成为一些人不相信历史上曾经有过孙武，把孙武看作是与伍子胥同一人。从结果而论，孙武也许是对的，他至少避免了伍子胥的悲惨结局。然而，孙武告别吴国政治舞台后，并没有离开吴国。

历史上对"孙武冢"有确切的记载。《越绝书》记载："巫门外大冢，吴王客齐孙武冢也，去县十里，善为兵法。"《舆地纪胜》记载："平江府有孙武冢。"《吴地记》记载："巫门西北二里，有吴偏将军孙武坟。"（三国吴）《皇览》记载："县东门外孙武冢"。吴县《黄埭志》记载："武县东门外孙武冢也。"《大清一统志》记载："孙武冢在长洲县西北。"《天下名胜志》记载："平门外水陆并出毗邻，近城有偏将军孙武坟。"苏州虎丘有孙武祠。

史书对孙武冢记载的方位，在今苏州相城区陆慕镇，现有吴王客齐孙武冢。陆慕镇附近有蒋墩，是香山地区古老的乡间小集镇，历来以建筑巧匠和刺绣传统工艺著名。蒋墩在胥口乡政府所在地以西十五里，北枕香山运河，镇南有蒋墩山。据《香山小志》云："村内蒋姓为多，故名蒋墩。又谓春秋时吴王阖闾拜孙武为将，在附近山上点将发兵伐楚，故称蒋（将）墩。"孙武，后世称其为"兵圣"，并冠其为"世界兵圣"。

2015年4月，苏州相城区文化局在陆慕镇孙武家地建立规模较大的"孙武纪念馆"，该馆2016年9月完工。盛大的墩土上一眼可见孙武铜像。铜像坐北朝南，13米高，象征其兵法十三篇。铜像前建有演兵场，东西约120步，南北约70步，便是孙武演兵斩吴姬之复制地。孙武纪念馆为矩形格局，其北端便是吴王客齐之孙武冢。

## 35. 昭王返郢勤国政　阖闾归吴筑高台

一面是孙武、伍子胥退兵，一面是子西、子期入郢。

子西、子期进入郢都之后的第一件大事，便是去往廖台湖原野收葬平王骸骨，接着招募工匠，将楚国宗庙社稷恢复重建。不多时日，子西、子期遣申包胥率楚国水师前去随国迎接昭王归国。

昭王念随君之恩，临行之时，便与随君盟誓永不侵伐，世代友好。随君送昭王上得船去，站于岸边，目送昭王之舟渐渐远去。

昭王之舟行至云中，昭王便感叹道："此孤深夜遭遇盗贼之处，不可不去一看。"于是，泊舟江岸，昭王站立岸头感慨万千。昭王让斗辛在此云梦之间筑一小城，以便可以行旅投宿。故而，后世云梦县便有了"楚王城"之说，楚王城即昭王遇盗之处是也。

子西、子期听说昭王已入云梦，便赶往五十里之外去迎昭王。

昭王在入城途中，但见城外白骨如麻，城中宫阙半残半毁，不觉凄然泪下。

昭王入宫便去见母后孟嬴，母子相见，相向而泣。昭王说："国家不幸，遭此大变，此恨何时可雪？"

孟嬴说："今日复位，应先行赏罚，抚恤百姓，等力气恢复，再图不晚。"

次日，昭王祭告宗庙社稷，省视坟墓。

三日过后，昭王升殿，百官称贺。昭王先是自我检讨，道："孤任用坏人，几乎亡国，若非尔等，非能重见天日，失国是孤之罪过，复国是尔等功劳。"诸大夫都叩首称颂。

接着，昭王犒劳秦师，好让其归国。昭王等秦师开拔之后，便论功行赏。昭王任命子西为令尹，子期为左尹，申包胥为右尹。申包胥却说："臣乞师于秦是为国为君，并非为己。今国君已返国，且安然无恙，臣之心愿便是圆了，不敢以此而得好处！"申包胥推辞再三，不肯受右尹之职。昭王却也不允，定要申包胥担当。

申包胥回到府中，翌日，竟带了妻儿老小逃入深山之中去了。申包胥内人不解，问道："王赏不受，为何又欲逃走乎？"

申包胥说："于王而言，我有罪过。当初，为友之义，我并无告发伍子胥图谋，使伍子胥破楚图谋得逞。我有罪过，如果再以罪过冒功，不是无耻吗？"

昭王也不知申包胥为何不官而逃，只得昭告天下表彰其为"忠烈之门"，并改任王孙繇于为右尹。申包胥就这样逃在深山，终身不出。沈诸梁、钟建、宋木、斗辛、斗巢、蒍延等也都进爵封邑。这时，昭王想到了当初磨刀霍霍要杀他的斗怀，竟也封他为楚国大夫。公子子西反对使用斗怀，昭王则说："斗怀欲为弑逆之事，是欲为其父报仇，乃孝子也。能为孝子，难不成不为忠臣？"

摇着小船拒载并大骂昭王的蓝尹亹这时也来求见昭王。昭王记得成臼渡口其不肯同载之恨，便欲抓他杀罚。昭王问道："你弃孤于道路，今敢前来，为何？"

蓝尹亹说："囊瓦弃德树怨，乃柏举兵败之源。成臼之舟哪里可比郢都宫殿，臣所以弃王于成臼，欲以此惊醒大王乎！今日而来，欲看大王是否悔悟，今大王却不省失国之非，而记臣不载之罪，臣死不足惜，所惜的是楚国宗庙社稷！"

公子子西对昭王说："亹之言直，大王应予赦免，以不忘楚国前事。"昭王想了想，便让他官复原职，还是做他的大夫。在朝群臣一看昭王处事度量宽宏，莫不大悦。

越王允常听说昭王回国，昭王夫人因失身于阖闾，羞见其夫，自缢而亡。越王允常因参与公子夫䜣的叛乱，越国与吴国已为敌国，便欲投靠楚国。不日，越王允常遣使去楚，还把自己宗族的一名漂亮女子姒如随同带去，嫁于昭王。据传越姬姒如就是句践的女儿。

昭王见越姬长得眉清目秀，甚有贤能，便立为继室。

不久，昭王欲择良婿把爱妹季芈嫁人。季芈对昭王说："女子之义，不近男人。钟建背负我走，便是我夫，非他莫属！"昭王允许，并使钟建为司乐大夫。

又不久，子西以郢都残破，且吴人久居，便新择都地，在此筑城建宫，又重立宗庙社稷，都地便称为"新郢"。

此都地称"上都"，在今湖北省宜昌东南，为春秋后期楚国的都城。另有"下都"，在今河南省内乡和陕西商州之间。但据《左传》《吴越春秋》记载：楚国迁都是因吴国讨伐越国，占领鄀邑，楚惧而迁都。

昭王见新都落成，一时高兴，便欲备办迁都之仪，结果昭王把迁都之仪搞成了大吃大喝，颇具奢靡之风。

宴会之时，乐师扈子实在看不过去，恐怕昭王贪欢忘苦，又走老路，便抱琴来到昭王前面，奏起了《穷衄（nù）》。《穷衄》是战败损伤之曲。扈子援琴而鼓，声甚凄怨，昭王听得垂涕不已。一曲尽时，扈子收琴下阶，昭王便突然宣布结束宴会。

芈胜从吴归楚，昭王封其为白公。芈胜便筑白公城，自此以"白"为氏，孝其母，聚其本族而居。

吴公子夫㮣因兵变不成，逃在宋国。夫㮣心向楚国，便派人去探昭王口吻。昭王不念旧怨，公子夫㮣便自宋国转来楚国。昭王便封他堂谿之地，号为堂谿氏。

从此，楚昭王勤于国政，省刑薄敛，养士训武，修复关隘，严兵固守。待一切停当，令尹子西对楚昭王说："昔日，吴楚之战，祸起唐蔡，今唐已灭，应报蔡仇。"令尹子西请求昭王兴师伐蔡，以报仇雪恨。

昭王却说："国事粗定，孤还不敢劳民矣！"兴师伐蔡之事便就这样搁置下来。

据《春秋传》记载：楚昭王十年出奔，十一年返国，直至二十年，方才用兵灭顿，掳顿子牂（zāng）。二十一年灭胡，掳胡子豹，报其从晋侵楚之仇。二十二年围巢，问其从吴入郢之罪；蔡昭侯请降，迁国于江、汝之间。楚昭王中间休息民力近十年，楚国复兴。

再说吴王阖闾自败楚之后，威震中原，进入霸王时代。

公元前504年，吴王阖闾大修宫室，先后在安阳里（鸥陂）修造射台，在平昌里兴建华池，在长乐里盖起了南城宫（长乐宫），在姑苏山上筑了高台。

姑苏山也叫姑胥山，山在吴都城西南三十里地。姑苏高台修好之后，吴王阖闾又在胥门之外修建了一条九曲路，九曲路直通姑苏山上。春夏之时，吴王阖闾便在吴都城外治政。吴王一般在鲰（qiè）山吃饭。白天，吴王有时在姑苏台游玩，有时在安阳里射箭，有时在乐石城里拥姬弹琴。秋冬之时，吴王阖闾便在城内治政，有时去游台跑马，有时去长洲苑纵犬射猎，有时也在麋湖城观赏麋鹿。

吴王阖闾自破楚之后，吴国经历了八年的休养生息，不曾对外攻伐。这一时期，诸侯国不敢不听吴国号令。

周敬王十五年。吴王阖闾拜伍子胥为相国，拜伯嚭为太宰，辅佐朝政。伍子胥为相国之后，便把都城阊门改称"破楚门"，又在南界用石头垒起了城墙，城门口派驻守兵，以防越人偷袭，此处城门关卡吴人叫作"石门关"。

就在伍相国筑造吴都石门关的时候，越国大夫范蠡也在筑城，城位于浙江口，以防吴国入侵。范蠡所筑之城名称固陵，意为可以固守之城。

有一日，吴王阖闾突然想起越人参与夫㮙叛乱之事，心里来恨，图谋报仇。就在此时，吴王阖闾得报齐国与楚国交好。阖闾认为齐、楚通好，对吴国北方形成威胁，便计谋先伐齐国，再行讨越。

伍相国说："通好邻国是国家之间常事，未必就是齐国助楚国欲害吴国，吴国没有理由兴兵北伐齐国。当下，太子波丧妻，尚无继室，大王何不遣使向齐国求亲？若齐国允诺，便是齐、吴交好；若是齐国不从，再行讨伐也不晚。"

吴王阖闾点头称好，便遣大夫王孙骆去往齐国为太子波求亲。

齐景公听吴使王孙骆说是奉吴王之命来为太子波求亲，一时犯难。齐国宫中唯有景公幼女少姜未嫁，而齐景公对少姜宠爱有加，视为掌上明珠，心中不想把少姜嫁往吴国。然而，齐景公毕竟已经年老，志气衰颓，且齐国朝中今无良臣，恐怕拒吴亲事吴王便会反目成仇，兴师来犯，就如楚国遭受祸害一样，后悔也来不及。这时，齐大夫黎弥力劝景公与吴国通婚，不要为了此事激怒吴国。齐景公便不得已把少姜许婚于吴国。

王孙骆得悉齐国许亲，便回复吴王。吴王阖闾便再遣王孙骆纳币于齐，迎齐女少姜来吴。

齐景公既爱女又畏吴，两念交迫，不觉流泪出涕，对身边大夫鲍牧说道："烦卿为孤把女送往吴国，嘱咐吴王善待于她。"

少姜到了吴国，因年少还不知夫妇之乐，与太子波成婚之后，一心只念父母，日夜号泣。太子波再三抚慰，少姜仍哀号不停。

吴王阖闾自少姜入吴，也十分怜爱少姜，命下人改造吴都北门城楼，并做了豪华装饰，还把吴都北门改名叫"望齐门（今齐门）"。白天，阖闾让少姜在城楼上游玩，好望齐国。少姜凭栏北望，可是哪里望得见遥远的齐国啊！少姜心中乡愁越来越浓，日子久后，竟抑郁成疾。

少姜的病是心病，虽经名医治理，但不见好转，随着季节越来越深，病也越来越重。一日，少姜终于支撑不住每况愈下的身体，到了奄奄一息的境况，气绝之时，少姜对太子波说："妾闻虞山（今常熟市虞山）之巅可见东海，乞葬我于此，倘魂魄有知，可以一望齐国也！"

太子波奏请父王准许，后来把齐女少姜葬于虞山顶上。可怜的是少姜去世后不久，太子波也因日夜忆念少姜，也得病跟着去了。

明冯梦龙说："今常熟县虞山有齐女墓，又有望海亭，是也。"然今已不知其处。

## 36. 句践泪流别允常　阖闾血溅立夫差

太子波病亡，夫差央求伍子胥在吴王面前力荐自己。吴王阖闾虽认为夫差德不配位，但经不起伍子胥一番劝说，便立夫差为世子。

周敬王二十四年，即阖闾十九年。这一年为公元前 496 年。

阖闾自为吴王以来，虽政绩辉煌，但岁月催人，如今吴王已显年老。男人一变老，便会变得性情固执。吴王脾气变得固执不说，还越来越暴躁，平时听不进别人的劝说，到了偏执专听的地步。

一日，吴王阖闾听报越王允常去世，子句践新立，伐越之心陡然而起，便告于伍相国。

伍子胥说："大王，越有袭吴之罪，然方有大丧，伐之不祥，宜少待之。"

吴王阖闾不但不听，见伍子胥与自己想法不一，便不再同伍子胥商议伐越之事，专断了事。

不久，吴王留伍相国、太子夫差于国中守国，特选精兵三万，亲自带领伯嚭、王孙骆、专毅等人，出吴都南门往越国进发。

句践接报吴师突然来犯，即命诸稽郢为大将，灵姑浮为先锋，畴无馀、胥犴（hān）为左右翼应战，并亲自上阵督战御敌。

时在五月，这日吴越两师在檇李之地相距十里，各自安营下寨。檇李也作"就李"，在今浙江省嘉兴南。檇李之地本为越土。阖闾五年，吴国强行攻占檇里。阖闾十年，吴师攻占楚国郢都，越王允常怨恨吴国攻占檇里，趁吴师尚在楚地，出兵骚扰吴境，原为越土的檇李，得以重新归于越土。故而，檇李重归越土，应在夫槩兵变联越伐吴之前。

次日，吴师出兵，先是两下挑战，越师应战，吴越初战，不分胜负。吴王阖闾见此情景遂勃然大怒，命令吴师列阵于五台山上。吴王阖闾对将士训话道："吾师不得妄动，待越兵懈怠，然后乘之。"

句践见初战不胜，便深入前线，远远望见吴师军阵队伍整齐，戈甲精锐，便对大将诸稽郢说："彼兵势甚振，不可轻敌，须以计乱之。"

句践派大夫畴无馀、胥犴督敢死队左右两队上阵。敢死队左队有五百人，各持长枪，右队也有五百人，各持长戟。只听畴无馀、胥犴两将一声呐喊，左右敢死队员便杀奔吴阵。

吴军阵上全然不理，只用弓弩手把住阵脚。

越国敢死队冲突三次，都不能入得吴营，只得回转。

句践见吴军阵上坚如铁壁，也便无可奈何。这时，诸稽郢献计："罪人可使！"诸稽郢把计谋一说，句践恍然大悟。

次日，诸稽郢把军中三百死罪者分成三行，密传军令。死罪者得令，光着上身引剑于颈，稳步走向吴军阵前。

吴军见越兵引剑于颈挺腹而来，很是好奇，都欲探知越兵意欲何为。不想越兵近到阵前，前排的齐声喊道："吾主不自量力，得罪上国，要吾等讨伐，吾等不愿，触犯军令，今不敢逃罚，愿自杀谢罪！"说完，竟挨个儿引剑自尽，顿时阵前血喷四射，场面惨烈。

吴军一看越人分明是前来送死，便都瞪着眼看越人自尽，并相互问话，"此是为何？此是为何？"

就在此时，越军忽然鸣鼓，畴无馀、胥犴各领一队死士，拥大盾，持短器，呼啸而来。

吴兵阵上一时反应不及，心中慌乱，顿时阵脚大乱。

句践乘机统率大军跟进，右诸稽郢，左灵姑浮，一阵猛攻，把吴阵冲开。

这时，王孙骆舍命与诸稽郢相持，灵姑浮则奋力挥舞长刀左冲右突，寻人厮杀。灵姑浮一看眼前正是吴王阖闾，便挥刀砍来。吴王阖闾见灵姑浮滴血的长刀泛着白光从头顶砍来，便往后一闪，右脚却来不及缩回，便被灵姑浮的长刀砍中，伤到了右脚趾（一说是伤到手指）。

吴王阖闾赶紧爬入车内，一屦（jù）脱落掉入车下，吴王鞋子也不要了，催促车夫快走，无奈车被围住。这时分，灵姑浮又挥刀砍来，幸亏专毅杀到，救了吴王。专毅与灵姑浮奋力拼杀，把灵姑浮抵住在二十步开外。王车冲出重围，专毅被众多越人围住，只得边杀边退，最后身负重伤。王孙骆得知吴王已有闪失，便不敢恋战，急忙收兵。越兵乘机掩杀一阵，吴军竟死伤过半。

吴王伤重,吴师不得不班师回寨。吴王年老体弱,终于忍受不了脚趾剧痛,在班师途中走过七里,便在车中大叫一声而亡,叫声响彻陉(xíng)地。

伯嚭护丧先行,王孙骆断后以防越兵追击。檇李之战,吴师大悲大伤,一路哀号不已。伯嚭护丧之师徐徐而返吴都。

越兵见吴师一战而退,不知吴师实情,以为是计,便不再追赶。

夫差得悉,迎丧以归,成服嗣位。次日,夫差命卜师为先王茔地选址。卜师相中吴都城破楚门外的海涌山。夫差便命伯嚭召能工巧匠穿山为穴,筑造墓地。

墓成之后,夫差用金玉之玩、鱼肠之剑及剑甲六千副为先王殉葬。据传,吴王阖闾下葬三日之后,有人望见海涌山上吴王墓地有白虎蹲踞其上。此事遂在吴都传开,故而吴人把海涌山改称作虎丘山。

不久,专诸之子专毅也终因伤势过重离世。夫差把专毅亦葬于海涌山之后山坡上,以陪伴先王。今苏州市虎丘山有"剑池",书载吴王阖闾墓地是也。但专毅墓地今已不知其处。

# 第八章

## 春秋诸侯多奇事　战国方伯少吴志

前 495 年周敬王二十五年，吴王夫差元年：

吴王夫差以大夫伯嚭为太宰，习战射，欲报槜李之役。

前 494 年周敬王二十六年，吴王夫差二年：

吴王夫差悉发兵击越，败越师于夫椒（今太湖洞庭西山，一说在今浙江省绍山北），吴师入越。句践以甲楯五千栖于会稽山上，使大夫文种请和。句践与范蠡为质于吴，卑事夫差，而授国政于文种。

前 493 年周敬王二十七年，吴王夫差三年：

吴师入蔡，迁蔡于州来。

前 488 年周敬王三十二年，吴王夫差八年：

吴王夫差会鲁哀公于鄫（今山东省苍山西北，鄫也作缯，即琅邪缯县。）

前 487 年周敬王三十三年，吴王夫差九年：

吴王夫差伐鲁，至泗上，知鲁不可灭，乃与之盟而还。

前 486 年周敬王三十四年，吴王夫差十年：

吴凿邗沟。吴王夫差欲伐齐、晋，以霸中原，乃筑城于邗（今江苏省扬州市附近），凿邗沟，南引江水北上，在今淮北入淮河，以沟通江淮，是我国最早的人工运河之一。

前 485 年周敬王三十五年，吴王夫差十一年：

吴王夫差率师北上伐齐南鄙。吴大夫徐承率舟师自海上入齐，为齐师所败。

前484年周敬王三十六年，吴王夫差十二年：

艾陵之战。吴王夫差闻齐师伐鲁，率吴师会鲁师以讨齐，战于艾陵（今山东省泰安南），大败齐师。

夫差杀伍子胥。初，吴王夫差欲伐齐，伍子胥以为勾践乃吴心腹大患，请伐越，吴王不听，命使齐，后夫差赐剑使子胥自刎。

前483年周敬王三十七年，吴王夫差十三年：

吴王夫差会鲁卫之君于郧（今山东省莒县南）

前482年周敬王三十八年，吴王夫差十四年：

吴王夫差率师北上，以子友、王子地守国。

越王句践发兵四万，私率君子（亲兵）六千伐吴。大败吴师，获太子友，破吴都，吴人告败于夫差。

黄池之盟。吴王夫差与晋定公会盟于黄池（今河南省封丘西南）。吴晋争为长，后夫差闻越师破其都，始让于晋，吴师归。

吴王夫差使人以厚礼请和于越，越许之。

前478年周敬王四十二年，吴王夫差十八年：

越王句践伐吴，吴越战于笠泽（在今淞江入太湖处），吴师败北。

前475年周元王元年，吴王夫差二十一年：

吴人杀公子庆忌。

前473年周元王三年，吴王夫差二十三年：

越灭吴。越王囚吴王于姑苏北（今江苏省苏州西南）。吴王请和，越王句践不许，吴王遂自杀，吴亡。越王句践称霸，以淮上地与楚，归吴所侵宋地予宋，予鲁泗东地六百里。越横行江淮东，遂霸诸侯。

——摘自《勾吴史集·吴国历史大事记》

# 37.稽山归藏禹王灵  少康庶子无馀始

檇李一战，吴王阖闾失了性命，这便拉开了吴越春秋的序幕。

从此，越国对于吴国来说变得越来越重要，吴越关系成为夫差时代最重要的诸侯国关系。

吴越之间因有杀父之仇，矛盾便日益尖锐。吴越连土，纷争不断，互为敌国，以至于后来出现句践为奴、句践灭吴等重大事件。然而，越国为何最终取了吴土？越国究竟是一个怎样的国家？我们先来作个交代。

越国（约前2032—前222）从立国到灭国经一千八百多年，处东南扬州之境，即荆蛮之地，是中国夏、商、周以及春秋战国时期华夏族在中国东南方建立的诸侯国。始祖为夏朝君主少康的庶子无馀，无馀是大禹后裔。越国最杰出的君王便是春秋末年的句践（约前496—前465）。句（勾）践，姒姓，本名鸠浅。因古代华夏文字不同，音译为"句践"。句践又名菼（tǎn）执。《荀子·王霸》认定越国为"春秋五霸"之一。

探究越国姓氏，如今有三种说法：姒姓说、彭姓说、芈姓说。

我们先来探究"姒姓说"。

"姒姓说"认为越国王室是夏后少康庶子无馀的后代。《史记》《越绝书》《吴越春秋》都持这个观点。

在这里，我们首先要说到两个人的事迹。这两个人一个名叫鲧，另一个名叫禹。如果我们说治水英雄大禹是鲧的儿子，我们就会一下子对鲧熟悉了。

《史记》《世本》等古籍是这样记载鲧的：鲧，黄帝孙子颛顼的后代。但《山海经》中的记载却不是这样的，《山海经》说：鲧是黄帝的儿子骆明的儿子，如果是这样的话鲧就成了黄帝的孙子。然而，有学者说道这两种说法都是不可信的，鲧与黄帝搭上关系是受到周朝开始出现的以黄帝为中心一统观念思潮的影响。那么，谁是正确的说法呢？至今没有定论。但是，在这里定论并不重要。

我们知道，禹和他的儿子启建立了夏朝。现在我们提到夏朝，它的始祖也只推到鲧。鲧在古籍的记载中名声不好，但不管怎么说，鲧是夏朝的先祖。鲧又称崇伯鲧，崇伯是个官号，崇伯鲧是说鲧是崇山部落的一位酋长。

鲧和禹父子二人的事迹都是治水，也就是父子二人做的是同一个营生，但鲧治水无功，丢了性命，而禹治水大功告成，成为中华历史上的英雄。

在这里我讲述一段鲧和禹父子治水的故事。

故事是这样的：鲧娶了有莘氏的女子为妻，女子名叫女嬉。但是，女嬉三十多岁还没有怀上孩子。有一次，女嬉到砥山游玩，采得苡米（鸡头米）吞了下去，意识中好像被别人触动了，因而怀孕。女嬉怀孕期满却生不下小孩，便被剖开腋下肋骨，生下了禹。这个传说似乎告诉我们，剖腹产古代就有，但是古代这个剖腹产技术实在可怕，因为剖开的是腋下肋骨，这样腋下肋骨可能就要卸下。现如今，有孩童会问其母自己是从哪里来的，母亲说是妈妈生的，孩童再问母亲是从哪里生出来的，妈妈不好回答，常常会说是从腋下生出来的。妈妈的说法，其实就是来源丁禹出生的传奇。禹出生的时候，他们的家还在四川省西羌一个叫石纽的地方。

尧帝时代，鲧在尧帝手下为官。有一年，普天之下遭到了水灾。洪水滔天，大地已是汪洋一片，尧心中感到十分不安，要求四岳推荐治水人才，可是四岳始终推荐不出合适的治水人选。相比之下，四岳便举荐了鲧。

尧帝说："鲧不从教令，毁败善类，不可任用！"四岳便说："衡量这班臣下，没有谁能比得上鲧的治水本领了。"尧帝别无选择，就任用鲧去治理滔天洪水。可是，鲧治理洪水只用堵的办法，九年过去了，鲧的治水却没有取得成效。

尧帝便心中大怒，欲重新找寻人才，得到了舜。这个时候，尧帝年岁已大，便让舜代理行使自己的职权。舜服从尧的安排，到各地去巡视。舜看到鲧治理洪水的工程很不像样，便将鲧治罪，流放到东方一个叫羽山的地方去了。但是，有的书籍上干脆说鲧被舜在羽山杀掉了。神话传说中则说，鲧投水自尽，其灵魂变成黄熊，成为了羽渊之神，给了鲧一个比较理想的出路。

鲧被流放以后，舜便任用鲧的儿子禹继承其父业继续治水。禹对父亲鲧治水不曾取得成效感到忧伤，为了不重蹈覆辙，禹便对长江、黄河、济水、淮水四大水系进行了周密考察，劳身焦思，奔走七年，曾三过家门而不入，但治水还是没有取得成效。禹愁容满面，思虑沉重。一天，禹查阅图书，发现书中有一段圣人说的话："在天下九山中，东南有座天柱山，也叫宛委山，山岩顶上的宫殿中住着南方之神赤帝，其宫阙是用有文彩的玉柱支撑建成的，顶上覆盖着一块巨大的石头，里面藏着一卷天书。天书是用黄铜铸成的简片，青玉镶嵌的文字，用白银丝编联成册，里面的文辞都修饰得很是优美。"禹便往东南方巡视，登上了这座山的山峰，即现在会稽山的天柱峰。《周礼·职方氏》载："东南曰扬州，其山镇曰会稽"，"会稽山列诸山之首"。会稽山是被最早记载的名山之一，列"九大名山"和"四大镇山"之首。山在哪里？——今浙江省绍兴。

禹用白马之血祭祀赤帝，然而禹还是没有得到天书。禹在天柱峰顶很是绝望，仰面对天大声呼喊，发泄心中愤恨。忽然之间，禹困倦而睡，梦见一位穿着红色绣衣的男子，自称是玄夷苍水使者，使者对他说："听说是舜委派你前来，故而我前来恭候。要知道现在还不到索取天书的时候，我来是把预定的日期告诉于你，你也不要再呼唤了。"玄夷苍水使者回头向东方望了望，对禹说，"要想得到我山之神的天书，应先在黄帝的山岩下面斋戒。三月庚子那天，再登上天柱山，揭开石板，就能得到藏在那里的金简天书了。"禹梦醒下山，照梦去做，最后取得金简天书。禹认真查阅金简玉字，明白了治水的道理，实际上只是一个字："疏"。治水靠堵是堵不住的，治水的最好办法是疏，即疏通江河水系，让水入海。

禹到了衡岳天柱山，用舟、车、轿、橇作为交通工具渡越山川草泽，在天下五岳之间巡回驻扎。禹在到达名山大川之前，便召唤当地神灵前来相见，并向他们询问山河的脉络走向、铜矿玉石的蕴藏量、鸟兽昆虫的种类，以及当地的民风民俗、他国异地的地理方位等情况。禹与随行的益和夔共同谋划了方案，然后让益分条别目把询问的情况予以记载，记载的内容后来被称为《山海经》。按此神话，《山海经》的作者便是益，这个益就是伯益，是随（曾）国的开国始祖。

禹已经三十岁了，还尚未娶妻。有一日，禹巡视到了涂山，忽然想到自己年龄已经不小，便担心年龄再大会违背"丈夫三十而娶"的婚姻制度。禹说："我打算娶妻成家了。"这时，一只九尾白狐突然来到禹的面前现形，禹心想："白色是我部落崇尚的服色，九尾之九是阳数的穷极之数，这似乎显示的是帝王的征兆。"禹的心中甚是喜悦，就这样，禹在涂山做了上门女婿，娶了涂山氏的女娇为妻。从辛日到甲日，禹新婚才四天，便告别妻子又为治水奔忙去了。禹离家十月以后，女娇生下了个儿子，取名叫启。

禹带领手下继续巡行。他派遣太章从东到西、派遣竖亥从南到北去测量土地，直至八方极远的广阔地域，他们运用天数和地数来计算山川土地的里程与面积。禹不停地在天下四面八方巡视，东到海边，西至积石，南过赤岸，北越寒谷。禹在昆仑山探明矿藏，在今甘肃治理沙漠，在北山一带疏通弱水，并疏通长江，使之东流入海，疏导黄河的九条支流，在东北地区又开通了五条河道。禹在陕西、山西开凿了龙门山以疏通黄河，在河南洛阳开辟伊阙以疏通伊水。禹在勘察土质后对田地确定了田赋，并根据地形划分州邑，要求九州四夷分别按照规定向天子贡献方物，禹还引导人民离开高峻的山区到中原平地居住。

尧帝知道禹的勤勉和功绩很是高兴，称禹为伯禹，封官为司空，赐姓为姒，开始让他统领九州的长官，视察十二个部落。

我们知道，尧帝去世之前便将帝位禅让给舜。舜即位后改封伯禹为司徒，也就是从分管建设变化为分管教育人民，禹开始从事意识形态工作。舜还让禹在宫内辅佐执政，对外继续行使统领九州长官的职权。

舜的身体状况越来越差，舜去世之时，遗命将天子之位禅让给禹。禹便为帝舜守孝三年。三年之后，禹便将天子之位让给了舜的儿子商均，自己则退居到阳山之南、阴阿之北的阳城生活。但是，天下百姓却不肯归附商均，百姓知道禹退居了，好像受惊的鸟群，受骇的鱼群。百姓说道："禹抛弃了我们，我们拥戴的人你在哪里啊？"在乱象丛生的情况之下，禹便正式登上了天子之位。

禹用了三年时间考核臣下的功绩，五年后使天下的局势走向稳定。禹再次巡视天下各州，最后他返回到越族地区，登上茅山，并下令四方部落首领前来朝见，要求诸位大臣都来观礼。这期间，中州部落首领防风氏因无故迟到，禹当场将他斩首示众，显示普天之下全属禹王。禹接着称颂尧舜功德，全面总结了治国理政的道理，并把茅山改名为会稽山。

禹随后发布政令，让天下百姓休养生息，并确定了国家的名号叫作"夏"。禹对有功之臣分封土地，对有德之臣赐以爵号。故而，我们可知在中国社会对德向来不曾轻视过，将功德并列，"功"体现了一个人的智慧才能，"德"体现了一个人的生存之道。禹说："罪过不能因细小而不处罚，功绩不能因轻微而不奖赏。"这是禹治国理政思想中对治人的行为准则。

禹的心愿是想留在会稽山所处的越地，但他恐怕群臣反对，便引导群臣说：

"吃了树上的果实，就不要伤害它的树条；喝了河里的清水，就不要污浊它的下游。我在覆釜山（天柱山）获得天书，才消除天下洪灾，使百姓能安居乐业，越地的功德如此显著，就不可以忘记。"禹认真听取和采纳群臣的批评与建议，为安定人民而兴建房屋，劈山砍树筑起城邑。禹还调整称量物体重量的衡器，统一斗斛（hú）之类的容器。禹制定刑法并公之于众，作为大家的行为准则。于是，凤凰飞到树上栖息，鸾鸟来到屋旁筑巢，麒麟来到庭院散步，百鸟来到沼泽助人耕作。

禹大功告成时，已经五六十岁了，留给他的时间不多了。禹便命令诸位大臣，在他离世以后要把他埋葬在会稽山。禹治水是从会稽出发的，最后回到了会稽，画上了一个句号。禹在去世之前禅位给了益。益守丧三年，守丧完毕，益便避开禹的儿子启，隐居在箕山南面。启便登上天子位，定夏地为都，开始执掌国政。

启继承禹开创的功业与美德，在九州的田地上种上五谷，年年如此，从不间断。启每年春秋两季都要派遣使臣来到越地祭祀禹王，并在会稽山上兴建了禹王庙。

说到这里，我们再简单说说启建立的夏朝及其相关事情。

夏启在位三十九年，去世后，儿子太康即位。太康是个玩物丧志的君主，喜欢田猎，有一次跑到洛水以南去打猎，竟然一去就是一百多天。这时，东夷部落的有穷氏首领后羿趁太康久出不归，便带领族丁驻守在洛水北岸，封锁了太康回来的路线。太康没法回家便逃到了阳夏（在今河南省太康县）。就是这个阳夏，在秦朝末年出了农民领袖吴广。

这里说的后羿不是射日的后羿。射日的后羿是尧时代的人，这个后羿也许是射日后羿的后裔。后羿在夏都（一说在河南省阳城）代夏执政。执政期间，后羿把太康的五个弟弟都赶出了都城。后羿重用了被伯明氏驱逐的一个叫寒浞的人，结果寒浞唆使后羿外出打猎，后羿不知寒浞阴谋。于外出打猎之时，被寒浞所派之人杀害了。

寒浞代夏执政。寒浞霸占了后羿的老婆玄妻，还生了两个儿子，叫浇和豷（yì）。事隔十多年，太康之子仲康也去世了，仲康的儿子相即位。其间，仲康、相都是比较贤明的君主，一心想重振夏后氏，却引起寒浞的警惕。寒浞便叫自己的儿子带兵把相杀了。这个时候，相的妻子后缗（mín）已有孕在身，后缗逃到有仍氏娘家，生下了相的遗腹子少康。少康长大后，在有仍氏担任牧正。寒浞知道少康是相的遗腹子，便派兵来杀，少康又逃到了有虞氏。有虞氏国君虞思很喜欢少康，便把两个女儿都嫁给他，全力支持少康夺回盟主之位。在往后的十年间，少康联合夏后氏、斟灌氏、斟鄩氏准备反寒浞，少康便派遣女（rǔ）艾潜伏在寒浞政权内部获取情报。寒浞感觉天下已无敌手，便开始淫乱不堪，享受人生。这个时候，少康的儿子季杼也已经长大，少康终于举起反寒大旗，进攻阳城，把寒浞杀了。少康又在过国把浇（过浇）杀了，季杼在戈国也把豷（戈豷）杀了。少康夺回了夏后氏失去了四十年的王权，进入了史称"少康中兴"的时期。

为何要用这些文字说到少康之事，是因为少康与越国国君有直接关联。

《史记》记载，越国国君这一支血脉与越人不同，他们有着正宗的华夏血统。原来，大禹南巡死后葬在了江南的会稽山，自启始便年年春、秋两季去会稽山祭祀，因为路途遥远，祭祀很不方便。少康时代，少康便把自己的庶子无馀封到越地去奉守大禹的陵墓，并负责每年春秋的祭祀。所以，我们如今都说越国国君是夏禹的后代，越国是夏朝第五任国君少康的庶子无馀建立的，号曰"禹越"，又称"於越""于越"，越国的基础是土著的于越部落。

然而，这个说法从东汉开始就一直受到广泛质疑。王充说："帝舜到湖南，大禹到会稽不可能是事实。"当时华夏族的统治范围就在中原一带，到不了这么远。后来，尧、舜、禹都成了圣人，故而都被神化了。近代质疑《史记》的学者认为把越国的先祖说成是大禹的后裔，是句践（勾践）称霸的政治需要，目的是要说明自己也是王族血统罢了。当然，这些说法也只是学术争鸣而已。

假定开国越主无馀是夏禹的后代，那么我们再说下去，后来的越主会不会是夏禹的后代呢？我们知道《吴越春秋》《越绝书》的著作者都是越地人，他们在书中说：无馀传了十多代后，君主无能变成了平民。十多年后，越地突然冒出来个叫"鸟禽呼"的人，自称是无馀的后代。为何这个人叫"鸟禽呼"？原来"鸟禽呼"的意思是不像人话，像鸟的叫声。这个人后来的名字叫无壬。依此脉络，句践应该是"鸟禽呼"的后代。《吴越春秋》《越绝书》的著作者说冒出来个叫"鸟禽呼"的人，自称是无馀的后代，也就是不能确定无壬是不是大禹的后代，这也就是说从无壬开始的越主可能是土生土长的越人了。实际上，司马迁对越国的世系也语焉不详，从第一任无馀到越王句践历时一千多年，《史记》所记载的越君传有二十代左右，是有问题的。如此来说，"鸟禽呼"无壬后来的越国国君是土著越族很有可能。

还有一种说法："彭姓说"。"彭姓说"可能主要出自《国语》：

彭姓彭祖、豕韦、诸稽，则商灭之矣。

据说，帝尧把彭祖封到了彭城（今江苏省徐州一带），后来，这个地方又分裂成三个国家：彭国、豕韦国（在今河南省滑县）、诸稽国。

商汤代夏时，这三个国家投靠了商。后来，彭国、豕韦国得到了商王的重用，被封为商朝的方伯。在当时，彭国、豕韦国这两个国家的国力已是不能小觑。彭国曾经打败了反叛商王的邳国。彭国和豕韦国还代替商王出征，打败了攻入商邑班方的姺国。之后，彭国、豕韦国的强大引起了商王的猜忌，商王武丁感觉到这两个国家的壮大威胁到了商朝的统治。武丁四十三年，商伐灭了彭国。武丁五十年，商又伐灭了豕韦国。这样，诸稽国就失去了依靠，很快也灭亡了。

彭国被商灭亡后，彭氏宗族又辗转东西南北建立了新的彭国，但历史上对新建彭国的位置记载不详。有的说可能被南下的徐国兼并了，也有说彭氏宗族有一支可能迁徙到了申地，因为后来楚国灭申国时，俘虏了一个叫彭仲爽的人。之后，这个彭仲爽还担任了楚国的令尹。不过现在有彭祖墓的地方有好几个，徐州市铜山区大彭镇的大彭村，说是彭祖故里。此外，四川彭山县的彭祖山、陕西宜君、山东临清、河南鄢陵、浙江临安也都有彭祖墓。这些彭祖墓可能并不是指传说中活了八百岁的彭祖，很可能是彭氏宗族的其他先祖。只要是姓彭的先祖就可以统称彭祖。江苏无锡鸿山西南有一处地方叫彭祖墩，曾经出土过新石器时代的文物多件，现为省文物保护单位。

彭国的小兄弟诸稽国被商灭了以后，辗转到了江南诸稽。可是，当时的江南是越族聚居地，是于越的天下。诸稽氏辗转到了江南，存国不久就被于越兼并，称为越国。越国定都在诸稽，会稽是后来的越国之都，也就是说越都先在诸稽，后在会稽。故而有学者说：越国是诸稽国南迁后融合当地百姓后才建立的，句践等越国先王是彭姓诸稽氏的后代。这样说来，句践及他的先祖可以说与彭姓有关，也可以说句践姓彭。

最后一种说法是"芈姓说"。

"芈姓说"认为越国王室是楚王室的旁室。《墨子》《世本》持这个观点。《国语》有"芈姓夔、越"的记载。夔国在今三峡地区，是西周时期楚国王室旁支熊挚的后代，而越国是周夷王时期楚君熊渠所封。这样说来，句践及他的先祖可以说与有熊氏有关，也可以说姓熊。

难怪楚越总是一条心。然而，现在的基本定论应该是"姒姓说"。《越绝书》记载：

> 无馀初封大越，都秦余望南，千余岁而至句践，句践徙治山北，
>
> 引属东海，内、外越别封削焉。

这段话的意思是说：越国先祖无馀始封大越时，建都在秦余望山的南面，过了一千多年到句践一直都是这样，是句践把都城迁到了山北，因为在这里抬头就可以望见东海，"内越""外越"各自的疆界可以看得清清楚楚。

据说，越王允常时期定都埤（pì）中，即在今浙江省诸暨市东北阮市到店口一带。"诸暨"两字金文记载为"者旨"，这和当时的古诸暨有关。先秦时期，这里叫诸稽国，后来才写为"诸暨"。允常开始以都城为氏，称"者旨氏"。

句践初年，越国的国境大概是这样的：北到嘉兴的海盐、桐乡与吴国接壤；西界在江西东北上饶一带；东到大海；南不超过温州。

# 38. 上合星宿同音律　下共一理同气俗

吴、越之间到底是一种什么样的关系呢？

《越绝书》记载，吴、越两国是"同气共俗""同俗并土"；"吴与越同音共律，上合星宿，下共一理"。在属族上，吴、越先民同属于古越族，分别为"百越"的著名分支；在地域上，吴、越互为近邻，同处长江下游的太湖流域，濒临大海。这就使吴、越先民在文化习俗方面，存在共同的特征。但也有学者探究后定论吴、越先民同俗而不同族，这里暂且不论。

《史记·越王句践世家第十一》记载越人："文身断发，披草莱而邑焉。"《史记·吴太伯世家第一》记载：太伯、仲雍奔荆蛮时，也从当地习俗而"文身断发"。《左传·鲁哀公七年》子贡说：吴人，"文身断发，裸以为饰"。就此一例，足见吴、越"同气共俗"。

吴、越先民僻居东南一隅，因大海阻隔，长期封闭落后，曾被中原各国鄙视为"蛮夷"之族。但自春秋中叶以后，吴人率先打开国门，交通中原，终于以金戈铁剑，破楚败越，威慑齐晋，称霸天下。之后，越人不甘雌伏，一边以财帛与信义结交诸侯，一边以智慧与武力同吴国"争三江、五湖之利"，终于在困境中雄起，问鼎中原，成为"东方之伯"，从而使春秋后期的历史形势发生了戏剧性的变化。

那么，吴、越之间到底有多少"吴越恩仇"？

夏朝的衰落，作为夏族的"于越"政权也随之没落。因为夏族与东夷的关系一直不好，所以少康之子帝杼曾领兵打到了东海附近的三寿国。三寿国臣服后，献了一条名叫九尾狐的祥瑞之兽给帝杼。

商朝时期，许多东夷部落都不服盟主商朝。越国在这一期间曾经配合商王武丁征讨东夷的土方、鬶方等国家，得到商王的认可。但是商王看到越国越来越强，心中开始不安。商王帝乙（纣的父亲）便开始征讨越国。据说商与越在今浙江上虞一带对峙半年之久才肯罢兵，从此商、越之间的关系很僵。

周族崛起后，商王帝辛（纣王）多次讨伐周族在东夷的盟国，商朝因此也元气大伤。之后，周国姬发（周武王）在岐山发兵，攻破商都，纣王自焚而死，商朝灭亡。

西周建立后，彪悍的东夷族同样不服。于是周公东征三年，灭了五十多个东夷国家，把其中两个最强大的部族国家蒲姑国和奄国也灭亡了。当时，越国感受到周天子的威慑力量，在周成王时期，越国派遣使臣到西周都城镐京向周天子称臣，还贡献了不少土特产，据说有珍珠、贝壳、蟒蛇、雉鸡、宝玉，甚至还进贡了一条越国制造的大船。

周康王时期，康王把虞国转封到今宁镇一带的宜地，目的之一是用来制约越族。在丹徒出土的"宜侯夨簋"便是例证。西周末年，周朝衰落，楚国兴起，越国便投入了楚的阵营。当时，齐桓公大会诸侯，吴国、越国都拒绝朝见。之后，楚庄王灭了群舒一带的小国，在滑汭一带曾与吴、越划定三国国界并结盟。

事实上，吴、越之间的矛盾是一直存在的。原因是太湖流域一带本是越土，《越绝书》中记载姑苏的越犹山、越王王室墓地区都属于越国。吴国是后来立国，在吴王诸樊、阖闾时期吴国大肆扩张，挤占了越国的发展空间，特别是吴国都城南迁到东太湖姑苏之后，吴、越矛盾就开始激化。

吴国在寿梦时期崛起，寿梦在晋国的教唆下便不断和楚国叫板。寿梦时期，吴国恢复了失落已久的华夏身份，这时的越国却几乎沦为楚国附庸，对吴国也已惧怕三分。不然，越国的名剑怎会在越子允常手中落入吴人。然而，楚国为了对付吴国，也十分愿意拉拢越国。越国有着强楚做后盾，趁吴楚累年交战，开始骚扰吴国边境。

吴王馀祭四年（前544），馀祭兴师讨伐越国，抓了一批越俘，安排他们去看守吴都的城门，结果馀祭在视察船只的时候被看城门的越俘刺杀了，从此吴、越两国水火不容。

吴王馀眜五年（前537），楚灵王的多国部队在琐地会合攻打吴国，越国大夫常寿过也奉命带兵参战，在吴、越的伤口上又撒了一把盐。当然，在吴王馀眜十三年（前529），常寿过因为记恨自己被楚灵王侮辱，也参加了反对楚灵王的倒楚叛乱，但这事与吴国没有关系。

吴王僚八年（前518），楚平王的水师进攻吴国，越国大夫曾经前往楚军犒劳，越公子仓和寿梦（越国寿梦）赠送一条精美战船给楚国水师，给楚助威，并开始追随楚平王。

吴王阖闾五年（前510），阖闾攻打越国，攻破了边境城邑檇李，并纳入吴土。

吴王阖闾十年（前505），越王允常趁吴国大军在郢都之机，夺回檇李。公子夫㮣兵变叛乱期间，越王允常便与夫㮣联手，偷袭吴国。

阖闾十八年（前497），越王允常去世，子句践即位。次年，也就是句践元年，吴王阖闾趁丧伐越，在檇李被越王句践用计打败，阖闾被越臣灵姑浮砸断脚趾（一说砍伤手指），在陉地去世。

自此，吴国共二十五任君主中有两位君主死于越人之手，故而吴、越便有了深仇大恨。

在夫差时代，吴、越矛盾达到顶峰，今人所谓"吴越春秋"指的就是这段时期的历史，我们将在下文中详细展开。

春秋之后，吴国在中华版图上消失。战国、秦汉时期，历史上对长江以南沿海各部族统称"百越"，包括现在的苏南、上海、浙江、福建、江西东部、广东、广西、云南、海南及越南北部等地。为何称为"越族"，这与新石器时代生活在这里的先民发明的扁平穿孔石斧有关。这种石斧称为"戉"，后来这种叫"戉"的石斧进入中原被铜戉代替，称为钺（yuè），成为中国古代的一种兵器。"戉""钺""越"三字同源，也有写成"粤"的。现在广东的简称就是"粤"。因为当时的中原之"钺"来自南方，故而中原人称这些地方为"越"或者"於越（于越）"。

越国人的生活习俗与吴国人的生活习俗一样——断发文身。披头散发，赤脚走路，不爱穿衣，男女同川共浴是吴、越的共同习俗。盛夏之日，男女裸露上身同川共浴的风俗一直保持到20世纪70年代后期，如今，在吴、越边远地区农村仍有此风。

吴、越地区民风彪悍，英勇好斗，长于造舟。"夷"在百越地区就是指海。根据考证，越人很早便在舟山群岛一带生活，这些地方当时被越人统称为"外越"。那么，越国是怎样雄起的呢？还是看故事实在。

## 39. 范疯子满腹经纶　句践王招才纳贤

周敬王二十四年。夫差安葬先王阖闾之后，继吴王之位，成为吴国第二十五任君主。不久，夫差立长子友为太子。

十名侍从更替立在吴王夫差宫廷的庭园之中，吴王夫差进出之时，侍从大声直呼其名，且问："夫差！你忘记越寇害了先王吗？"

夫差带着哭腔大声回答："不敢忘！"吴王夫差就这样时刻提醒自己，提高警惕，寻求报仇之机。

一日，夫差询问伍子胥、伯嚭水师在漕湖、太湖的操练事宜，并请伍子胥在灵岩山下修建射场，以训练兵士的箭射技能。这个时候，吴王夫差在心中立下三年丧毕便是报仇之时的志向。吴王夫差的志向与作为，伍子胥心中满意，他想自己力荐不曾被吴王阖闾看好的夫差上位，是多么的睿智啊！

　　然而，历史与伍相国开了一个天大的玩笑。伍相国力荐的吴王竟是吴国最后一任吴王，这事伍相国没有想到。令伍相国更没有想到的是，自己的性命竟也断送在这位自己力荐的吴王手中。

　　细说起来，夫差失国、吴国灭亡与楚国的两个人有密切关系，这两个人一个是范蠡，一个是文种。

　　范蠡，字少伯，楚国宛县人。范蠡的先祖可能是晋国贵族范氏的旁系。范蠡出生之前，他的祖业已经开始渐渐没落，后来他的祖上在晋国待不下去了，便一路流浪到了楚国成为平民。范蠡出生在楚国，因为祖上也算是晋国贵族，故而范蠡的血液里还残存有贵族的风骨。范蠡自小喜欢读书，年纪轻轻便学富五车，满腹经纶。范蠡研读兵法、养鱼之术，后期著述有《兵法》《养鱼经》。

　　然而，尽管范蠡学识渊博，在楚国这样的贵族政治国家，一个平民出生的才子是不可能有出路的。范蠡自感怀才不遇，看不到出头的希望，虽然心中有志，但是无法实现。久而久之，范蠡显得很是颓丧，便在宛县乡里装疯卖傻，乡里人便都叫他"范疯子"。

　　偶尔，乡里人也会聚集在"范疯子"家门前的一棵大柳树下，听"范疯子"讲讲兵法。但兵法对乡里人没有用处，乡里人不想听没有用的东西，便提出既然你"范疯子"啥都懂，不如讲讲《养鱼经》，让我们得点儿实惠用处。范疯子便转换话题开讲如何养鱼，这样一来，听的人倒是越来越多，范疯子的名声就越传越远。

　　有一次，宛县县宰（即县令）听乡人传说有个"范疯子"，是个奇才，精通养鱼不说，尤其精通兵法，便心生好奇欲登门拜访。这位县宰不是别人，便是后来与范蠡一起去往越国的文种。

　　文种，字子禽（会），楚国郢都人。文种可能是楚文王的后代。然而，文种即使是王族，算下来也已是时下楚王的远亲了。虽然文氏流动着王族的血液，但文氏在楚国已经没有多大实力，故文种在楚国当个县宰也已经是不小的官了。但文种并不这样想，他一心想挤进楚国的上流社会，甚至是核心圈层。文种深知进入上流圈子若是不入核心圈层，一样没有用场，还是不能有大的作为。可是，要进入核心圈层谈何容易，文种也只能是常常唉声叹气。

　　故而，当文种偶尔听说有个叫"范疯子"的才子时，就决意去会会这个疯子。

文种知道有些疯子并不疯，他只是在装疯卖傻。

似乎楚国的能人很会装疯卖傻，大概也是传统。当年，伍子胥一路逃奔到吴都，在吴市也是装疯卖傻，最后引起了吴国小吏被离的注意。文种想：这个假疯子可能是在发泄心中的不满，真实目的还是要引起某种关注，这个"范疯子"或许不是一般人。

"范疯子"对县宰文种的到来视而不见，无动于衷，竟闭门谢客。过了几日，文种又去会范疯子，范疯子看到县宰文种又来，只是学了几声狗叫，便不理睬。文种还是吃了个闭门羹。不久，文种再去范疯子家里拜访，范疯子还是不予答理。这日，文种便蹲在"范疯子"家门前的大柳树下不走。乡人见文县宰又来拜访"范疯子"，便又纷纷出来看热闹，都聚在树下。

这是一个夏天，大柳树上的知了也热得不再叫了，收夹着翅膀打盹儿。文种的衣裳已经全湿，乡人见状，看不过去，便去敲打"范疯子"的大门讨碗水吃。乡人说道："平日里你是百宝书，今日文县宰一来，你便龟缩不出，可见你往日说的尽是瞎话。"

"范疯子"听乡人说自己平日里说的全是瞎话，心中就气不打一处来。"范疯子"从窗眼里往外张望，见文种坚守不走，心想这个文县宰定是诚心而来。"范疯子"被刚才乡人的话一激将，又看文县宰也是真心，便也不再装了。

"范疯子"整理好衣冠出来迎接文种。"范疯子"与文种稽首过后，两人借一步说话，便于屋中交谈去了。范、文两人甫一交谈，竟是一见如故，有相见恨晚之意。

范蠡对文种说："文县宰若欲出头，唯有去往他国。"

文种便问："去往何国是好？吴国如何？"

范蠡说："当去越国。"

范蠡续道："吴国虽发迹迅猛，但今有伍子胥在。若是去了，你我也难有作为，故而不如去往越国。"

文种一想也对，越国毕竟是楚国的盟国，楚国逃犯才会去往吴国。这时，范蠡的好友逢同也突然来访。三人相谈，都有同样抱负，便搭道前往越国而去。

文种、范蠡、逢同到达越国，三人便一起去拜见越王句践。

文种讲明来意，三人各述所长，句践很是高兴。但句践宠臣石买大夫在旁边却说："臣听说，卖弄风骚的女子不讲贞洁，自我夸耀的士人不守信用！请大王三思，为何别国不任用他们？大概不会是真正的贤人吧！更何况他们三人都为楚人，大王全然不知底细。"

文种稽首对越王句践说："听说，伊尹曾经只是个厨子，却帮助成汤灭了夏朝；有个小偷在晋国自荐，晋国却任用他战胜楚国。有才能的人，君主在选拔之时怎会考虑他们从何而来呢？若一个君主拘泥于这些事情，那必定是会失败的。"

句践觉得文种说得有道理，于是不管石买反对，任用了文种、范蠡与逢同三人。虽还一时不曾给予重任，但三人在越国立住了脚头。因为三位楚客来越，越王句践与石买大夫开始疏远了。

## 40. 句践兵败避会稽　夫差师胜行请成

吴王夫差二年，即越王句践三年。这一年是公元前 494 年。

这一年春天。楚国的元气已经从寒冬中渐渐苏醒并恢复。起死回生的楚昭王在句践元年（前 496）小试牛刀，灭了顿国，次年又灭了胡国。

楚昭王满怀信心，决定把楚国势力范围继续向北推进，这样，首当其冲的便是蔡国。

昔日，令尹子西欲对蔡昭侯报复，因为昭王的意思是以后再说，这一搁置就过去了好多年。这次昭王下令讨伐蔡昭侯，子西迅速出师，这样还没等蔡国察觉，蔡国都城已被楚师搞了个大包围。

蔡国都城城墙筑得高大，子西一时间也攻不进去，只能围住蔡国都城不走。蔡侯见楚师围而不攻，也无退兵意图，像是拿出了打持久战的架势，异常心慌。蔡昭侯一想起当年跟着阖闾征讨楚国时的开心劲儿，便直感害怕，不时地去摸自己项上的头颅。蔡昭侯知道蔡国的抗楚战争一定是徒劳的，坚持下去只会让蔡国生灵涂炭。蔡昭侯想不战即降，割点儿地、赔点儿款了事。这样，蔡昭侯便派使者去向令尹子西请成。

可是，令尹子西却不是这样想的。令尹子西对蔡使说："割点儿地、赔点儿款是当不了事的，若蔡人另谋出路，只须让出蔡土并入我楚土，楚国就网开一面。"

蔡昭侯想：子西分明是要把我蔡人赶出蔡地，这如何是好？蔡昭侯又摸了摸自己项上的头颅。

令尹子西在等候蔡昭侯的回复。蔡昭侯对大臣们说："昔日令尹囊瓦歹毒，也只是要我一副裘佩，今日令尹子西却是笑里藏刀要我命根，虎狼之心胜于毒蛇。孤如何是好？"

然而，没有人能够为蔡昭侯提出良策，就像昔日被囊瓦关押，蔡昭侯也还是自己救了自己。蔡昭侯想到这里，说道："青山不在人还在，人在就有青山来。这里是不能再待下去了。"

蔡使便去回复令尹子西，提出了蔡昭侯的想法。令尹子西想：楚师不发一箭、不死一人就得了蔡国城池，虽是放了蔡昭侯的人头，也是划得来的。令尹子西便同意蔡昭侯迁徙到吴、楚的缓冲地带淮夷地区。蔡昭侯就这样生活在了长江与汝水之间。

令尹子西得了城池，退兵而去。然而，蔡昭侯在长江、汝水之间待得很不是滋味，便派遣使者去往吴国，心心念念盼望吴国能来救他，帮他复国。可是，吴国好像把蔡昭侯忘了，毫无动静。

一日，蔡昭侯终于忍不住了，便秘密出境去往吴国私见吴王。

蔡昭侯见到吴王夫差，声泪俱下。吴王夫差好生安慰了他一番之后，蔡昭侯才回过神来，与吴王套起了近乎。蔡昭侯滔滔不绝地叙说着当年跟着吴国先王攻入郢都的爽快心情，最后话的落脚点便回到自己因参与吴国伐楚，如今落得像丧家之犬一般的境地。蔡昭侯请求吴王夫差像吴国先王一样再举大旗，率领蔡国伐楚。

吴王夫差当然知道此事，当年伐楚，是蔡、唐两国请求吴国带领他们伐楚，哪是来参与之事？吴王夫差当然不会与蔡昭侯计较说法，只是蔡昭侯事不逢机，吴王夫差心不在楚，他的心思在越国，自己的杀父之仇还未报呢！吴王夫差表面应诺，心里却把它放在了一边。

周敬王二十六年春二月。

吴王夫差服丧期毕已久。一日，夫差到太庙祭祀，告知先祖欲为先王报仇出师伐越之事。

没过多久，吴王夫差命伍子胥为大将，伯嚭为副将，举倾国之兵四万余人，从太湖走水道攻伐越国。

太湖又名五湖、具区、笠泽、震泽、洞庭湖，方圆五百里，在江浙境内，水面浩渺三万六千顷，湖中有大小岛屿几十座，统称"太湖七十二峰"。吴都在太湖之东，去湖不远，大概三十来里的光景。当年，吴王阖闾伐楚得胜归来，在太湖之西北隅令伍子胥修建军事堡垒，用于驻防楚国，这个军事重地，很可能就是今无锡、常州交界地胡埭的无锡阖闾城，今无锡的"阖闾城遗址"建有浩大的遗址博物馆。早先，吴王阖闾令其弟夫槩在太湖西南，长兴西北二里的戍山（又名夫槩山），也曾经筑起戍城，以驻防楚国。

越王句践得报吴国水师来犯，水师气势浩浩荡荡，便急召群臣计议出师迎敌。这时，大夫范蠡说："阖闾死于越手，霸王之国感到耻辱，夫差立志图报已三年有余，其报仇之志坚定，其军力准备齐全，势不可挡，臣以为该采取收兵坚守之策。"

大夫文种说："以臣愚见，不如卑辞谢罪，以求和解，待吴师退后再行定夺。"

逢同附会文种道："以臣愚见，也是请成为好。"

句践听了很不高兴，道："你三人一说守一说和一说降，皆非上策。吴国是吾世仇之国，吴国攻伐而吾国不战，便以为吾国无抗战之士了。"越王句践坚持出师迎敌，便在全国紧急动员壮丁三万人，组成抗战队伍，也取水道而出。

吴、越两国都是东部沿海国家，曾饱受海侵灾难，也厚得海中之物，世世代代在河海之中讨生活。吴、越两国从独木为舟到造船穿江渡海的本事与生俱来，水性也个个是好。吴国的丽溪城，便是当年吴王阖闾的造船之地。

越王句践令舟师驻扎在之江南岸的夫椒迎敌。之江也叫浙江，由新安江、富春江、钱塘江三江如"之"字形组合而成，几乎贯穿了现在浙江省全境。浙江之名便来自于此。之江虽然把越土一分为二，但之江因此也成为吴、越之间的天然屏障。

吴、越两师在夫椒遭遇，即战。然而吴国舟师毕竟是远距离征战，而越国舟师却在本土作战，并且已在夫椒严阵以待多时，故而最初一战，吴国水军竟被杀伤了百余人，吴师感觉情势不利，只得向后撤退。

句践见吴国舟师不经一战已败下阵去，便趋利直进，向东追过约有数里，句践忽见夫差大军却在此等候。

这时，夫差的余皇号指挥大船正远远驰来。余皇号前有突冒战船开路，左右两边有大翼、小翼战船护航，后有运兵楼船跟进。

句践见此情形大惊，急令越国舟师停止追击，退回夫椒再作布阵。

夫差远远望见句践的战船掉头而去，便从船舱内走出立于船头，瞭望前方，继而亲自击鼓激励将士追击。这时，忽然狂风大作，江上立时波涛汹涌，伍子胥、伯嚭也各乘新造余皇大舰顺风而下。两国的战船越来越近。这时，吴国战船上由坚弓强弩发射出来的竹箭，一阵阵飞射而去，如飞蝗一般。越舟师船只进也不是，退也不是，只得掉头迎风而战。然天时助吴，越舟师船只无法抵敌，死伤惨重，大败而走。

这时，吴国舟师兵分三股乘胜追击，风浪之中，越将灵姑浮的船只，被吴国舟师的突冒战船冲撞，灵姑浮舟覆溺死。胥犴的船只也被大翼、小翼包围其中，胥犴中箭身亡。

吴国水师见越国将士死伤较多，不肯歇兵，速速直追，一时间越兵被杀得死伤不计其数。在此危急关头，句践命令石买带兵断后，自己则奔固城而去。

句践刚刚透过一股气来，不想吴兵也已速速追到，竟把固城围了数重。吴师别事不做，把固城的水源封锁了。夫差见而大喜，心想句践已如瓮中之鳖无路可逃，不战也定能把他逼死于城中。夫差对将士说："不出半月，越兵都将渴死。"

然而，夫差也没料到，半月已过，句践在固城毫无动静。

又过了一些时日，句践见吴师不退也不攻，便命人取泉中嘉鱼数百条前去犒劳吴王，夫差见此大惊。夫差哪里知道固城山顶自有灵泉，泉中还有嘉鱼。

越人犒劳吴王之时，句践命令范蠡在此坚守，自己则率领残兵乘夜间吴军防守松懈之时化装成平民奔会稽山而去。

句践到达会稽山下，点阅各处聚集而来的残兵人数，约有五千余人。句践感叹道："从先君至孤三十年，从无败成此局！悔不听范、文二大夫之言，以至如此。"

夫差不知句践已自顾自而走，不在固城。次日，夫差命令伍子胥在固城右边扎营，伯嚭在固城左边扎营，急急攻城。范蠡经不起夫差强攻，固城已是支撑不住，破城败局已是定数，便派遣兵丁一二，也化装成平民告于越王。越王句践闻范蠡告急，并告请成之策，句践心中暴怒。但暴怒之后，句践坐着不动，只是连声哀叹。

这时，文种献谋说："大王，情如危卵，别无他法，不如今日请成，还为时不晚。"

句践被前方告急弄得已是心中不宁，想了想问道："吴勿许，奈何？"

文种说："大王不妨一试，臣知吴太宰伯嚭，是一贪财好色之徒，妒忌伍子胥已非一日，两人虽同为楚人，同朝为官，志趣却早已不合。夫差对伍子胥敬畏，对伯嚭却是恩宠亲热，若去私会伯嚭讨其欢心，与其约定请降之事，再请其言于夫差，夫差不会不听。待伍子胥知晓，此事已定，为时已晚了。"

句践又问道："去见太宰，如何贿赂？"

文种便说："军中缺乏的是女色，可以物色些美女献于他，天若保佑我越国，伯嚭定会笑纳。"

句践允诺，遣使臣吩咐越夫人雅鱼在宫中选出八名有姿色的宫女。经越夫人挑选，所选宫女八人，速加打扮。越夫人又取出白璧二十双、黄金千镒，交于使臣文种。文种（一说大将诸稽郢）便乘着夜色去往太宰伯嚭营地。

太宰伯嚭听报有越臣求见，开口便说不见，转念一想，又叫左右去察看情形。去人来报，说越臣服软拿着宝物来献，伯嚭便把来人召入内帐。

文种见伯嚭坐而待之，便跪着说道："寡君句践年幼无知，不会服侍吴王，以致获罪。今寡君悔恨不及，愿举国服侍吴王，请为吴臣，但又怕吴王追究前事不肯接受。臣知太宰功德巍巍，在外是吴国的主心骨，在内是吴王的知己，寡君便遣贱臣文种，先叩首于太宰，收寡君于宇下。此薄礼聊表心意，不成敬意。若吴王允诺，自此之后寡君将不断孝敬。"

文种说完，呈上礼单。伯嚭看后作色，说道："越国早晚便被灭亡，凡越国东西，都将归入吴国，以此区区之物予我作什么？"

文种说："越国兵败已是定势，但守卫会稽城的越王还有精兵五千，尚可一战。若是战败，寡君定将多年积聚库藏之物全部焚毁，寡君亦将逃亡他国，就如楚昭王一般再图后事。太宰怎可说越国的东西都是吴国的呢？若库藏之物都归于吴国，大多也归于王宫，太宰与诸将也不过分得一二。若太宰使越请降事成，寡君虽表面委身于吴王，实是委身于太宰您啊！春秋贡献，未入王宫，先进宰府，太宰可独占越国之利，而非与诸将分得一二了。况困兽难斗，背水一战，尚有不测之事。"

文种的一席话说到了伯嚭的心里去了，伯嚭不觉点头微笑。文种又指着礼单上所开列的美女的名字说道："此八人，都出自越宫，若民间有更标致的女娃，只要寡君生还，定当竭力搜求，以备太宰扫除之用。"

这时，伯嚭起立说道："大夫不去右营而来我左营，是因我无乘危害人之意吧？明日引你见于吴王便是，成不成要看吴王决议。"太宰笑着照单全收，又说道："时敌时友本是常态，敌友不是永远的，说不定明日你我就化敌为友了。"说着，留文种在帐内，叙起宾主之礼。

次日，伯嚭领文种同去中军面见吴王。伯嚭先入，细说句践使臣文种请成之事。夫差听完勃然大怒，道："句践与寡人不共戴天，怎可许他请成？"

伯嚭说："大王，孙武说过：'兵，凶器，可暂用而不可久也'，越国虽开罪于吴国，但句践今已心甘情愿服侍大王，句践请为吴臣，其妻请为吴妾，越国之宝器珍玩都能归于吴宫，今句践乞求大王的仅存祭祀先祖一事，臣看句践之意也算到了。大王受降，所得厚实！赦免越王之罪，还可扬名！名实俱收，不可不为。若定要大动干戈灭亡越国，杀了越王，越将焚毁宗庙，杀妻戮子，沉金玉于江，并率死士五千与吴国决一死战。若大王允许越降，吴国便可一无损伤而得到这些，请大王三思。"

夫差听后略一沉思，问道："今文种何在？"

伯嚭说："在幕外候宣。"

夫差命伯嚭宣文种入见，文种膝行而前，又把越王请成的愿望说了，只是说得更加卑逊。夫差说："你君请为臣妾，能跟着寡人到吴国去吗？"

文种点头道："既为臣妾，生死在君，怎敢不服侍在大王左右！"

伯嚭在旁悄悄说："句践夫妇愿来吴国，吴国名义上赦免了越王，实际上还是捕了句践。大王还有何不满呢？"

夫差考虑良久，便点头允许越王请成。

右营中伍子胥听说伯嚭引越臣文种见吴王请成之事，急忙赶到中军，看见伯嚭、文种立于吴王夫差身旁。伍子胥满脸怒气，问吴王："大王允越请成了吗？"

吴王夫差说："已诺。"

伍子胥看着文种连连说："不可！不可！"吓得文种连连后退，伍子胥接着说，"越为吴邻，两国已是势不两立，若吴国此时不灭越国，则越国往后必灭吴国。大王试想，远道的秦晋之国，我攻而胜之，得到土地尚能居住，得到车辆也能乘之。眼前之越，攻而胜之，其地可居，其舟可乘，国家大利，不可放弃。况吴越有先王之仇，王不灭越，为何叫人立于庭院每日发誓呢？"

夫差一时无言以对，眼睛看着伯嚭。伯嚭说："相国有误矣，先王建国，水陆都有，吴、越两国只是偏重适应水网之境，秦、晋两国只是偏重适应陆地之境。若以其地可居、其舟可乘，说吴、越两国不能共存，那么秦、晋、齐、鲁都是陆国，其地亦可居，其车亦可乘，则他们四国也要并为一国吗？若说先王大仇不可赦免，那么相国的仇恨更大更深，为何不亡楚国而允许楚国求和呢？况今句践夫妇都愿服侍于大王，相国自己好行忠厚之事，而要大王得刻薄之名，忠臣是不会这样做的吧？"太宰一番诡辩，压住了伍子胥。

夫差说："太宰的话有道理，相国且退让一步，等越国贡献来时，孤当分赠与你便是。"

伍子胥气得面如土色，感叹道："我悔不听被离的话，与此佞臣同事！"伍子胥步出幕外，对走来的大夫王孙雄说道："越国十年生聚，十年教训，不过二十年，吴宫将为沼池矣！"王孙雄看着相国悲伤的脸，不知所言。伍子胥便自回右营而去。

吴王夫差命文种回复越王。越王得悉，再命文种去吴国军中致谢。

夫差问文种句践夫妇何时入吴。文种说："寡君蒙大王赦免而不杀，将在国内逗留数日，收好库藏宝货贡献之物，请大王稍宽几日。其如负心失信，怎么也逃不脱大王的手心。"

吴王夫差许诺稍宽几日，限定越王入吴必在五月中旬之前。吴王夫差遣王孙雄押文种回国，行催促句践夫妇起程之事。

事情停当，夫差自引大军先回一阵，命太宰伯嚭屯兵一万在吴山等候，如过期不到，灭越归报。

## 41. 入吴为奴苦三年　归越是主艰十载

文种回到国内，回报句践："夫差已退师而去，遣吴臣王孙雄与我到此，催促我等起程。太宰则屯兵于吴山，专候大王过江。"

越王句践听后不觉双眼泪流，文种说："五月之期便在眼前，事已如此，大王应速速料理国事，不必再作无谓悲伤。"

于是，越王回宫，见市井如故，丁壮萧然，十分惭愧。越王句践安置王孙雄在馆驿食宿，自己则去宫中使人收拾库藏宝物装上车辆。越王句践又命文种召集到国中女子数十人，随送吴国，吴王九份，太宰一份。

王孙雄在越国监守句践去吴，见限期将到，还不见动静，便连连催促起程。句践便对群臣说："孤承先人之志，兢兢业业，不敢荒怠。今夫椒之败，国亡家破，千里之外为俘囚。此行有去日，恐已无还日矣！"

群臣听了越王句践一番感慨，痛哭流涕。文种上前宽慰越王句践，道："大王，过去商汤囚于夏台，文王系于羑里，而后一举成王。齐桓公落难奔莒，晋文公落难奔翟，一举而成伯。吾王善承天意，自有兴期，何必过分悲伤，自损其志？"句践听了，便不再言语。

当日，句践便去祭祀宗庙，请辞于列祖列宗。王孙雄见事情已是妥当，便先行一日，回国通报。

次日，句践夫妇出发，越国群臣都送到浙江之上。范蠡先行已在固陵准备船只，迎接越王。这时，文种拿出酒具，举觞至越王前祝福，道："皇天佑助，前沉后扬。祸为德根，忧为福堂。威人者灭，服从者昌。王虽淹滞，其后无殃。君臣生离，感动上皇。众夫哀悲，莫不感伤！臣请荐脯，行酒二觞。"

句践仰天叹息，举杯流涕，默默无语。范蠡说："居不幽者志不广，形不愁者思不远。古之圣贤，多遇困厄之难，蒙不赦之耻，不单是君王也！"

句践说："过去尧任用舜、禹而天下治，虽有洪水，无成大害。孤今将离越入吴，把国家托付给诸位大夫，诸位大夫如何能宽孤之心，不负孤之望？"

范蠡说："主忧伤是臣之耻辱，主耻辱是臣之罪过。今主有去国之忧，事吴之辱，以我浙东大地难道无一二豪杰与主分忧分辱吗？"

于是，诸大夫齐声高呼："惟王是命！惟王是命！惟王是命！"

句践说："诸位大夫不弃孤，今将离别，孤愿听诸大夫建议，谁可从难？谁可守国？"

文种说："国家之内，百姓之事，范蠡不如我；与君周旋，随机应变，我不如范蠡。"

范蠡说："文种既然如此说了，主公以国事委与他，使他耕战足备，百姓亲睦。至于辅佐危主，忍受垢辱，去后返国，复仇大事，范蠡不敢推托。"

于是，诸大夫依次表态，信誓旦旦。

太宰苦成说："传达君王号令，宣扬君主德行，与民明晰道路，让民守住本分，是我的责任。"

行人曳庸说："通使诸侯，周旋纷争，出不辱命，入不被尤，是我的责任。"

司直皓进、司马诸稽郢、司农皋如、太史计倪也都一一表态，发誓尽心尽责尽忠。

句践最后说："孤虽在北国为虏，但诸大夫怀德抱术，各显所长，今日依仗以护社稷，孤还有何可忧矣？"于是，句践留文种及众大夫守国，独与范蠡前行。

群臣与越王夫妇在江口依依惜别，不免又是一番痛哭流涕。句践伸长头颈，如一悲哀的孤鹤，仰天感叹道："死，本应人人害怕。今孤听到死，胸中已无惧怕！"

句践说完登船而去，群臣在江岸哭拜许久，句践却始终没有回头。

船行不远，越夫人雅鱼见到乌鹊在江渚上啄着虾米，飞来又飞去，无忧无虑，便触景生情，依在船舷上不停地哭泣。句践听到夫人雅鱼哭泣不停，心中内疚，强笑着宽慰夫人之心，道："孤已安排停当，高飞有日，为何还忧？"越夫人雅鱼哭哭停停，沉默不语。

船终于进入了吴界，句践先让范蠡到吴山拜见吴太宰伯嚭，这一去，又贡献太宰金帛若干，越女三人。伯嚭问范蠡："文大夫为何不来？"

范蠡说："文大夫为吾主看国，不能前来。"

伯嚭也不言语，便跟随范蠡去见越王。越王深深感谢伯嚭庇护之德，并请伯嚭多加关照。伯嚭看越王二次贡献，一口答应，脱口许诺以后定让越王返国。越王听伯嚭如此一说，心里安定了许多。

伯嚭押送句践到达吴都，便引见于吴王夫差。

句践拜见吴王之时，赤膊伏于台阶之下，句践夫人雅鱼则下跪在旁。范蠡先将越国宝物账单及供吴王洒扫之用的越姬姓氏献册于吴王夫差。吴王大略地过目了一下，眼睛直直地盯着句践。

范蠡退下阶来，句践便说："东海役臣句践，不自量力，得罪吴国边境，今诚蒙大王厚德，不胜感戴！愿执箕帚，效命吴王。句践谨叩首。"

吴王夫差说："寡人若念先君之仇，你今日已非能活着说话了！"

句践又叩首说："臣罪该万死，再感大王不杀之恩，大王之恩如罪臣父母再造。"

伍子胥在旁，眼如火烧，声如雷霆，进言道："大王，飞鸟在青云之上，尚且要弯弓射击，况且就近集于庭院。句践为人阴毒，今日已是釜中之鱼，命在厨子，所以巧言令色，以求活命。然句践一旦得志，如放虎归山，纵鲸入海，便再也不可制服了。"

吴王夫差对伍子胥说："孤听说诛杀降服者，祸及三世。孤非怜句践而不杀，只是如此行事定会见罪于天下啊！"

伯嚭及时插话说："相国明于一时之计，却不知安国之道。吾王道出的乃诚仁之言啊！"

伍子胥见吴王夫差爱听伯嚭的话，便不再多言，愤愤而退。

吴王夫差接受句践贡献之物，便遣王孙雄在吴都郊外的海涌山（虎丘山）吴王阖闾墓侧修筑石室，将句践夫妇贬入其中。命去其衣冠，蓬头垢衣，做养马之事。

往后的日子，吴王夫差每次驾车出游，句践则总是执马跑在车前，当地吴人争相观看，成为一景。吴人指着句践说："这是越王，这哪里还像越王？"句践低着头装聋作哑，一声不响，眼睛的余光却从蓬乱的头发之间斜出。

句践在石室度过了两月，范蠡则忠心耿耿，一天到晚服侍其旁，与句践寸步不离。

伯嚭因得了句践好处，则常遣家臣私给句践食物，以至句践夫妇能够吃饱，不被饿死。

有一日，吴王夫差突然召句践入见。句践不知何事，心惊胆战，跪伏于吴王之前，范蠡则立于其后。

吴王夫差对范蠡说："哲妇不嫁破亡之家，名贤不官灭绝之国。今句践无道，国已将亡，你君臣并为奴仆，羁囚一室，不觉得低下吗？寡人可以赦你之罪，你只须改过自新，弃越归吴，寡人必当重用。你可去忧患而取富贵，不知范大夫意下如何？"

句践听夫差这么一说，伏地流涕，只怕范蠡听了夫差的话，取富贵而去。

范蠡则稽首而答："我听说亡国之臣，不敢论政；败军之将，不敢言勇。臣在越不忠不信，非能辅佐越王向善，以致得罪大王。幸大王不杀，得君臣相保，入备扫除，出给趋走，臣已满足，哪里还敢奢望富贵啊？"

吴王夫差说："你既不肯移志，可仍去石室养马。"

在石室之中，句践服侍完几匹小马，便用铡刀铡起马料。越夫人在旁穿着无袖衣裳，做些汲水、除粪、洒扫之事。范蠡则去山间拾柴，烧食。因为长期缺乏营养，渐渐地三人都显得面目枯槁。

吴王夫差则时不时派人去暗察句践动静。探子见君臣都在卖力劳作，绝无怨恨表现，夜间也无愁叹之声，告于吴王。吴王夫差便放下心来，认为他们君臣志向已失，把越国忘了。

有一日，吴王夫差出城巡视，远远望见句践与夫人端坐于马粪之旁，范蠡拿着马棰立在左边，君臣之礼、夫妇之仪都在，不失体统。夫差便对身旁的伯嚭说："句践不过一小国之君，范蠡不过一介之士，然在穷厄之地，不失君臣之礼，寡人心里倒是十分敬佩。"

伯嚭说："不只可敬，也可怜啊！"

吴王夫差随口道："真如太宰所言，寡人也不忍看到他们受苦了，句践若能悔过自新，亦可赦免。"

伯嚭说："大王以圣王之心，为孤穷之士感到难过，加恩于越，越国怎会不厚报于大王呢？愿大王决意之！"

吴王夫差说："可命太史择一吉日，赦免句践，放其归国。"

次日，伯嚭把与吴王夫差的说话口录遣家臣投入石室，将喜信及时报知句践。句践看后大喜，急忙告知范蠡。范蠡说："请让我为王占卜。"

范蠡卜后说："天网四张，万物尽伤，祥反为殃。虽有信，不足喜。"句践听范蠡一说，立马变喜为忧。

伍子胥听说吴王欲赦免句践，急忙去见吴王夫差。伍子胥说："大王，过去桀（夏朝最后一任君主，相传为暴君）囚汤而不诛，纣囚文王而不杀，天道还反，祸转成福，故桀为汤所放，商为周所灭。今大王既已囚句践而不杀，恐有夏殷之患啊！"

吴王夫差听了伍子胥的一番话后，心生疑惑，一夜不眠，遂生诛杀句践之意。

过了两日，吴王夫差叫伯嚭把句践召来。伯嚭知道伍子胥谏王诛杀句践之事，便照旧把此恶信告于句践。句践大惊，便与范蠡商议。范蠡说："大王不必害怕，吴王囚禁大王将近三年，吾等既能忍三年，难道不能忍受一日？依臣看，此去必无恶事。"

句践说："孤所以能够隐忍不死，全是依仗大夫之策啊！"句践听得范蠡之言，心中有底，便跟随差人入得吴都。

句践在宫外候宣，却等了三日，吴王夫差还不召见。第四日，伯嚭从宫中匆匆而出，道："奉吴王之命，句践重返石室。"

句践觉得奇怪，欲问伯嚭原委。伯嚭悄声说："吴王受伍子胥蛊惑，欲加诛杀，故而召来问话。可这几日吴王突患寒疾不能起床，吾今入宫探望病情，对吴王道，禳（ráng）灾应做福事，今越王匍匐于宫阙之下等待诛杀，怨苦之气，上达于天。王应保重身体，权且把句践放还石室，待病康复之后再定。王听吾之言，故叫吾放你还石室。"句践听后下拜，感激不已。

句践在石室又过了三个月，听说吴王的病还是未愈，便让范蠡卜其凶吉。范蠡说："夫差之病不会危及生命，到己巳日病情便会减退，壬申日便必全愈。愿大王请求问疾，若能进见，求其粪而尝之，观其颜色，再拜称贺，讲明病愈之期。夫差到期病愈，必然心动，而赦免归国即有望矣。"

句践听后落下眼泪，道："孤虽不肖，亦南面为君，为何含污忍辱，欲到为人尝粪之地？"

范蠡说："过去纣囚西伯于羑里，杀其子伯夷考，烹而馈之，西伯忍痛而食子肉。成大事者，非拘泥小节。夫差有妇人之仁，而无丈夫之决。已许赦免，忽又中途变卦，不然，怎能让他感受到您的忠诚而可怜呢？"

句践听完觉得有理，当即请示看守欲去太宰府中。看守请示伯嚭，伯嚭允许。句践拜见伯嚭说："为臣之道，主疾则臣忧。自听说主公久病不愈，句践寝食不安，愿跟着太宰去宫中问疾，以尽臣子之道。"

伯嚭说："君有此美意，怎可不转达于王？"于是，伯嚭入见吴王，细说句践思念之情，请求入宫探望。吴王在沉困之中，对句践生有怜悯之意，便许入宫。

伯嚭引句践到吴王寝室，吴王夫差勉强睁眼看了看，道："句践亦来见孤啊。"

句践叩首说："因臣闻龙体失调，如摧肝肺，想见大王好点了没有？"说话之间，吴王夫差忽然觉得腹痛，急欲大便，侍妾便把马桶奉上。

句践说："臣在东海曾经为医，观人泄便，能知病愈还是加剧。"句践说完拱立于户下。

侍妾等吴王夫差便讫，将出户外，句践便揭开桶盖，手取其粪，跪而尝之。左右两旁之人见句践尝吴王粪便都皱眉掩鼻。句践尝验完毕，进入内室，对吴王夫差叩首后说："因臣敬贺大王，大王之病，到己巳日就会减退，到三月壬申日必全愈矣。"

吴王夫差听句践这么一说，道："你以何知晓？"

句践说："臣听医师说过，粪之味即谷之味，今臣窃尝大王之粪，味苦且酸，乃春夏发生之气，故臣知晓病情即欲减退。"

夫差听后大喜，道："仁哉，句践啊！臣子事君就算当作孝敬父亲，哪里会有肯尝粪便来探病情的呢？"夫差见伯嚭立在其旁，问道："太宰能吗？"

伯嚭摇头说："臣虽十分爱戴大王，但此事亦做不到。"

夫差继续说："非太宰，即使是孤之子也做不到啊！"于是，夫差即对伯嚭说："也苦了句践夫妇，让其离开石室，重新安置吧。"

伯嚭点头，夫差又补充说："待孤病好，即当遣汝还国。"句践再拜谢恩而出。

自此，句践住入民舍，马还是照养。

说也奇怪，吴王夫差的病果然渐渐好转，就像句践说的那样。吴王夫差在病中想到句践的忠心举动，内心一直被感动着。三月壬申日一到，吴王夫差竟神奇般的病愈了。

吴王夫差病愈，顿觉身心松爽，看天，天是蓝的；看地，地是绿的，身子骨里有劲儿冒出。吴王夫差的食欲吊起，想吃东西了，便命伯嚭在文台之上安排酒菜。吴王夫差忽然又想起句践，便命伯嚭召句践赴宴。

句践听此喜讯，穿了囚服急急赴宴，表面镇静得好像啥都不知的样子。吴王夫差听说句践穿了囚服而来，便叫人安排句践沐浴，改换衣冠。句践再三推辞，但在夫差侍从的催促之下方才奉命。

句践更衣入席，拜见吴王。夫差急忙把下跪的句践扶起，道："越君仁德之人，怎可长期受到耻辱，寡人将赦免于你，放你还国。今日为越君设北面之坐，君臣以客礼相待。"吴王作揖请坐，诸大夫都列坐在旁。

伍子胥见夫差忘了仇恨，待敌如宾，心中愤怒，不肯入坐，拂衣而出。伯嚭说："今日大王以仁者之心，赦免仁者之过。我听说古人同声相和，同气相求，今日之宴，仁者留下，不仁者离开。相国是个刚勇之人，但相国这样离开，自己不惭愧吗？"

吴王夫差笑着说："太宰的话说得恰如其分！"于是，群臣也不议伍子胥愤而离席之事，只敬祝吴王身体康健。

句践与范蠡同举酒具，祝福吴王身体健康。范蠡祝福词云："君王在上，恩播阳春。其仁莫比，其德日新。於乎休哉！传德无极。延寿万岁，长保吴国。四海咸承，诸侯宾服。觞酒既升，永受万福！"

吴王夫差听了范蠡祝福，心中喜悦，直夸范蠡德才过人，便自饮一觞，道："今日喜悦，一醉方休。"

筵席结束之后，吴王夫差命王孙雄送句践到宾馆歇息，道："三日之内，孤当送你归国。"

次日早上，伍子胥入宫去见吴王。吴王夫差因为昨夜高兴多喝了酒，再加病痛初愈，故还未起床。伍子胥也不管这些，便在帐外说："昨日大王以客礼对待仇人，这究竟是为何？句践外装温良谦恭，内怀虎狼之心，大王已被他的阿谀蒙蔽，不虑日后隐患，不听忠言，偏信谗言，沉溺于小仁而忘记大仇，就如把毛皮放在炉炭之上，侥幸不焦；把鸡蛋放在千钧之下，侥幸保全，哪里会有这样的事情？"

吴王夫差朦胧之中，听得伍子胥吵闹，生气地说："寡人卧床生病三月之久，相国不曾有一句宽心之话，这不是相国的不忠吗？不曾拿来一样可口的东西来探望寡人，这不是相国的不仁吗？作为臣子，不忠不仁，有他何用！越王放弃国家，千里来投寡人，贡献其物，身为奴婢，是他的忠也；寡人生病，亲尝粪便，毫无怨恨之心，是他的仁也。寡人若听了相国之言杀了仁善之人，皇天还会保佑寡人吗？说不定这次就一命呜呼，就此告别了。"

伍子胥回答道："大王这话伍子胥听受了。然，大王要知道，虎身后倾，是为冲击；狐狸缩身，是为扑击，它们都是为了要获取猎物。句践入吴为臣，却怨恨在心，大王您难道不知？句践下尝大王粪便，实是在啃食大王之心啊！大王若不察里面奸谋，吴国必然亡于越国。"

吴王夫差越听越气，道："相国打住，不要说了，寡人意已决矣！"伍子胥知道再说无用，遂郁郁而退。

第三日，吴王夫差行放句践归国之礼，命伯嚭在蛇门把酒，并欲亲送越王出城。群臣再次聚会，是为句践饯行，唯有伍子胥不在行列。酒过三巡，吴王夫差对句践说："寡人赦君返国，君当念吴之恩，不应记吴之仇。"

句践速速点头，道："大王知孤臣哀穷，让我生还国土，句践当生生世世，竭力报效吴国。苍天在上，实鉴臣心，如若负吴，皇天不佑！"

吴王夫差说："君子一言九鼎！"

句践跪伏再拜，流涕满面，显得依依不舍。

吴王夫差见句践表露的惜别之情真真切切，便亲扶句践登车。句践夫人也再拜谢恩，一同坐车。

范蠡执驾马车，往西南方向徐徐而去。

这些事情发生在周敬王二十九年。

句践回到浙江之上，望见隔江山川秀丽，天蓝地绿，便拉着夫人雅鱼粗糙的手感慨万分，道："孤服侍夫差已是三年，自认为再也见不到越国百姓，再也见不到越国山河，今日庆幸夫差把孤封回越国，予孤东西百里之地，本想会葬骨异乡，哪里期望还能返国祭祀宗庙社稷？"说完，夫妇两人相拥而泣。

虽然原来越国的疆界，向北越过钱塘江直入武原（今浙江省海盐），一直到达就李（檇李、檇里，在今浙江嘉兴南）、南到姑末（即姑蔑、大末，在今浙江龙游县北）、泄干（属豫章之地，在今江西上饶）、觐乡（觐县，在今浙江宁波），但是，句践心中已不再奢望吴王归还这么多的越国之地了。

文种得知越王将至，便带领守国群臣、城中百姓，在浙水南岸等候，遥望越王的渡船。渡船将至，岸上顿时欢声动地，左右皆热泪盈眶。

句践踏上浙江南岸，即命范蠡卜日到国。范蠡当即一卜，告知句践，今日便是吉日，往后来日都不如今日，应急行到国为宜。于是，句践迅即坐入车中，快马加鞭，星夜还都。

次日一早，天未放亮，句践即起寻找马料，夫人雅鱼笑着对夫君说："人在越宫，哪有马料？"句践这才想起要告庙临朝。自此以后，句践天天早起，保持在吴国为臣时的习惯，勤勉治国，从不奢侈。

然而，句践心里总也忘不掉在会稽时的耻辱，有一日，突起念欲筑城迁都，以示时时警惕。

句践把心中之事告知范蠡，并把筑城之事交予范蠡操办。范蠡受命之后，观天文，察地理，布局新城，便把会稽山也包于城内。都城会稽城址西北伸到卧龙山，山上建一飞翼楼，以象征天门；城址东南定在漏石洞上，以象征地户。外城独缺西北一角，以示越国向吴国墙门洞开，越国臣服吴国，不敢壅塞向其贡献之道。

忽有一日，就在会稽城将完工之时，城中突然涌出一山，山周竟有数里，形如龟，其上天生草木。说也奇怪，会稽城中竟有人认得此山，说道这本是齐国琅琊的东武山，但不知何故，突然飞来。

范蠡告知句践说："我国筑城，顺天而为，故天降'昆仑'，以示越将为伯也！"越王句践听后大喜，名为怪山，也称飞来山、龟山。越王受此鼓舞，命范蠡在龟山巅设立灵台，建楼三层，以望灵物。

会稽城筑城停当，句践见城中已是制度具备，便从诸暨迁都而来（一说从会稽山之南迁来）。句践对范蠡说："孤因无德，以至亡国失家为奴。若是未有相国、诸大夫辅佐相帮，怎会有今日？"

范蠡说："今日之事是大王福分，非下臣之功，但愿大王时刻不忘石室之苦，则越国可兴，吴仇可报！"

句践点头说："谨受教！"

于是，越国以文种治理国政，以范蠡整治军旅，尊贤礼士，敬老恤贫，百姓大悦。

相传，越王句践自尝吴王夫差粪便之后，患了口臭的毛病。范蠡便按土著药方派人到城北山上去采蕺菜（鱼腥草），让越王每日早上口服，以乱口气。由此，城北那座出产鱼腥草的山便叫"蕺山"。

越王句践归越日久之后，被报仇欲望所迫，心中一直翻江倒海，便用苦身劳心之法，夜以继日操劳不止，可心中还是安静不下。有时，越王眼睛倦得要合上了，便用蓼（liǎo）杆撑起；脚冷得蜷缩时干脆用冷水浸湿。后来，越王心中不安的情形越来越重，竟被心魔弄得整日烦躁，如虫在心中攀爬，恨不得把心拿将出来洗刷。越王寻求解脱，烦躁之时，冬天常抱冰块，夏天手握火炭。这个秘方大概只适用于越王，但也只是一时有效。失效之后，越王晚上就不睡大床，竟喜欢睡在柴草中去。越王不许在柴草上铺设床席，在坐卧之地还把一苦胆用线从梁上悬下，起居之时，定先要尝胆沉思片刻。越夫人雅鱼看了担忧，发现夫君有时半夜还会偷偷哭泣，如困魔的孩子一般，而后，反复呼叫"会稽"！"会稽"！

越王句践长期如此，后来，越夫人也习以为常了。

一日，文种告知越王国人数量年年减退。越王便下令鼓励百姓多生多育。越王出台规定，公布于众。规定如下：

> 凡壮年男人不得娶老妇为妻，老年男子不得娶少妇为妻；
>
> 女子十七不嫁，男子二十不娶，其父母有罪；
>
> 孕妇临盆要告官，公家派医守护；
>
> 孕妇若生得双胞胎，官家养一；生二男赐酒一壶，大狗一只；生二女赐酒一壶，小猪一头；
>
> 孕妇若生得三胞胎，公家供给奶妈，官家养二；
>
> 若户中长子死了，官家亲为吊丧，家中可免除三年赋役；若户中少子死了，家中可免除三月赋役；官员治丧要像对待自己的亲人一样哭泣，安葬死者；
>
> 鳏夫、寡妇、有病之人与贫薄之人，可把子女交国家抚养，若其想让孩子长大为官，便可酌情安置他们的住所，让他们穿好的、吃好的，并从中选拔优秀人才。

越王鼓励百姓多生多育的规定出台以后，越国百姓便加紧生产，一时间街面上十女三孕，肚子都拱了起来。

越王开始不断地去全国各地巡视，进行亲民活动。越王每次巡视必备米饭和汤菜在车船上，若遇小孩，便会问其姓名，给予饭菜。若遇农耕时节，句践还亲自下田参加农事劳动。句践夫人也与民妇一样自己织布，同其劳苦。

最让百姓称道的是，多年来，句践夫妇食不加肉、衣不重彩，与百姓一样生活。

越王句践规定，凡是四方前来归依的贤才，定在朝廷接见，以礼相待。最让百姓感恩的事情是，越国七年之间竟一直免税，百姓普遍有了很深的获得感，都说越国句践是一个仁善之王。

在此同时，句践每月不忘派遣使臣问候吴王。句践知道夫差喜欢穿宽松离体的衣服，便派遣男女上山采葛，并让女工把葛藤织成黄丝细布，用来贡献吴王，以求得吴王欢心。故而，越国有一采葛女子曾写过一首《何苦诗》。诗中这样写道：

> 葛的花蒂连着藤蔓，花美叶茂和悦可爱。我们大王心怀愁苦，秉承天意把它采摘。出入尝胆不觉苦，反觉其味似糖甜。大王命令上葛山，采来葛藤抽葛丝。女工匆匆上织机，日夜织布不怠慢。柔如丝罗轻飘飘，取名绤素献吴王。

吴王夫差听说越王句践归国之后竭尽心力，恪守本分，吃饭不求多种菜肴，穿衣不求五颜六色，虽有五座游台可供游玩，却一次也不去登台玩耍。吴王夫差见句践月月纳贡，便赐句践书信一封，信中增封越王土地。于是，越国东面直至句章的甬东，南面扩大到姑蔑，北面增达武原，方圆已达八百多里。

越王句践为表感激之情，委派文种送去葛布十万匹、甘蜜九十桶、彩色方形盛器七枚、狐狸毛皮五双、箭竹十船。

吴王夫差收到这些礼物，对伯嚭说："原以为偏僻狭小的越国不会有所珍品，今句践却尽其所有作为答谢之礼，这是句践尽孝尽忠，念念不忘吴国的功德啊！越国本来就是方圆千里的国家，我虽给他增地，但还是没有达到他原来的疆域。"

伍子胥听到这些消息，气得称病不再上朝。左右问他为何躺在床上不起又哀声不断，伍子胥说："大王放走了本已关在石室的囚犯，让其归还纵横于南方山林之中，如今其拥有虎豹纵横的原野，赠与吴国的不过是荒远地区的一些草罢了。吾怎能不心伤啊！"

吴王夫差却不这样想，吴王在收到句践的素绨之后，再次封了越国土地，并赐给句践用羽毛装饰的旌旗、机弩兵器及诸侯服饰。越国群臣、百姓听说后都非常高兴，越王句践的脸上也终于露出了笑容。

伟大的国家，要有伟大的对手。吴王夫差看到越国已经完全臣服，吴国四境无事，心里便向往着奢靡之事。

吴王夫差问太宰伯嚭："吴国四境无事，寡人欲到广宫室娱乐，何处是好？"

伯嚭说："吴都之下，崇台胜境，莫若姑苏。只是先王所筑姑苏之台，不足巨览。大王若将此台改建，高可望地百里，宽可容人半万，集歌童舞女聚之，欢欣鼓舞，那便是人间极乐之事了。"

吴王夫差说："说得好，照你说的去办就是。"

于是，伯嚭为建高台，便在国内外大征修台工匠，高价悬赏购求大木。

吴王夫差欲修高台的消息很快传到越国，文种对越王句践说："今闻夫差大兴土木，欲修姑苏高台。臣听说：高飞之鸟，死于美食；深泉之鱼，死于香饵。大王志在报吴之仇，应先投其所好，方能要其性命。"

句践说："如何投其所好，要其性命？"

文种说："臣有'破吴七术'。不知大王愿听否？"

句践说："快快告诉孤来。"

文种便一一说来："一曰捐货币，以悦其君臣；二曰贵籴粟槁，以虚其积聚；三曰遗美女，以惑其心志；四曰遗之巧工良材，使作宫室，以罄其财；五是遗之谀臣，以乱其谋；六曰强其谏臣使自杀，以弱其辅；七曰积财练兵，以承其弊。"

句践听后连连叫好，道："说得好啊！今先行何术？"

文种说："今吴王欲改筑姑苏台，悬赏购求大木，越国应选名山神材，奉献吴王。"

句践一听，当即命令派遣三千余人入山伐木。

越国的伐木工称为木客。越人木客三千余人入山数月，踏遍森林，千辛万苦，终于在一座山的南北两侧寻找到神木一双。这两棵神木的树干各有二十围粗，有五十寻（中国古代长度单位，八尺为一寻）高，经木客辨认，山南的一棵是梓木，山北的一棵是楠木。越人木客因从未见过如此高大的神奇大树，都惊讶万分，便奔告于越王。

越王句践大喜，亲自前往山中察看，见神木两枝也惊叹万分，便命左右设台祭祀山神与神木，再令砍伐。

木客伐下神木，从山谷水道运其出山。句践命本国工匠精心构思雕琢。工匠经数次会商，便在神木之上雕得龙蛇之文，并用丹青错画涂为五彩之色。

一切停当，句践便对文种说："烦文大夫送与吴王。"

文种便把神木及其他贡木在水上运送，船队、木排首尾绵延竟有数里，直朝吴国而去。

文种的船队到达吴国太湖岸边的姑苏台旁木渎，将此河道称"木渎"便始于此时。文种上岸便去进见吴王，道："东海贱臣句践，依仗大王之力，偶得巨材，不敢自用，听说大王修建宫殿，派使下吏来献。"

吴王夫差想到越国乃偏狭之地，哪会有此巨材？一时将信将疑，但还是让文种引导去看。

吴王见文种运来越国贡木无数，木材都塞于渎中，不见有水。夫差一看这些贡木足以用来建造姑苏台。文种见吴王夫差脸有笑意，便引吴王去看运抵的两棵神木。吴王夫差见神木之上雕有龙蛇之文，并用丹青错画涂为五彩之色，眼前突然一亮，开口说："真乃神木也，求之不得！"

伍子胥听到消息，向吴王谏道："大王，过去桀起灵台，纣起鹿台，穷尽民力，遭致灭亡。句践今欲阴害吴国，故贡献大木，大王万不可接受！"

夫差却说："句践得此良材，不忍自用而献于寡人，句践这番好意，相国怎可说是欲害吴国。木都塞于渎中，寡人可拒绝吗？"吴王夫差不想再听伍子胥的胡言乱语，命人将此两棵巨木从木排间捞起，命伯嚭加筑姑苏台之用。

吴王为加筑姑苏台，煞费苦心，用三年时间聚材，用五年时间完工。加筑的姑苏台，高三百丈，广八十四丈，登台可望彻吴野二百余里，真所谓伯嚭说的可巨览也。吴王夫差见台已筑成，便命伯嚭在姑苏山下速建九曲小道用以登山。

越王句践听说吴王对越国献木之事极度赞扬,便对文种说道:"大夫所说'遗之巧工良材,使作宫室,以尽其财',此计可行啊!等吴国高台筑成,高台之上必兴歌舞,大夫可为寡人海选绝色佳人,好献于吴王。"

越王句践对文大夫数次强调所选佳人定要绝色,非绝色佳人不能迷吴王心志!文种说:"兴亡之数,定于上天。既生神木,怎会不生美人?只是搜索于民间,大张旗鼓,恐惊动人心。"

句践便说:"一切听文大夫行事便罢。"

次日,越王句践便急要文种访求境内美女,把美女献于吴王之事重提。文种说:"大王可遣身边信得过的百余人,分小队遍游国中,并配以善于相面之人,见有绝色美女便记下姓名地址,到时集聚再选。"

句践说:"此法甚好!"

于是,文种便按计行事,半年下来,各队上报的美女已有两千余人。越王句践便命在此两千人中复选,最终选定尤美者二人,此二人便是西施、郑旦。

文种命画师画好美女之像,送越王审定。

西施出生于贫困之家,是诸暨苎萝山下卖柴人家的女儿。诸暨苎萝山下本有东西两村,施姓是两村大姓,西施住在西村。郑旦的出身与西施相仿,也住西村,且与西施是邻近姐妹。施、郑两家临江而居,西施、郑旦从小一起长大,两人红颜花貌,交相增辉,如并蒂芙蓉一般,出双入对,每日总在一起去江边湾口浣纱。

越王句践看到画师送来的画像,口中连连说好,当即审定了西施、郑旦两人。

越王命范蠡前去苎萝山下各以百金聘之。施、郑两家听说是越王选美把自家的女儿选去了。卖柴人家的女儿被选去王宫,真是祖坟冒了青烟,又见聘礼百金,金光闪闪,开心也来不及。

西施、郑旦听了范蠡的话,穿上绮罗之衣,乘上重帷之车,从诸暨一路向会稽城而去。

诸暨出美女的事情传开了。这日,国中沿途之人听说诸暨美女乘车要过,纷纷立于道旁等候观看,弄得道路时时壅塞,前进不得。范蠡见此情景,便把西施、郑旦送往驿馆停留,并传出消息:凡欲见美人者,交钱一文。范蠡吩咐下人在驿馆设柜收钱,一时间,参见者甚众,驿馆柜中金钱顷刻便满。

但见西施、郑旦登上驿馆朱楼，凭栏而立，自下望之，飘飘然如仙女在云中漫步。西施、郑旦两位美女留在郊外驿馆仅三日，范蠡便得钱无数，他用车装到了国库。

香车美女到达都城会稽，便跟着范蠡先行去拜见越王。越王句践对两女大加称赞，并亲送两女至别居土城，学练礼仪。

句践之所以要把西施、郑旦送往土城，只因两女出于山间乡下，常处东方边野偏僻简陋之地，虽有花容月貌，恐过于质朴粗俗。

《吴越春秋》中说的"土城"，在《越绝书》中称"美人宫"。据记载，美人宫周长五百九十步，设陆门二，水门一。此美人宫即是东汉时期还存在的北坛利里丘土城，当年的土城之中建有宫殿。美人宫距山阴仅五里，山阴是越王句践的小城，是都城会稽的附城。这个山阴小城在今浙江绍兴周围，如此说来，北坛利里丘土城离当时的都城会稽不远，也应在今浙江绍兴周围。

西施、郑旦在土城安顿后，文种请来礼乐、歌舞之师，让西施、郑旦穿上丝罗绸纱做的衣服，每日跟随礼乐、歌舞之师练习容貌表情、步履举止及操琴歌舞。

句践对文种说："艺成，才敢献于吴邦。"

三年之后，西施、郑旦终于学成科目，并内化成了习惯。


## 42. 齐鲁大地水连土　　山东长空风续云

这年，已是周敬王三十一年，句践在位也已有七年之久。这些年来，重大事件接连发生，诸侯各国形势风云变幻，变化莫测。

眼下，晋国的走势越来越衰，不提。楚昭王轸也去世了，世子章嗣立，这些年里，楚国国内也不太平。鲁国自孔子去职，国家不振。这些年独吴国强盛，霸于天下。这个时候，吴王夫差起有雄心，欲依仗兵力，蚕食山东。消息传出，齐、鲁无不恐惧。

单说齐、鲁两国，也是事情迭出。

齐国自相国晏婴死后，国运变得一年不如一年，国力越来越弱。上一年，齐国景公杵臼去世，幼子荼嗣立。齐景公杵臼在世的时候，夫人燕姬生子夭折，景公便一直没有嫡子，然庶出的公子却有六人，其中公子阳生最长，公子荼最幼。那齐国幼子荼又如何单得王位呢？

公子荼生母鬻（yù）姒，只因娇美深得景公宠幸。景公因喜欢鬻姒，便特别喜欢公子荼，称公子荼为安孺子。

齐景公在位五十七年，但年已七十开外，尚不肯确立世子。景公的心里不是没有人选，而是在等待安孺子长大成人。后来，景公身体日渐衰老，忽有一日，景公一病不起，便特召世臣国夏、高张两人，交代后事，欲让国夏、高张辅佐公子荼为君。

春秋时期的嗣立不是没有规矩，各国也有一套完备的制度。有嫡立嫡，无嫡则立庶，但并非就是立庶长子，而是立庶子之中有德有能者。这样的嗣立制度，在没有嫡子的情况下，也会生出一些大事来。

齐国有一大夫名叫陈乞，平日与长公子阳生关系特别好。虽然公子阳生也是庶出。陈乞察觉景公偏爱荼，恐公子阳生在继位乱局中被杀，便劝他出避他国。阳生听从陈乞之言，便与儿子壬及家臣阚（kàn）止，同奔鲁国。

不久，就在景公身体衰弱的那年，在景公的授意之下，国夏、高张两人发起了驱逐公子的事件，要求公子们迁徙到莱邑之地，都城之中独留公子荼一人。这样以后，齐景公终于永远闭上了眼睛。

齐国安孺子立。然安孺子尚幼，国夏、高张便在齐国左右秉政，辅佐君荼。

安孺子立后，大夫陈乞表面顺从，心中却对立安孺子很不满意。不久之后，陈乞便在诸大夫中造谣："高、国合谋，欲去除老臣，改用安孺子之党。"

诸大夫起先不信，但谣言在国中反复传了三遍，传过来传过去听得多了，局外人便不信也信。慢慢地，诸大夫都说无风不起浪，便相信高、国合谋去除老臣，都来陈乞处问计。陈乞判断局势对己有利，便与鲍牧两人挑头，率领诸大夫的家众起事，攻打高、国两家，结果高张被杀，国夏出奔莒国。

事息之后，齐国换相，鲍牧为右相，陈乞为左相，并立国书、高无平以继国、高二氏之祀。

陈乞的心中要立长公子阳生为君，便秘密把阳生从鲁国叫回。一天夜里，阳生到达齐都郊外，只留儿子壬与家臣阚止在郊外，自己单身入城，藏于陈乞家中。

次日，陈乞假称祭祀先祖，欲请诸大夫到家，共享祭余。

诸大夫见左相请酒，不敢不到，便陆续来聚。

陈乞也请了右相鲍牧，然鲍牧因在别处喝酒，便来得晚了。

陈乞见众人都已到坐定，便对诸大夫说："我近得精甲一件，请诸大夫看看。"

诸大夫都说："既是精甲，一饱眼福。"

陈乞便吩咐力士从内房搬出一巨囊，放于厅堂前面。诸大夫见巨囊从内房搬出之时自个儿会走，心生好奇之时，陈乞上前解开皮囊。突然，皮囊中伸出一个人头来。

诸大夫定睛一看，人头竟是公子阳生，皆大惊。

陈乞扶阳生出囊，南向而立，对诸大夫说："立子以长，古今通典。安孺子年幼，何德何能？不堪为君。今奉鲍相国之命，请改嗣长公子！"

鲍牧听到陈乞之语，睁开醉醺醺的眼睛说："左相，我本无此谋，为何诬我？欺我醉了？"

阳生这时便向鲍牧作揖，道："废兴之事，哪国没有？只要合义。诸大夫看义合不合，为何要说有谋无谋？"

陈乞还未等阳生说完，便强拉着鲍牧下拜。鲍牧酒吃得多了，经不起陈乞一拉，便双膝跪地，诸大夫见左相、右相下拜，都下拜不已，个个北面稽首称臣。

陈乞见此情景，便同诸大夫为立阳生歃血定盟。

祭余未享，原来陈相唱了一曲大戏。这时，车乘已备，诸大夫一起奉阳生升车入朝于大殿即位。公子阳生即是齐悼公。

悼公即位之后，即日便把安孺子迁到宫外，过不多久，悼公便安排手下把安孺子杀了。这时，悼公心里记着右相鲍牧不肯拥立之事，便同左相陈乞相商，陈乞也早已不满在鲍牧之下，便又造谣说右相鲍牧与其他公子秘谋齐国，不杀鲍牧，国不安宁。悼公乘机杀了鲍牧，立其子鲍息以续鲍牧之祀。鲍牧（鲍叔牙）死后，陈乞独相齐国。

国人见悼公诛杀无辜，也颇多怨言。

悼公有个妹妹嫁给邾国公子益为夫人。邾君益是个傲慢无礼之人，与鲁国一直不睦。

有一日，鲁国上卿季孙斯对鲁哀公请兵，欲引兵伐邾。鲁哀公允其出师破其国。季孙斯就出兵擒拿了邾子益，并囚于负瑕。

齐悼公听说后大怒，说："鲁国囚禁邾君，便是欺我齐国！"于是，悼公遣使去往吴国，欲请吴王出师，同伐鲁国。

吴王夫差听后大喜，道："寡人本欲试兵山东，今日出师有名矣！"吴王当即答应齐国，出师同伐鲁国。

鲁哀公得到吴、齐两国伐鲁的消息，恐惧万分，马上把邾子益释放了。鲁哀公请邾子益吃过压惊酒后，归国时赠送了不少宝货。鲁哀公又派人去齐国做了贡献，再作道歉。

齐悼公一看鲁哀公服软，很是满意，便遣大夫公孟绰去吴国回绝吴王伐鲁之事。公孟绰对吴王夫差说："今鲁国既已服罪，齐国便不敢再劳大王军旅。"

吴王夫差一听大怒，道："吴国出不出师，如今全听齐国号令了吗？吴国难道是齐国之属国？寡人当亲往齐国，欲问阳生为何戏弄寡人，一会儿出兵一会儿又不出兵？"吴王夫差大声训斥了齐使公孟绰一番，令他速速退下。

鲁国很快得到了消息，听说吴王夫差话中有话，对齐国很不满意。鲁哀公见有隙可用，即派人送宝物钱款到了吴国，反约吴王同伐齐国。吴王夫差还在气头上，见鲁人讲礼，便欣然答应鲁使择日起师同鲁伐齐。

不久，吴鲁之师把齐国都城南面把住。齐举国惊慌，都怨悼公无端召寇。

吴、鲁两师把守城池之时，齐相国陈乞已经去世，如今是陈乞儿子陈恒执政。陈恒趁国人都对悼公怀有怨恨，便对鲍息说："鲍大夫何不做件大事，可外解吴怨，内报家仇。"

鲍息听陈恒把计谋说完，推辞不就。陈恒便说："鲍大夫不就，看来只得我来为你做成此事了。"

齐悼公见吴、鲁两师把守在城的南面，久不退师，便召诸大夫商议。诸大夫都不屈于吴、鲁之师，悼公便心升底气。

一日，悼公欲检阅齐师，鼓舞士气。齐相陈恒按悼公之意整肃军队，接受检阅。检阅开始，齐相陈恒上前献酒，悼公一饮而尽。悼公不知酒中有毒，当场被毒身亡。齐相陈恒即以悼公暴病而亡讣告吴师，讣告说："上国膺受天命，寡君得罪，突遇暴疾而亡。上天已代大王行诛矣！幸赐矜恤，勿陨社稷，愿世代服事上国。"

吴王夫差不信讣告之言，便派人去城中查看，见悼公确已暴死。于是，吴王夫差哀叹一声，命全师而退，鲁师亦归。

齐国上下因害怕陈氏报复，竟无人敢出来说话。齐相陈恒便立悼公之子壬为君，这便是齐简公。简公即位之后分权，陈恒为右相，阚止为左相。

## 43. 沉鱼出越喜引麇　熟谷还吴怕出虫

西施、郑旦在土城习得三年，已是技态尽善。

越王句践派范蠡送之吴邦。起程之日，天气晴朗，西施、郑旦坐以宝车，饰以珠幌，所过街路大道，香风四起。

西施、郑旦之行又配以美婢六人，其中有美婢旋波、移光随行。

范蠡送西施、郑旦到达吴都之时，正值吴王夫差伐齐回吴。范蠡入见吴王，拜后稽首，道："东海贱臣句践，感大王之恩，不能亲率妻妾，服侍左右，今遍搜境内，得善歌舞者二人，使陪臣送与吴宫，以供洒扫之用。"说完，引西施、郑旦在门口候见。

这时，夫差抬头远远望见门外站立两人，以为仙女下凡，一下子魂魄俱醉。

伍子胥见吴王眼色迷离，在旁大声说："大王，臣听说'夏灭是因妺（mò）喜，殷亡是因姐己，周亡是因褒姒'。美女是亡国之物，大王万不可接受！"

吴王夫差却不顾伍子胥的亡国谬论，说："爱美之心，人人相同。句践得此美女而不自用，却进于寡人，这是句践忠于寡人的证明啊！相国不要有其他想法！"

西施、郑旦都是绝色美人，夫差便在宫中一并宠爱。而西施、郑旦两人之中，西施更是妖艳善媚。不久，西施便独得歌舞之魁，吴王便让其居姑苏之台，独揽专房之宠，出入仪制，均参照吴王夫人。郑旦久居吴宫，妒忌西施专宠，因不得志而郁郁寡欢，经年而死。

夫差得知郑旦病亡，十分伤心，便把她安葬在黄茅山（一说渔洋山），立祠祀之。渔洋山东西走向，长约3500米，为伸入太湖中一半岛，在今苏州胥口。

郑旦病亡，夫差便更宠幸西施。夫差令王孙雄在城外灵岩山上特建一宫，名馆娃宫，作为与西施的游息之所。

馆娃宫铜沟玉槛，宫内用珠宝美玉装饰。宫中建了一条响屧廊。王孙雄先将地面开凿空沟，再将大瓮无数放置其中，最后瓮口盖上厚板，西施在上面行走之时，便有铮铮之声发出（据说，遗址在灵岩寺圆照塔前小斜廊处）。这样还是不够，馆娃宫周遭，王孙雄建有玩花池、玩月池，山上挖有泉井一口，泉水清碧，名"吴王井"。吴王井旁，西施早起照水梳妆，夫差立于身旁，亲为西施理发。馆娃宫旁本有一山洞，王孙雄大加整治，取名西施洞。夏日，夫差与西施常同坐于此纳凉，据说洞外石上今有小小凹陷，俗称西施迹。灵岩山山颠设有琴台，西施常在琴台鸣琴。西施爱吃香芋，夫差便令人在山下挖河种植。今在灵岩山山口南望，可见一水笔直如箭，称"箭泾"，这便是原本叫作"采香泾"的地方。香芋成熟季节，西施便泛舟采香，故而此地也叫作"香山"。

除了"采香泾"，还有一条"采莲泾"，采莲泾不在姑苏台，离得较远，在城之东南，夫差与西施曾在此登舟采莲。今苏州相城区有采莲路，疑与此有关。后来，吴王夫差又命王孙雄在吴城之中开凿大濠，自南向北，作锦帆与西施同游，称"锦帆泾"。现苏州老城区锦帆路是也。

吴都以北五十里，旧都梅里以东二十里，太湖水东四十里，有一湖今名漕湖，湖水东去入江到海，南进平门，直达先王阖闾墓地。吴王夫差见漕湖宽大，紫气升腾，离都不远不近，便把水师船只抛锚于此驻扎，平日在此练习水战。

吴王夫差因常去观看水战演练，见漕湖西口有一水湾，水清地绿，周遭是一片静野之地，便命王孙雄在水湾两岸建立行宫。行宫之东是广阔草地，吴王夫差便命人养起了句践送来的麋鹿，以供西施随行时散心游览之用。水湾北岸行宫，今称"西施庄"，是西施观赏麋鹿、观看水战后的歇息之地。

吴王建完馆娃宫后，便在城南开建了长洲苑，作为游猎之地。吴王在吴都四周还建有鱼城，用以养鱼；鸭城，用以养鸭；鸡陂，用以养鸡；酒城，用以造酒。今苏州光福有一虎山，山水掩映，花木繁茂，吴王便在虎山养虎。

吴王夫差自得西施以后，以姑苏台为家，一年四季随时出游，弦管相陪，歌舞四起，流连忘返。有一次，吴王在游玩之间发现了太湖西洞庭（今苏州市西山）的南湾，南湾长有十余里，三面是山，独南面临水如门阙。吴王便对西施说道："此地宜消夏矣。"后来，吴王常与西施去南湾避暑，在南湾也建筑了一所行宫。故而，后人把太湖西洞庭南湾叫作"消夏湾"。

吴王身心荡漾，一心只想长命百岁，便让太宰伯嚭、王孙雄去访长生秘药。这个时候，吴王身边只有伯嚭、王孙雄常侍左右，连相国伍子胥欲见吴王，也往往被吴王借故推辞。

越王句践得知夫差十分宠幸西施，日事游乐，便又与文种商议报仇之事。

文种说："国以民为本，民以食为天。今岁国遇水旱，农夫谷物歉收，粟米将贵，大王可向吴国借粮，以救民济民。上天若放弃吴国，必会借粮于我。"

句践说："找伯嚭可成。"

句践便命文种以巨款贿赂伯嚭，求把借粮之事告于吴王。伯嚭点头允诺。

一天，吴王在姑苏台接见文种，是让文种领略姑苏台之宏伟，感受吴国之昌盛。文种拜过吴王后说："越国水旱不调，今岁谷物不登，人民饥困。今承我君之意向吴王乞求借吴国太仓谷物万石，以救我越民于饥饿之中。来年谷熟，我君定当如数奉还。"

吴王说："越已臣服于吴，越民饥饿便是吴民饥饿。寡人为何要吝惜仓库积谷，而非开仓救民？"

这一日，伍子胥碰到被离，被离告诉伍子胥："文种到了姑苏台，料想定不会有好事！伍相国若不出面，伯嚭定会在中间坏事。"

伍子胥叹了一口气说："我早该听被大夫的话，若是当初听了，今日就不至于此。"

被离说："事到如今也不是不可挽回，伍相国毕竟是吴王的恩人，若不是相国，夫差也做不了大王。只是伍相国会有两难，要么伍相国把吴王从梦中叫醒，要么伍相国事后有难。"

伍子胥与被离告别，急匆匆赶往姑苏台去见吴王。

吴王听说伍子胥来见，心想一直不见相国也不是个事儿，便请入内。伍子胥从吴王口中得知越国借粮，吴王已是许诺借谷于越，便进谏道："大王，此事不可！臣看句践派遣使者，非是越国真饥困而乞求借粮，句践心里是欲弄空我吴国之存粮矣！再说，今借与越也不见得越国会感激，不借也不见得便成吴越仇恨，大王不如寻由推辞。"

吴王说："相国对句践的成见不消也。句践囚于吾国，马前鞍后，诸侯无一不知。今寡人恢复其社稷，句践无忘再生之恩，岁岁贡献不绝，怎会生有背叛吴国之祸事？"

伍子胥说："臣听说越王恤民养士，志在报吴！今大王借谷于越，臣恐越国麋鹿将要跑到姑苏台来游玩了！"

吴王夫差听到伍子胥说这样的话，知道话中带刺，突然受到刺激，便又恼怒起来，道："句践已经称臣，哪有大臣讨伐君主的事？"

伍子胥说："成汤伐桀，武王伐纣，不都是大臣讨伐君主吗？"

伯嚭在旁见吴王理穷，再也听不下去了，便叱声道："相国出言过分，吾王是桀、纣可比的吗？"伯嚭接着说，"体恤邻邦，解其饥困，来年谷熟，责其如数归还，无损于吴，而有德于越，何惮而不为？"

吴王对文种说："你看，你看，寡人是顶着臣子非议如数借谷于越，等年丰定欲偿还，不可失信！"

文种再拜稽首，道："大王可怜越民饥饿而救民饥，我定遵照约定行事，不然，文种之体狗也不食。"

于是，文种由王孙雄陪同，游览姑苏台。文种直称王孙雄把姑苏台造得巧妙，真是小景巧夺天工，大景鬼斧神工。文种的赞词说得王孙雄心花怒放。

文种等越船到达，便在太仓领谷万石回到越国。越王见谷大喜，群臣都呼万岁。越王把借得的吴粮分赐于国中贫民，贫民百姓无不颂德。

次年，越国大熟。越王对文种说："寡人不还吴国粮食，是失信；若还粮，便损越而得益于吴，如何？"

文种说："臣有一计，可使越国不失信吴国又失利。"

越王问道："不得益便可，吴国怎还会失利？"

文种说："臣计可使吴国来年必闹饥荒，不是失利吗？"

句践急问："何为？"

文种说："我国精选粟谷，再把粟谷蒸熟晒干，倘若吴国见精选粟谷颗粒饱满，喜而播种，吾计便成。"

句践说："此计甚好！此计甚好！"

于是，文种依计而行。越国用精选熟谷装船还吴，分量不折不扣。

吴王收到越粮，感叹道："句践，守信之人也！"

伯嚭对吴王说："越国还谷粒粒饱满，大小一致，便把随行所带谷粒展示于吴王。"

吴王见谷粒是上品，便对伯嚭说："吴地和越地一样肥沃，我国咋不曾有这样的好谷。寡人看其谷做种甚嘉，可散于吾民种植也。"

伯嚭听了吴王的话，命在吴民之中散发越种。吴民得到谷种，因谷粒饱满，皆大欢喜，可哪知越国谷种芽都不发。吴国发现谷不发芽，再播已是误了农时。此年吴国大荒，吴民大饥。

吴王夫差起先以为吴、越土质有别，竟不知其中缘故。伍子胥察觉个中原因，道于吴王，吴王便令伯嚭追问文种为何吴国行德而越国欲加害于吴。

文种说："越国存粮，怕谷出虫，熟谷保存，此为常法。越国熟谷奉还，却不知上国会用越谷做种，然越绝无害吴之想。"

吴王夫差一想，稻谷做种之举出自自己口令，丑事一桩，便不再提起，只能吃个哑巴亏了事。

## 44. 剑戟弓矢为何物　处女陈音是何人

谷种不发芽之事，发生在周敬王三十六年。越王句践知道吴民大饥，便欲兴师伐吴。

文种谏道："时机还未熟矣！"

句践问："何意？"

文种说："其忠臣还在矣！"

句践因伐吴心切，又去问范蠡。

范蠡说："时候不远了！请大王等待，臣等加紧习练军事。"

句践还是问："是攻战之需尚不具备？"

范蠡说："胜战之师必有精兵，精兵必有特长。而剑戟、弓弩非得有名师教习，不然不得绝技。臣已访得二人，南林处女精于剑戟，楚人陈音善于弓矢。请大王聘其二人前来教习。"

越王便依范蠡之言，请范蠡行事。范蠡派遣二使，各持重币前去聘任处女、陈音。

处女，至今不知姓名，以后也许不可能会知其姓名，许是原本就是姓处名女。处女，生于森林，在无人之野长大，工于击刺，但无师传，击刺技艺尽属自然习成。

越王使者到达南林，寻得处女。使者告知越王之命，处女应诺，即随使者北行。这日，使者队伍行至山阴小道之中，忽遇一白须老翁，立于车前，挡住道路。

白须老翁问："来者可是南林处女？有何剑术敢受越王聘任？愿请教！"

处女说："不敢隐技，愿公指教！"

白须老翁便随手折断林内竹子，动作轻捷得像摘取一棵腐草。白须老翁也不说话，迅即用竹子刺来，竹子在空中折断，竹梢下落于地。处女见竹竿刺来，随即一个地龙翻身接取竹梢，反向击刺老翁。白须老翁忽听处女手执竹梢声响，忽地飞上树去，化为一只白猿，长啸一声便不见踪影。

越王使者突遇如此一幕，惊得目瞪口呆，定如木桩，要不是处女催促行路，脚下便会就地生根。

随行到达越都，处女见过越王。越王便问其击刺之道。处女说："击刺之道，内实精神，外示安逸，看上去像达理之妇人，攻击时却如下山之猛虎。击刺者布形候气，与神俱往，捷如腾兔，追形还影，纵横往来，目不及瞬。若得吾道者，一人可当百，百人可当万。"

越王句践见处女夸夸其谈，不信其言，欲一试究竟。

处女允诺。

越王句践即命勇士百人，持戟刺向处女。处女连接刺来之戟，夺而投之。越王句践看得目不暇接，连声叫绝。越王句践见处女本事超群，便命范蠡选定军士三千，请处女教习。

年余之后，兵士习成，处女便向越王辞归南林。越王句践再三挽留，处女说："我本野人，与猿猴为伴，森林才是我之家园。"处女说完，飘然而去。

而后，越王句践夜间得梦，梦见处女在云朵里行走，想必处女定是天上神女，便再使人去请，处女却已不在南林。因处女无声消失，越人便说："天要兴越亡吴，上天派遣神女下授剑术，以助大越。"

再说陈音，原是楚人，因在楚报仇杀人而今在越国避难。一次，范蠡看到陈音在山间练箭，弓响鸟落，每射必中，便前去问其姓名，才知其底细。

越王句践聘陈音为射师，问陈音：“听说你工于弓弩，请问弓弩从何而来？”

陈音说：“臣听说弩生于弓，弓生于弹，弹生于古代孝子。古人朴实，饥食鸟兽，渴饮雾露，死了便用白茅包裹，投于野中。有一孝子不忍看到其死去父母被禽兽啃食，故作弹守于野中。时有歌曰：‘断木，续竹，飞土，逐肉。’说的便是弹弓。神农帝时，弦木为弧，剡（yǎn）木为矢，以弓矢立威于四方。楚地荆山有叫弧父之人，自小便无父母，儿时习练弓矢，每射必中，后把技艺传授于羿，羿把技艺传授于逢蒙，逢蒙把技艺传授于琴氏。琴氏生逢诸侯相伐，弓矢已不能完全制敌，便想到把弓横着射击，还设有底座和发射机关，称作弩。琴氏把弩技传授于楚三侯。楚国便世世代代以桃木做弓，棘枝做箭，防御邻国。臣之先人在楚国习得技艺，传至我辈已是第五代了，弩箭所向，鸟来不及飞，兽来不及逃。大王若是不信，可以一试。”

越王见陈音从古到今讲得头头是道，说：“信你便是。”便命范蠡选定军士三千，请陈音在北郊之外的山下教习。陈音在山下把连弩之法也一并传授。此连弩能三箭连射，人无法防守逃脱。三千军士苦练三月有余，习得陈音弩技要领。陈音却因在野外日日教习，竟劳累而病死于山中。越王句践深感痛心，便厚葬陈音在此山上。这样，北郊之外的这座山后来就叫作陈音山。

再说，伍子胥对越提防之心一刻也不曾松懈。一日，派出的探子回报伍子胥越国请剑师射师习武之事，伍子胥得知后深感不安，便去面见吴王。

吴王正在琴台静听西施操琴，一曲《高山流水》，此时正在山谷回荡，山林幽幽，琴声忧郁。见伍子胥突然来访，还流着眼泪。吴王便问：“相国为何如此悲伤？莫非琴声所致？”

伍子胥说：“大王相信越国臣服已是很久了，今范蠡日夜训练士兵，剑戟弓矢之技，已无不精湛。吴国一旦空虚，越国定会乘虚而入。吴国将祸不及防！大王若再不信，可派人前去密探。”

伍子胥这么一说，破坏了吴王愉快的心情，但也触动了吴王敏感的神经。吴王夫差想起上次借粮之事，再也不敢草率，便派人前去越国刺探。

吴王的探子在越国穿走，探听到了处女、陈音之事，便回报吴王。吴王便对伯嚭说：“越国既已臣服，为何日日习武，想成何事？”

伯嚭说：“据臣所知，越国承蒙大王赐地，无兵可守，训练兵士，是用于守卫国家，平常之事，大王为何欲起疑心？"

然而，伯嚭的话终不能让吴王夫差释怀。吴王夫差的梦里常有越国习武、练兵之事，便心生兴师伐越之意。

## 45. 齐将灭鲁不罢休　吴欲亡齐难消停

齐国前几年的政治风波消停之后，陈氏一直怀有独揽国政的野心。如今，陈恒执政，逆谋之心更是强烈，但高、国之党党羽甚众，陈恒谋逆也有所顾忌，便想办法欲把高、国之党先行制服。

一日，陈恒对齐简公说："鲁、吴联合伐齐，此仇不可忘，宜先伐鲁！"简公点头。陈恒便荐国书，自任大将，让高无平、宗楼为副将，大夫公孙夏、公孙挥、闾丘明等跟随，出动千乘战车，屯兵于汶水之上，欲与鲁国开战，发誓不灭鲁国决不罢休。

当时，孔子正在删述《诗》《书》之章，日不出户，忙于著述。忽有一日，孔子门人琴牢（子张）从齐国回到鲁国，来看望老师。孔子问及齐国之事，这才知道齐国已屯兵汶水，不禁吃了一惊。

孔子对众弟子说："鲁国是你我母国，今将被齐国攻伐，不可不救！"接着，孔子问道："谁能为我鲁国出使齐国，以制伐鲁之师？"

子张、子若表示愿前往，孔子摇头。这时，子贡离开座位问道："弟子可以去吗？"

孔子说："可以。"

子贡便立马起程，到达汶上，去求见齐相陈恒。

子贡何人？子贡名叫端木赐（前 520—前 456 年）。复姓端木，字子贡。华夏族，春秋末年卫国（今河南鹤壁市浚县）人。子贡被后人称作"孔门十哲"之一，孔子则称其为"瑚琏之器"。"瑚琏"出自《论语·公冶长》：子贡问曰："赐也何如？"子曰："女（rǔ）器也。"曰："何器也？"曰："瑚琏也。""瑚琏"是古代祭祀时盛黍稷的尊贵器皿。夏时叫"瑚"，商时叫"琏"。孔子称子贡是"瑚琏之器"，是说他有才能，可以担当大任。

在孔子的众弟子中，子贡属言语科，利口巧辞，能说会道，是个纵横家。

曾任鲁、卫之相。子贡不但会外交，官做得好，还善于经商，曾在曹、鲁两国间经商，富致千金，是孔门弟子中首富。如今我们还能听到"端木遗风"，是指子贡遗留下来的诚信经商的风气。端木赐就这样成为我国民间信奉的财神。

陈恒当然知道子贡是孔门高足，此来必有游说之语，讲是讲不过他的，但不理不睬也是无礼，陈恒便很不情愿地接待了子贡。

子贡坦然而入，旁若无人。陈恒待子贡坐定，开门见山，问道："先生此来，是为鲁国做说客吧？"

子贡说："非也，子贡此来是为齐国而非为鲁国。"

陈恒便问道："先生何意？"

子贡说："今陈相屯兵汶上，欲行伐鲁，却不知鲁为难伐之国，相国欲如何攻伐？"

陈恒说："先生差矣！鲁国有何难伐？"

子贡说："鲁国城墙单薄，城市浅狭，大臣无能，国君又弱，兵不习练，故言难伐！子贡为相国着想，不如伐吴。吴国城墙高大，城市宽广，兵甲精锐，又有良将守卫，这便容易攻打。"

陈恒听子贡言毕，似感被嘲弄一般，恼怒地说："先生说话颠三倒四，所说难易不曾理解。"

子贡说："相国请退下左右，子贡为相国解释。"陈恒便叫左右退下，前席请教。

子贡说："忧在外者攻其薄，忧在内者攻其强，这是常理。看相国之势与诸大臣非能共事，为忧在内也。今若破弱鲁，功便是诸大臣之功，而相国能显示出何能耐？弱鲁若破，诸大臣势盛则相国危矣！若相国移师伐吴，大臣外困于强敌，而相国则可专制齐国，此非最便当之法吗？"

陈恒脸色顿时好看，欣然问道："先生一席之言，说得我心里透亮。然兵在汶上，若移师伐吴，群臣都将疑我，如何？"

子贡说："相国只须按兵不动，子贡即去南见吴王，请他救鲁伐齐，如此齐、吴交战，便有理由，便可解释。"

陈恒听后大喜，写上国书紧急送呈简公，国书这样写道："吾闻吴将伐齐，吾兵姑驻此，未可轻动，待探听吴人动静，若是，将先败吴兵，然再伐鲁。"

齐简公看到书信，心中拿捏不准，干脆下令齐师归都。于是，陈恒不战回到都中。

子贡则星夜兼程到达吴国，求见吴王。

子贡对吴王说："昔日吴、鲁连兵伐齐之事，齐人恨之入骨。今齐兵屯在汶上，先行伐鲁，再伐吴国。大王何不借救鲁之义伐齐？若败万乘之齐，便可收千乘之鲁，还能威服强晋，如此，吴国才真是称霸了。"

吴王夫差说："昔日吴、鲁连兵伐齐，齐国已承诺世代服侍吴国，寡人以此班师。哪知齐国却说在嘴上，今朝喊他也不来，寡人正欲向其问罪！只是当下吴有近忧，不便即刻讨伐。"

子贡说："吴国泱泱大国，还有近忧？"

吴王夫差叹了口气说："近来越君勤政训武，藏谋吴之心，寡人欲先伐越国，再伐齐不晚。"

子贡说："不可！越国弱而齐国强，伐越利小，放纵齐国，隐患便大。攻伐弱越而避开强齐，非勇；取小利而忘大患，非智；智勇都失，怎可为伯（霸）？大王若对越放心不下，臣愿为大王南去面见越君，让他出师与大王合兵伐齐，如此如何？"

夫差一听大喜，道："若真能如此，便是寡人之愿也。"

子贡即告辞吴王，南行去往越国。

越王句践听报鲁国子贡到访，便派人预先清扫道路，并到郊外三十里处迎接。

句践把子贡接入越国最好的馆舍，向子贡鞠躬后问道："敝国僻处东海，何事烦劳高贤远道而来？"

子贡说："特来为君吊丧！"

句践一惊，再拜后问道："孤听说祸福为邻，先生下吊，孤之福也，请先生细说。"

子贡说："我自吴王处来，欲请吴王救鲁伐齐，吴王却担心越国有谋，其意欲先诛越王，再行伐齐。尚无报仇志向，而让别人生有怀疑之举，是愚蠢之法。既有报仇志向，而让别人知晓心中想法，乃危险之法。"

越王听后惊愕不已，问道："先生如何救孤？"

子贡说："说也不难，吴王骄傲而好听赞美之语，看伯嚭当红便知一二。君可以重器贿赂吴王，再以谦卑之语使其开心，并亲率越师跟随吴王伐齐便可。若吴国战而不胜，则吴国之力得到削弱；若吴国战胜，越国也有劳苦。此时，吴国必将增强在诸侯之中争霸的信心，便必与强晋相争。若此，吴国便会显现空隙，越国才有机可乘也。"

句践听完再拜，道："先生此来真是天赐真理，让越国起死回生，孤怎敢不照做呢？"

越王句践为表谢意，欲赠子贡黄金百镒、宝剑一口、良马两匹。子贡坚辞不受。

子贡不敢在越国多作停留，便去见吴王夫差，说道："越王感激大王恩德，听说大王对越国起有疑心，异常恐惧，近日欲遣使者前来谢王。"

夫差听子贡这么一说，心中稍安，便安排子贡在馆中歇息。到了第五日，越国果然遣文种来到吴国，文种叩首于吴王，道："东海贱臣句践，蒙大王不杀之恩，得奉宗祀，即使肝脑涂地，也报答不了吴王恩情！今听说大王欲兴大义，诛强救弱，故特遣下臣文种贡上先王所藏精甲二十领及屈卢之矛、步光之剑，以壮吴师军威。句践请示吴王出师时日，将在全国选取三千勇士，由下臣带领。句践也欲披坚执锐，参加攻伐，死无所惧。"

夫差听后大喜，请来子贡说："句践果然是信义之人，欲率三千精兵，跟随寡人伐齐，先生以为如何？"

子贡说："不可，大王用了越国之兵，又使其国君从军，也太过了。不如仅允许其师跟随，辞谢其国君。"

夫差说好！

攻伐齐国之前，吴王命王孙雄在句曲筑造别馆。句曲，在今江苏省句容县东南，句曲山，也称地肺山，今称茅山。句曲山上本有蓬壶、玉柱、华阳三洞，是避暑的好去处。王孙雄在别馆四周种上了阔叶梧桐，别馆便取名"梧宫"。吴王为何在句曲筑造别馆，因其对西施放不下心，欲让其移居梧宫避夏，以便等待自己战胜归来，好在句曲过夏。

周敬王三十六年春，吴王夫差征九郡之兵，大举伐齐。

越王句践最终遣诸稽郢大将率兵三千，助吴攻齐。

吴师将要出发之时，伍子胥向吴王进谏道："越、齐相比，越国，乃吴心腹之患；齐国，只是个瘤子而已。今大王兴十万之师，行粮千里，以去瘤之患，而忘了大毒已在腹心。臣怕攻齐不胜，而越祸已到！"

吴王夫差恼怒，开口骂道："寡人发兵有期，老贼出此不祥之语，阻扰大计，当得何罪？"

吴王夫差咬了咬牙，意欲杀之。伯嚭上前密奏说："伍子胥乃先王老臣，不可诛杀。大王不如遣他去往齐国约战，借齐人之手杀之。"

夫差心中道："太宰之计实在是高！"于是，叫人书写数落齐国伐鲁得罪吴国之罪状数条，命伍子胥前往齐国去见齐君，希望用此书信激怒齐君而了断伍子胥性命。

伍子胥多次忠谏吴王都未采纳，此次为劝阻伐齐进谏，吴王竟然恼羞成怒，破口大骂，欲杀其身，伍子胥料定吴王与自己的君臣之情已是荡然无存。吴王偏听伯嚭之言久矣，如此吴必灭亡。伍子胥心中这般想来，便秘密带上儿子伍封同往齐国，到了齐都临淄。

伍子胥受吴王之命向齐简公递上战书。简公看后大怒，欲杀伍子胥，幸亏鲍息在旁，鲍息说："子胥乃吴国忠臣，因屡次进谏吴王劝其放弃伐齐，吴王不听，今两人已水火不容。吴王遣他来齐，正是想让齐国断其性命，以免各方诸侯对吴王加以指责。齐国应放他回国，让其忠佞自相攻击，夫差便可受其恶名。"齐简公觉得有理，便厚待伍子胥数日，并与吴国约定以春末为战期。

因伍子胥与鲍息原本相识，故而鲍息力谏齐侯不杀子胥。这日，鲍息私会伍子胥，想知悉吴国近况。伍子胥只是落泪不语，而后便引出儿子伍封，欲让伍封拜鲍息为兄，鲍息见状便也允诺。如此，伍子胥便把伍封寄居于鲍氏。伍子胥对鲍息、伍封说："伍封之名，从今往后只称王孙封，再勿用伍姓。"

鲍息暗暗感叹，心想：子胥将会因谏而死，故把儿子带到齐国了！如此这般之后，伍子胥执齐简公战书，回到吴中。

子贡见吴、越之事已定，便离开吴国，朝北去往晋国。

这次，子贡去见晋定公。子贡对晋定公说："臣听说无远虑者，必有近忧。今吴欲伐齐，吴国若胜，必与晋国争伯，君应早备才是！"

晋侯感谢一番，说："受教！受教！"

## 46. 公孙丧命真解梦　齐鲁听命假结盟

一日，吴王夫差遣使者去会鲁哀公，告知伐齐之师将起，欲要哀公速速备兵，约在艾陵（在今山东莱芜东南），合攻齐国。

这日清晨，吴王夫差让大夫被离占卜，卜象大吉。伐齐之师便从吴都西门出发，去往五湖乘船。

吴师在姑苏台用了午膳，因时逢春末，午膳之后，吴王夫差犯起春困，忽然睡去，不想这一睡却得一异梦。

醒来时分，吴王夫差心中恍惚，便把伯嚭叫来。吴王说："寡人方才睡得片刻，梦景颇多。先是梦入章明宫，见两锅烧而不熟；后又见黑狗二只，一只朝南狂叫，一只朝北狂叫；再见铁锹两把，插在宫墙之上，又有流水汤汤，直到殿堂；后房有声，声音非鼓非钟，像是锻工打铁之声；前面庭院里不生他木，横生梧桐。太宰觉得寡人之梦何意？可否为寡人占卜凶吉！"

片刻之后，伯嚭稽首称贺，道："美哉！大王之梦是兴师伐齐之响应。臣知道章明是破敌成功，声音朗朗；两锅烧而不熟，是大王德盛气盛；两狗朝南北叫唤是指四夷宾服，在召唤诸侯；两锹插上宫墙，是指田夫耕地，农工尽力；流水进入殿堂，是邻国贡献，财源滚滚；后房声若锻工，是宫女悦乐，声相和谐；至于梧桐，桐做琴瑟，是音相谐。大王此行，美不可言。"

夫差听后虽然当下喜悦，但是心中仍然没有释然，于是又把此事告诉了王孙骆。

王孙骆说："臣愚昧，不知里面缘故。倒是阳山有一异士，叫公孙圣，见多识广，如周公一般，善解梦意，若大王心存疑惑，可召来一问。"

夫差说："你为寡人召来。"

王孙骆驰车便去阳山寻找公孙圣。公孙圣听王孙骆把吴王梦境一说，伏地痛哭流涕。

公孙圣的堂客在一旁便取笑于他，堂客说："你想见人主，忽听宣召，便涕泪如雨，可见品行低下。"

公孙圣则仰天长叹，说："悲矣！哀矣！你一妇人能知何事？我曾自推寿限，便是今朝。我今将与汝永别，故而悲伤！"

王孙骆心急，不允公孙圣多说，直催促其登车。王孙骆、公孙圣便登车疾驰姑苏台而去。

吴王夫差再次告知公孙圣梦中详情。

公孙圣说："大王，臣若不言，名誉身躯皆可保全；若是照实说了，臣知今朝必死。然忠臣知死也不可妄言，大王之梦，奇也！怪也！此梦应是兴师伐齐之响应。臣听说'章'是战而不胜，败后张皇逃走。'明'是弃明入暗。见两锅烧而不熟，是预示大王将吃不到熟食；两狗朝南北叫，南面是阴暗不明，北面是隐匿不现；两锹插上宫墙，是指南越侵入国中，破坏宗庙，掘毁社稷；流水进入殿堂，是示宫内已被洗劫一空。后房声若锻工，是示有人坐在那里叹息；至于横生梧桐，梧桐空心，不能制作有用器具，只能做成木俑，那是死人之陪葬品。故臣斗胆请大王停止征战，修积德行，不再讨伐齐国，如此便可消除祸患。同时，大王须遣臣下太宰伯嚭、王孙骆脱掉帽子，摘除头巾，裸露肢体，赤脚步行，前往越国向越王磕头谢罪，如此吴国才可安然幸存，大王也可幸免不死！"

伯嚭听完当场发飙，骂道："草野匹夫，妖言肆毁，合加诛戮！"

公孙圣也睁目大骂："太宰身居高位，食厚禄，却不思尽忠报主，专事谄谀，他日越师灭吴，太宰独能保其首领乎？"

吴王夫差听公孙圣大骂太宰，便也大怒道："野人无识，一味乱言，不诛，必然惑众！"夫差回过头来对力士石番说道："可取铁锤击杀此贼！"

公孙圣仰天大呼："皇天！皇天！知我之冤。忠而获罪，身死无辜，死后不予葬埋，愿抛我于阳山之下，后作影响，以报大王！"

夫差即命石番击杀公孙圣，又派人把尸首抛弃在阳山之下（《吴越春秋》说抛尸在蒸丘）。夫差还不解气，说："豺狼将吃掉你肉，野火将烧毁你骨，风将把残骸刮走，让你形销影灭，看你还如何发出声响？"

这时，伯嚭拿着酒杯向吴王走来，说："贺大王，妖孽已灭，愿进一觞，兵便可发了。"

吴王夫差自领中军，太宰伯嚭为副，胥门巢领上军，王子姑曹领下军，兴师十万，同越兵三千，船队浩浩荡荡往艾陵进发。《吴越春秋》说：艾陵之战是吴、鲁、越合军攻齐之战。吴王夫差任命太宰伯嚭为右校司马，王孙骆为左校司马，并让句践之军跟随，共去讨伐齐国。

伍子胥随军而行，因与吴王不和，心中不快，便在中途称病先归，不肯与之一起伐齐。

这时，齐国大将国书屯兵汶上，听说吴、鲁、越三国联兵来犯，便聚集诸将迎敌，忽听陈相国的弟弟陈逆来到，国书便将陈逆迎入中军，叩问来意。

陈逆说："吴师长驱直入，已过赢、博，国家安危，在此一举，相国遣小将到此督战！今日战事，有进无退，有死无生，军中只许鸣鼓，不许鸣金。"

齐国诸将信誓旦旦，说："我等发誓决一死战！"

如此之后，齐将国书传令，拔寨而起，往迎吴师。

吴将胥门巢的上军先行到达艾陵，齐师却已经在此等候多时。

齐国大将国书问部下："谁敢冲头阵？"

公孙挥第一个冲出来，欣然愿往，国书允诺。公孙挥便率领本部兵马，疾驱而出，杀上阵去。

吴师立脚未稳，营寨未扎，又因长途跋涉，身心尚在疲惫之间，见齐人杀上阵来，胥门巢便急忙迎敌。

两下交锋，约三十余个回合，不分胜负。齐将国书见此情景，一股锐气按捺不住，自率中军上前夹攻，一时间，齐国军中鼓声如雷。胥门巢不能应付，便大败而走。

齐将国书胜了一阵，意气更盛，命令军中士兵各带一条长绳出战。国书说："吴俗断发，可用长绳套其头颅。"齐军听之欣喜若狂，以为吴兵朝夕可除。

胥门巢带领败兵来见吴王。吴王大怒，欲斩杀胥门巢。

胥门巢说："臣初到艾陵，不知齐军虚实，一战偶挫，若再战败，甘愿伏法。"

太宰伯嚭见状从旁力劝吴王。吴王夫差便把胥门巢叱责一通，令其退下，改命展如带领其军。

这时，正好鲁国大将叔孙州仇领兵来合，夫差便赐给叔孙州仇剑甲各一具，让他做为向导，在离艾陵五里之地下寨。

齐将国书派人来吴寨下战书，吴王夫差批示道："来日再战！"

次日一早，两边各已摆开拼杀阵势。吴王夫差便命叔孙州仇打第一阵，展如打第二阵，王子姑曹打第三阵。派胥门巢率越兵三千，往来诱敌。吴王夫差与伯嚭率领大军屯兵高阜，察看战机行救援之事。越将诸稽郢则留在吴王夫差身边观战。

齐军列完方阵，督战陈逆命令各将领口中含玉，说："死即入殓！"公孙夏、公孙挥则让齐兵唱起送葬之歌，歌毕，齐军誓师道："生还者，非烈丈夫！"

齐将国书一看士气高昂，说："诸将以死自励，齐军还用担心不胜乎？"

胥门巢率越兵三千先行挑战。

齐将国书对公孙挥说："这是你手下败将，非擒拿而来？"公孙挥即奋戟而出，胥门巢见公孙挥杀来，回身便逃。这时，鲁将叔孙州仇领兵出战，与公孙挥一阵厮杀。

胥门巢回头又来挑战，国书恐怕公孙挥被吴军夹攻，便派公孙夏出阵。胥门巢见公孙夏杀来又速逃走。公孙夏便在后面奋追，这时，吴将展如出阵接住公孙夏厮杀，胥门巢便回车助战，这下激怒了齐将高无平、宗楼，两将一齐出阵，王子姑曹便挺身而出，独战二将。

两军各自奋战，旗鼓相当。齐将国书见吴军战而不退，亲自执槌鸣鼓，带领大军上前助战。吴王在高阜看得真切，见齐兵十分奋勇，吴兵渐趋下势，便命令伯嚭引兵一万，上去接应。

齐将国书见吴国援兵又到，正想分兵迎敌，忽听金声大震。齐兵只想吴兵欲退，不想吴王亲自引兵三万，分成三股，反以鸣金为号，从斜里直冲齐阵，将齐兵隔成三处。

展如、姑曹见吴王亲自上阵，勇气倍增，便杀得齐军七零八落。展如在阵上擒得公孙夏，胥门巢也把公孙挥刺杀在车中，吴王夫差张弓搭箭，一箭射中了宗楼。

这时，齐将闾邱明对大将国书说："如此拼命，齐兵欲被杀光。元帅可微服避逃，日后再作打算。"

国书说："我以十万强兵，败于吴人之手，还有何脸面还朝？"国书一股血气涌上脑门，遂脱去盔甲冲入吴阵厮杀，不想刚一上阵便被吴军所杀。

闾邱明见此情景，吓得伏于草丛之中，但被鲁将州仇搜获。

艾陵之战斩齐将国书、公孙挥二人；生擒公孙夏、闾邱明二人；斩杀齐兵不计其数；缴获兵器八百余车；只有高无平、陈逆二人逃脱。

吴王在艾陵大胜齐师，即为诸将庆功。庆功会上，公孙夏、闾邱明二人便被吴军斩杀。吴王在庆功宴上对越将诸稽郢说："吴兵、越兵，何者强勇？"

诸稽郢稽首说："吴兵强勇，天下无敌，论何越兵！"吴王大悦，便重赏了越兵。

齐简公听说齐师十万之众就这样一会儿没了，惊恐万分，便与陈恒、阚止商议，遣使臣去吴营大贡金币，谢罪求和。吴王夫差说："以强欺弱，本无道义。齐、鲁本为兄弟，若是齐不欺鲁，重修旧好，各无侵害，寡人也便不再追究。"

齐简公赶紧认罪，发誓不犯。于是，齐、鲁两国听命受盟，约法三章，互不侵犯。

再说子贡自晋回鲁，便把出使之中各国情况秉告于孔子，孔子大加赞赏。孔子得知吴、鲁、越三国连兵伐齐，旗开得胜，更是对子贡赞赏一番。十万齐兵，兵败如山倒，料想齐国再也不敢欺鲁。

吴王夫差得胜之后急忙到达句曲新宫。这个时候，已值盛夏，吴王夫差把西施拥在怀中，说："寡人要美人在此消夏，实是为能快捷相见矣！"

西施欢笑，拜贺胜利，夫差大悦，心花怒放。

时日一晃，便是新秋。夏日的热浪刚刚退去，梧桐叶子正在茂盛的时候，吴王夫差与西施乘新月之夜，登台吃酒。这时，台上凉风习习，夫差抬头看天，见有满天星斗，心中快活。酒过三巡，不觉已是夜深，真是良宵恨短，夫差便扶西施回房歇息。

夫差伴着酒意在房中刚刚睡下，正欲借酒与西施行云雨之事，忽听野外传来许多小儿齐歌之声，好生奇怪。夫差静心听唱，歌中唱道："桐叶冷，吴王醒未醒？梧叶秋，吴王愁更愁！"

夫差一听来气，刚才的好心情一下全消，便派人把齐歌小儿捉拿入宫。夫差问道："此歌谁人所教？"

小孩子们说："一红衣童子，不晓得哪里来的，给了甜品，教唱了此歌。如今也不晓得哪里去了。"

夫差十分愤怒，说："寡人乃上天所生，受神灵指派，有何可愁？"夫差欲诛杀小孩，小孩子们吓得哇哇大哭。西施在旁劝道，莫与小儿生气。夫差这才作罢。这时，伯嚭说："春到万物喜，秋到万物悲，天道如此。大王悲喜与天同道，有何可忧虑？"

夫差听伯嚭这么一说，心中解气，便在梧宫又住了几日，起驾还都。

## 47. 子胥忠谏赐自刎　伯嚭阿谀喜升官

吴王夫差回到吴都，次日升殿，百官迎贺。伍子胥也在百官之列，只是一言不发。

吴王夫差对伍子胥说："相国谏寡人不该伐齐，又中途退伍，今日寡人得胜而归，独你无功，相国不感到羞耻吗？"

伍子胥听后挥臂大怒，解下剑来对吴王夫差说道："天若欲灭一国，必先予以小喜，而后便会予以大忧。败齐不过小喜而已，臣恐大忧即将来临！"

吴王夫差脸色恼怒，说："好久不见相国，耳根颇觉清净，今日一见又来聒噪。"吴王说完掩耳闭目，坐在殿上。过了一会儿，吴王夫差突然睁开眼睛直视子胥良久，大叫："怪事！怪事！"

群臣问吴王："大王看见何物？"

吴王夫差说："孤见四人相背而坐，一会儿四分走开；又见殿下两人相对，北向人欲杀南向人。诸卿难道不曾看到？"

群臣便说："不曾看到。"

伍子胥奏道："四人相背而走，是四方离散之象。北向人杀南向人，是下贼要上去，臣欲弑君之象。大王若不加节制，必有身弑国亡之祸患！"

吴王夫差听后又是大怒，道："相国之言太不吉祥，寡人厌恶至极，不想再听！"

伯嚭接着说："四方离散，奔走朝廷，是吴王将有代周之事。这便是相国所说的犯上犯君。"

吴王夫差说："太宰之言还像个人话，足以让我心胸宽阔。伍相国已经老了，话不中听，也不可信了。"

数日以后，吴王不曾料到越王句践突然率领群臣来朝。

句践此来，是祝贺吴国胜利。来时，句践给吴国的诸位大臣都带有礼物。吴王夫差便在文台置办酒席，越王入坐之际，吴国诸位大臣都立于两侧。

吴王夫差说道："君不忘有功之臣，父不没有力之子。今太宰为寡人治兵有功，吾将其升为上卿；越王孝事寡人，始终不倦，吴将再增其国土，以酬越君助伐有功。不知众大夫意下如何？"

群臣都说："大王赏功酬劳，那是霸王的胸怀！"

伍子胥却突然伏地而泣："呜呼哀哉！谗夫在侧，谄谀邪说，以曲为直。养乱畜奸，吴国将尽，庙社为墟，殿生荆棘。"

夫差见状，气得脸色发青，大怒道："老贼多诈，为吴妖孽，今欲专权树威，推翻吾国。寡人因先王缘故，不忍诛杀。今日退下，自去思过，不想再见！"

伍子胥说道："老臣若不忠不信，先王便不会用臣，如今老臣就像龙逢逢桀，比干逢纣。臣若被杀，君也会随即灭亡。臣今与大王永别，不再相见了！"伍子胥说完，便急急走出宫门。

吴王夫差余怒不息，脸色如土。

伯嚭在旁说："子胥使齐，臣听说子胥把其子伍封托于齐臣鲍氏，想来早有叛逆之心，大王可以核实！"

夫差一听，心中更是火上浇油，气得咬牙切齿。良久，吴王夫差说道："赐属镂剑于伍相国吧。"

属镂剑是自刎之剑。伍子胥接剑在手，仰天大呼："天啊！过去先王不肯立你，我据理力争，你得嗣位。而后，我为你破楚败越，威加诸侯。今你不信我话，反赐我死！今日我死，明日便有越寇入吴，捣毁社稷！"

伍子胥对左右说："我死后，将我眼珠挖出，悬挂于东门，我要看越寇如何入吴矣！"说完，自刎其喉，倒地而亡。送属镂宝剑的使者取剑回报吴王，并把伍子胥临终之言转述于吴王。吴王夫差刚好散席，便去看其尸首。

吴王夫差说："伍子胥，你死之后，还能知晓何事？寡人成全于你便是了。"吴王命左右断其头，放置于盘门城楼之上，其尸放入鸱夷之器，派人载去，投于江中。

伍子胥尸入江中，随流扬波，依潮来往。据说，当地百姓看到鸱夷之器随流扬波，依潮来往，非常害怕，等投尸之人走远了，便密捞上岸，将其埋葬在吴山。

后来，当地百姓知道鸱夷之器中的尸首是伍子胥，便把吴山改叫为"胥山"，并在山上建庙祭祀。今胥山在姑苏山西南，伍子胥墓在胥山之西。《东周列国志》引陇西居士古风一篇，其中有两句为："鸱夷激起钱塘潮，朝朝暮暮如呼号。"

## 48. 黄池会盟欲争霸　姑苏空虚起烽火

周敬王三十八年，即夫差十四年。这一年是公元前482年。

伍子胥自刎倒在属镂剑下之后，吴王夫差升伯嚭为吴相国。吴王夫差不忘酒会上的承诺，欲再增封越土。

句践虽想增地，只怕吴王以增地为幌子，试探自己，暴露自己心思，便咬了咬牙，坚拒不受。吴王夫差见句践给地都不要，便对越国放下心来。

越王句践这次来到吴国，本是做个表面文章，向吴王贺喜，好让夫差放下心来，没想到竟有个意外收获。吴相国伍子胥被吴王赐死，这个收获远大于增地之事。越王句践心中畅快，回到国中，便抓紧图谋吴国之事。

吴王夫差由于败了强齐，便骄傲不已，行为放纵。这些日子，吴王夫差每日里显得雄心勃勃，觉得自己霸行中原，志在必得。没过多少日子，吴王夫差便发兵数万，屯兵于淮水，开始开凿一条在他脑海里萦绕已久的运河，这条运河称作"邗沟"。

王孙雄是最好的人选，吴王夫差交代王孙雄两件大事，一是负责邗城（今扬州）扩建，一是指挥开凿邗沟。王孙雄得令，过江而去。

邗沟从邗城起始，东北通到射阳湖，西北使长江与淮水相合，北通鲁国沂水，西到宋国济水。这条到如今还很有名的邗沟，最终成为隋唐大运河的一个部分。

王孙雄率领吴兵，征调当地百姓日夜奋战，经年便把邗沟挖成。吴王夫差得知邗沟通水，便又发兵数万，屯兵于邗城。这时，邗城百姓，便称吴王夫差为"邗王"。

初秋之时，吴王夫差放出风来，欲去中原会盟，吴太子友听说之后，欲进谏劝阻父王，但又恐触犯王怒，便想出一个让父王自己感悟的办法。

这日清晨，太子友拿着弹弓土丸，从后园出来，衣服鞋子都略显潮湿。吴王碰到太子友，便问他缘故。友说："刚才孩儿去后园玩赏，听到秋蝉在一棵高树上鸣叫，便过去察看，望见秋蝉迎风长鸣，得意之极。秋蝉却不知后面有只螳螂借着树枝曳腰耸距，欲捕食秋蝉。螳螂一心只想着美食秋蝉，也不知黄雀在绿荫里徘徊，要啄螳螂。黄雀一心只啄螳螂，不知孩儿挟弹持弓，要弹黄雀。孩儿一心只弹黄雀，又不知旁有空坎，失足陷落，故衣服鞋子都潮湿了，为父王所笑。"

吴王夫差听完便说："你只贪前利，不顾后患，天下最愚蠢之事莫过于此矣。"

友便趁着话头说："天下之愚，更有甚者。鲁国是周公之后，有孔子说教，不犯邻国，而齐国无缘无故却伐鲁，以为能遂鲁占地，却不知吴国出师千里而攻之。吴师大败齐师，以为能够征服晋国，不知越王将选死士，出三江之口，入五湖之中，屠我吴民，毁我吴宫。天下之愚，莫甚于此矣。"

吴王一听，恼怒起来，骂道："此为伍员余唾，寡人久已厌闻，不想再听，你又拾起，以扰大计，再多一句，便非吾儿！"太子友吓得扔下弹弓土丸赶紧走开。

公元前 482 年，深秋。吴王夫差踏上了在中原会盟诸侯的道路。

吴王夫差召集的这次会盟，实在是向晋定公要权。此时的晋定公还是诸侯之伯，诸侯之伯的最大好处便是可借周天子之命号令诸侯。

黄池，是北方诸侯会盟的老地方。昔日，北方诸侯为了抵御强楚，在黄池曾经有过两次会盟，但是吴国都不曾去参加。不去，是人家北方诸侯不叫吴国，北方诸侯认为吴国乃蛮夷之国，还不够格。

说起这黄池之地，也就是如今河南省封丘县城南二十二里一个叫荆隆宫乡坝台村的村东头。黄池本名黄泽，因周穆王东游至此，才改称为黄池。春秋末年，黄池之地是宋、卫、郑、晋四国交界之地。黄池南临黄河大堤，后因黄河改道，如今的黄池之地已在黄河北岸。

昔日，人家还不把吴国放在眼里，如今，吴王夫差偏要把诸侯会盟的召集地放在黄池，黄池不仅是诸侯会盟的老地方，更重要的是以前在黄池会盟没有吴国，而今日的黄池会盟，吴国是主盟国，吴王夫差就是想在黄池炫耀一番。

吴王夫差出发时留太子友在国内，关照他不要学那螳螂，目光要放远大。王子地、王孙弥庸则辅助太子友守国。

吴王夫差自率国中精兵，到达邗城。王孙雄率领邗城数万吴兵，在邗城严阵以待，迎接吴王。吴王先是视察了新筑的邗城，再是视察邗沟，对王孙雄做的二件大事大加赞赏了一番。

吴王夫差在邗城小住几日，吃了几顿韭菜炒大葱，便北上而去。王孙雄则率领吴师远远随行。吴王在北上途中，沿途派员一一知会各诸侯国，先后会鲁哀公于橐（tuó）皋，会卫出公于发阳。

就这样，吴王夫差志得意满来到中原。王孙雄率领的数万精兵一路浩浩荡荡，行了千里。这边，越王句践得知夫差已经出境，机会千载难逢，句践便与范蠡、文种等计议，欲发兵四万九千，入海通江袭击吴国。

六月丙子日，越师伐吴。

越将畴无馀自告奋勇做了急先锋。乙酉日，畴无馀率领本部五千人马先行到达吴都郊外。

王孙弥庸见越寇乘虚来犯，便挺身而出，在吴都郊外交战。王孙弥庸与畴无馀交战没几回合，王子地也引兵前来夹攻。正在此时，畴无馀的马受惊跌倒，畴无馀便被王孙弥庸擒拿。

丙戌之日，句践大军齐到吴郊。太子友见句践大军人多势众，欲坚守不出，王孙弥庸说："越人畏惧吴人之心尚在，且远道而来，必是身心疲惫，再胜一次，越人必然逃走。即使不胜，退而防守也不晚。"

王孙弥庸初战得胜，心中骄气，以为越兵好欺，求胜心切。太子友被王孙弥庸这么一说，觉得王孙弥庸话有道理，便让王孙弥庸出师迎敌。太子友则跟在王孙弥庸后面助战。

越师之中，句践立于行阵督战。王孙弥庸与越兵刚一交接，范蠡、泄庸如长两翼呼啸而出，势如风雨。

吴兵精勇善战之人，都已随吴王出征，国中之兵多为未教之卒，无有战力。越兵训练多年，个个都是精兵强将，弓弩剑戟，也十分劲力。范蠡、泄庸都为宿将，越兵见范蠡、泄庸出击，便也如风雨一般袭来。

吴兵怎能抵挡得住，一时阵脚大乱，只得大败而走。逃跑之中，王孙弥庸被越将泄庸所杀，太子友也陷入敌阵，冲突不出，身中数箭。太子友见情形不妙，恐被越人擒拿受辱，便自刎而死（一说太子友被俘）。

越兵一鼓作气直追城下，王子地赶快关紧城门，带领民夫上城把守。乘着夜色，王子地派人告急于吴王。

王子地城门紧闭不与越战。丁亥之日，越王句践便屯陆营在胥门、阊门之间，屯水兵在五湖入口。

越王句践虽不入城，但泊在湖中的吴国大舟，都被越国水兵迁走把持。范蠡则按越王之命，一把大火把个姑苏台点着。据传，姑苏台之火弥月不息。

吴王夫差同鲁、卫两君一同达到黄池，却不见晋定公的影子。吴王夫差便派人请定公赴会。

晋定公不来黄池是有原因的，定公还是诸侯霸主，诸侯会盟黄池却是吴王召集，于情于理都说不通。定公料想夫差乘着吴国强盛，明摆着这是逼使自己交权，事情定是对晋不利。晋定公正想不出推辞理由的时候，夫差的信使又到了。定公想去不利，不去更是不利，好坏晋国还是盟主，不去便成了夫差自说自话了。夫差自说自话，晋国盟主也便是自动放弃了，何况夫差还会做出些穷凶极恶的事来。定公思来想去，便不敢不去。

七月辛丑，黄池之地，阳光灿烂，彩旗猎猎。周室代表单平公、吴王夫差、鲁哀公、晋定公并列于祭坛，检阅三军。吴军先行出场，尽出精兵精甲，队伍声势浩大，围观者皆大声鼓噪。晋定公一看吴军声势，心中不禁凉了一半。

检阅完毕。吴、晋两国各自演说。演说完毕，起草盟书。吴王派王孙骆，晋定公派赵鞅，两人共同起草。盟书起草完毕，在论签字先后时，两人发生了争吵。

赵鞅说："晋国乃盟主，怎可让于后？"

王孙骆说："晋国先祖乃叔虞，算起来是成王之弟；吴国先祖则是太伯，算起来是武王伯祖，尊卑隔绝数辈。况晋虽为盟主，会宋会虢，排名已经在楚国之下，今日还能踞我吴国之上吗？"

于是，吴、晋两国彼此争论不休，几日以后还是不见定数。

就在此时，王子地派遣的告急使者终于赶到黄池。使者密报吴王："句践兴师入侵，今太子已亡，王孙弥庸也亡。今越师已把我吴都围住，情势危急！"

吴王夫差听了心中大惊，两腿发软。

突然之间，伯嚭拔剑把来使砍杀，血溅到了吴王的座椅之上。吴王夫差本能地退缩了一下，又吃一惊，大声喝道："斩杀信使，何意？"

伯嚭说："事情虚实，尚未弄清，留他定会泄露秘密。若此，晋便不再相让，齐将乘危生事，大王还能平安而归？"

吴王夫差说："相国说得也对。但吴、晋争长未定，今日又来此报，寡人当立回还是让主晋国？"

王孙骆说："二者都不可！若大王突然退让，晋将疑惑，便会探听出吴国秘密；若让晋为长，吴则听命于晋，大王不甘；大王既是远道而来，必求盟主，才可永保无祸。"

吴王夫差说："王孙，何计为好？"

王孙骆说："火烧屁股，事已危急，请大王鸣鼓挑战，以灭晋人气焰。"

吴王夫差说道："好！"

这日夜间，吴王出得军令，将士吃饱，马匹喂饱，半夜时分各人嘴里皆衔一小棒，速速在晋营之外结成方阵。

黎明时分，晋营之前，吴军三阵已定。吴王便亲自执槌击鼓，军中一片响应，千鼓齐鸣，钟声铎声，丁宁錞于，一时齐扣。吴师三军哗吟，响彻天地。

晋军突然听到挑战的鼓声已在帐前，不知何故，出来一看，便大惊失色，继而惊慌失措。但见吴师百人一行，每行执一大旗，一面军便有一百二十行。中军都穿白甲举白旗，望过去如白茅吐秀，吴王亲自执白色旌旗在中军阵地；左军面左，也一百二十行，都穿红甲举红旗，一望若火，伯嚭率领。右军面右，再一百二十行，都穿黑甲举黑旗，一望如墨，王孙骆率领。吴师带甲之士三万六千之多立于营前。

晋定公停下神来，速速商议，派出大夫董褐来到吴师中军请命。

吴王夫差说："周天子有旨，命寡人主盟中夏，以协调诸侯间事务。今日晋国抗命与吾国争长，久拖不决，寡人为了不让使者往来受累，亲自听命于藩篱之外，是与不是，今日决断！"

董褐回报定公，这时，鲁、卫两君也已在坐。董褐说："我看夫差口气强硬而面色悲惨，心中像有大忧困扰，莫非越人入吴？但若晋再不让他为长，夫差必逞强于我。然，我晋国也不可一味迁就，定要夫差去掉王号才能让他为长。"晋定公一想事已如此，毫无办法，只得点头，便再派董褐去到吴师。

董褐对夫差说："我主说了，若以王命宣布于诸侯，我主不敢敬奉！上国以伯肇封，而号称吴王，那么晋国如何称呼周室？若去王号而改称为伯，我主说了，便可允诺。"

夫差说："也好，照晋侯说的做！"

于是，吴王收兵，按礼与诸侯相见，自称吴伯。夫差先行歃血，晋侯次之，鲁、卫再次受歃。

黄池会盟草草了结，吴王夫差已不想再在诸侯中显摆，次日即从江淮水路回国。行船途中，吴王夫差又连得吴都告急。这时，吴军将士也已晓得家国遭袭，但因远行疲惫，均无斗志。

吴王夫差到达吴土，率领兵马与越军对持，几战下来，吴军不胜而败。夫差见越师坚强勇猛，心中不禁惧怕，便对伯嚭说道："你道越国不会反叛，寡人听你所言而放句践还越。今日之事，还是你向越王请成。不然，子胥用过的属镂剑还在，应当归属于你了！"

伯嚭听着心里害怕，便硬着头皮去造访越师。

伯嚭用越国犒劳自己的财礼俱献于越王，求赦吴罪。

范蠡在旁边，对越王说："吴国尚且还未能灭亡，姑且许其投降，也算是还太宰过去恩惠的情面。"

句践听范蠡之言，允许吴王请成，便班师而归。

这一年，离伍子胥自刎才两年。

吴国这一战元气大伤，从今以后一蹶不振。

《史记·秦本纪》对这次"黄池会盟"如此记载：

> 九年，晋定公与吴王夫差盟，争长于黄池，卒先吴，吴强，陵中国。

意思是说，晋定公与吴王夫差会盟，争当盟主，最终让吴王占了先。当时，吴国强盛，恃强欺凌中原各国。


## 49.卧薪尝胆竟成伯　穷兵黩武却失国

周敬王四十二年。

鲁哀公在大野之地狩猎，叔孙氏陪猎。一日，叔孙氏的家臣钮（chú）商捕得一只怪兽，麋鹿身，牛尾巴，角长肉。钮商把兽杀掉了，因不知此兽为何物，便拿给孔子去看。

孔子说道："此物为麟！"

孔子看到此麟角上有赤绂（fú）。"赤绂"是何物？古代系有官印的丝带。因麟角上有赤绂，孔子便说此赤绂是颜母过去放生时所系。孔子感慨了一通，便叫弟子把麟掩埋。书载，今巨野古城东十里有土台，圆形，大小四十多步，俗称"获麟堆"，便是埋葬此麟的地方。孔子甚至还为此麟援琴作歌：

明王作兮麟凤游，今非其时欲何求？麟兮麟兮我心忧！

孔子翻阅《鲁史》，自鲁隐公元年到鲁哀公获麟这年，鲁国已存国 242 年了。这一年，孔子便伏案著作《春秋》。《春秋》与《易》《诗》《书》《礼》《乐》一道，称为"六经"。

再说齐国，右相陈恒知吴国被越国所破，吴王请成，顿感松快。齐国外部强敌已经不存，齐国内部与他抗衡的强家也只眼前一人，这人便是左相阚止。陈恒便计谋遣他的族人陈逆、陈豹等攻杀阚止。这年，阚止被杀，齐简公一看大事不好，赶紧出奔，陈恒却一不做二不休，派人追杀了简公。事后，阚止一党也被尽灭。陈恒立简公之弟骜（áo）为平公，陈恒则独自为齐相。

孔子听说齐国又搞政变，礼义全然抛弃，便去找鲁哀公请师伐齐，欲讨陈恒弑君之罪。

鲁哀公也不回绝，则要孔子联合三国合师去伐。孔子说道："臣知有鲁君，不知有三家！"孔子这一次对哀公是非常生气的。

孔子欲伐齐，此事未做，却被陈恒得知。陈恒恐诸侯联合讨伐，便主动归还齐国侵占的鲁、卫两国之地。陈恒又去北面与晋国的四位大臣结好，南面向吴、越两国送礼，再在国中散财送谷，慰问贫困，如此这般，国中百姓倒也心悦诚服。

陈恒相信不紧不慢，一样可以走向未来。他渐渐地把鲍、晏、高、国几家以及公族子姓治服，真的成了一人之下，万人之上。平公也是陈恒所立，想到这里，陈恒便动作大张，竟割国土大半作为自己地盘。陈恒有了这么大的地盘，便广选国中七尺以上女子纳于后房。不久，陈恒后房不下百人，一下竟生出儿子七十余人，以此自强宗室。

时下，卫国的世子蒯聩（kuǎi kuì）还在戚国。蒯聩的儿子出公辄（zhé）却率领国人拒绝其归国。卫国大夫高柴进谏，出公辄不听。

蒯聩有个姐姐嫁给了卫国的大夫孔圉，生的儿子叫孔悝（kuī）。孔圉死后孔悝继承了父业，立为大夫，服务出公，执政卫国。

这时，卫国有一孙氏小臣，名叫浑良夫，长得眉清目秀，一表人才。浑良夫在卫大夫孔圉死后一来二去便与孔圉之妻孔姬私通。床事之后，孔姬便与浑良夫无话不说。孔姬因思念弟弟蒯聩，便要浑良夫前往戚国问候。浑良夫欣然前往。蒯聩对浑良夫说道："你若能助我归国成为国君，我定让你做大官，赐你三次免死！"浑良夫回国，便把蒯聩说的话告诉孔姬。孔姬便生一计谋，让浑良夫拿了妇人衣服去戚国接回蒯聩。

这天夜里，浑良夫与蒯聩同着妇服，让石乞、孟黡（yǎn）驾车，谎称车内是婢妾，混入城中，把蒯聩藏匿于姐姐孔姬之家。孔姬说："国家之事，眼下都为我儿掌握。今日孔悝还在宫中饮酒，等他回来，你等把他绑缚起来，我定要他帮忙。"

石乞、孟黡、浑良夫便都穿甲执剑，守等他回来。蒯聩则藏匿起来。等了一会儿，孔悝醉醺醺地回到家中。孔姬便问儿道："父母之族，至亲是谁？"

孔悝说："父亲面上是伯叔，母亲一头是舅氏。"

孔姬便说："你既知舅氏是母至亲，为何不接纳我弟？"

孔悝说："废子立孙，为先君遗命，我不敢违反！"

孔悝因喝多了酒，起身说去厕所。孔姬便叫石乞、孟黡候在厕所门口，等他出来，左右绑定。

孔悝被绑，不知何事。这时，孔姬便对孔悝说："太子召你。"

不由分说，几人把孔悝弄到蒯聩面前。孔姬立于蒯聩旁边，大声说道："太子在此，孔悝为何不拜！"

孔悝睁眼一看竟是娘舅蒯聩，一时无法，只得下拜。孔姬说："你今日肯跟从舅氏吗？"

孔悝说："惟命。"

孔姬便叫石乞杀了小公猪，要孔悝与蒯聩歃血定盟。

事情停当，孔姬留石乞、孟黡守孔悝在家，自己则以孔悝之命召集家丁，由浑良夫带领前去偷袭卫宫。

这时，出公辄醉醺醺地刚想入睡，忽听外面乱糟糟的声音，便派左右去召孔悝。左右回来告诉出公辄，说："作乱者，便是孔悝！"

出公大惊，酒全吓醒，即奔出屋去驾了轻车逃往鲁国。群臣听说卫国欲立蒯聩，不愿跟随，便都四散逃窜。

孔悝的家臣仲子路，当时还在城外，事后弄清原来是孔悝被劫，才生缘故，便欲入城来救，途中遇到大夫高柴正从城中出来。高柴说道："城门已关闭，政变与你无关，不必再去赴难。"

子路却说："我拿孔悝奉禄，怎可坐视不管？"

子路赶去城门，城门果已关闭，守门人公孙敢说道："只出不进！君已出奔，还去作甚？"

子路说："拿了俸禄，出事时自个避难，禽兽也！"

这个时候，城里正好有人出来，子路便夺门而入。子路一口气冲到孔悝家门，大声高呼："仲由在此，孔大夫开门！"

孔悝不敢答应，子路扬言欲放火烧台，却被石乞、孟黶等人持戈砍断冠缨。子路出剑相迎，搏斗之中便身负重伤，将死时说道："礼，君子死不免冠。"于是，子路整理好冠缨倒地而死。

一场血雨腥风之后，孔悝便奉娘舅蒯聩即位。蒯聩即是卫庄公。庄公顺立次子疾为太子，升浑良夫为卿。

其时，孔子正在卫国，听说蒯聩之乱，便对众弟子说："柴也其归乎！由也其死乎！"众弟子不解，问其缘故，孔子说道："高柴知大义，必能自全。仲由轻生好勇，得失愚昧，其必死无疑！"话音还在，高柴归来，师徒相见，且喜且悲。

挨到次日，有卫国使者来见孔子，使者对孔子说："寡君新立，敬慕夫子，敢献奇味。"孔子拜而受之。使者便叫他打开看看是何物？孔子一看竟是肉醢（hǎi），随即盖上，对使者说："莫非是吾弟子仲由之肉？"

使者说："先生说的正是，先生为何一看便知？"

孔子说："若非，卫君怎会拿来给我？"

于是，孔子叫弟子把肉酱埋葬，失声痛哭："担心你会白白死掉，今日果然如此矣！"仲由即子路也。

此事之后，没过多久，孔子得疾不起，是年去世，时年七十三岁。众弟子便把他葬在北阜之曲，冢大一顷。

再说庄公即位，心疑孔悝是出公辄之党，一日，便把孔悝灌醉，使人驱逐出境。孔悝出奔到了宋国。

庄公因卫国府库宝货都被儿子出公辄逃跑时派人取走，便与浑良夫商议如何拿回府库宝货。良夫说："太子疾与逃亡之君都是你的儿子，君为何不以选择继承人而把他召来，亡君若能归来，宝器便可得了。"

常言道：隔墙有耳。良夫说话，却被下人听到。下人便秘告于太子疾。太子疾即派壮士数人，带着一只小公猪，乘机劫持庄公。

庄公说："何事却要如此？"

太子疾说："为何又召亡君？杀了这个奸人浑良夫！"

庄公说："勿召辄易，欲杀浑良夫便难。吾与良夫有盟在前，免其三死。"

太子疾便说："也好，等他犯有四罪，然后杀之。"

庄公许诺，既然太子疾把小公猪也带在身边，便杀猪取血，父子歃血立誓。

不过多久，庄公新造虎幕落成，欲召诸大夫吃酒。浑良夫自恃有功，心无禁忌。这日，浑良夫穿着紫色狐裘而来，入席之时，脱掉狐裘，佩剑不解，坐下就吃。

太子疾看到后便派力士把浑良夫拉到外面，浑良夫不解，说："臣何罪？"

太子疾说："臣见君应着定服，陪同吃饭必定解剑。你穿紫衣，一罪；着狐裘，二罪；不释剑，三罪。"

浑良夫大声呼叫："庄公有盟，免臣三死！"

太子疾说："逃亡之君以子拒父，大逆不道，你却欲召回，非四罪吗？"

浑良夫这才明白原来是召回之计得罪太子疾，浑良夫还想说清，但死到临头有口难辩，只得俯首受刑。

几日之后，庄公得一梦，梦到有一厉鬼，披头散发，向北大叫："我是浑良夫，叫天无辜！"庄公醒来，叫卜大夫胥弥赦占卜，胥弥赦说："无害也！"

胥弥赦说完出得宫门，却对别人说道："冤鬼为厉，身死国危，兆已见矣！"于是，胥弥赦也赶紧逃往宋国。

庄公二年，晋国对卫国不朝不贡非常愤怒，上卿赵鞅便率领军队讨伐卫国。

这时,卫国人也不满庄公,便把庄公驱逐出境。于是,庄公与太子疾一同出奔戎国,到得戎国,两人却都被戎国杀掉。如此,国人再立公子般师。

齐国的陈恒听说晋国伐卫,便出师来救卫国,竟把公子般师抓了,改立公子起。卫国大夫石圃对公子起不满,又驱逐公子起,再把逃亡之君出公辄重新迎接回国为君。出公辄复国之后,却驱逐了石圃,诸大夫见出公如此不近情理,便与出公辄慢慢不和。过不多久,诸大夫纠合在一起又驱逐了出公辄。出公辄奔越国而去。国人始立公子默,便是卫悼公。然而,卫国自从臣服于晋国,国力越来越弱,只能依附晋国的赵鞅生存。

再说白公胜,芈胜自吴回楚,念念不忘杀父之仇,一心要报郑国之恨,只因恩人伍子胥赦免了郑国,便也无可奈何。如今,郑国服事昭王,也并无失礼之举,故白公胜也只能忍受不悦。

昭王去世之后,令尹子西、司马子期奉越女之子章即位,芈章便是楚惠王。

芈章即位,白公胜的心中突然感到不平。白公胜是故太子建之后,子西不曾召他同执楚政不说,竟也不加禄。若是当时太子建即位,那么如今还轮得到芈章吗?白公胜一想此事,心中便快快不乐。

那日,白公胜得到伍子胥被吴王夫差赐死的消息,心中异常悲痛,但回后一想,心说:“报复郑国的时候到了!”

不久,白公胜便去请示令尹子西,道:“郑人杀我先父,令尹你是知道的,父仇不报,无以为人。令尹若对我先父还存哀思,请发一旅讨伐郑国罪孽,我愿为前驱,死无遗憾!”

子西听后推辞道:“新王方立,楚事未定,公胜姑且给些时间,等等再议。”

白公胜心中不满,但别无他法,心想只能自强而为,便派心腹家臣石乞开始筑城练兵,囤积武器,对外只说防范吴国。

数月之后,白公胜又去请示令尹子西,道:“我请以私家之佣为先锋讨伐郑国,如何?”令尹子西见白公胜报仇心切,再坚持己见也不好,便点头答应。但白公胜尚未出师,晋国赵鞅却已出师先行伐郑。晋国威逼郑国,郑国便派使者赶往楚国,欲请令尹子西出师相救。

令尹子西听说晋国伐郑,便迅速出师前去相救。晋国听说楚国来救,便退兵而还。于是,子西和郑国定盟。

白公胜知道此事之后，气得咬牙切齿，愤怒地说："不伐郑国也便罢了，却还反而救郑，令尹欺我太甚！当先杀令尹，然后伐郑。"白公胜心里是这样想的，也是如此做的。

一日，白公胜派人去把在澧（lǐ）阳（澧水在今湖南省，水入洞庭湖）的宗族白善将军请来，白善将军对使者说："我听从他去做，是乱国，不忠于君；不听从他，便是对白氏宗族不仁矣！"白善将军思来想去，便放弃白公胜给予的俸禄，自建苗圃种草药去了，一直到老死。后来楚人称此苗圃为"白善将军药圃"。

白公胜听说白善不来，愤怒地说："我无白善，就杀不了令尹吗？"白公胜与家臣石乞计谋，白公胜说："刺杀令尹与司马各用五百人，行不行？"

石乞说："怕是还不行。但南市有个勇士叫熊宜僚的，若用得此人，一人便顶五百人之用。"

白公胜一听，便同石乞到达南市造访，见到熊宜僚，宜僚大惊，说道："王孙贵人，奈何屈身到此？"

白公胜说："我有事，欲与你商议。"熊宜僚想：既然白公胜下阶，不妨听一听缘由。

于是，白公胜把欲杀害令尹之事告诉于他，熊宜僚听后直摇头，道："令尹向来与我无仇，又对国家有功，恕我不敢奉命。"

白公胜发怒，拔剑指到熊宜僚的咽喉，说："不从，先杀你！"

熊宜僚面不改色，从容地说："杀我宜僚，如去蝼蚁，为何还须发怒？"

白公胜便把剑往地上一扔，换了副面孔说道："宜僚真勇士矣！我方才只是试探而已！"于是，白公胜卑躬屈膝，好话说尽，熊宜僚才同白公胜一同上车。

到得白馆，白公胜对熊宜僚礼为上宾，一起吃喝，一起游玩，再也不提刺杀之事。这样来来去去，时间一长，白公胜与熊宜僚竟成了生死兄弟。一日，熊宜僚酒喝得多了，心中涌起对白公的感激之情，便答应白公欲行刺杀之事。

这时，正是吴王夫差黄池会盟之后不久，吴国虽被越国骚扰，但楚国还是惧怕吴国，正所谓"一朝被蛇咬，十年怕井绳"。楚国自郢被破之后，便实施先军战略，国家有优军待遇，并一直在加紧战备。

白公胜知楚王惧吴，便造谣说道吴国正在计谋袭击楚国。于是，楚国弥漫起紧张气氛。这时，白公胜却先发制人，以私佣袭击吴国边境，竟取得了不小的收获。白公胜小胜之后，大张旗鼓，对外放风白氏大败吴师，得到武器若干，欲亲自到楚国献获，以伸张国威。

令尹子西对白公胜心中并无提防，不知这是白公胜的计谋，于是允许。

白公胜把私甲装了百余车，亲自率领私佣千余人，押解入朝献功。楚惠王听说白公胜前来献获，很是高兴，便亲自登殿受捷。子西、子期两人则立于惠王两旁。

白公胜参见完毕，惠王见阶下立两好汉，全身披挂，便问道："阶下何人？"

白公胜说："此两人为臣下石乞、熊宜僚，伐吴勇士。"

惠王于是手招两人。石乞、熊宜僚便举步上前，刚想踏上台阶，子期大喝道："吾王御殿，边臣只许在下叩头，不得升阶！"

这时，石乞、熊宜僚哪里肯听，大踏步上去。子期叫侍卫阻拦，熊宜僚便用手一拉，侍卫即东倒西歪。眨眼工夫，石、熊二人便到殿中。

这时分，石乞拔剑便朝子西砍来，熊宜僚拔剑去砍子期。白公胜大喝道："众人何不齐上！"白公胜私佣壮士便齐执兵器，蜂涌而上。白公胜则上前绑住惠王，不令其转动。

这时分，百官惊散，石乞已经生缚子西。子期颇有勇力，拔起殿戟，欲与熊宜僚交战。熊宜僚则扔下宝剑，上前夺去子期之戟。子期拾剑，去劈熊宜僚，熊宜僚右肩被劈中。熊宜僚咬牙忍痛，手中之戟直刺子期腹部，二人相持不舍，搅作一团，不一会儿都死于殿廷。

子西被白公胜所俘。子西说："你当时糊口于吴邦，我念骨肉之亲，召你还国，封为公爵，有何对你不住！你却要造反？"

白公胜说："郑国杀我父，你却救郑，你便是郑。我今为父报仇，还顾何私恩？"

子西感叹说："悔不听当初叶公之言矣！"

白公胜不等子西多说，即用剑斩其头颅，陈尸于朝。石乞说道："不弑惠王，事情终归不曾了结。"

白公胜说："孺子者无罪，废他便是了。"于是，白公胜把惠王软禁在高楼之中，欲立王子启为王。王子启则坚决不受，于是被杀。

石乞在此时力劝白公胜自立为王，白公胜说：“子西、子期虽亡，但其余党甚众，如此便会召来余党。”白公胜为防不测，便屯兵在太庙，严加防范。

这时，楚大夫管修率领家佣来攻，管修与白公胜在太庙激战三日，管修被白公胜打败且被杀。楚大夫围公阳乘管修与白公胜激战时机，叫人在高府掘得墙洞，夜间潜入，把惠王从里面背了出来，隐匿于昭夫人孟嬴之宫。

叶公沈诸梁听说楚国政变，便率领叶氏家兵，星夜赶往楚都。沈诸梁到达楚都郊外，百姓知晓，自发到达郊外迎接，把郊外道路也堵塞满了。

叶公见民心向己，便在车上悬挂起一面大旗。这时，白公胜召见箴尹固，箴尹固欲率领私属入城，远远望见一面大旗上写着“叶”字，即调换枪头跟随叶公攻城。叶氏家兵攻打太庙，越战越勇，石乞兵败，急扶白公胜登车逃往龙山。叶公紧追到龙山，把白公胜团团围住。白公胜见大势已去，便自缢而亡。

石乞含泪把白公胜埋在山后。此时，叶公兵到，擒住石乞，问：“白公何在？”

石乞说：“已自尽而去！”

叶公又问：“尸在何处？”

石乞不答。叶公便支起大锅，把水烧开，道：“再不语，便烹你！”

石乞自解其衣，笑着说：“事若成贵为上卿，事不成则被蒸烹，理当之事。石乞怎可出卖死骨而自己免死乎？”话完，石乞跳入大锅，须臾糜烂。

故而，至今白公胜尸在何处，竟全然不知。

叶公得胜之后，向惠王提议，欲把子西、子期儿子宁嗣、宽嗣任命为令尹、司马。惠王点头允诺。

楚国局势慢慢稳定之后，叶公率领楚师讨伐陈国。

陈国（前1046—前478），虞舜后裔，妫（guī）姓。那年，周武王长女太姬嫁给了担任周文王陶正一职的遏父之子妫满，奉祀虞舜。从妫满受封至公元前478年陈湣公被杀，历二十五世，延续五百六十八年。陈国曾两次亡国两次复国。陈国始建都于株野，后都于宛丘（今河南省淮阳城关一带，处黄河以南，颍水中游，淮水之北）。陈国辖地最大时达十四邑，大致相当于今日的河南东部和安徽西北部的一部分。

叶公这次讨伐陈国，把陈国彻底给灭亡了。

叶公告老还乡。“叶公好龙”的笑话是后来的事了，那时叶公已经老了。

自此，楚国大局得到了稳定。

这里，越王句践探听到吴王夫差自越师退后，脾气大变，且沉迷酒色，不理朝政。常言道：福无双至，祸不单行，吴国逢连年凶荒，民心愁怨。

越王句践乘此再起大军，大举伐吴。

这一天，越王句践的大军刚出会稽郊外，天空便下起雨来。句践见大军士气不鼓，斗志不足，这时恰巧看到一只蹲在雨里的青蛙，对行走的大军怒目而视。句践即叫停战车，青蛙见战车停了下来，便目睁腹涨，怒气十足，显得威风凛凛。句践心中对青蛙肃然起敬，便扶着车前横木站立起来向青蛙致敬！

御车左右问王何事？句践说："寡人忽见愤怒之蛙如欲斗之士，故以敬礼！"

越师之中把这事传开，军中将士有人说："吾王向怒蛙敬礼，吾等受训多年，反不如蛙！"

军中将士又有人说："吾王向怒蛙敬礼，实质是向勇士敬礼！勇者不在个小，有气便成。"

军中将士听这样一说深受感动，便相互劝勉，以死为志。一时间，军中士气大振，军中将士都说："此行再不亡吴，便不复相见！"

自此，后人称越师为"怒蛙军"。

一日，怒蛙军到达东浦，东浦自古是酿酒的地方。到如今，酒坊代代相传，也不知道传了多少代。东浦酒工见越师出征伐吴，献酒于越王。句践也不拒绝，便叫军士将酒倒入东浦鉴湖，再命将士以水代酒，士兵喝完，都道湖水似酒，清香醇洌。相传，湖水喝多了同样上脸。句践谢过酒工，一路再行。

句践大军将至钱塘江口，越王突然下诏于军中，道："军中，若父子都在的，父亲回家；军中，若兄弟都在的，兄长回家；军中，若是独子父母健在的，归去养老；军中，若犯病力行不支的，上告将领，给予医药糜粥，医疗营养。"

句践命令发布，顿时，军中感恩，欢声如雷！军中飞传道："越王仁义，爱民如子！"越师士气得到空前高涨。

越王句践把大军屯在钱塘江口。句践远望对岸，见草木繁盛，不禁又想起为奴生涯，兀自黯然泪下。此时，句践突然下了一道命令，令斩军中有罪者，以申军法。军中将士闻此，军心肃然。

这日，吴王夫差正在酒色之中，忽听越师来犯，顿感紧张，便命吴将王子姑曹、胥门巢起兵迎敌于钱塘江岸。这样，越师屯兵江南，吴师屯兵江北，吴、越两师隔江相望，旗帜猎猎。

次日，越王句践将大军分为三阵，范蠡统帅右军，文种统帅左军，越王自率六千为中阵。当下，越国水师擂鼓挑战，吴国水师擂鼓应战。双方战于钱塘江中，天黑将下来，还是难分难解，不分胜负。

黄昏时分，越王句践令文种的左军口衔小棒，溯江而上五里，夜半偷渡；令范蠡右军也口衔小棒，逾江十里，只等左军登岸接应。范蠡右军逾江十里之后，横渡上岸，合文种左军在北岸夹攻，时定于当日子时，左右两军各用大鼓，并约定使鼓声大作。

子时时分，吴师忽听钱塘江北岸野外鼓声震天，知是越军偷渡来袭，遂仓皇举火，还在尚未看清之前，远处又闻鼓声大起，左右越军远远相应，合围拢来。

吴王夫差大惊，急令王子姑曹、胥门巢分兵迎敌，不曾料到越王潜引六千，金鼓不鸣，已于黑暗之中从水上过来直冲吴军中阵。

此时，天色未明，夫差觉得前后左中右尽是越兵的叫喊，料想抵抗不住，便大败而走。吴王夫差命水师退往笠泽（今苏州市吴江）驻守，以防越国水师从五湖登陆，命令陆师也退往笠泽，整兵复战。

越王句践率领三军不作休整，一鼓作气，紧随其后。吴王夫差惊魂未定，越王句践三军已是快速追到。吴、越两师在笠泽又经一番激战，吴师三战三北，吴将王子姑曹、胥门巢也都在笠泽战死。

吴王夫差见此情景连夜遁回吴都，命令守军闭门自守。越王句践则从横山进兵而来。

横山今称七子山，又名踞湖山，山有五坞，故又称五坞山。绵延于苏州的木渎、横泾、越溪、横塘四乡，其西北坡近木渎处一小丘便是姑苏山。姑苏山又名"紫石山""姑胥山""合和山"，传为姑苏台旧址地。

越王句践在吴都胥门之外十里蹲守，命范蠡调集兵民速筑小城，用以围困吴都。范蠡所筑小城，后来便称为越城，今苏州越溪是也。

越王句践居在越城，把吴东南西三面围住。吴王夫差见越师筑城大困，不进不走，顿觉压力巨大，但在吴都城中又无计可施，便无可奈何。

这时，吴都之外尚有北向通道还被吴军控制，可出入行走。吴王夫差便命宫中老妇把西施扮成吴民村妇，送往三十里外的漕湖行宫西施庄去。自前次句践焚毁了姑苏台，夫差也再无心修缮，西施多半时候在宫中陪伴吴王，少许时间便在漕湖行宫度假。

吴王夫差把西施安置停当，心中稍定。这日，夫差正在漕湖行宫西施庄陪伴西施，忽然得悉范蠡正在调集兵民从五湖口向东挖渠，企图通过五湖向东的水道控制吴都北向。吴王夫差刚刚平息的心情又翻江倒海起来。事不多久，范蠡所挖水道日日向东，进展神速。

吴王夫差回到吴都，思来想去，只得老调重弹，欲行请成之招。吴王夫差命人把相国伯嚭召来，告知欲行请成之事。伯嚭说："越困我已将三年，不肯退去。大王不如弃都吴城，退往邗城，以长江之险，图东山再起。"

吴王夫差并不是没有此考虑，只是弃都吴城，退往邗城，不但脸面尽失，到时越寇入吴，宗庙社稷尽毁，自己在先王位前也无法交代，主动退让便宜句践逆贼，故心中对此策无法逾越。生不如死，于是不允。

伯嚭心中则想：前次请成，自己损失惨重，历年苦心经营所得越王贿赂全失，再说，前次越王已经给了脸面，这次定不会再肯松口，此去说不定自己有去无回。伯嚭心中不肯前去，便托病不出。

范蠡所挖水道日日逼进，将要贯通漕湖，若是水道沟通，越国水师的船只游弋于水上，便可控制吴都北境。吴都北境一旦被越师控制，便能把个吴城团团围住，弄得跟个铁桶似的，水泄不通。

紧急的事情一拖再拖，吴王夫差身边好像除了王孙骆已经没有可以用的人了。吴王夫差担心自己将成瓮中之鳖，只得派王孙骆前往越城请成。

王孙骆受命，到达越城越王帐前，赤膊膝行，向越王请成。

王孙骆叩首对越王句践说："孤臣夫差异日得罪于会稽，夫差不敢逆命，得与君王结成以归。今君王举兵三岁而欲诛孤臣，孤臣之意亦望君王如会稽之赦罪！"

越王句践听到会稽二字，心中如棉塞住，动了恻隐之心，意欲许之。这时，范蠡却说："大王谋吴谋了二十载，为何功成之时将要放弃？"

范蠡不准其请成，越王句践便不表态。

王孙骆却并不甘心，往返七次，因赤膊膝行，越王帐前步步见血，但都无功而返。

一日，文种、范蠡在胥江水上商议，看到胥江之水清澈见底，江底水草如衣带般随流浮动，小鱼小虾进进出出。范蠡说道："城北河道已是东西贯通，吴国水师停留在漕湖的船只已尽数缴获，破吴已是万事俱备，我师可捣毁胥门而入。"

文种说："既是如此，告于越王，有早莫晚，当夜动手。"

这天夜里，文种、范蠡率领越兵从东南西北四个方向向吴都进发，大军集合于胥门。相传，攻城之时，突然望见墙上悬有子胥头颅。子胥头颅经风吹雨打，不但不曾枯槁，反而大如车轮，须发四张，目若耀电，光射十里。越国将士见后无不惧怕。文种、范蠡只得暂而屯兵城外。

半夜时分，突然从南门刮起暴风，下起暴雨。一时间，疾雨如注，雷轰电掣，飞石扬沙，疾如弓弩。

文种、范蠡情急之中，想定是子胥作法，便赤膊冒雨，跪于风口。两人遥望南门，稽颡（sǎng）谢罪，良久之后，忽然风息雨止。

文种、范蠡坐等天明，朦胧之中，范蠡梦见子胥乘白马素车而至，衣冠甚伟，俨如生时。子胥开口言道："吾生前便说越兵必至，故求置于东门，以观越师入吴。吴王却置吾头于南门，吾忠心未绝，不让越师从吾头下而入，故为风雨。然，越之有吴，此乃天定，吾安能止哉？越师欲入，定要更从东门。"

范蠡醒来把梦告诉文种，文种惊讶不已，说道："异床同梦也。"

于是，文种、范蠡两人把梦境告于越王。越王句践便命："更东门而入！"

范蠡又使士卒开通一渠，自南而东。渠开到蛇、匠二门之间，忽然五湖水发，自胥门汹涌而来。水发之时，波涛冲击，竟将罗城荡开一个大穴，有鲟鱼无数，随涛而入。范蠡高声说道："此子胥为我开道也！"范蠡驱兵入城。

此处，其后因穴为门，名曰鲟门，鲟门又因水中多葑草，故名"葑门"，其水便名"葑溪"。后世传此乃子胥显灵古迹之地也。

当然，粗人一看也知上面是神话，无人肯信，只是再表伍子胥的一片忠心，完成文章中伍子胥前话的呼应。

天空放白，越王句践命令鸣鼓攻城。此时，吴师早已人心涣散，不能复战。吴王听报越兵入城，伯嚭已降，便同王孙骆、少子鸿及其左右急奔吴都城外的阳山而去（阳山即今苏州浒墅关阳山，现有苏州大阳山国家森林公园）。

吴王夫差从密道出得城去，如漏网之鱼，吓也要吓煞了。吴王一行，昼伏夜走。这日，吴王感到腹中空虚，口干舌燥，后来竟目视昏眩。因为走得仓促，填食全无，下人又不敢贸然出去讨食。这时，吴王左右见稻田生谷已黄，便去捋得，捧了拿来，夫差见谷，剥了就吃。夫差嚼着，口干难耐，便伏地把头伸到沟渠之中喝起水来。

夫差问左右道："孤方才饿昏竟食生稻，莫非真是应了公孙圣'不得火食走张皇'之言哉！"

王孙骆则安慰吴王说："大王勿忧，臣探得往前有一深谷，可暂避其中。"

夫差便说："妖梦灵准，孤死在旦夕，暂避还有何用？"夫差感觉已是身心疲惫，路也走不动了，便在阳山停下，不愿再走。

吴王夫差席地而躺，望着十月的天空，这是个秋高气爽的季节，天蓝云淡，本也是拥着西施采摘的季节，今日却把美人遗在行宫，西施也是被害苦了，今定是含着两汪泪水哩。

想着想着，夫差又闻着稻谷气息，不觉腹中吵闹起来。夫差对王孙骆说："孤前戮公孙圣，命人投于此山之巅，不知有灵响否？"

王孙骆说："大王可试呼之。"

吴王夫差便大呼"公孙圣！"

空山之中有声应道："公孙圣！"

夫差三呼，山中便是三应。夫差心中又生恐惧，躲在一处干渠之中躺着干脆不起。

吴王夫差躲在干渠心中恐惧，照例是睡不着，但因实在疲劳，朦胧之中便一头睡去。

不想，天明时分，越王句践发现夫差踪迹，率千人已经追到阳山，后续大军跟进，把个大阳山围了三重。

吴王夫差一觉醒来，看到自己已被句践围困，走脱无望，便命左右咬破手指，撕破衣服，亲自写上血书一封，命王孙骆系在箭上，射入越人阵中。

越兵拾得书信，速呈与范蠡、文种。范蠡、文种一看，只见信上写道："孤闻：狡兔死而良犬烹。敌国若灭，谋臣必亡。大夫何不放吴一线，以有余地？"

范蠡看后默不作声，若有所思。

文种则哈哈一笑，说："我来回信吴王。"

文种写道："吴有大过者六：戮忠臣子胥，大过一也；以直言杀公孙圣，大过二也；太宰谗佞而听用之，大过三也；齐晋无罪，数伐其国，大过四也；吴越同壤而侵伐，大过五也；越亲戕（qiāng）吴前王，不知报仇，而纵敌贻患，大过六也。有此六大过，欲免于亡，得乎？昔日天以越赐吴，吴不肯受。今日天以吴赐越，越不敢违天之命也！"

文种写完，也命人系在箭上，射入夫差阵中。夫差看得此信，后悔莫及，说："寡人不诛句践，忘先王之仇，为不孝之子，此天之所以弃吴也！"

王孙骆对吴王说："大王勿悲，臣请再见越王而哀恳之，许能成矣！"

夫差说："若许吴国为其附庸，世世事越，孤所愿矣！"

王孙骆得令，冒死前去越师。

文种、范蠡见吴使又来，便不许他进越王帐中。这时，句践正好在帐外，远远望见王孙骆涕泣而回，心中又动了恻隐之心，便派人跟随前去。使者对夫差说："越王念君昔日之情，欲予君五百家，请君入甬东（今浙江省舟山），以终王之世。"

吴王夫差瑟瑟发抖，老泪纵横，道："越王赦孤，若宗庙社稷全废，而以五百家为臣，孤若听从，从此便编排于氓流之列矣。孤老了，孤服事不了，孤只有死了。"

使者回话越王道："夫差不肯去甬东！"

句践说："不去也罢，请吴王自裁了事吧。"

使者又去传话，命其自尽。

良久，使者便前去察看，回话越王说："夫差还无了事。"

越王句践对文种、范蠡说："二位大夫为何不前去诛杀？"

文种、范蠡都说："为臣之人，不敢诛杀君王，请主公前去令他自杀！"

越王句践披上五胜衣，佩上步光剑，拿着屈庐矛，立于夫差躲藏的干渠之前，对夫差说："世上终无万岁君，是人总将一死，何必欲吾军加刃于王哉？"

夫差听了，四顾而望，全是越兵，抬头看天，一片黑云正在悠悠飘来，笼罩在自己的头顶，天空暗将下来。

夫差叹息数声，道："孤杀忠臣子胥、公孙圣，今孤自杀已是晚了。"夫差又对左右说道："孤无面目见子胥、公孙圣于地下。孤死之后请以重罗三幅，以掩孤面！"

话才说完，吴王拔剑自刎。

王孙骆三呼吴王，但见吴王血浆四射，顿时山土鲜红。

王孙骆哭泣着解下衣来，覆盖于吴王尸体之上，自用组带也自缢于沟渠旁边的树上。

越王句践见夫差自尽，一时不语。良久，越王便令军中将士每人背土一筐掩埋吴王。

史书上说，越王以侯礼下葬吴王于阳山，然而，时至今日，吴王夫差冢却至今尚未发现。

自公元前585年寿梦称王，六传王位至夫差二十三年，吴亡于越，其时为公元前473年，吴称王凡一百一十三年。

再说，吴王夫差少子鸿，被越王句践放于龙尾山，终算还是留住了吴王夫差的一条根脉，故后人把少子鸿的流放地龙尾山叫作"吴山里"。

越王句践进入吴都，占据吴王之宫，越国百官称贺，因吴相国伯嚭受降，也列其中。越王发现伯嚭恃其过去周旋之功，面有德色，心中来气，想此人是个绝代小人，留他只会坏事。这时，越王说："你，吴太宰啊！哦，吴相国啊！寡人怎敢相曲于你，你君今在阳山，为何不跟随他去？"

伯嚭听音不对，惭愧欲退，刚走两步，句践左右力士便把他擒拿。越王说："寡人杀你全家，以报子胥之忠也！"

越王就这样把吴土并入越域，变吴民为越民，想尽法子使吴民安定。

自此，越国壮大，国力日增。越王句践雄心勃勃，引兵北上，渡长江、淮河，与齐、晋、鲁侯在舒州会盟，并遣使者前去周室朝贡。是时，周敬王已崩，太子名仁嗣位，即是周元王。元王见越臣来贡，便赐句践衮冕（古代君主王公的礼服帽子）、圭璧、彤弓、弧矢，任命句践为"东方之伯"。

越王句践受命，四方诸侯知晓之后都遣使来贺。其时，鲁国来贺，越王割泗水之东百里予鲁国。宋国来贺，越王把原来吴国侵占的宋地归还了宋国。楚国虽灭陈国，但惧越兵威，亦遣使来贺，句践说道，惠王怎么说也是越国的外甥，便割淮上之地予以楚国，也算是对过去楚国助越的一种酬谢。

四方诸侯看句践之举，心悦诚服，便尊越为伯。伯即霸也！

越王句践回到吴国都城，便派遣工匠去会稽山修筑贺台，欲掩盖昔日会稽之耻。

句践回到吴都之后，在吴宫文台之上置办酒席，命乐工作了《伐吴》之曲，与群臣欢聚。乐师引琴鼓之，群臣欢笑一片。照例是君臣同乐，载歌载舞，句践却面无喜色。

范蠡见句践面无表情，目光暗淡，心中叹息："越王不想功归臣下，疑忌之端已是可见矣！"

范蠡夜不能眠，吴王的血书历历在目。"狡兔死而良犬烹"。自己是良犬吗？若非良犬，还不至于被烹。范蠡嗅到了血的腥味。"敌国若灭，谋臣必亡"。越王会放谋臣一线吗？以有余地，越王哪里还需要余地呢？越王显然不需要任何余地！孙武不是走了吗？飘然而去，不知所终，这不就是他的"三十六计，走为上策"吗？范蠡想到这里，再也不能睡着了。他听到城门口的公鸡在叫了，一声高过一声，最后，鸡喉叫破了，天也亮了。

这日，范蠡即去越王那里辞别。越王感到突然，坚持不允。范蠡说："臣听说主受大辱下臣该死。昔日，大王受辱于会稽，臣隐忍不死，欲成伐越之功；今日不同，吴国已灭，大王倘若免去臣会稽之罪而不诛，我愿乞骸骨，老于江湖。"

越王句践听了心里很不好受，流下了眼泪，说："寡人依仗卿之力，才有今朝，方思图报，奈何卿欲弃寡人而去？"

范蠡不听越王劝，执意离去。句践怒道："留，则与你共国；离，则杀你妻子！"

范蠡说："臣该死，妻及子则无罪矣！然，生死都在大王一念之中，臣妻子顾不得了！"

范蠡就这样出了吴宫，独自步出齐门，到达离城十九里的蠡口（相传范蠡由此泛舟于五湖，故名），乘一扁舟涉水而去。

《越王句践世家》篇末附记佐证句践灭吴的大臣范蠡轶事：越灭吴后，范蠡功成身退，弃政从商，住到齐国的定陶，经商发财，富可敌国，人称"陶朱公"。朱公有三子，中子在楚国杀人被拘，朱公长子救弟，千金铺路，终究载尸而归。其间充满人情世故与尔虞我诈。这里不提。清时，有私刻本《豆棚闲话》第四卷有《范少伯水葬西施》，文中说：范蠡后来隐姓假名"陶朱公"，"陶朱"者，"逃"其"诛"也。值得一思。

次日，越王召见范蠡，范蠡却已远行。越王对文种说："范蠡，还可追还吗？"

文种说："大王知道，蠡有鬼神不测之机，不可追也。"

文种在越王处出来，忽然有人撞了他怀，塞一书信予他。

文种启封一看，是范蠡亲笔书写，信上写道："子不记夫差之言乎？狡兔死，良犬烹；敌国破，谋臣亡。越王长颈鸟喙，忍辱忌功，可与共患难，不可共安乐。子今不去，祸必不免！"文种看后心中怏怏不乐，对信上之言未肯深信，感叹着说道："少伯，想得过头哉！"

过了一些日子，句践班师回越，便对文种提起一事——欲携西施同归。句践所提之事，文种告诉越夫人雅鱼知晓。越夫人心里来火，便派人寻找西施，知西施在城北三十里行宫庄上。越夫人叫人去把西施引到外面林中，身上绑了石头，沉于水中。

越夫人听说西施已经沉亡，喃喃道："此亡国之物，留之何为？"西施沉水之溪，即是范蠡伐吴所开的城北运河，运河西起五湖，东连漕湖，西施沉水之处便在漕湖西口，这条城北运河后人称"范蠡河"，或是"蠡河"。今人则把运河拓宽，并向东北沟通常熟，唤作"望虞河"，"望"是西起五湖的望亭，"虞"即是常熟称号，范蠡河则成望虞河其中一段。

句践得知西施被夫人唆使而沉亡，虽脸有暗色，也不再说话，便起程回越。

数日之后，西施身上所绑石头，因水浪冲击，石头脱落，西施便浮出水上，漂荡在湾口。

一日，当地村上有一鳏夫去水中捕鱼，听得林中乌鸦乱鸣，循声看去，发现芦苇丛里浮一女尸，便去村中叫人打捞。

村人问："怎知是具女尸？"

鳏夫说："尸面朝上，便是女尸。"

村人说："怎知尸面朝上便是女尸？"

鳏夫说："水上漂尸，与床第之事合拍矣。"

村人听了发笑，道："鳏夫久未床事，想出道道来了。"

鳏夫之言不虚，因鳏夫常在水上捕鱼，多见浮尸，识便广矣。只是鳏夫不知何故，便与床第之事合想，实是女尸盆骨宽大，比男尸为重，故而为之。

村上众人跟上鳏夫，来到林中朝鳏夫手指方向望去，确见一尸披头散发，脸面朝上。村人涉水而去，上得芦苇墩中，发现一遗落女鞋，上绣白莲一朵，知非村妇常人，近去一看，原是吴王爱妾西施。

村上众人一时哄动，见西施体有绑绳，身已腐败，异味熏天。众人都道女人可怜，说定是被越人伤害，"作孽！作孽！"众人便动手，就地掘坑。

鳏夫见之则尤为怜惜，便到行宫，收集被褥，裹于西施。村上众人垒起坟头，感叹而走。不提。后人把西施行宫称西施庄，把西施埋身之地称西施墩。今庄荡然不存，墩则在水中。

句践回越之后，深居简出。句践不曾封赏灭吴功臣，故而灭吴功臣无尺土寸地封授。句践常居暗室，与旧臣相见也越来越稀，感情越来越疏。

不久，越臣计倪突然发起疯来。越臣计倪可是个了不得的人物，昔日，句践问计于伐吴之事，计倪谈了财货增殖之事，句践不曾引起重视，计倪便出走不谈政治，住到了吴、楚、越三界之地。后来，句践请回计倪，有事必问。句践曾对计倪说："先生精于农作物的收成，对其他的事物也很擅长，希望能听先生谈谈治理的方法，我一定牢记在心。"计倪就协调关系、劝导农桑、丰年积聚、疏通水道、防灾赈济等国家治理发表了一套言论。文种把计倪发疯告知句践，句践便允其告病回乡去了。曳庸得知计倪装疯去职，亦称病告老回乡。文种自离了范蠡，心有一结，常念范蠡之言，便也向越王称疾不朝。

文种称疾不朝之后，越王左右便在越王面前说道："文种自以为功大而赏薄，心怀怨望，故不上朝。"

越王句践深知文种有才有能，灭吴之后，无所适用。句践越想越深，恐怕文种一旦作乱，无人可以节制，便心中起了杀念，但苦于文种无罪。

这时，鲁国突发一事。鲁哀公与季、孟、仲三家望族闹得不和，欲向越国借兵以除三家。鲁哀公便借贺越王之名，来到越国。鲁哀公好说歹说，句践心中担心文种，故而一直不肯发兵。

鲁哀公出行越国，借兵以除三家之事暴露，弄得国已难回，便在越国等待，竟一等等到老死在越国。

一日，越王句践从夫人雅鱼口中得知夫人伤害西施，是文种透露了西施回越口风，夫人雅鱼才担心越蹈吴辙，故而为之。越王知了前事因果，便忽生一念，欲去看望尚在病中的文种。

文种见越王来见，便迎王入内。越王句践解剑而坐，也不问病情，开口问道："寡人听说'志士不为生死担忧，而为其道不行忧伤'。卿有七术，寡人尚用三术，而吴国便已破灭。卿留有四术，又有何用？"

文种说："臣也不知何处可使。"

句践说："愿以四术为孤放于地下，卿可否？"文种听了一时摸不着头脑。

句践说完，又说了句："卿好生养病。"便立身乘车而去。

越王句践把佩剑遗于座位之上，文种拿起剑来想追去奉还，一看，剑盒之上有"属镂"二字。文种知道，属镂之剑便是夫差赐予子胥的自刎之剑。文种顿觉天旋地转。而后，文种仰天叹息，道："古人云：大德不报！我未听少伯言，为越王所戮，真为愚夫矣！"文种说完自笑起来，又说："百世之后，议论之人必以我配子胥，如此，丈夫有何可怨恨哉！"

于是，文种伏剑而死。

越王得知文种已死，心中一阵发酸，便把文种厚葬于卧龙山上。卧龙山因文种葬于此，后人称此山为"种山"。

《越王句践世家》也说，范蠡向文种写信劝其离开，文种不听，最后被迫自杀。

文种葬后一年，据说海水大发，水穿山胁，冢忽崩裂。有人见子胥、文种前后逐浪而去，今钱塘江上海潮重叠，说是前为子胥，后是文种。当然，这又是神话。

周元王七年。越王句践在位二十七年，句践薨，其后子孙，世称为霸。

然而，最终，越国又如何？

答曰："楚灭越。"

然而，最终，楚国再如何？

答曰："秦灭楚。"

……

正如明末吴地文豪冯梦龙《东周列国志》的开篇词所说：

道德三皇五帝，功名夏后商周；英雄五霸闹春秋，顷刻兴亡过手！
青史几行名姓，北邙无数荒丘；前人田地后人收，说甚龙争虎斗。

# 参考书目

1.《史记》

2.《越绝书》，（东汉）吴平、袁康著。刘建国译，文白对照《白话越绝书》，岳麓书社出版。

3.《吴越春秋》，（东汉）赵晔著。黄仁生译，文白对照《吴越春秋》，岳麓书社出版。

4.《无锡县志》，（元）王仁辅著。

5.《东周列国志》，（明）冯梦龙著，上海文化出版社。

6.《梅里志》《泰伯梅里志》，（清）吴存礼编，（清）吴熙编，无锡市史志办公室，无锡太湖文史编纂中心合编，中国文史出版社，2005年版本。

7.《三皇五帝三王》，李亦然编著，黄河出版社。

8.《勾吴史集》，吴文化研究促进会，江苏古籍出版社，1998年版本。

9.《姬吴史踪》，吴多兴编著，五洲传播出版社。

10.《先秦古国志》，林屋公子著，华文出版社，2015年版本。

11.《先秦古国志之吴越春秋》，林屋公子著，民主与建设出版社，2016年版本。

12.《勾吴史探析》，陈振康著，团结出版社。

13.《吴县志》，吴县地方志编纂委员会，上海古籍出版社，1994年版本。

14.《诗经》，夏华等编译，万卷出版公司，2017年版本。

# 后 记

历史是沉重的。我认为任何一个国家的历史都不会是快乐的，剖而观之无不鲜血淋漓，沉重是历史与生俱来的话题。故而，句吴国的兴亡历史也只能是沉重的。它的沉重，虽已过去2500多年，但至今还是让吴地人不能释怀，笔者亦是其中的一人。

《句吴之国》是亦文亦史的文体。亦文亦史文体是中国古代文史分流时期的产物，后来的作家写作一般就"文归文、史归史"了，即便现在"文史"两字还是紧密相连。似乎这样的文体早已被人放弃，大概亦文亦史显得有点儿不伦不类。我起先的写法也并不是亦文亦史的，起先想写史，文稿的题目是《句吴史稿》，或者是《句吴史讲义》，抑或是写一部《句吴简史》。那么，我后来为什么变心了？在我完成上部《问祖》文稿、在"寻根"过程中，觉得凭个人薄力要完成一部完全意义上的尽可能真实的句吴国史是不可能的，是我的一种痴心妄想。同时，我觉得上部这样的论述，读者是不欢迎的。写作时，我渐渐认识到在历史的尘埃中要打捞某些专门的事件，直觉困难，何况是从2500多年之前乃至追溯远古。

"讲不完的故事，说不清的历史"。我觉得是句真话。后来，我觉得我想写的东西应该是大众能够阅读的，至少在阅读上不存在困难的、比较通俗的吴国文史读物，这个读物尽量忠实于吴国的历史内容，而且是比较完整的。吴国从哪里来？从三皇五帝说开，未免说得太远，但我个人认为这样有助于厘清其间的族脉关系。吴国从何时兴？从寿梦开始说起。吴国从何时亡？就写亡国经过，写亡国原因。吴国兴亡是《句吴之国》的主要内容，所谓至德精神，所谓谦让精神，所谓开拓精神，所谓创新精神，都是后人的提炼与总结，历史并不是为了创造这些精神而进行的，历史的走向是由其当时的时代背景而促成发展的，有其规律可循。例如，对于吴国的灭亡，时至今日，吴地人似乎还有一种"吴国情结"，感情用事，指责夫差的人颇多。当然，夫差为吴亡应该负主要责任，因为他是吴王。分析其原因，有说他穷兵黩武而失国，有说他刚愎自用而失国，有说他妇人慈心而失国，更有人说他因爱美人而失江山，等等。其实，在今天，我们大可不必揪住夫差不放，吴国失国是由多方面的因素造成的，有夫差个人因素，更有国内及诸侯国之间的因素。春秋是个纷争的乱世，时代主题不是和平，春秋是一个图霸、争霸的时代，争霸的目的是为了求得生存与发展。如果在当时的历史条件下，诸侯王没有图霸志向，没有争霸壮举，说不定早就失国了。西周，武王封国七十二，国中之国有一百八十个之多，春秋时代，灭国六十二，失国的君王遍地都是，只是在谁的手里失国罢了。大家以为吴国正处在争霸的顶峰，那个时候还不应该失国，公元前473年的这场越灭吴的战争似乎来得早了些。可是，后来越霸不是也失国了吗？后来威威大楚不是也失国了吗？等等。战国后期，秦起来后，后来的诸侯国失国成了历史的必然。反过来说，没有战国时期的六国失国就没有秦始皇的统一。然而，中央集权的秦帝国不也是存国十五年（前221～前206）就"气绝身亡"了吗，更不要说这些王国了。

我想写的不是精神，而是事件或者说是故事。挖掘历史文化是一件极其辛苦的事情，我深切地感到最困惑的是不知道哪里会有需要的矿物和宝藏。我坚持挖掘，完全是出于对这个古老诸侯国家从立至兴到亡的兴趣。为什么会呢？就因为我是喝着三千年古吴水长大的。古吴水可以理解为太湖水。人在一地生活，长期受其地气熏陶，都有可能对其地文化产生兴趣，就连吴地开面馆的小老板也会叫人写个楹联"三千年古吴水，五百碗老汤面"之类，古吴水可以煮老汤面，食客从老汤面中便吃到了古吴文化。

我在古吴国都地出生、成长，并一直在此地域工作、生活，对家乡的历史文化一直存有浓厚的探究兴趣，故我愿意花费多时阅读古人有关吴国历史史料和今人吴史作品的基础上，采集各家所长，加之以自己的拙见，写就了《句吴之国》一书。这本亦史亦文的文稿，上部《问祖》属于探究性的寻根文字，读来也许艰涩且枯燥乏味，有些地方虽经探究，但还是不敢定论，只是托举一些资料，把思考的空间让给读者。中部《春华》、下部《秋落》属于演义性文字。我们习惯于春华秋实，但是春秋结束之时，吴国没有结出果实，或者说结出的果实不慎掉落了。中下部的文字自感爽快，读来也欢畅。我曾经建议一些朋友从中部读起，若再有兴趣，便一起探究前面内容，一起来寻根问祖。如果不想寻根问祖，那么也可以，你只须知道里面的几个要点：吴是从周来的，周的祖先是后稷（弃），后稷的先祖是黄帝。太伯是商晚期的人，为了让位于少弟季历及昌奔荆蛮之地。可是，这一让了不得，竟让出了一个八百多年的周王朝来。荆蛮之地在江南，现在大家习惯叫"吴地"，以苏州方言为代表的吴语很好听。为什么这里叫吴地呢？历史文献中说太伯在这里建立了句吴国，武王封国，从仲雍的曾孙周章起称吴国，于是，后人对这里的区域文化取了一个专门的名字："吴文化"。司马迁在《史记》中为太伯立传，叫《吴太伯世家》，列为世家第一。

笔者因被故地吴国的历史及其遗存耳濡目染而心中骚动，然终因手头资料有限，又才疏学浅，故拙作《句吴之国》难免存在错误与偏颇，敬请专家、行家、读者批评和指教。

2018 年 8 月 16 日夜于古吴国都地鸿山

# 又 记

　　我利用余闲时间,沉醉于先秦时期的历史阅读,特别是阅读吴国的历史信息。我感到对先秦时期的历史入迷的人是悲哀的,因为历史只剩骨头残余,味同嚼蜡,且知音难觅,因为人们的普遍心理对"嚼蜡"是排斥的。

　　我之所以要读这些书,主要是因为自己生长在古吴国都地的缘故,想对吴地历史做些探究。古吴都梅里,离我十多里之距,那里有个古庙,叫"泰伯庙"。我的家乡鸿山西麓有泰伯墓,是泰伯的归藏之地。现在,泰伯墓(庙)是国家文物保护单位。

　　苏州古城,是现在习惯意义上的吴国最后的都城,也离我不远,40多里地的光景。孩童时代,我在老家开门见山,看到的第一座山是苏州通安的阳山,因为山在南面,我们习惯叫南阳山。南阳山是一座青山,我们从小就向往之。少年时代,割草养猪养羊养兔,在草丛里会逮到蚱蜢,逮到就揪住蚱蜢的两个后大腿向山行拜,口中念念有词:"拜拜南阳山",至于为何要拜,后来才知那山里有吴王墓,这个吴王原来就是夫差。即使是现在,高楼林立,遇到一个秋高气爽的天气,我便立于自家阳台,向南遥望,还能清晰地望见阳山山道,甚至可以望见苏州虎丘山上的斜塔,斜塔之旁有个吴王墓。祖母在世的时候曾经说过:虎丘山上的吴王是阳山吴王的老子,而北面鸿山西头还有个泰伯墓,那里是这些吴王的祖先。

　　泰伯墓就在我家乡境内,境内除了有墓葬外,还有伯渎河、范蠡河、漕湖。伯渎河与泰伯有关,相传为泰伯开凿,是中华大地上第一条人工运河。范蠡河是吴越春秋时期范蠡开挖疏浚的河道，古籍里说是"伐吴所开"，我们这里称范蠡河为蠡河。漕湖的水面很是宽阔，在漕湖西口与蠡河相接的地方，相传是西施投江的地方，那里有个"西施墩"。太湖也离我不远，太湖流域是古吴国的核心区域，许多故事都与太湖有关，但我小时候要看太湖也不是易事，毕竟我在"水东四十里"，我们当时的活动区域一般不会超过方圆五里，去太湖就是一个"长差"了，我真正端详太湖的时候已经是青年了。

这些先秦时期的神话、传说、故事、杂史、遗存，我耳濡目染。现在我们把这些统纳为"吴文化"的范畴。苏、锡、常范围应该是古吴国历史的主要承载地，除了上面我已经说的一些遗存外，无锡还有阖闾城遗址、鸭城、麋城等遗存；江阴有吴公子季札墓；苏州有古城及城外的姑苏山、胥山、吴淞江、胥江等山河，有孙武冢遗址等；常熟有仲雍墓、周章墓等；常州有淹城遗址等；丹徒有吴公子季札庙等。这些吴文化的承载地，也是我心心念念的地方，甚至魂牵梦萦。

2019年之前的一个冬日，朱增泉将军回乡时来看我，朱将军是我们鸿山人，自青年起参军入伍，戎马一生，但他也是个文人，是中国作家协会会员，又写得一手好字，是中国书法家协会会员，我们乡里几个喜欢文字的同志曾经在30年前起编撰乡里的刊物《泰伯风》，到现在还没中断，刊名从一开始就是朱将军题的字。聚谈之时，我请求朱将军两件事，一是公事，我说我们正在编写《撷拾鸿山失落的故事》，想用朱将军在《人民日报》上发表的《我的故乡》一文作为书序，问他可不可以，朱将军欣然同意。再一是私事，我说我手头弄了多年的一本文稿基本完成，想请朱将军作个序。朱将军想了一下说："我年龄大了，对外已经不写文字了，封笔了。"停顿了一会儿，朱将军说："不过，你父亲是我小学同学，真要写，也就几百字。"年前，我请《泰伯风》文学社的社长朱华彦先生把印好的样书寄到了北京，不想，过不多久，朱将军就提出了几条意见及指导方向。春节的时候，全国闹起了新冠肺炎病毒，大家宅在家里不出，不想就是这个时候，朱将军发来了他的"代序"，洋洋洒洒，一万多字。虽然大多是将军对吴国历史的理解，但是可以读出文字里面充满的对家乡的情怀。

四月的一天，我得知我的老师李鸿声已从国外归来，便打电话给他，告知他我完成了一部《句吴之国》文稿，请他把关。他在电话中好像愣了一下。这不能怪他，因为我以前忙于事务，文字已经生疏很久了。没几天，他就专程赶来，我便把电子稿和样稿给他。因为他与我亦师亦友，我们说话随便，我便请他在书前写一些话。他欣然同意，并认真翻阅，为这事还前后来了三次，着实让我感动。

我对朱将军的万字"代序"，以及对李鸿声的书前文字，在此叩谢。同时，我还要感谢朱华彦先生，他为我的写作提供了一些有益的资料；此外，还要感谢葛中南、夏俊、周永强、王彩霞等先生，他们利用防疫间隙，认真阅读样稿，提出了一些有益的意见。当然，更应感谢写作本书时参考书目的所有学者、作家。

2020 年 4 月 2 日写于鸿山
2020 年 5 月 20 日修改